北京高等学校优质本科重点教材

# 现代印刷企业管理

## （第四版）

王关义 李治堂 刘 益 等◎编著

XIANDAI YINSHUA
QIYE GUANLI

经济管理出版社
ECONOMY & MANAGEMENT PUBLISHING HOUSE

**图书在版编目（CIP）数据**

现代印刷企业管理/王关义等编著. —4 版. —北京：经济管理出版社，2022.10
ISBN 978 - 7 - 5096 - 8758 - 1

Ⅰ.①现…　Ⅱ.①王…　Ⅲ.①印刷工业—工业企业管理　Ⅳ.①F407.846

中国版本图书馆 CIP 数据核字（2022）第 187547 号

组稿编辑：申桂萍
责任编辑：赵亚荣
责任印制：黄章平
责任校对：张晓燕

出版发行：经济管理出版社
　　　　　（北京市海淀区北蜂窝 8 号中雅大厦 A 座 11 层　100038）
网　　址：www. E - mp. com. cn
电　　话：（010）51915602
印　　刷：唐山昊达印刷有限公司
经　　销：新华书店
开　　本：787mm×1092mm/16
印　　张：19.5
字　　数：451 千字
版　　次：2022 年 11 月第 1 版　　2022 年 11 月第 1 次印刷
书　　号：ISBN 978 - 7 - 5096 - 8758 - 1
定　　价：78.00 元

# 前　言

印刷术是中国古代四大发明之一，是中华民族对人类文明做出的巨大贡献。印刷术的出现促进了知识的传播和文化的传承。印刷术的进步和变革，有力地推动了人类文明发展的进程。上起隋、唐，下至宋、元，从雕版印刷到活字印刷，中国都处于世界印刷技术的最前沿。宋代毕昇在公元 1041~1048 年发明了泥活字版印刷术，15 世纪，活字版传到欧洲。1455 年，德国的古登堡发明了古登堡活字印刷机，1456 年用活字印刷了《古登堡圣经》，这是欧洲第一部活字印刷品，比中国的活字印刷晚了约 400 年。

植根于深厚人文积淀与技术创新的印刷业，已成为各国出版业、文化产业乃至国民经济的重要组成部分。从国际范围来看，近十多年以来，在数字化、智能化、大数据等信息技术的推动下，印刷业不断推陈出新，发展迅猛，数字印刷、3D 打印成为全球印刷业最具活力的细分领域，印刷产业发展逐渐由产量增长转为质量提升。根据史密瑟斯·皮尔研究所发布的《2024 年数字印刷与胶印的未来》报告，2019 年全球印刷产品面积相当于 49.66 万亿张 A4 纸，市值约 8083 亿美元，2024 年将增长至 8627 亿美元，年均复合增长率约为 1.3%，数字印刷 5 年后市值占比将上升到 21.1%。

企业的现代化，一方面是技术的现代化，另一方面是管理的现代化。技术和管理是推动企业发展的两个轮子，缺一不可。目前，我国印刷企业的生存环境正发生巨大而迅速的变化，迫切需要印刷企业运用现代化的管理手段和方法提高企业的竞争力。

在技术方面，数字技术和网络技术的发展，对传统印刷业产生巨大的冲击，彻底改变了印刷业发展模式，迫使一大批传统印刷企业不得不进行转型。如今，印刷技术已步入高科技领域，传统印刷正在向现代印刷转变，人们对传统印刷业从业人员"黑手党"的印象已彻底改变，印刷业告别了"铅与火"，走进了"光与电"，迎来了"0"和"1"。激光、电子、数字技术已渗透到印刷的方方面面。印前数字制版已经完全淘汰了传统的制版方式，数字技术使生产流程发生了深刻变化。数字设计、数字出版、数字印刷和印刷数字化凸显了无比的优势。新设备和新技术的使用，尤其信息技术的运用，使印刷企业减少了生产时间，缩短了印刷等待时间，并大幅度减少了浪费。

在市场方面，全球印刷业的产能过剩问题非常突出，尤其是印刷机生产的数量远远超过了市场的需求，供过于求，一个地区每多出一台印刷机，都会影响到印刷品的价格，原因在于只要是印刷机都能生产相近质量的印刷品，而许多印刷厂还在不断扩充产能。

长期以来，中国印刷业存在的设备依赖进口、集约化程度不高、供给大于需求、低水平重复建设、技术创新能力不足、从业人员素质总体偏低、缺乏高素质技术工人和管理人员、职业技能培训以及资质认证体系不够完善等矛盾和问题，在经济新常态下依然没有彻底得以解决。印刷企业在内部管理方面与国际知名企业相比仍存在较大差距，印刷企业数量众多但差异性不强，经营同质化现象严重，连年的低价竞争、原材料及用工成本持续上涨导致企业自我发展能力下降，"大的不强、小的不精"的问题比较突出，一批中小印刷企业都在夹缝中求生存。现代化的印刷企业属于典型的高新技术产业，生产过程复杂，需要一定的技术和管理人才支撑。而目前一大批印刷企业缺少真正懂技术和懂管理的专业人才，企业高端人才更是"一将难求"。为解决印刷人才短缺问题，行业管理者、高等院校、企业经营者、行业协会都在不断摸索探寻，试图找到适合行业企业发展之道的求解答案。近年来，培养人才、培训人才的各种方式应运而生：有企业奖励员工拿学历的，有企业自设培训部门的，有校企开展订单式培养的。凡此种种人才培养和培训，急需编写出版适应新环境、新技术、新业态的新教材。

《现代印刷企业管理》（第四版）正是在新时代印刷行业发展对管理专业人才培训急需的背景下组织修订的。本书自 2005 年 6 月第一版问世以来，作为本科生、研究生及各类印刷管理者培训的教材，市场读者群持续扩大，需求量日益增加，教材编写的质量不断提升，《现代印刷企业管理》（第三版）被评为"北京高等学校优质本科重点教材"，应出版社和广大读者的需要，本书编写团队在对第三版进行系统修改的基础上推出《现代印刷企业管理》（第四版）。全书包括印刷企业管理概述、印刷企业组织与文化、印刷企业营销管理、印刷企业生产管理、印刷企业物流管理、印刷企业质量管理、印刷企业技术与设备管理、印刷企业财务管理、印刷企业人力资源管理、印刷企业信息资源管理十章内容。与第三版相比，在内容上做了如下调整：

第一，对原书的各章内容进行了适当的修改和完善，更换和补充了一些新案例，部分章节增加了延伸阅读，使教学内容更加集中，重点更加突出，同时也删去了一些已显陈旧的内容。

第二，在编写体例上继续保持第三版的风格。各章章首由本章提要、重点难点、引导案例等部分构成，有助于读者简明扼要地把握本章的内容和基本概念。由案例来导入每一章内容，可以极大地激发读者学习的兴趣，增强他们理论联系实际的能力。各章章尾包括本章小结、思考与练习、案例讨论等内容，有助于学生回顾和复习所学内容，尤其是修改、充实了不少国内成功印刷企业的管理案例，这对于期望成为一名卓有成效印刷企业管理者的初学者而言具有重要的启迪。

第三，为考察学习效果，修改过程中增加了即学即测部分，每章后安排若干个测试试题，并附有答案，供学习者检验学习效果使用。

本书在编写过程中，参考了国内外不少先行研究者、专家、教授和同行的研究成果，参阅了大量印刷企业管理的案例和相关资料，得到了北京盛通印刷股份有限公司、汕头东风印刷股份有限公司等一批印刷企业的响应和支持，在此深表谢意。本书是由北京市优秀教学团队的专家联合编写而成的。全书的写作提纲由王关义教授拟订，共分十章，各章编写者分别为：前言、第一章、第四章由王关义教授编写，第二章由何玉柱副教授编写，第三章由谢巍、杨伟编写，第五章由刘彤教授编写，第六章、第九章由刘益教授编写，第七章、第八章由李治堂教授编写，第十章由王亮教授编写，全书最后由王关义教授统一修改定稿。经济管理出版社的编辑以及邓本亮、龙雨、全健等同志对本书的出版给予多方面的支持和帮助，在此一并致谢。

尽管编写团队精心设计，力求增加新知识，扩充新内容，以使《现代印刷企业管理》（第四版）更加完善，但并未做到尽善尽美。我们抱着学习和交流的态度把本书第四版奉献给广大读者，愿与各位一道共同为推动中国印刷企业管理的科学化、现代化进而实现印刷业的高质量发展共同努力。

王关义

2021 年 10 月于北京

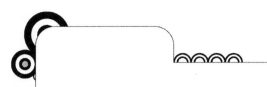

# 目 录

# 印刷企业管理概述

## 本章提要

　　本章介绍了管理学入门的基本概念，阐述了企业与印刷企业、管理的性质和职能、企业的目标与责任、管理的基本原理等理论问题。通过本章的学习，旨在对管理及印刷企业管理有一个概括的了解，为以后各章的学习奠定基础。

## 重点难点

　　⊙重点把握管理的概念和特征
　　⊙熟悉企业、印刷企业的概念和特征
　　⊙了解企业的目标和责任
　　⊙掌握印刷企业管理的理念
　　⊙掌握管理的基本原理

1

## 引导案例

### 老王赚钱记

　　40岁出头的老王开了一家印刷厂。

　　开始的时候是小打小闹，只有一台八开机、一台切纸机，七八个人，印些单色的票据、作业本等零杂件。2002年，政府在城郊划了一块很大的地：工业园区。政府提了一个响亮的口号：招商引资、筑巢引凤。为此，园区也叫金巢工业园区。老王也想到园区办厂，但资金不足，进园至少要拿20亩地，虽说政府提供优惠，但一亩地也要5万元，20亩地就是100万元，而且进园之后要建厂房、车间、办公房，这至少也要一两百万。老王拿不出这些钱，进园办厂的想法只能停留在思想里。后来，印刷厂还是搬进了园区，因为老王租了别人的厂房。

　　那是家引进的外资企业，在园区拿20亩地，建了4000平方米厂房。但那家企业并没投产，闲置在那儿。这样闲了两三年，便把厂房租给了老王。在园区，老王的生产规模也在逐渐扩大，不管是人员、设备还是业务，都扩大了。

　　2006年，老王的印刷厂有20多人，年产值300万元，除去租金、人员工资和其他开支，老王这一年的纯利润有50多万元。但这些钱刚好够买设备，老王这一年买了一台双色机和一台订书机，加起来，刚好50多万元。也就是说，这一年做下来，老王等于赚到一家人的吃饭钱，赚到20多个工人的工资，还赚到两台设备。其他年份也一样，老王工厂看起来规模不断扩大，人员有所增加，从20多人变成了40多人，产值也越做越多，从300万元增长到500多万元，利润相应也提高了，但和以前一样，赚的钱都购置设备了，比如那几年老王买了胶装机、复膜机、拉膜机、粘盒机以及数控切纸机等。这样算下来，老王这几年还是只赚到一家人的开支、工人的工资和那些设备。

2011年，老王欠了债。欠债是因为老王买了一台四色机，印刷行业竞争相当激烈，你做不了的东西，别人能做，这样，业务就被别人抢了。为此，老王下血本买了一台四色机。老王这年产值达600多万元，按15%或18%的利润计算，纯利润在100万元左右，但这台四色机，却花了200多万元，老王这年欠债100多万元。再后几年，老王印刷厂的业务做得也算不错，除了发工资和日常开支外，老王还了那100多万元的债，多余的一些钱又添置了一些必要的设备，这样算下来，老王还是没赚到钱，只赚到厂里那些大大小小的设备。

到2015年，印刷业的竞争更加激烈，这时的包装盒上都有条形码，如果想继续做包装盒，就必须买打码机。一台打码机的价格是100多万元。为了适应生产，老王狠狠心买进了一台打码机。这年，老王的纯利润是60万元，打码机是110万元，也就是说，这一年老王又欠了50万元。打码机装好的那天，老王看着打码机发呆，边上有人说："这些钱在我们这座小城市可以买两套好房子。"老王说："还加上买一辆奔驰轿车。"

老王还真想买一辆奔驰轿车，作为男人，他同样喜欢车，但他现在开的，还是一辆2003年买的6代雅阁轿车。

现在可以对老王办厂进行总结了，从2002年到2015年，老王办厂14年，不但没赚到一分钱，还欠银行50万元，老王赚到的，是那些大大小小的700多万元的设备。当然，老王这14年还让40多人有工作做，这是一种社会效益，这让老王很欣慰。2015年底，房东来了，说不能再把厂房租给老王了。老王傻傻地问为什么？房东反问一句："你不知道？"老王摇着头说："不知道。"房东说："政府要收回这块地，用于房地产开发。"老王呆在那里……

其实，从2002年到2015年，全国最红火的是房地产，老王所在的城市也不例外。到2015年底，老王厂区旁盖起了很多商品房。不仅如此，政府紧跟形势，主动作为，要把园区的土地收回来，然后再统一拍卖给开发商。也因此，政府要收回老王承租的那20亩地。当然，政府也不会让土地所有人包括老王的房东吃亏，每亩的回收价格是50万元，厂区里的建筑每平方米2800元。这样算下来，房东这十几年什么事没做，纯赚2000万元，而老王每天拼命地做，还欠了银行50万元，要说赚，也只赚到700多万元的设备。可想而知，老王心里有多难受。

这时候老王快60岁了，做事有点心有余而力不足，人家让他搬，他也就不想再办厂了。老王后来把那些设备卖了。机械设备像汽车一样，过手就亏，老王那些设备只能按购买价的1/4或1/5的价格卖出去，也就是说，老王那700多万元的设备，只卖到150万元，还了银行50万元欠债，老王还有100万元，这是老王14年办厂的所有收入。有个厂里的副手笑了："厂长所得还没有我14年的工钱多，还操那么多心、费那么多力，哈哈……"

老王没作声，但眼泪却忍不住流了下来……虽然不干了，老王还是舍不得他的印刷事业，也不甘心，寻思着什么时候重操旧业，也就没有及时注销营业执照。2017 年开始补缴税款，老王自然也得补上当年好心没让缴足的税款，还有一笔滞纳金……

老王彻底赔了。

**案例思考**

1. 本案例中是如何体现"管理是企业一切运作的根本"这句话的？

2. 本案例中的老王经营失败的主要原因是什么？请运用相关管理理论进行分析。

3. 结合本案例中的老王，面对不断变化的外部环境，管理者如何才能引领企业走向成功？

企业是一个有机的整体，企业管理是一个完整的大系统，它是由生产管理、财务管理、营销管理、人力资源管理、信息资源管理等子系统构成的，各个子系统在企业管理中所处的地位是由它们在企业生产经营活动中所起的作用决定的，各子系统之间存在密切的关系。管理是人类共同劳动的需要，它是由管理主体、管理客体等一系列要素构成的系统。管理是由一个或者更多的人来协调他人的活动，以便收到个人单独活动所不能收到的效果而进行的活动。现代企业管理面临着一系列新的问题，顾客需求的多样化、个性化趋势明显，企业必须在如何解决这一矛盾方面倾注精力和时间，本章主要讨论企业和印刷企业管理的基本理论问题。

# 第一节　企业与印刷企业

## 一、企业

所谓企业，是指集合土地、资本、劳动力、技术、信息时间等生产要素，在创造利润的动机和承担风险的环境中，对某种事业做有计划、有组织、有效率的安排的经济组织。为生存，它必须创造利润；为创造利润，它必须承受环境的考验，因此必须承担风险。为降低风险，增加利润，它必须讲求效率。要求高效率，则必须注意经营方法，要有计划、有组织，进行有效的控制。企业的构成要素如图 1-1 所示。

企业是从事生产、流通、服务等经济活动，为满足社会需要和获取盈利，依照法定程序成立的具有法人资格、进行自主经营、独立享受权利和承担义务的经济组织，是和商品生产相联系的历史概念，它经历了家庭生产时期、手工业生产时期、工厂生产时期和现代企业时期等发展阶段。世界上第一个工厂企业是 1771 年在英国建立的。

企业的定义可以归纳成如下几个要点：①企业是个别经济单位，或为工业，或为商业，或为服务业，在一定时期内，单独计算盈亏。②从事经济活动，集合土地、资本、

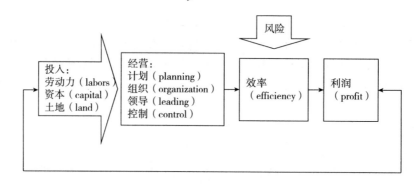

图 1 - 1　企业构成要素

劳动力、信息等生产要素，创造产品或提供劳务，以满足顾客的需要。③企业是一种营利组织，其生存的前提是利润的创造。

## 二、印刷企业

### （一）印刷及其分类

1. 印刷的定义

关于印刷的定义，有不同的表述：①传统的印刷是指利用一定的压力使印版上的油墨或其他粘附性的色料向承印物上转移的工艺技术。广义的印刷是指使用印版或其他方式将原稿上的图文信息转移到承印物上的工艺技术。②印刷是将文字、图画、照片、防伪等原稿经制版、施墨、加压等工序，使油墨转移到纸张、织品、塑料品、皮革等材料表面上，批量复制原稿内容的技术，是把经审核通过后的印刷版通过印刷机械及专用油墨转印到承印物的过程。印刷的要素包括印刷原稿、印版、印刷机械、承印物、油墨等（见图 1 -2）。

图 1 -2　印刷五要素

印刷过程的实质如图 1 -3 所示。

当代印刷技术的发展如图 1 -4 所示。

2. 印刷的分类

2018 年国家统计局颁布了新的文化产业分类标准，把印刷业，包括书报刊印刷、包装装潢印刷、本册印刷、装订及印刷相关服务、复制等都纳入到了文化产业相关领域进行统计。

（1）按有无印版分类，印刷可以分为有版印刷和无版印刷两类。有版印刷一般包括

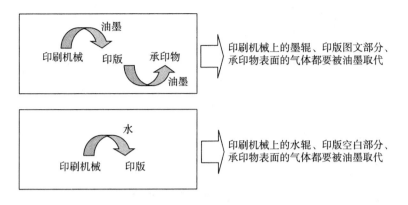

**图1－3　印刷过程的实质**

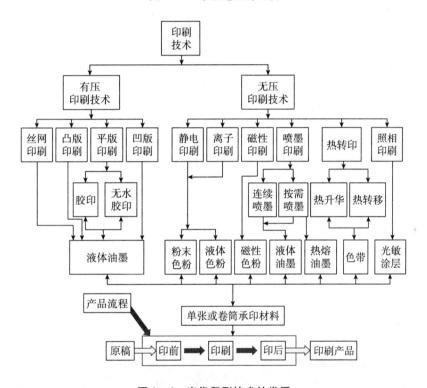

**图1－4　当代印刷技术的发展**

凸版（柔性版）印刷、平版印刷（也称为胶印）、凹版印刷、丝网印刷等类型；无版印刷一般包括静电照相印刷、喷墨类印刷、热转印、离子印刷、磁性印刷等类型。

（2）按照印刷品的色彩分类，印刷可分为单色印刷和多色印刷两种类型。

（3）按照印刷品的用途分类，印刷可分为书刊印刷、报纸印刷、包装装潢印刷（最有发展前途）、广告印刷（如商品样本、海报、画报、招贴画、图片、广告牌等）、钞券印刷（严密的防伪措施）、地图印刷（精度要求高）和特殊用途印刷品的印刷等种类。

3. 印刷的工艺流程

（1）完成一件印刷品的步骤如图1－5所示。

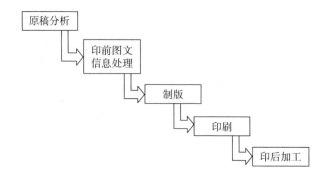

**图1-5　印刷品形成的步骤**

（2）印刷工艺流程如图1-6所示。

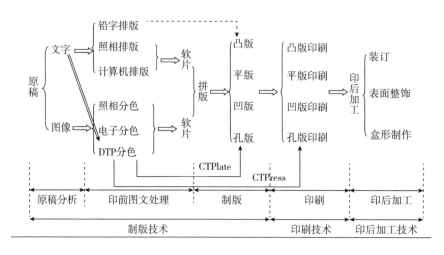

**图1-6　印刷工艺流程**

平版印刷设备如图1-7所示。

**图1-7　平版印刷设备**

印刷过程如图 1-8 所示。

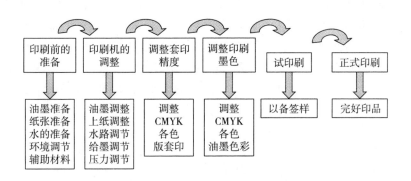

**图 1-8 印刷过程**

**（二）印刷企业**

印刷业就是生产印刷物的产业。印刷有多种形式，如传统胶印、凹版印刷、热转印、丝网印刷、数码印刷等。现代印刷业既属于加工制造业，也具有信息产业的属性。

印刷企业既包括从事印刷机械研发、制造、销售活动的企业，也包括印刷物的生产、销售和服务领域的企业。如印刷设备制造、销售及服务企业、书刊印制企业、票据印制企业、印刷油墨生产企业等。印刷企业的涵盖范围包括了印刷物形成的全流程。

## 三、现代企业的特征

众所周知，现代工业又称为"大机器工业"，是在自然经济条件下的"个体手工业"和资本主义"工场手工业"的基础上发展起来的，具有鲜明的特点，具体表现在以下几个方面：

（1）现代企业比较普遍地运用现代科学技术手段，以及采用现代机器体系和高技术含量的劳动手段开展生产经营活动，生产社会化、机械化、自动化、职能化程度较高，并比较系统地将科学知识应用于生产经营过程。

（2）现代企业生产组织日趋严密，内部分工协作的规模和细密程度得到了极大的提高，劳动效率呈现逐步提高的态势。

（3）现代企业经营活动具有经济性和盈利性。现代企业必须通过为消费者提供商品或服务，借以实现企业价值增值的目标。经济性是现代企业的显著特征，因为企业的基本功能就是从事商品生产、交换或提供服务，通过商品生产和交换将有限的资源转换为有用的商品和服务，以满足社会和顾客的需要，所以一切不具备经济性的组织就不能称为现代企业。盈利性是构成现代企业的根本标志，现代企业作为一个独立的追求利润的经济组织，它是为盈利而开展商品生产、交换或从事服务活动的，盈利是企业生存和发展的基础条件，也是企业区别于其他组织的主要依据。因此，经济性和盈利性是现代企业的重要特征。

（4）现代企业具有环境适应性。生存环境对企业成长会产生重大的影响。任何企业都不能孤立存在，企业的生存和发展都离不开一定的环境条件。所以说，企业是一个开放系统，它和外部环境存在着相互交换、相互渗透、相互影响的关系。企业必须从外部环境接受人力、资金、材料、技术和信息等要素的投入，然后通过企业内部的转换系统，把这些投入物转换成产品、劳务以及企业成员所需的各种形式的报酬，作为产出离开企业系统，从而完成企业与外部环境之间的交换过程。现代管理系统理论的主要代表者、美国管理学家卡斯特将企业外部环境划分为一般外部环境和特殊外部环境两个层次。企业管理者对外部环境的变化能否及时地做出反应和做出何种反应，决定于他对外部环境的察觉和认知。这个过程实际上就是对外部环境的调查、预测和决策的过程。另外，企业的生存环境还包括企业的社会责任，如开发新产品、提供新服务等；以及企业的公共关系，也就是和社会利益集团即社会公众（股东、工会、债权人、消费者、政府和社区等）建立起一种互相了解、互相信赖的关系。

（5）重视员工福利和社会责任，形成特有的企业精神。现代企业具有公共性和社会性，要想谋求长远发展，必须得到股东、员工、顾客及社会公众的支持，因此利润、员工福利和社会责任构成了企业存续的三个基本因素。企业的一切经营活动，尤其是扩张，无不借资金以成之，而资金最可靠的来源，是企业的盈余，企业的利润是企业存续的第一要素。企业是由生产设备和员工组成的一种经济组织，而人是机器设备的主宰者，生产效率的高低受人为因素的影响最大，因此现代企业为求生存，必须尊重员工，重视员工的福利，以提高士气，建立互信。企业是整个社会的一部分，若不重视社会大众的利益，甚至剥夺其利益，妨害社会安宁，污染环境，则必遭到谴责和抵制，以致不能生存，因此现代的企业管理者无不重视社会责任。

现代企业是市场经济和社会生产力发展的必然产物，它与传统企业相比，较好地适应了现代市场经济和社会发展的客观要求，具有自己独有的特征。现代企业与传统企业的区别如表1-1所示。

表1-1　现代企业与传统企业的比较

| 项目 | 现代企业 | 传统企业 |
| --- | --- | --- |
| 1. 出资人数 | 较多且分散 | 较少且集中 |
| 2. 出资情况 | 股东出资为主，数额较大 | 个人出资为主，数额较小 |
| 3. 企业规模 | 较大 | 较小 |
| 4. 法律形式 | 企业法人 | 自然人 |
| 5. 承担责任 | 有限责任 | 无限责任 |
| 6. 产权结构 | 所有权与经营权分离 | 所有权与经营权合一 |
| 7. 管理方式 | 较先进，以现代化管理为主 | 较落后，以家族式管理为主 |
| 8. 企业形式 | 以公司制企业为主 | 以个体、独资和合伙企业为主 |
| 9. 技术条件 | 设备先进，应用现代科技 | 设备落后，手工操作占较大比重 |
| 10. 稳定情况 | 企业经营较稳定 | 企业经营不稳定 |

### 四、企业的功能及强化企业管理的意义

#### （一）企业的功能

企业的功能主要包括以下几个方面：

（1）对社会慈善机构及服务机构而言，可提供救济金、奖学金和各种服务基金。

（2）对政府而言，按期纳税，执行政府的相关政策，与政府共谋经济发展。

（3）对股东而言，报告企业的财务状况及经营情况，分配优厚而平稳的股息，保障股东投资安全。

（4）对职工而言，提供良好的工作环境和合理的工作报酬，提供适当的工作保障，重视工作的安全性，给予员工发表意见的机会。

（5）对顾客而言，提供价格合理的产品或服务，源源不断地供应充足而品质良好的商品，提供优质的服务。

（6）对供应商而言，创造合理的采购条件，准时支付账款。

#### （二）强化企业管理的意义

在宏观经济体制转变、微观企业管理转型的新形势下，企业管理处于更加重要的地位。纵观当前我国的市场主体，其中有超过1亿的小微企业主体，它们拥有旺盛的定制需求但远未得到满足。高度数字化的犀牛工厂，能够承接更多个性化、小批量的订单，但同时又可以保持低成本和高效率。在印刷行业，个性化、小批量的订单比较普遍，对比国外的印刷市场，像欧美、日本印刷企业销售额很多都是超过千亿元人民币的，而中国最大的印刷企业只有百亿元左右。从中可以看出，中国的印刷行业仍有广阔的市场等待企业家去挖掘，这是一个未被满足的巨大的市场，仅仅凭借着当下的业务模式、产品模式、管理模式很难得到快速的提升，因此对企业管理提出了更高的要求。

（1）企业管理是企业长寿的根基，是培育企业核心竞争力的重要途径。生产经营活动是企业的基本活动，企业的主要特征是进行商品生产或提供服务。因此，生产什么样的产品、生产多少产品、什么时候生产产品满足用户和市场的需求，就成为企业经营的重要指标。企业管理就是要把这种处于理想状态的经营目标，通过组织产品制造过程转化为现实。

（2）市场力量对比的变化对企业管理提出更高的要求。在卖方市场条件下，企业是生产型管理。因为产品在市场上处于供不应求的状态，所以只要产品生产出来，就能够卖出去。企业管理关心的是提高生产效率，增加产量。但是，在市场经济条件下，市场变成了买方市场，竞争加剧，市场对商品的要求出现多元化趋势，不但要求品种多、质量高，而且要价格便宜、服务周到、交货准时，这种对产品或服务需求的变化，无疑对加强企业管理提出了新的挑战。

（3）企业领导角色的转化要求强化企业管理。在现代市场经济条件下，企业的高层经理人员应集中精力，做好和企业的长期发展密切相关的经营决策。这需要有一套健全有力的企业管理系统作为保证；否则，如果企业高层经理人员纠缠于日常企业管理活动，则难以做好企业的宏观决策。从这个意义上讲，企业管理属于企业实现可持续发展的基础性工作。

# 第二节　管理的基本理论

## 一、管理的概念及二重性

### （一）管理的概念

人类自有文明以来，即懂得分工与合作，也开始设有各种组织，其目的是希望通过群体的合作，获得较个人分别努力更丰富的成果。例如，政府、军队、教会及企业等就代表了不同的组织，借以解决不同方面的问题。但是，人类组织是一种由具有不同思想、主张的成员所组合而成的。一方面，它不像日月星辰之天体现象，遵循一定的轨迹而进行；另一方面，又不像蚂蚁、蜜蜂之类的生物，自然分工、有条不紊。因此，仅仅维持组织的形式是不够的，还需要这一组织能够密切配合、有效合作，以达成预期的目的，故需要有人对组织的构成要素，如人员、物料、器械、资金及工作方法做一致的协调，使其密切配合，此即一般所谓的管理。简言之，人类为了生存，必须分工合作，因而有了组织的诞生，为了使组织能够发挥其功效，则必须有管理，管理是人类生存所必需的。

不少专家认为，从"管"字的解析来看，上下结构是由"竹＋官"构成的，意即文官，是通过文化来统治。管含管制之意；理即条理、道理。管理亦即通过文化来达到条理化（Management：Man＋age＋ment——有年纪的人可做官）。但究竟什么是管理呢？对此存在着不同的理解。

有人认为，管理就是和人打交道，通过组织别人把某些事情办好；也有人把管理和决策、命令、权力等联系在一起；还有人认为，管理是一种组织活动，是为了达成一定的目标，由一个或更多的人来协调他人的活动，以便收到个人单独活动所不能收到的效果而进行的各种活动，认为管理是组织中协调各分系统的活动，并使之与环境相适应的主要力量。

泰勒对管理的定义为：管理是一门关于怎样建立目标，然后用最好的方法经过他人的努力来达到目标的艺术。

管理科学的创始人之一法约尔认为：管理就是计划、组织、指挥、协调和控制的过程。

管理学家赫伯特·A. 西蒙（Herbert A. Simon）认为：管理就是决策。

美国管理协会对管理的定义为：管理是通过他人的努力来达到目标。

罗宾斯在其《管理学》一书中指出：管理是指同别人一起，或通过别人使活动完成得更有效的过程。

著名管理学家哈罗德·孔茨在其畅销教科书《管理学》中指出：管理是指设计和保持一种良好环境，使人在组织中高效达成既定目标。可以认为，管理的本质是影响员工的行为。

一种普遍被接受的观点是：管理是一个过程，是一个组织或个人为了实现一定的目标所采取的最有效、最经济的行动，是通过计划、组织、领导、控制等环节来协调人力、物力、财力等资源，以期有效地达成组织目标的过程。管理就是对组织的资源进行有效整合以达成组织既定目标与责任的动态创造性活动，是一切组织的集体活动所不可缺少的要素。必须认识到管理是一种组织活动，它绝不等价为命令或权力，利用各种方法处理好各阶层的关系才是管理的关键。

管理是人类共同劳动的产物，只要存在众多人的协同劳动，就需要有管理。管理活动具有普遍性。国外管理专家认为，世界上只有两种人可以不进行管理活动，这些人是要么年龄太小（如婴幼儿），要么年纪太大，要么就是那些在单位里被认为是无能的人。很自然，人的社会性必然要求人生活于某一个人群组织，参与其中的活动。而把众多的人组织起来以后，就必须按照一定的标准进行科学的分工和协作，建立一定的相互关系和秩序。同时，参加群体组织的个人都有各自的任务和目的，个人目的之间、个人与组织目的之间，也常常会产生矛盾和冲突。组织中成员的活动内容和目的的差异性与矛盾性，必然客观上要求协调。没有协调，组织就会处于无序状态，单个人的力量便无法形成集体的合力，组织的目标便无法达成，组织便会解体。而对组织内不同的人群或工作组之间的协调活动，就是管理活动。

**（二）管理的二重性**

管理从其最基本的意义来看，一是组织劳动，二是指挥、监督劳动。管理的二重性是指管理的自然属性和社会属性。一方面，管理是由许多人进行协作劳动而产生的，是有效组织共同劳动所必需的，具有同生产力和社会化大生产相联系的自然属性；另一方面，管理又体现着生产资料所有者指挥劳动、监督劳动的意志，因此，它又有同生产关系和社会制度相联系的社会属性。从管理活动过程的要求来看，既要遵循管理过程客观规律的科学性要求，又要体现灵活协调的艺术性要求，这就是管理所具有的科学性和艺术性。

管理的二重性是马克思主义关于管理问题的基本观点，它反映出管理的必要性和目的性。所谓必要性，是说管理是生产过程固有的属性，是有效组织劳动所必需的；所谓目的性，是指管理直接或间接地同生产资料所有制有关，反映生产资料占有者组织劳动的基本目的。

1. 管理的自然属性

管理是由人类活动的特点所产生的，人类的任何社会活动都必定具有各种管理职能。如果没有管理，一切生产、交换、分配和消费活动都不可能正常进行，社会劳动过程就要发生混乱和中断，社会文明就不能继续。这一点马克思在一百多年前就做了有力的论证："一切规模较大的直接社会劳动或共同劳动，都或多或少地需要指挥，以协调个人的活动，并执行生产总体的运动——不同于这一总体的独立器官的运动——所产生的各种一般职能。一个单独的提琴手是自己指挥自己，一个乐队就需要一个乐队指挥。"可见，管理是人类社会活动的客观需要。

管理也是由社会分工所产生的社会劳动过程的一种特殊职能。管理寓于各种社会活动之中，所以说它是一般职能，但就管理职能本身而言，由于社会的进化，人类分工的发展，早在原始社会就已经有专门从事管理职能的人从一般社会劳动过程中分离出来，就如同有人专门从事围猎、有人专门从事进攻、有人专门从事农业一样。人类社会经过几千年的演变发展，出现了许多政治家和行政官员，专门从事国家的管理；出现了许多军事家和军官，专门从事军队的管理；出现了许多社会活动家，专门从事各种社会团体的管理；出现了许多商人、厂长、企业家、银行家，专门从事商店、工厂、企业、银行的管理；还有许多人专门从事学校、医院、交通运输和人事的管理等。据保守估计，全体就业人员中，至少有30%～40%的人专门从事各类管理工作，他们的职能就是协调人们的活动，而不是直接从事物质产品或精神产品的生产。因此，管理职能早已成为社会劳动过程中不可缺少的一种特殊职能。

管理也是生产力。任何社会、任何企业，其生产力是否发达，都取决于它所拥有的各种经济资源、各种生产要素是否得到有效的利用，取决于从事社会劳动的人的积极性是否得到充分的发挥，而这两者都有赖于管理。在同样的社会制度下，企业外部环境基本相同，有不少企业其内部条件如资金、设备、能源、原材料、产品及人员素质和技术水平基本类似，但经营结果、所达到的生产力水平却相差悬殊。同一个企业有时只是更换了企业主要领导，如换了厂长，企业就可能出现新的面貌。其他社会组织也有类似情况，其原因也在管理，由于不同的领导人采用了不同的管理思想、管理制度和管理方法，就会产生完全不同的效果。这样的事例不胜枚举，大量事实证明管理也是生产力。科学技术是生产力，但科学技术的发展本身也需要有效的管理，并且也只有通过管理，科学技术才能转化为生产力。

管理的上述性质并不以人的意志为转移，也不因社会制度意识形态的不同而有所改变，这完全是一种客观存在，所以称之为管理的自然属性。

2. 管理的社会属性

管理是为了达到预期的目的所进行的具有特殊职能的活动。谁的预期目的？什么样的预期目的？实质上就是"为谁管理"的问题。

在人类漫长的历史中，管理从来就是为统治阶级、为生产资料的占有者服务的。管理也是一定社会生产关系的反映。国家的管理、企业的管理，以至于各种社会组织的管理概莫能外。以资本主义企业管理为例，列宁有过十分深刻的分析："资本家所关心的是怎样为掠夺而管理，怎样借管理来掠夺。"因此，资本主义企业管理的社会属性具有剥削性。

（三）管理的主体、客体与对象

1. 管理的主体

管理的主体即管理者。

2. 管理的客体

管理的客体是指管理者执行管理职能、实现管理目标时所作用的人或事（亦即管理对象）。

3. 管理的对象

管理对象包括：①人——管理对象的核心要素。②财、物、时间、信息。③人和物质相结合而形成的各种活动（产、供、销等）。

管理是为组织设立目标，探求并选择达成此目标之策略及详细程序，并在达成目标的过程中，注意人员、金钱、物料、机器、信息、方法等构成要素是否相互密切配合，若否，则采取矫正措施，以期顺利实现组织的目标，完成其任务。管理是一切有组织的集体活动所不可缺少的要素，是一种组织活动，但它绝不等价为命令或权力。

### （四）管理与领导

在日常生活中，人们常常把领导和管理当作同义词，好像领导过程就是管理过程，领导者就是管理者。实际上，领导与管理是两个具有不同含义的概念。

从本质上说，管理是建立在合法的、有报酬的和强制性权力基础上对下属命令的行为，下属必须遵循管理者的指示。在这个过程中，下属可能尽自己最大的努力去完成任务，也可能只尽一部分努力去完成工作。而领导可能建立在合法的、有报酬的和强制性权力基础上。但是，领导更多的是建立在个人影响权和专长权以及模范作用的基础之上。

领导与管理的区别在于：管理的范围小于领导的范围，而管理者的范围则大于领导者的范围。据研究，主管人员的职权管理只能发挥职工能力的60%左右；主管人员的引导和鼓励能力所激发出的职工能力为40%左右。一个人可能既是管理者，也是领导者，但是，管理者和领导者两者分离的情况也是有的。如一个人可能是领导者但并不是管理者。非正式组织中最具影响力的人就是典型的例子，组织没有赋予他们职位和权力，他们也没有义务去负责企业的计划和组织工作，但他们却能引导和激励甚至命令自己的成员。一个人可能是管理者，但并不一定是领导者。领导的本质就是被领导者的追随和服从，它不是由组织赋予的职位和权力所决定的，而是取决于追随者的意愿，因此，有些具有职权的管理者可能没有部下的服从，也就谈不上真正意义上的领导者。从企业的工作效果来看，应该选择好的领导者从事管理工作。非正式组织中有影响力的人参与企业正式组织的管理，会大大提高管理的成效。

领导者与管理者的区别如表1-2所示。

表1-2　领导者与管理者的区别

| 管理者 | 领导者 |
| --- | --- |
| 理性的 | 有洞察力 |
| 坚持不懈 | 灵活的 |
| 善于解决问题 | 善于鼓舞人 |
| 意志坚强 | 勇敢 |
| 分析力强 | 有想象力 |
| 有条文的 | 有创新精神 |
| 计划周密 | 鼓励变革 |

## 二、管理既是一门科学，又是一种艺术

20 世纪以来，管理知识逐渐系统化，并形成了一套行之有效的管理方法，部分内容是科学，部分内容是艺术。经过系统整理的管理知识是科学，管理知识的应用，亦即管理的实践是艺术。

### （一）管理的科学性

科学是反映自然、社会、思维等客观规律的分科的知识体系。管理的科学性是指管理作为一个活动过程，存在着一系列基本客观规律。人们经过无数次的失败和成功，通过从实践中收集、归纳、检测数据，提出假设，验证假设，从中抽象总结出一系列反映管理活动过程客观规律的管理理论和一般方法。人们利用这些理论和方法来指导自己的管理实践，又以管理活动的结果来衡量管理过程中所使用的理论和方法是否正确、是否行之有效，从而使管理的科学理论和方法在实践中得到不断的验证和丰富。因此说，管理是一门科学，是以反映管理客观规律的管理理论和方法为指导，有一套分析问题、解决问题的科学的方法论。

说管理是一门科学，是指管理是由一些概念、原理、原则和方法构成的科学知识体系，是有规律可循的。一方面，要求管理者必须认真学习管理理论，把握管理的思想、理念和管理活动的规律；另一方面，管理作为一门科学知识，是可以通过学习和传授而掌握的，一个优秀的管理者，必须经过系统的管理知识的学习和训练。

### （二）管理的艺术性

管理是艺术，是因为管理需要创造性，不能机械照搬。管理的艺术性就是强调其实践性，没有实践则无所谓艺术。在管理中，管理者既要用到管理知识，又不能完全依赖管理知识，必须发挥创造性，根据不同的情况采取不同的方法来实现目标。管理人员在管理中要学会灵活应用知识，使组织活动达到最大效果。这就是说，仅凭书本上的管理理论，或背诵原理和公式来进行管理活动是不能保证其成功的。管理者必须在管理实践中发挥积极性、主动性和创造性，因地制宜地将管理知识与具体管理活动相结合，才能进行有效的管理。所以，管理的艺术性就是强调管理活动除了要掌握一定的理论和方法外，还要有灵活运用这些知识和技能的技巧和诀窍。

管理知识在运用时具有较大的技巧性、创造性和灵活性，很难用规律或原理把它束缚起来，它有很强的实践性。同一件事情，因时间、地点、人物不同，不能用同一办法来解决，就是说，仅有原理或理论知识还不能保证管理实践的成功。学校是培养不出"成品"经理来的，要成为一名高水平的管理者，除了掌握管理科学的基本知识外，还必须经过管理实践的长期锻炼，必须有一个经验积累的过程。

### （三）管理是科学性与艺术性的结合

从管理的科学性与艺术性可知，有成效的管理艺术是以对它所依据的管理理论的理解为基础的。因此，两者之间不是互相排斥，而是互相补充的。如前所述，靠"背诵原理"来进行管理活动，必然是脱离或忽视现实情况的无效活动；而没有掌握管理理论和基本知识的管理者，在进行管理时必然是靠碰运气、靠直觉或过去的经验办事，很难找

到对管理问题可行的、令人满意的解决办法。所以，管理的专业训练不可能培训出"成品"的主管人员，但却是通过实践进一步培训主管人员的一个良好的开端，它为培养出色的主管人员在理论知识方面打下坚实的基础。当然，仅凭理论也不足以保证管理的成功，人们还必须懂得如何在实践中运用它们，这一点也是非常重要的。美国哈佛商学院企业管理教授列文斯敦在担任某研究所所长和管理系统公司总经理期间，通过对大量获得管理学硕士学位的人在实际管理工作中的实践进行研究，发现他们在学校里的成绩同管理上获得的业绩之间并无直接关系。

因此，管理既是一门科学，又是一门艺术，是科学与艺术的有机结合体。管理的这一特性，对于学习管理学和从事管理工作的主管人员来说也是十分重要的，它可以促使人们既注重管理基本理论的学习，又不忽视在实践中因地制宜地灵活运用，这一点是管理成功的重要保证。

管理的艺术性反映的是千变万化的管理现象，而管理的科学性则反映了纷繁复杂的现象中的规律，并使之上升为理论、原理和方法。因此，两者不是互相排斥，而是相互补充和转化的。管理艺术可以上升为科学理论，管理艺术又需要理论的指导；管理科学理论的运用也必须讲究艺术，管理是科学性和艺术性的有机统一。

也有专家认为，一个管理者的能力 = 科学知识 + 管理艺术 + 经验的积累，并且指出，一个现代管理者如果仅具备管理的艺术和经验，其成功的概率只有 50%；如果仅掌握了管理的科学知识，其成功的概率也只有 50%。这种观点表明，管理既是科学又是艺术。

# 第三节　企业目标与企业社会责任

## 一、企业目标

所谓企业目标，是企业在一定时期内要达到的目的和要求，一般用概括的语言或数量指标加以表示。企业目标既要包含组织发展目标，又要反映个人发展目标。如发展生产、扩大市场、革新技术、增加盈利、提高职工收入和培训职工等方面的要求，都要用目标表示出来。一个企业，要实现一定的目标愿景和追求，通常是将这些目标和追求转化为在一定时期内要达到的规定性成果——目标，并通过达到这些成果去实现企业的目标。

目标对于人们开展活动具有引导和激励作用，可以统一和协调人们的行为，使人们的活动有明确的方向；可以激发人们的工作热情；可以衡量人们的工作业绩。对于一个企业来说，如果没有明确的目标，企业的生产经营活动就会没有方向，管理就会杂乱无章，企业的所有活动就不能获得良好的成效。

企业目标一般通过一定的规定性项目和标准来表达，可以定性描述，也可以定量描述，任何目标都是质和量的统一体。对目标进行定性描述，可以阐明目标的性质与范围；对目标进行定量描述，可以阐明目标的数量标准。企业的目标往往是一个目标体系。从目标的结构看，企业目标可分为主要目标和次要目标、长期目标和短期目标、定性目标和定量目标。企业在一定时期内所要达到的目标习惯上可划分为企业对社会的贡献目标、市场目标、发展目标和企业利润目标等方面，具体可表现为产品品种、产量、质量、固定资产规模、市场占有率、利润额、上缴税金和福利基金等方面的目标。

### （一）社会贡献目标

社会贡献目标应是现代企业的首要目标。企业能否生存下去，取决于它是否能取得较好的经济效益、社会效益和生态效益。企业能否发展，取决于企业生产的产品或提供的服务是否能满足社会需要。企业对社会的贡献是通过它为社会创造的实物量和价值量来表现的。因为，企业之所以能够存续和发展，就是由于它能够为社会做出某种贡献，否则就失去了存在价值。目前，我国制造业仍然存在能耗高、效率低、产品同质化严重、附加值低等问题，缺乏核心竞争力。推行批量化、个性化、定制化的生产模式，可以实现将需求侧与工厂的供给侧打通，能够更加有效地利用产能，实现供给侧结构性改革，合理地分配闲置生产资源，让资源尽可能地得到充分利用，避免造成资源浪费的现象，还能够提高生产效率，能够更准确地把握消费者的特性与偏好，以便满足不同客户的要求，扩大经营规模，提高企业的经济效益和社会效益。所以，每个企业在制定目标时，必须根据自己在社会经济中的地位，确定其对社会的贡献目标。企业对社会的贡献，是通过为社会创造的使用价值和价值来表现的，因此，贡献目标可以表现为产品品种、质量、产量和缴纳税金等方面。

### （二）市场目标

市场是企业的生存空间，企业的生产经营活动与市场紧密联系。确定市场目标是企业经营活动的重要方面。广阔的市场和较高的市场占有率，是企业进行生产经营活动和稳定发展的必要条件。因此，企业要千方百计地扩大市场销售半径，提高市场占有率。市场目标可用销售收入总额来表示。为了保证销售总额的实现，企业还可制定某些产品在地区的市场占有率作为辅助目标。企业经营能力的大小，要看其占有市场的广度和深度以及市场范围和市场占有率的大小。市场目标既包括新市场的开发和传统市场的纵向渗透，也包括市场占有份额的增加。对有条件的企业，应把走向国际市场、提高产品在国外市场的竞争能力列为重要目标。

### （三）利益与发展目标

利益目标是企业生产经营活动的内在动力。利益目标直接表现为利润总额、利润率和由此决定的公益金的多少。利润是销售收入扣除成本和税金后的差额。无论是企业的传统产品还是新产品，其竞争能力都受到价格的影响。企业为了自身的发展和提高职工的物质利益，必须预测出未来各个时期的目标利润。企业要实现既定的目标利润，应通过两个基本途径：一是发展新产品，充分采用先进技术，创名牌产品，取得高于社会平均水平的利润；二是改善经营管理，采取薄利多销，把成本降低到社会平均水平之下。对于企业来说，前者需要较高的技术，难度较大，后者能够保持较高的市场占有率和长期稳定的利润率，而且能给消费者带来直接利益。所以目标利润是综合性的指标，它是企业综合效益的表现。利益目标不仅关系到员工的切身利益，也决定着企业的长远发展。企业经营管理的内在动力，是它的物质利益和发展目标。企业要在一定时期内，根据经营思想和经营方针的要求，制定自己的利益与发展目标。

### （四）成本目标

成本目标是指在一定时期内，为达到目标利润，在产品成本上达到的水平。它是用数字表示的一种产品成本的发展趋势，是根据所生产产品的品种数量、质量、价格的预测和目标利润等资料来确定的，是成本管理的奋斗目标。确定目标成本时，要对市场的需要、产品的售价、原材料、能源、包装物等价格的变动情况和新材料、新工艺、新设备的发展情况进行分析，结合企业今后一定时期内在品种、产量、利润等方面的目标，以及生产技术、经营管理上的重要技术和组织措施，从中找出过去和当前与成本有关的因素，取得必要的数据，根据这些数据和企业本身将要采取的降低成本的措施，制定出近期和远期的目标成本。

### （五）人员培训目标

提高企业素质的一个重要方面是提高员工的业务、技术、文化和政治素养。企业贡献的大小、企业的兴旺发达都与此有关。要使员工具有专业技术的开发能力，就要在员工培训上下功夫。企业的经营方针和目标明确以后，需要有相应素质的人来实施完成。所以，企业一定时期的员工培养目标是保证各项新技术和其他各个经营目标实现的根本条件。

## 二、企业社会责任

### （一）企业社会责任的概念

企业是构成现代社会经济的细胞，谋求企业长寿是所有企业家所追求的目标，企业的成长需要良好的环境。在企业发展过程中，它既为社会提供有用的产品和服务，同时也会产生大量的废品、废水、废气和废渣，对社会发展构成极大的威胁。企业的发展必须重视这些负面影响，树立社会责任感。

20 世纪 90 年代中期开始，全球范围内开始了声势浩大的"企业社会责任运动"，1997 年，全球第一个关于企业道德的自愿性国际标准——社会责任标准（SA8000 标准）出台，内容涉及童工、强迫性劳动、健康与安全、歧视、惩戒性措施、劳动时间、工资、管理体系等方面。其宗旨是通过发展和实施社会责任标准，促进工人工作条件的改善和增进劳资双方的理解。1999 年，美国推出"道琼斯可持续发展指数"；2001 年，澳大利亚推出社会信誉指数；2002 年，联合国推出呼吁全球企业界遵守社会责任的《联合国全球契约》。"社会责任"已经成为发达国家的商业惯例和企业家精神的重要内容。

企业社会责任这一概念最早是由欧洲发达国家提出的，近年来这一思想广为流行，连《财富》和《福布斯》这样的商业杂志在企业排名评比时都加上了"社会责任"标准，可见西方社会对企业社会责任的重视。

所谓企业社会责任，是指企业在创造利润，争取自身生存发展的过程中，面对社会的需要和各种社会问题，为维护国家、社会和人类的利益，所应该履行的义务。企业不仅要对股东承担法律责任，同时还要承担对员工、消费者、环境和居民的责任。企业在经营过程中，除了要考虑投资人的利益或企业本身的利益之外，还应当考虑与企业行为有密切关系的其他利益群体及社会的利益，除了要考虑其行为对自身是否有利外，还应考虑对他人是否有不利的影响，如是否会造成公害、环境污染、资源浪费等。企业作为一个商品生产者和经营者，它的义务就是为社会经济的发展提供各种所需要的商品和劳务。企业的身份和地位，决定了它在国民经济体系中必须对国家、社会各方面承担责任。企业的社会责任要求企业必须超越把利润作为唯一目标的传统理念，强调再生产过程中对人的价值的关注，强调对消费者、环境和社会的贡献。

**（二）企业重视社会责任的意义**

企业社会责任是指企业在争取自身生存和发展的过程中，面对社会的需要和各种社会问题，为维护国家、社会和人类的利益所应该履行的义务。重视社会责任是企业长寿的重要基因。从企业本身的性质讲，它是现代社会中从事生产、流通、服务和社会生活环境改善等一系列活动的社会经济组织，其活动并不是绝对独立的；从生产经营的客观因素上讲，一个企业的生存和发展，必须具备一定的环境。企业是生长在一个庞大环境系统中的生命体，其生命力直接受到各个环境因子的影响。企业要保持生命力，必须与周围环境经常进行物质、能量和情报交流，适应环境动态，如果环境发生了变化，企业就必须灵活地加以应对，只有这样，企业才能长久地生存下去，否则，企业的生命力就难以维持。从这个角度讲，企业绝不是独立的"小王国"。

对一个企业来讲，周围环境的好坏并不是由它自身决定的，而是由政府、居民、企业共同创造的，没有良好的社会秩序，没有全社会范围内的共产主义理想和价值观的教育，没有国家的扶植和资助，没有社会居民提供的劳动力和消费能力，一个企业要想顺利成长是不可能的，这是企业必须讲求社会责任的外部原因。从企业本身来讲，它的生产经营活动与社会的关系极为密切。严酷的现实告诉我们，企业除要重视经济效益之外，还必须讲求社会效益和环境效益，重视社会责任（见图1-9）。

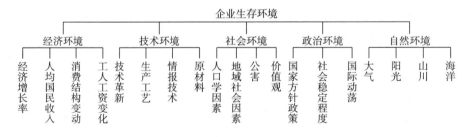

**图1-9 企业的生存环境**

**（三）企业社会责任的内容**

现代企业莫不以成长为其最高目标，企业家必须明白，有财富没有责任、有资本没有道德、有地位没有良知，都是残缺不全的社会力量。只有财富和社会责任的结合才能真正赢得社会的尊重。

关于企业社会责任所包含的内容，学术界有着不同的理解。厉以宁（2005）认为，要从三个方面来加以认识：一是企业最重要的社会责任就是为社会提供优质的产品、优质的服务，出人才、出经验。企业出了好产品、出了好成果，这样的话就会增加社会的就业。二是企业必须重视经济增加的质量。因为经济增加质量最重要的是资源消耗不断降低，如果只顾自己产量上去而资源消耗量扩大，这是违背了自己的社会责任的。三是企业社会责任要为社会的和谐做出贡献。因为企业生活在群体当中、社会当中，必须关心社会群体。魏杰（2005）认为，企业社会责任一般应包括三大内容，即为政府提供税收、为社会提供就业机会、为市场提供产品或服务。企业承担的社会责任包括的具体内容有很多，主要社会责任包括以下几个方面：

1. 企业对员工和股东的责任

企业在生产经营活动中使用员工的同时，要保护员工人身安全和身体健康，培养和提高员工的政治、文化、技术等多方面素质，保护员工合法权益，创造良好的工作环境，提供合理的工作报酬和适当的工作保障，重视工作的安全性。对股东而言，应报告企业的财务状况及业务实况，分配优厚而平稳的股息，保障投资安全。

2. 企业对社区的责任

企业对其所处的社区有维护社区正常环境，适当参与社区教育文化发展、环境卫生、治安等公益事业的责任。

3. 企业对生态环境的责任

气候变化是一个全球性的问题，随着二氧化碳不断排放，温室气体猛增会对生命系统造成威胁，碳排放与经济发展密切相关，经济发展需要消耗能源。我国由此提出碳达峰和碳中和目标。碳达峰的含义是二氧化碳达到最高值以后逐渐从高处往下降；碳中和的含义是工厂或企业产生的二氧化碳，通过种植树木、建筑节能、节约用煤、节约用油、节约用电等形式，来相抵自身产生的二氧化碳，从而实现零排放二氧化碳。这个目标的提出，就意味着在将来我们的生产方式、生活方式都要发生深刻的变化。

习近平总书记在党的十九大报告中提出了要坚持人与自然和谐共生。建设生态文明是中华民族永续发展的千年大计。必须树立和践行"绿水青山就是金山银山"的理念，坚持节约资源和保护环境的基本国策，像对待生命一样对待生态环境。这足见党中央对保护生态环境的重视。在生态环境问题上，企业应当为所在的社区、区域、国家或社会，乃至全人类的长远利益负起责任。企业作为自然资源（能源、水源、矿产资源等）的主要消费者，应当承担起节约自然资源、开发资源、保护资源的责任。企业应防止对环境造成污染和破坏，要整治被污染破坏了的生态环境。环境道德是企业承担社会责任的核心内容。我国正处于推动经济高质量发展的新时代，环境问题特别突出。传统的经营理念在很大程度上没有考虑环境伦理和环境道德。现代社会，企业生产经营的理念虽然发生了一些变化，但有害于环境的行为依然存在，其中最常见的是利己主义行为和短期行为。企业利己主义行为对环境的影响主要表现为在生产过程中只考虑自身的利润，而不考虑环境代价或环境成本，只要能产生一点点利润，即便消耗大量的资源，也会乐此不疲。利己主义行为动机和企业本位主义思想使企业不可能站在社会角度考虑这些问题。

4. 企业对国家的责任

企业对国家的责任涉及社会生活中政治、法律、经济、文化等各个领域，如企业遵守国家大政方针、法律政策；遵守国家关于财务、劳动工资、物价管理等方面的规定，接受财税、审计部门的监督；自觉照章纳税；贯彻政府的相关产业政策，与政府共谋经济的发展。

5. 企业对消费者和社会的责任

企业向消费者提供的产品和服务，应能使消费者满意，并重视消费者即社会的长期福利，致力于社会效益的提高，如向消费者提供商品、服务信息，注意消费品安全，强调广告责任，维护社会公德等，都是企业对消费者应尽的责任。近代管理大师彼得·德鲁克（Peter F. Drucker）有句名言："不创新，就死亡。"就是说，现代企业要想永远存续，不但需要在技术方面不断改进，不断研究发展，而且要主动去了解顾客，满足顾客的需要，进而创造顾客的需要，否则必遭淘汰。社会责任是现代企业家精神的核心要素，慈善公益是社会责任的重要体现。据福布斯慈善榜统计，过去 10 年里，美国富豪的慈善捐款总额超过 2000 亿美元。其中，比尔·盖茨捐赠 230 亿美元，占其净资产的一半以上，相比之下，中国 1000 万家注册登记的企业中，有过捐赠记录的不足 1%，中华慈善总会所获捐赠 70% 都是来自国外和中国港台地区，国内富豪们的捐赠不到 15%。

利润、员工福利和社会责任构成了企业存续的三个基本因素。企业的一切经营活动，尤其是扩展，无不借资金以成之，而资金最可靠的来源乃是企业的盈余，企业的利润是企业存续的第一要素。企业是由生产设备和员工组成的一种经济组织，而人是机器设备的主宰者，生产效率的高低受人为因素的影响最大，因此现代企业为求生存，必须尊重员工，关注员工的福利，以提高士气，建立互信。企业是构成整个社会的一部分，若不重视社会大众的利益，甚至剥夺其利益，妨害社会安宁，污染环境，则必遭到谴责和抵制，以致不能生存。

必须看到，市场经济下的企业与社会有着千丝万缕的联系。社会是企业的生存环境，没有一个好的环境，企业也难以生存。企业的生死存亡、发展壮大或被淘汰出局，都要由社会来承接它失败的代价。因此，企业与社会有一个共荣的关系，企业必须重视其社会责任。任何企业在市场经济环境中要想赢得竞争优势，保持良好的成长性、稳定性、收益性和安全性，必须牢固树立信用意识，重视社会责任。

# 第四节　现代管理原理

管理原理是指经营和管理企业必须遵循的一系列最基本的管理理念和规则。目前，关于管理基本原理的表述，存在着不同的观点，可以说是仁者见仁，智者见智，意见颇不一致，本书仅介绍其中的主要观点。

## 一、系统原理

### （一）系统的概念

所谓系统，是由两个或两个以上相互区别又相互联系、相互作用的要素组成的，具有特定功能的有机整体。包括三个方面的含义：①系统由两个以上的要素组成；②各要素之间存在着有机的联系；③整体具有新的功能和性质。

### （二）系统的基本特征

系统的构成包含三个方面，即要素、系统和环境。系统本身又是它从属的一个更大系统的组成部分。从管理的角度看，系统一般具有以下基本特征：

（1）目的性。任何系统的存在，都是为了一定的目的，为达成这一目的，必须有其特定的结构与功能，系统的目的包括整体目的和分目的两个方面。

（2）整体性。系统内部各要素之间及系统与环境之间存在着有机联系。任何系统都不是各个要素的简单集合，而是各个要素按照总体系统的同一目的，遵循一定规则组成的有机整体，同时依据总体要求协调各要素之间的相互联系，使系统整体功能达到最优。

（3）层次性。系统的结构是层次分明、主次分明的。任何系统都是由分系统构成的，分系统又是由子系统构成的。最下层的子系统是由组成该系统基础单元的各个部分组成的。

（4）独立性。任何系统都不能脱离环境而孤立存在，只能适应环境，只有既受环境影响又不受环境左右而独立存在的系统，才是具有充分活力的系统。

（5）开放性与环境适应性。系统必须适应环境并满足环境变化的要求，管理过程必须不断地与外部社会环境交换能量与信息。整体上来说，印刷业属于国家所限制的加工制造业，近年来大量印刷企业从大城市中心迁往郊区或三线以下城市，整体生存环境不容乐观。

（6）交换性。管理过程中各种因素都不是固定不变的，组织本身也处于不断的变革中。

（7）相互依存性。管理的各要素之间是相互依存的，而且管理活动与社会相关活动之间也是相互依存的。

（8）控制性。有效管理系统必须有畅通的信息与反馈机制，使各项工作能够及时有效地得到控制。

---

**案例：皇宫修复工程**

宋真宗祥符年间，由于皇城失火，宫殿被全部烧毁，皇帝命一个名叫丁谓的大臣全权负责皇宫的修复工程。怎样才能修复得又快又好呢？经过反复考虑，他提出了一套完整的施工方案：首先，把皇宫前面原有的一条大街挖成沟渠，用挖出的土烧砖，从而就地就近解决部分建筑材料问题；其次，再利用这条沟渠，同开封附近的汴水接通，形成航道，运进沙石木材等，使用了当时最经济有效的运送方式——水运，节省了大量人力、物力、财力和时间；最后，在皇宫修复后撒水，并用废弃物填沟，修复了原大街，第三次利用了这条沟渠，处理了废物，又节约了运输，其中所体现出的系统思想是极其典型的。它自始至终将皇宫的修复工程看成一个整体，把快、好、省巧妙地结合起来，并有步骤地达到了预定的目的。

### （三）企业管理系统的特点

企业管理系统是一个多级多目标的大系统，它本身又是国民经济庞大系统的一个组成部分。企业管理系统具有以下主要特点：

（1）企业管理系统具有统一的生产经营目标，即生产适应市场需要的产品，提供优质的服务，提高经济效益。

（2）企业管理系统的总体具有可分性，即可将企业管理工作按照不同的业务需要分解为若干个不同的分系统或子系统，使各个分系统、子系统互相衔接、协调，以产生协同效应。

（3）企业管理系统的建立要有层次性。各层次的系统组成部分必须职责分明，各司其职，具有各层次功能的相对独立性和有效性，高层次功能必须统帅其下层次功能，下层次功能必须支撑上层次功能的有效发挥。

（4）企业管理系统必须具有相对的独立性。任何企业管理系统都处在社会经济发展的大系统之中，因此，必须适应这个环境，但又要独立于这个环境，才能使企业管理系统处于良好的运行状态，达到企业管理系统的最终目的——获利。

## 二、分工原理

分工原理产生于系统原理之前，但其基本思想却是在承认企业及企业管理是一个可分的有机系统前提下，对企业管理的各项职能与业务按照一定的标准进行适当分类，并由相应的单位或人员来承担各类工作，这就是管理的分工原理。分工是生产力发展的要求，早在17世纪机器工业开始形成时期，英国经济学家亚当·斯密就在其《国民财富的性质和原因的研究》一书中，系统地阐述了劳动分工的理论。20世纪初，被尊为"科学管理之父"的泰罗又做了进一步的发展。分工的主要好处是：

（1）分工可以提高劳动生产率。劳动分工使工人重复完成单项操作，从而提高劳动的熟练程度，带来劳动生产率的提高。

（2）分工可以减少工作损失时间。劳动分工使工人长时间从事单一的工作项目，中间不用或减少变换工作，从而减少损失时间。

（3）分工有利于技术革新。劳动分工可以简化劳动，使劳动者的注意力集中在一种特定的对象上，有利于劳动者创造新工具和改进设备。

（4）分工有利于加强管理，提高管理工作效率。自泰罗将管理业务从生产现场分离出来之后，随着现代科学技术和生产的不断发展，管理业务也得到了进一步的划分，并成立了相应的职能部门，配备了有关专业人员，从而提高了管理工作效率。

分工原理适用范围广泛。分工要讲究实效，要根据实际情况进行认真分析。一般企业内部分工既要职责分明，又要团结协作，在分工协作的同时要注意建立必要的制约关系。分工不宜过细，界定必须清楚，才能避免推诿、扯皮现象的出现。在专业分工的前提下，按岗位要求配备相应技术人员，是企业产品质量和工作质量得到保证的重要措施。

## 三、弹性原理

弹性原理是指企业为了达到一定的经营目标，在外部环境或内部条件发生变化时，有能力适应这种变化，并在管理上表现出灵活的可调节性。现代企业是国民经济巨系统中的一个子系统，其投入与产出都离不开国民经济这个巨系统。它所需要的生产要素由国民经济各个部门向其投入，它所生产的产品又需要向其他部门输出。可见，国民经济巨系统是企业系统的外部环境，是企业不可控制的因素，而企业内部条件则是企业自身可以控制的因素。当企业外部环境发生变化时，企业可以通过改变内部条件来适应这种变化，以保证达到既定的经营目标。

弹性原理在企业管理中应用范围很广。计划工作中留有余地的思想、仓储管理中保险储备量的确定、新产品开发中技术储备的构想、劳动管理中弹性工作时间的应用等，都在管理工作中得到广泛的应用，并且取得较好的效果。

## 四、效益原理

### （一）效益原理的内容

效益原理就是在一切工作中，力图以最小的投入和耗费，获取最大的社会效益和经济效益。效益是指某一特定系统运转后所产生的实际效果和利益，包括经济效益、社会效益、生态环境效益等众多方面，基本公式为：价值＝效用/耗费。

苛希纳定律是西方管理学中一条著名的定律，其基本含义是：如果实际管理人员比最佳人数多 2 倍，工作时间就要多 2 倍，工作成本就要多 4 倍；如果实际管理人员比最佳人数多 3 倍，工作时间就要多 3 倍，工作成本就要多 6 倍。就我国印刷企业的整体发展状况来看，企业人均效率低下。以人均产值为例，美国印刷业是 100 万～150 万元，中国印刷业则只有 30 万~40 万元，这中间的差距主要是因整体生产模式落后、大量依靠人工去处理本可以自动化的工作导致的。近年来，印刷业诸多领域进入红海竞争，出版、商务印刷乃至包装印刷企业，都陷入了拼价格的恶性循环，对行业健康产生诸多不利的影响。

提高经济效益是社会主义经济发展规律的客观要求，也是企业的追求。企业在生产经营管理过程中，一方面要努力设法降低消耗、节约成本；另一方面又要努力生产适销对路的产品，保证质量，增加附加值。从节约和增产两个方面来提高经济效益，以求得企业的生存与发展。企业在提高经济效益的同时，也要注意提高社会效益。一般情况下，经济效益与社会效益是一致的，但有时也会发生矛盾，此时，企业应从大局出发，首先要满足社会效益，在保证社会效益的前提下，最大限度地追求经济效益。

### （二）追求效益应处理好的几个关系

（1）效率与效益的关系：效益 = 正确的目标 × 效率。

（2）经济效益与社会效益的关系：经济效益服从社会效益，社会效益兼顾经济效益。

（3）宏观效益与微观效益的关系。

（4）长远利益与眼前利益的关系。

**寓言：** 从前，有两个饥饿的人得到了一位长者的恩赐：一根鱼竿和一篓鲜活硕大的鱼。其中，一个人要了一篓鱼，另一个人要了一根鱼竿，于是他们分道扬镳了。得到鱼的人原地就用干柴搭起篝火煮起了鱼，他狼吞虎咽，转瞬间，连鱼带汤就被他吃了个精光，不久，他便饿死在空空的鱼篓旁。另一个人则提着鱼竿继续忍饥挨饿，一步步艰难地向海边走去，可他还没走到大海，就饿死在路上。

**启示：** 一个只顾眼前利益的人或企业，得到的只能是短暂的欢愉；一个想着长远利益而不顾眼前利益的人或企业，也会遇到现实的窘迫和困难。只有把理想和现实结合起来，才可能取得成功。

### 五、以人为本原理

**（一）人性观的演变**

（1）经济人的观点认为，人的一切行为都是为了获取报酬、满足私利。

（2）社会人的观点认为，良好的人际关系是调动人的积极性的主要因素，而物质刺激则是次要因素。

（3）自我实现人的观点认为，人是自我激励、自我管理的。

（4）复杂人的观点认为，人在不同的环境下将呈现出不同的人性特点。

**（二）以人为本原理的内容**

（1）人具有双重身份，既是管理的主体，又是管理的客体。

（2）人是复杂人。

（3）调动人的积极性是有效管理的前提。

（4）管理最终是为了人类自身。

**（三）坚持以人为本应遵循的原则**

（1）能级原则，即知人善任、动态对应、责权利对等。

（2）动力原则，即物质动力、精神动力、信息动力等。

（3）民主与集中原则，即既要坚持民主管理，又要坚持统一的命令和指挥。

### 六、激励原理

激励是指通过科学的管理方法激励人的内在潜力，使每个人都能在组织中尽其所能、展其所长，为完成组织规定的目标而自觉勤奋地工作。人是生产力诸要素中最活跃的因素，创造团结和谐的环境，满足职工不同层次的需求，正确运用奖惩办法，实行合理的按劳分配制度，开展不同形式的劳动竞赛等，都是激励原理的具体应用，都能较好地调动人的劳动热情，激发人的工作积极性，从而达到提高工作效率的目的。

激励理论主要有需求层次理论、期望理论等。严格地说，激励有两种模式，即正激励和负激励。对工作业绩有贡献的个人实行奖励，在更大程度上调动其积极性，完成更艰巨的任务，属于正激励；对于个人原因而使工作失误且造成一定损失的人实行惩罚，迫使其吸取经验教训，做好工作，完成任务，属于负激励。在管理实践中，按照公平、公正、公开、合理的原则，正确运用这两种激励模式，可以较好地调动人的积极性，激发人的工作热情，充分挖掘人的潜力，把工作做得更好。

### 七、动态原理

动态原理是指企业管理系统随着企业内外环境的变化而不断更新自己的经营观念、经营方针和经营目标，为达到此目的，必须相应改变有关的管理方法和手段，使其与企业的经营目标相适应。企业是不断发展的，运动是绝对的，不动是相对的，因此企业既要随着经营环境的变化，适时地变更自己的经营方法，又要保持管理业务上的适当稳定，没有相对稳定的管理秩序，也就失去了高质量的管理基础。

## 八、创新原理

创新原理是指企业为实现总体战略目标，在生产经营过程中，根据内外环境变化的实际，按照科学态度，不断否定自己，创造具有自身特色的新思想、新思路、新经验、新方法、新技术，并加以组织实施。

美国经济学家克莱顿·克里斯坦森在《繁荣的悖论》一书中提到，创新可以细分为持续性创新、效率式创新和开辟式创新三种形态。他认为最重要的创新是开辟式创新，它把原本复杂昂贵的产品变得更实惠，实现产品与服务的大众化，让更多人买得起、用得上。印刷包装行业与老百姓的生活息息相关，传统制造业的追求方向是强大的规模化生产能力，但在新消费时代，消费者开始追求个性化、多元化、小批量的品质消费，用户也有大量的营销物料、包装、宣传等各种印刷制品设计及生产的需求。所以从用户的角度出发，开展印刷行业的小批量、个性化、定制化的业务模式，就属于开辟式创新、增量创新。从技术方面来看，数字印刷是代表印刷科技发展未来的重要发展方向，我国在数字印刷核心技术方面严重依赖国外，不仅在喷墨墨头、静电成像硒鼓等核心部件方面，在数字印刷的软件系统集成和软硬件综合集成方面也缺乏自主创新和核心技术，成为制约我国印刷产业发展未来的"卡脖子"问题，此问题不解决，要想成为"印刷强国"就没有根基。为此，政府应组织各方力量开发形成具有自主知识产权、不被国外牵着鼻子走的数字印刷技术系统，可以考虑下设：①高精度喷墨墨头研发；②数字印刷软件系统研发；③数字印刷机械及控制系统研发；④数字印刷装备系统集成；⑤数字印刷材料（油墨）研发；等等。

企业创新一般包括产品创新、技术创新、市场创新、组织创新和管理方法创新等。产品创新主要是提高质量，扩大规模，创立名牌；技术创新主要是加强科学技术研究，不断开发新产品，提高设备技术水平和职工队伍素质；市场创新主要是加强市场调查研究，提高产品市场占有率，努力开拓新市场；组织创新主要是企业组织结构的调整要契合企业发展的需要；管理方法创新主要是企业生产经营过程中的具体管理技术和管理方法的创新。

## 九、可持续发展原理

可持续发展原理是指企业在整个生命周期内，随时调整自己的经营战略，以适应变化了的外界环境，从而使企业始终处于兴旺发达的发展阶段。现代企业家追求的目标，不是企业一时的兴盛，而是长盛不衰。这就需要按可持续发展原理的要求，从历史和未来的高度，全盘考虑企业资源的合理安排，既要保证近期利益，又要保证后续事业得到蓬勃的发展。

# 第五节　印刷企业管理理念

当前，我国印刷业发展基础较为扎实、市场广阔、韧性强大，但结构不优、质量不高、不平衡不充分等问题仍然突出。面对全球范围内印刷行业出现的各种变化与挑战，印刷企业必须牢固树立新发展理念，深化供给侧结构性改革，坚持绿色化、数字化、融合化、智能化和高质量发展理念，推动印刷企业管理上水平。

## 一、绿色化发展理念

随着人们消费心理的绿色化，绿色印刷成为行业发展的重要主题，要求印刷技术更加环保，包装耗材不断环保和节约，印刷品废弃后易于回收再利用、可自然降解，实现无污染、低污染包装。印刷企业要坚持"绿色"发展理念，牢固树立"绿水青山就是金山银山"的绿色发展意识，科学制定并适度、有序推进行业绿色环保标准，促进绿色环保技术和材料的应用。实施"绿色印刷推广工程"，推动企业降成本、节能耗、减排放，鼓励使用绿色材料和工艺，加速行业向环保纸包装方向发展，积极降低成本。近年来，为推动印刷业绿色化发展，政府主管部门先后出台《关于实施绿色印刷的公告》《关于推进印刷业绿色化发展的意见》等一系列文件或规定，并在印刷行业相继发布一系列绿色印刷相关标准，统筹推进绿色化发展理念、发展模式和发展路径，着力推动印刷产业转型。目前存在绿色认证审核流程复杂、审核成本高、环保观念不强等问题。要研究制定绿色产品评价标准，持续推动监管体系变革，运用大数据技术完善绿色产品监管方式，降低高污染印刷工艺的占有率，为新技术、新产品、新运营模式的建设提供更好的土壤。

## 二、数字化发展理念

印刷企业数字化的提法比较早，是从印前、印刷、印后到服务的数据流、信息流的贯通过程。印刷企业的数字化，分为数字印刷和印刷的数字化两个方向。近年来印刷业迎来了爆发点，数字技术的主力机型——高速喷墨印刷设备，2018 年以前，国内企业一共购置了 141 台，这是多年的累计数字；但 2019 年一年时间，新增设备就有 107 台，数字印刷发展迅速。史密瑟斯·皮尔研究所对数字印刷市场的分析报告显示，2013 年数字印刷业产值仅为 1315 亿美元，2018 年产值增至 1877 亿美元，年复合增长率为 7.4%。数字印刷的迅速发展决定了其在整个印刷市场中份额的上升，到 2018 年，数字印刷业市场份额由 2008 年的 9.8% 上涨至 20.6%。要顺应数字化、网络化、智能化发展趋势，基于大数据、物联网等新一代信息技术与制造技术的集成，实现印刷业从产品设计制造到回收再利用全生命周期的高效化、优质化、绿色化、网络化、个性化。大力推进生产方式"智造"、产业形态再造、商业模式改造，加快培育形成智能制造新模式，支持数字印刷企业和互联网印刷服务平台发展，引导印刷业向智能化时代新业态转型发展。

## 三、融合化发展理念

融合化属于印刷企业发展模式的探索，融合的方式、路径比较多元，也有企业在多方面尝试。数据显示，截至 2019 年底，我国印刷电商平台已超过 500 个，印刷技术与信息技术、材料技术、人工智能技术等众多先进技术深度融合发展，以科技进步引领产业变革的新业态正在不断涌现。印刷的融合发展急需掌握信息技术、人工智能、新材料等知识体系的综合性跨界人才，这对印刷教育提出了新的挑战。要重点关注印刷与新科技的融合发展，例如印刷＋新媒体、印刷＋AR/VR、印刷＋5G、印刷＋区块链、印刷＋人工智能、印刷＋传感、印刷＋物联网、印刷＋电子、印刷＋显示、印刷＋新能源等，鼓励印刷业跨界融合发展，开拓新的应用领域。要鼓励印刷企业的整合和集约，鼓励发展大中型印刷企业，可采用撤、并、转的方式，淘汰一批环保治理不达标、技术落后、管理能力差、缺乏人才、没有发展后劲的小型低端印刷企业。要扶持若干产值高、盈利能力和融资能力强、技术先进、人才聚集和管理水平高的大型印刷企业集团，提升我国印刷企业的整体技术水平、管理水平、创新能力和盈利能力。

> **延伸阅读：数字融合　新兴业态迅速发展**
>
> 中国新闻出版研究院调查汇总数据显示，2016 年数字出版对全行业营业收入增长贡献超 2/3，营业收入达 5720.9 亿元；2017 年数字出版实现营业收入 7071.9 亿元，增长 23.6%；2019 年数字出版营业收入超过 9800 亿元。
>
> 与此相呼应的是，印刷复制企业所服务的实体市场也在不断数字化，印刷行业向数字化方向转型的趋势越发清晰。2019 年，盛通股份以出版物智能印刷为突破口，推动出版物印刷与数字技术融合发展，积极推动印刷业务智能化升级改造，营业收入增长 5.9%，净利润增长 18.3%。
>
> 印刷企业已不再仅仅提供加工印刷的基础服务，更参与到品牌创意、产品生产、数据服务和物流配送的方方面面。如 2016 年，康得新斥资 5.4 亿元用于高分子材料产品改良及调整，并将公司业务延伸至互联网智能应用平台建设，实现光学膜销售收入 75.2 亿元，占主营业务收入比重超过 80%，成为拉动公司业绩增长的主要动力。
>
> 资料来源：陈建奇，从雯. 近四年新闻出版产业分析报告显示：印刷复制业量质齐升［N］. 中国新闻出版广电报——中国印刷导刊，2020－11－18.

## 四、智能化发展理念

智能化是软件与硬件、工业化与信息化的高度融合。印刷业的智能化是一个渐进的认识、实践过程。技术支撑主要指的是智能化设备的生产，这也是设备制造企业未来转型的方向，要进一步加快印刷业的数字化、智能化升级改造，改造提升传统印刷业态，提升质量效益和核心竞争力。目前，我国印刷企业普遍设备比较老旧，由于进口印刷机械长期运行比较稳定，目前市场上二手设备的流通率大于新设备的购置率。这与我国制造业从大走向强的整体方向是相悖的，这些二手设备，又有相当一部分是从发达国家转移到我国的，这些已经使用了十几年甚至几十年的旧设备，在环保、耗电等方面，指标和参数都不理想。反过来，由于其故障较多、用人较多，也限制了印刷企业持续做大做强的能力。随着云计算、大数据、感应器等前沿技术的创新发展，中国印刷业正面临一场剧变，硬件、软件、观念、商业模式等都将产生系统性的变化。2020 工业互联网大会公布的数据显示，2019 年，我国工业互联网产业经济规模达 2.1 万亿元。将传统的行业与互联网进行融合，用高科技赋能行业，通过形成高度灵活、个性化、网络化的生产链条以实现传统印刷行业的产业升级，是实现印刷品的小批量、个性化定制的基本前提之一。科技力量能够节省人力成本，实现下单、设计、生产、物流的全链路管控。让工艺复杂、种类繁多的印刷品生产变得有序明晰，也将大幅度提升传统印刷的生产效率和物流效率。

## 五、高质量发展理念

当前，我国印刷业发展中存在低端产品过剩、中高端产品不足等问题，粗放式的劳动密集型企业和位居产业链中下游的低技术水平的企业存量较大，科技创新能力难以适应高质量发展要求。我国印刷技术装备创新能力整体上与发达国家相比还有相当的差距，技术装备研发能力还不够强，尤其在未来发展重点的数字印刷领域，喷墨关键设备研发中的材料、芯片、算法和控制关键技术、核心部件、信息安全等方面仍存在着被发达国家"卡脖子""设陷阱"的问题。企业集约化程度不够高、规模效应差，印刷企业分布比较凌乱和分散，产业之间互补性协作关系不强。以北京三河、浙江龙港、广东东莞和佛山等地区为例，存在大量的家庭式、作坊式印刷企业，采用老旧设备，凭借与客户的关系勉强维持经营。印刷企业应该更加持续关注产品的品质提升，提升企业的品牌知名度和口碑，逐步提升全员的质量意识、品质意识和品牌意识，让品质成为企业的核心竞争力，要坚持集约化、精益化发展理念，实现高质量发展。

# 本章小结

1. 管理学原理是一门系统地研究管理过程的普遍规律、基本原理和一般方法的科学，是经济管理类专业的基础课程。

2. 印刷是将文字、图画、照片、防伪等原稿经制版、施墨、加压等工序，使油墨转移到纸张、织品、塑料品、皮革等材料表面上，批量复制原稿内容的技术，是把经审核通过后的印刷版通过印刷机械及专用油墨转印到承印物的过程，印刷的要素包括印刷原稿、印版、印刷机械、承印物、油墨等。

3. 管理学原理的核心内容包括管理学总论，管理思想的演变，计划、组织、领导、控制和创新等多项职能。

4. 管理是一个过程，是一个组织或者个人为了实现一定的目标所采取的行动，是通过计划、组织、领导、控制和创新等环节来协调人力、物力、财力等资源，以期有效地达成组织目标的过程。

5. 管理具有二重性，即自然属性和社会属性；管理既是一门科学，也是一门艺术。

6. 管理学的基本原理有系统原理、分工原理、弹性原理、效率原理、以人为本原理、激励原理、动态原理、创新原理和可持续发展原理等。

7. 从实现可持续发展看，印刷企业必须牢固树立新发展理念，坚持绿色化、数字化、融合化、智能化和高质量发展理念，推动印刷企业管理上水平。

## 思考与练习

1. 简述管理的二重性，联系实际试论述掌握管理二重性的意义。

2. 联系实际说明为什么要学习、研究管理学。

3. 什么是管理？如何认识管理的定义？

4. 你是怎样看待管理的科学性和艺术性的？

5. 简述管理的基本原理。

6. 简述企业经营成功或失败的主要原因。

7. 分别分析一个管理不善和管理成功的例子。

8. 管理者与普通员工有什么不同？如何评价管理者管理工作的有效性？

9. 如果你是一个管理者，当你的下属做事让你感到不放心时，你通常是如何处理的？

10. 如何理解管理者应该履行的基本职能？

11. 简述印刷企业发展中应该坚持的管理理念。

案例讨论

案例 1

### 上海界龙强化管理开掘活力之源

**强化管理开掘活力之源**

界龙自 1973 年投资几千元创办小印刷厂，经过不断发展壮大，现已成为拥有 20 多家子公司、2800 多名员工、总资产达 9 亿多元的集团企业。集团主业包装印刷业发展迅速，迄今为止已投资创办 10 家印刷企业，形成印前、印刷、印后、印刷器材生产、印刷管理软件开发等完整的产业链，2004 年名列中国印刷 100 强第八位。

**整合资源，走"大而专"的发展道路**

公司发展到一定规模要有质的飞跃，就需要形成一套先进的经营理念，制定明确的战略作为持续发展的支点，否则，企业发展难免失之盲目，甚至迷失方向。近几年来，界龙的管理者不断汲取新的理论和实践经验，创新经营管理理念，坚持从高处着眼，制定并推行重要战略，逐步将企业纳入理性发展的轨道：20 世纪末，印刷市场分工专业化趋势加强，细分程度加大，行业面临着新一轮的产业结构调整，与此相适应，界龙厘清重点、突出主业，梳理公司整体优势的脉络，确立了从过去的"外延性扩张"向"内涵式发展"转变的思路，适时提出"规模化与专业化相结合"的发展战略。首先，内部进行资产重组，充实优质资产，剥离不良资产，优化资产结构。其次，整合印刷板块企业，针对长期以来公司所属的 10 多家印刷企业各自为战，导致资源消耗、优势销匮等弊端，着手启动大宗原材料统一采购、业务统一承接、生产统一协调的"三统一"战略。与此同时，对下属的印刷企业按专业化发展方向配置技术设备，明确分工，调整产品结构，各有侧重，定向发展。如公司下属的界龙彩印厂专业做彩面纸箱、纸盒以及出口包装的配套产品；界龙浦东彩印公司主攻医药和食品包装；界龙艺术印刷公司重点向精装书籍画册和高档礼品包装方面发展，通过资源整合和专业化分工，有效地避免了内部无序竞争，"界龙印刷"的整体品牌形象日渐凸显。不少企业步入良性发展的轨道，逐渐培育起在特定市场上的知名度和美誉度，吸引了越来越多的客户业务。

**强化管理：一门长期修炼的功课**

寻求先进的管理方式和手段，是界龙很早就开始尝试的重要工作内容，公司成立了专门的研发机构，依托"界龙"印刷企业从事印刷 ERP 管理软件开发。1997 年以来，该软件系统开始在骨干企业中逐步应用、实施并不断优化，为规范工作流程、堵塞各种漏洞、提高管理效率发挥了难以估量的作用，为管理决策者提供了极具价值的数据与信息。ERP 系统已成为公司日常管理必不可少的一部分，成为面对市场的核心竞争力之一。此外，为了加快公司财务统一管理进程，公司投资 100 多万元构建公司财务信息高速公路，以实现财务信息电子化办公，促进公司财务走向集中统一管理。

可以说，强化管理使界龙尝到了成功的甜头。但企业领导者仍然表示，"管理"是一门必须常抓不懈、长期修炼的重要功课。今后要继续探索科学的运行模式，以创新组织结构、经营管理机制和业务流程，建立强有力的集团管理模式，真正发挥集团企业的整体优势。

**➡ 思考题**

1. 上海界龙成功的经验是什么？管理在其成长中起了什么样的作用？

2. 结合自身掌握的管理学理论，谈谈你对"管理是一门需要长抓不懈、长期修炼的重要功课"这句话的理解和认识。

案例 2

### 安徽新华：印刷"四化"探索者

安徽新华印刷股份有限公司（以下简称安徽新华）坐落于安徽合肥。2017 年 4 月，国家新闻出版广电总局（现国家广播电视总局）发布《印刷业"十三五"时期发展规划》，确立印刷业"绿色化、数字化、智能化、融合化"的发展方向，全面提升印刷业服务产业、服务群众的供给质量和水平，使我国向印刷强国迈进。

安徽新华前身为"皖北军区印刷厂"，作为一家几乎与共和国同龄的"老字号"国企，其在新一轮发展中力争上游、全面创新，成为当仁不让的印刷"四化"标兵，智能化建设更是让其在行业内声名鹊起。安徽新华在智能化方面的探索不但获得行业一致认可，还受全国印刷标准化技术委员会委托，作为起草单位之一编写《印刷智能制造标准体系表》，参与制定行业标准；其智能化建设方案入选《中国印刷业智能化发展报告》典型案例；同时，其也被推荐为中国印刷智能制造产业联盟副理事长单位。

#### 一、用"数字化""智能化"变道超车

安徽新华位列印刷百强，其整体实力在新华系印刷企业中亦居于前列，但安徽并不是出版物大省。2018 年，"智能制造""工业 4.0"成为国家大热词，一时间，智能化建设在中国如火如荼地展开。相较于其他制造行业，印刷业的智能化建设步伐还是较为缓慢。

2005 年，安徽新华上线了 ERP 信息化管理系统，构建了业务驱动与财务管控的信息化平台，大幅提高企业的经营管理水平，迈出了智能化探索的第一步；2007 年，开始引进 CTP 计算机直接制版系统，构建印前数字化工作流程，提高了企业的数字化水平；2014 年，建立数字资源库 DAM，搭建"时代云印"网络服务平台，为客户提供数字化增值服务；2015 年，上线 ERP 废品管理模块、ERP 设备维护管理模块，内部管理延伸到末端；2016 年，上线 ERP 成品管理模块、物流费用管理模块，进一步促进生产管理精细化与规范化。

2017 年开始，安徽新华通过加大设备技术改造、多方共建"智能质检系统"、上线"印刷标准化工作流程暨色彩管理项目"，进一步提高了装备的自动化水平，印刷流程更省力化与少人化。同时，通过多维度链接"标准化＋"：管理标准化，积极践行标准化管理，汇编《质量管理手册》，探索制定了《国家统编三科教材工艺标准暨管控流程》；技术标准化，推进 G7、C9 双标论证；工作标准化，实现岗位职责标准化、现场管理标准化、设备保养标准化等，强化过程考核。

一流企业做标准，安徽新华不但完善本企业的"标准化"，还主导、参与了多项行业标准的制定工作，其是图书国家标准（GB/T）、新闻出版行业标准（CY/T）等参与制定单位，同时也获得了国家级印刷示范企业认证、国家级高新技术企业认证等荣誉。

经过 2017 年、2018 年两年的发展，安徽新华的智能化建设初见雏形，例如教科书质量追溯、物联网技术溯源、质量在线动态监测等技术与应用落地实施。其前置性的"监管干预"，同事后"亡羊补牢"相比，显示出明显的优越性，受到行业和政府监管部门的广泛认可。

2019 年，安徽新华的智能化开始进入全面建设阶段，加强供应链合作，加大产学研智

能创新研发，智慧能源、智能消防、可视化生产导航、图书智造生产线、智能机器人应用等，都在逐渐地落地与实施中，一个智慧、节能、绿色、安全、环保的印刷工厂蔚然成型。

## 二、用"融合化"打造特色

纵览全国新华系印企的佼佼者，除了做好本省的教材教辅及相关社会图书印刷外，均有各自特色，有的是"印刷＋物流"，有的是"印刷＋贸易"，有的则是"印刷＋存量土地"。安徽新华除了计划将上述"智能化建设"作为企业的优势之外，还准备将"印刷＋工业旅游"打造为自己的特色。在市场需求与政策支持的双重推动下，安徽新华将工业旅游作为企业发展的又一重点。

发展工业旅游一方面可以大大提高安徽新华的知名度，另一方面可以为其带来持续的边际收益。但发展工业旅游前期的付出也必不可少。工业旅游要求干净、整洁、安全等，当正式开放，有大量客源后，想要继续保持高标准，就必须付出更多的努力，这也将倒逼安徽新华不断提高现场管理水平。

除了对厂房车间按照工业旅游标准进行改造外，安徽新华还将开发一些引导游客动手的印刷趣味活动，同时与上海中华印刷集团合作设计安徽新华的厂史馆、文创区，推出与安徽新华、与印刷相关的文创产品，让工业旅游品质的提升有了更多抓手。

## 三、用"绿色化"保障发展

近几年，从中央到地方，环保都是一个重要的话题，印刷企业更是环保部门的重点督查对象。安徽新华专门成立了环保办，购置了一台进口手持式 VOCs 空气检测仪，每天专人对车间空气进行检测，并做好记录，发现异常及时处置。源头控制方面，安徽新华采购的原材料都要求通过相关环保认证。末端治理上更是投入了大量人力、物力，下足了功夫。

安徽新华除了在源头控制、末端治理方面做得可圈可点之外，每年还会将公司环保办的员工送至环保部门举办的培训班学习，深入了解与环保相关的法律法规、处理程序，争取让自己的员工成为专家。除了培养内部员工外，安徽新华还专门聘请了专业的环保咨询公司，对公司从文件制作到现场管理进行全流程监督、审查，按照要求严格整改。专业的事让专业的人干，才能做到万无一失。

安徽新华所有环保设备运行的数据与环保局进行了联网联线，环保局可以实时在线检查。与此同时，安徽新华也会安排人员到环保局定期拜访，主动上门征询意见，争取做到问题的早发现早处理。

战略上高度重视，战术上有的放矢，安徽新华落地实施了水、气、固三个环节的环保化，实现了一个又一个阶段性的绿色化目标，发展成为实打实的"绿色化标兵"。多年的数字化探索为企业智能化发展奠定了基础，智能化建设提升了企业的生产效率与管理水平，融合化布局为企业转型寻求突破，绿色化推进为企业持续发展提供保障。这所有的成果都将成为安徽新华的内生动力，为主业的发展提供源源不断的力量。

上述所有的印刷"四化"成果将在新园区进行集成式的体现：房顶安装太阳能，车间采用地热空调，所有建筑材料均环保、可再生，环保检测数据、消防安全监控、实时生产状况全部在大屏幕上显示，除了配有上文提到的文创中心外，还将配有阅读室、健身房、综合保障中心等。

资料来源：李坤平. 科印网，2020 年 11 月 27 日。

➡️ **思考题**

1. 安徽新华实施绿色化、数字化、智能化、融合化的动因是什么？管理在其成长中起了什么样的作用？

2. 结合自身掌握的管理学理论，谈谈你对印刷企业、绿色化、数字化、智能化发展理念的理解和认识。

**即学即测**

**一、选择题**

1.【多选题】按有无印版分类，印刷可以分为两类：（　　）。

A. 有版印刷　　　　　　　　　B. 无版印刷

C. 普通印刷　　　　　　　　　D. 特种印刷

2.【单选题】"科学管理理论"的创始人是（　　）。

A. 泰罗　　　　　　　　　　　B. 巴贝奇

C. 甘特　　　　　　　　　　　D. 福特

3.【单选题】管理工作的目标是（　　）。

A. 只注重效率　　　　　　　　B. 只注重效果

C. 效率与效果不可兼得　　　　D. 效率和效果的统一

4.【单选题】管理人员与一般工作人员的区别在于（　　）。

A. 需要与他人配合完成组织目标　　B. 需要从事具体的文件签发审阅工作

C. 需要对自己的工作成果负责　　　D. 需要协调他人的努力以实现组织目标

5.【多选题】企业目标应该是多元的，具体应包括（　　）。

A. 社会贡献目标　　　　　　　B. 市场目标

C. 利益与发展目标　　　　　　D. 成本目标

E. 人员培训目标

**二、判断题**

1. 劳动分工有助于提高工作效率，因而在组织结构设计中分工越细越好。（　　）

2. 在马克思所述的管理二重性论述中，指挥劳动体现了管理的社会属性，监督劳动体现了管理的自然属性。（　　）

3. 激励是通过影响人们的内在需要或动机，从而加强、引导和维持某种行为。（　　）

4. 企业员工的士气越高，企业的经济效益也必定越好。（　　）

5. 企业社会责任这一概念最早是由日本提出的，它是指企业在创造利润，争取自身生存发展的过程中，面对社会的需要和各种社会问题，为维护国家、社会和人类的利益，所应该履行的义务。（　　）

6. 印刷企业必须牢固树立新发展理念，深化供给侧结构性改革，坚持绿色化、数字化、融合化、智能化和高质量发展理念，推动印刷企业管理上水平。（　　）

**参考答案**

一、选择题：1. AB　2. A　3. D　4. D　5. ABCDE

二、判断题：1. ×　2. ×　3. √　4. ×　5. ×　6. √

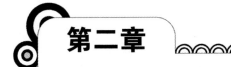

# 印刷企业组织与文化

## 本章提要

本章介绍了影响组织的五个基本要素，明确了组织设计和组织变革的含义，提出了组织设计的三个任务，讨论了印刷企业常见的几种组织形式与沟通方式，提出了组织变革的主要内容和企业文化的核心内容，探讨了印刷企业文化创新。

## 重点难点

- ⊙ 认识和掌握企业组织的基本要素
- ⊙ 理解组织设计的基本原则和任务
- ⊙ 掌握直线制和职能制的组织形式
- ⊙ 熟悉组织的沟通渠道和沟通方式
- ⊙ 掌握组织变革的主要内容和步骤
- ⊙ 理解组织变革中的压力因素及其管理
- ⊙ 理解企业文化的核心内容与创新

 引导案例

### 华联印刷：卓有成效的组织管理

北京华联印刷有限公司（以下简称华联印刷）是由中华商务联合印刷（广东）有限公司、中华商务联合印刷（香港）有限公司共同投资兴建的一家大型印刷企业，主要从事高档图书、期刊、广告、商标、安全保密产品、数码印刷产品等从策划、设计开始的全产业链印刷服务。

自2002年开业以来，这家公司始终坚持"以客为尊、以质取胜、绿色环保、安全保密、以人为本、持续发展"的经营理念。公司传承"中华商务"百年文化品牌的优良传统，采用先进的技术、设备和管理手段，将业务定位于精品印刷服务，面向北京和中国北方其他地区以及欧美、日本、俄罗斯等市场，为客户提供优质高效的印刷服务。

为了有效开展各项业务活动，这家公司在内部组织建立了生产、营业、采购、战略发展、人事行政、安全保密、财务等部门，并任命高级管理人员来负责各部门工作，组织架构如图2-1所示。公司各级管理人员据此组织、指挥和控制员工的各项活动。

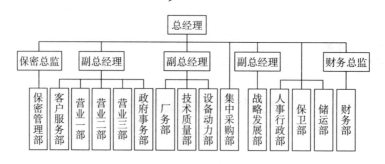

图 2-1　华联印刷组织架构

　　这家公司奉行"以人为本"的管理理念，尊重员工权益，关心员工成长，重视员工培训，促进业务发展。公司重视培养员工的专业技能和业务素质，开展形式多样的技能培训和岗位练兵等活动，给员工提供学习和成长的空间。2013 年底，公司与必胜网合作，启动了"1+1"全员素质提升项目，邀请印刷专家录制网课，并利用午休时间向员工播放，不断提升员工的专业技术水平。近十年来，公司每两年组织一次印刷行业职业技能大赛，努力营造一种追求卓越的工匠精神，培养和锻炼了一批优秀的印刷技能人才。

　　"绿色印刷"是这家公司始终坚持的发展理念。多年来，公司大力推动环保印刷，包括采用环保物料、环保技术与方法，使用环保印刷设备减少或控制可挥发性有机化合物（VOC）排放和节约能源。近年来，公司成立了专门团队研究新的印刷技术，成立了数字技术研究开发中心，建立标准化工作流程，实现了网络传版、异地分印，减少中间环节及碳排放。

　　北京华联印刷有限公司已成为国家级定点书刊印刷企业、国家印刷示范企业、国家文化出口重点企业、全国新闻出版"走出去"先进单位、全国新闻出版行业文明单位、中国企业诚信经营示范单位等。

　　资料来源：北京华联印刷有限公司官网。

**案例思考**

1. 北京华联印刷有限公司的经营理念是什么？
2. 这家公司依据什么原则来设置各个部门？
3. 为什么这家公司在经营过程中要重视员工培训？

# 第一节　企业组织概述

　　由于印刷技术的飞速发展，印刷企业员工的生产技能和工作态度，以及管理人员对这些技能和态度的控制变得更加重要。

　　为了评价印刷管理中的组织及文化，必须首先探讨一下管理什么。如果我们认为管理应当发生在一个组织架构之内，那么就必须理解印刷行业以及印刷企业的特性。

印刷行业是一个竞争激烈、需求驱动型的行业。在国民经济中，很难找出哪个部门没有印刷业的服务支持。

当前，印刷企业正处在一个技术变革的环境中，经常面对来自本地、本国乃至外国的竞争，管理这样的企业就必须具备一定的技能和判断力。因此，我们必须知道：印刷企业到底是什么，它的作用是什么，它是如何运作的，如何控制它才能促进其发展。只有充分理解上述问题，我们才有可能集中探讨和评价其组织管理问题，以及改进其现状的可能性。

## 一、企业组织的基本要素

企业的组织要素通常包括企业目标、员工、技术、组织结构和环境。这五个组织要素的关系如图 2－2 所示，它们之间是相互作用、相互影响的。组织要素决定了组织的结构、功能、属性和特点。

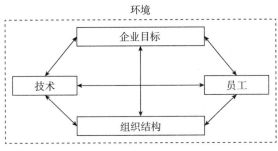

**图 2－2　组织要素的关系**

### （一）企业目标

不论什么样的企业组织都有其存在的目的和目标，否则它的存在就失去了意义。印刷企业的目标直接影响着企业的组织结构和行为，从而影响企业未来的发展前景，它是企业组织结构设计的出发点。

一般来说，印刷企业的目标就是：在确定的时间和恰当的地点，按适当的价格，向客户提供符合其质量和数量要求的印刷品。当然，印刷企业在提供印刷品的同时，也需要获得一个合理的利润，因为利润是印刷企业能够看得见的一个重要目标。然而，只强调利润，往往又会把印刷企业的管理过程看得过于简单。

### （二）员工

没有员工作为参与者，企业就无法运作。没有员工，企业的战略目标就无法实现。正是员工的努力和遵从，构建和决定了组织结构。企业员工主要有两个作用：一是保持生产连续性；二是带来了变化，即创新与变革。

### （三）技术

技术是企业一项重要的组织要素，因为生产技术或者规划将要采用的技术，将直接影响到所需要的资本投入、生产能力（包括现有的和通过规划发展而形成的生产能力）、生产组织与方法、员工的生产技能和对生产效率的态度。

由于印刷技术的快速发展，企业使用机器和设备的资本成本大幅上升，印刷企业被迫最大限度地有效利用机器设备。因此，为了实现良好的整体业绩，印刷企业必须建立明确的战略目标。

### （四）组织结构

员工的态度、个性和进取心因人而异；一些人是领导者，而另一些人需要被领导。企业目标需要通过员工的共同努力去实现，这样就导致某些人获得授权去监督其他人。这意味着企业需要训练管理人员的技能并通过组织结构来开展计划、指挥和控制员工的各项活动。

### （五）环境

企业环境是指存在于企业的外部并影响企业目标的各种力量和条件因素的总和。任何一个企业都是在一定的外部环境中从事经营活动的，环境的特点及其变化会制约企业经营活动方向和内容选择。由于环境的客观性、多变性和复杂性，管理人员必须了解企业外部环境，充分利用环境对企业发展有利的方面；对于环境中不利于企业发展的因素，可通过企业内部改革使组织与环境相适应。

## 二、组织的基本原则

很显然，有些组织原则对各种各样的企业都是通用的，不管企业从事的是什么性质的业务。印刷企业应当有效运用如下一些通用原则：

### （一）组织结构的设计与运行必须基于企业目标

组织结构的设计并不是目的，而是实现企业目标的手段和工具。设计组织结构就是使实现企业目标的每一项活动内容都落实到具体的部门和岗位，做到"事事有人做""事事都能正确地做好"。企业外部环境的变化、战略规划的调整或企业领导人的更迭等事件都可能导致企业目标的重新定位，从而引发组织结构的重新设计。

由于没有一个通用的组织结构适用于所有的企业，因此，我们有必要考虑企业目标，将那些与企业未来业务相关的目标确定为企业政策，这些目标必须要考虑法律、社会结构以及市场营销等方面的因素。

### （二）以"人"为中心

既要强调员工的能力配置，也要重视员工的心理需求。企业要重视人力资源的开发和利用，调动员工学习新知识和新技术的兴趣，充分发挥他们的潜能来最大限度地为企业创造价值。企业还应当从组织结构上为员工提供明确的升迁阶梯，激励他们勤奋工作，为企业创造更大的价值。

对于员工劳动技能的评价，可以通过岗位评估和岗位分析来实施，同时考虑印刷企业内部可用的技术和设备。对于员工生产及生产效率的管理，也要考虑到印刷工艺的要求，必须按照可用的技术加以组织利用。

### （三）组织必须是有效的

不同层次等级的授权、考核和激励制度的设计与实施，是组织有效的可靠保证。实践证明：如果一个企业的组织结构能够使每位员工对实现企业战略目标有所贡献，那么这样的组织结构就是有效的。如果一个企业的组织结构能使不必要的后果与代价降至最低，以帮助企业实现战略目标，则这样的组织结构也是有效的。

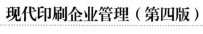
# 第二节　组织设计与组织形式

为了实现印刷企业的目标，具有劳动技能和生产经验的员工的行动必须协调一致。管理人员并不能保证企业按其自身的步伐前进。企业自身无法改进所有方面，必须投入大量而又艰苦的工作来实现预定的目标。员工的协调工作并不是自发实现的，它只能来自对企业组织结构的有效设计。

## 一、组织设计

组织设计就是对企业的组织结构和生产活动进行创构、变革和再设计。组织设计一般遵循分工与专业化、部门化、管理幅度与管理层次、职权与职责、集权与分权等基本原则。组织设计的任务就是要设计一个清晰的组织结构，规划和设计企业各部门的职能和职权，确定企业中直线职权、职能职权、参谋职权的活动范围并编制职务说明书。

企业的经营活动可以分解为纵向和横向两种结构形式。纵向结构设计的结果是决策的层级化，即确定了由上至下的指挥链以及链上每一级的权责关系，这种关系具有明确的方向性和连续性；横向结构设计的结果是组织的部门化，即确定了每一部门的基本职能、每一位主管的控制幅度、部门划分的标准以及各部门之间的工作关系。

职务说明书必须简单而明确地指明该职务的工作内容、职责与权限，该职务在组织中与其他职务之间的区别和联系，该职务要求具备的专业背景、知识结构、工作经验、管理能力等基本条件。为了实现组织设计的理想效果，设计者需要完成以下几项工作：

### （一）职能与职务的分析与设计

企业首先需要将企业总的任务目标进行层层分解，分析并确定完成企业任务究竟需要哪些基本的职能与职务，然后设计和确定组织内从事具体管理工作所需要的各类职能部门以及各项管理职务的类别和数量，分析每位职务人员应具备的资格条件、应享有的权利范围和应负的职责。

组织系统图是自上而下绘制的。在创建组织形式时，可以根据组织的宗旨、任务目标以及组织内外部环境的变化，自上而下地确定组织运行所需要的部门、职位及相应的权责。另外，组织设计也可以根据组织内部的资源条件，在组织目标层层分解的基础上从基层开始自下而上地进行。

### （二）部门设计

根据每位职务人员所从事的工作性质以及职务之间的区别和联系，按照职能相似、活动相似或关系紧密的原则，将各个职务人员聚集在"部门"这一基本管理单位内。由于组织活动的特点、环境和条件不同，划分部门所依据的标准也不同。对于同一组织来说，在不同时期、不同目标的指导下，划分部门的标准可以根据需要进行动态调整。

组织的部门化可以依据多种不同的标准，如业务职能、产品或服务、目标客户、地

区、业务流程等进行选择安排。

### （三）层级设计

在职能与职务设计以及部门划分的基础上，必须根据企业内外能够获取的现有人力资源情况，对初步设计的职能和职务进行调整和平衡，同时要根据每项工作的性质和内容确定管理层级，并规定相应的职责和权限，通过规范化的制度安排使各个职能部门和各项职务形成一个严密、有序的活动网络。

## 二、组织形式

组织形式是指一个企业内各构成要素以及它们之间的相互关系，描述了企业的组织框架体系。企业的组织结构主要涉及部门构成、岗位设置、权责关系、业务流程、管理流程及内部协调与控制机制等。组织结构是企业实现其目标和构造核心竞争力的载体，也是企业员工发挥各自能力、获得自身发展的平台，是印刷企业必须经常考虑的一个重要问题。

企业创立时必须建立明确的权力结构，这一点很重要。图2-3至图2-5描绘了印刷行业常见的三种企业组织结构。图2-3描绘了这个行业最常见的一种小型印刷企业的组织结构，这种企业雇用的员工通常不超过20人，可能专门从事某种印刷业务。在这个组织结构图中，一个或几个初级管理岗位可以被删掉，或者将几个岗位进行合并。图2-4描绘了一家大型印刷企业的组织结构。这种企业通常雇用150~200名员工，生产业务范围广泛。图2-5描绘了一家业务范围包括设计、图书和卡片印刷的公司组织结构，广泛的服务范围导致了一个更加复杂的管理结构，每个经理专门负责某一领域。

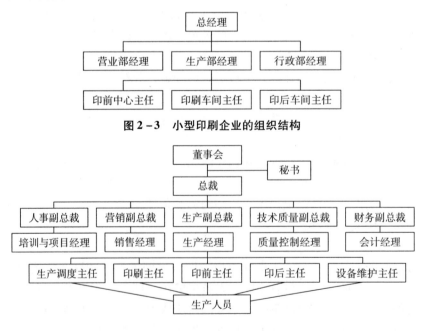

**图2-3 小型印刷企业的组织结构**

**图2-4 大型印刷企业的组织结构**

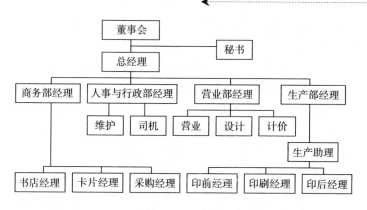

图 2-5　设计、图书和卡片印刷公司的组织结构

图 2-6 描绘了一家集团公司内部印刷厂所采用的组织结构。

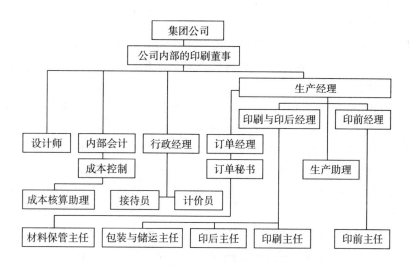

图 2-6　集团公司内部印刷厂的组织结构

　　这些组织结构图描绘了直线管理的权力结构，这是最简单的一种组织结构形式，整个企业划分成生产、营销、财务等控制部门。直线制的一个重要方面就是，它清楚地表明了从最高级别员工到最低级别员工的权力流程。然而，这种组织结构形式缺少灵活性，容易导致独裁，有时也很难实现部门之间的协调。

　　常用的另一种组织结构形式就是人们熟知的参谋制或职能制。在这种组织结构里，职能本身确定了权力流程，它不像直线制那样具有关系明确的业务部门。企业安排一个人来负责一个职能，他将获得授权来管理这个职能。这种组织结构具有很大的灵活性，能够应对快速的环境变化。部门界限的划分模糊了，职能专家应当能够监视整个职能。

　　但是这里也有一个缺陷，因为工人们毫无疑问会远离那些得到授权的人。我们可以将直线制和职能制合并使用，从而使企业具有这两种组织结构形式的最佳特征。

　　所有企业的组织结构应该通过一个清晰描绘每位经理或主任担任不同岗位、承担不

同职责的组织结构图，来明确标出企业内部的权力和责任的流程。

在绘制组织结构图时，管理人员必须仔细考虑各项活动以及必需的行政管理或生产步骤。这样，企业可以确定不同部门和不同层级的关系，消除重复劳动，明确沟通渠道和责任。沟通渠道可以是纵向的，也可以是横向的。纵向信息通常经过直线组织的管理结构向下传递，只有在必要时才会出现向上传递。然而，现代管理学已经认识到双向沟通的优点，双向沟通现在已经被企业界广泛接受。

部门不同但地位相当的员工之间应当采取横向沟通，必须在横向上实现协调。横向关系是地位相当的员工之间的关系，最终目标是形成一个有效的管理团队。他们必须具备熟练技能，在协调中有效开展工作。正如安德鲁·卡耐基所说："如果我损失了我的工厂设备乃至所有的实物资产，甚至连销售状况和财务状况的连续性也不复存在，但是，只要我的组织仍然存在，我会在三四年内完全恢复我的企业并盈利。"

### 三、岗位与职责

在印刷企业中，组织结构和岗位设置没有一个固定的或者公认的方式。有关这些方面的选择反映了一个印刷企业的文化和目标。需要讨论的一些关键内容如下所述：

#### （一）主任岗位

在比较小的印前部门和印后部门，主任的设置是常见的。这是因为中断这些部门的工作比较容易，主任很容易在承担监督工作和从事生产工作之间相互转换。部门越大，主任就越有可能只承担监督任务而把设备操作任务留给其他人。印刷车间主任不可能试图通过中断印刷机的运行来处理有关监督问题，因此，印刷车间的机长们应当遵守共同的印刷机操作职责。车间主任在处理监督问题时，应该安排专人去监视印刷机的运行。

#### （二）计价员

计价员可以直接向总经理报告，或者作为生产部门、营业部门或行政部门的一部分。企业规模越大，计价员就越有可能向部门经理而不是总经理报告。

营业人员有可能向计价员施加压力要求降低报价，因为这将增加企业获得业务订单的可能性，营业人员因此将得到销售佣金。

生产人员有可能向计价员施加压力要求抬高报价，以便能获得一种成本"垫付"以防发生不可预见的成本。在这种情况下，生产部门会发现更容易实现生产预算。

对于计价员来说，没有一个"恰当"的职位安排。印刷企业的总经理必须认识到正确计价对企业成功的重要性，尤其确保计价的独立性不要受到损害。

#### （三）质量管理员

生产经理对印刷品的质量承担最终责任，因此，有必要将生产部门所有的质量管理人员和生产人员置于生产经理管辖之下。也许有必要设置一名更加独立的质量管理员向总经理报告，但是这样的安排不同寻常，因为它违反了将有关质量方面的责任分配给那些最接近生产地点的人的原则。

#### （四）客服人员

客户服务部门可以是营业部或生产部的一部分，或者是独立于这两个部门。实际上，这个部门的设置并不重要。"生产协调员"这个名称可以用在客服人员的身上，但是在实践中，这些职责实际上是完全相同的。例如，他们起着销售与生产之间的纽带作用。

## 四、沟通渠道与沟通方式

印刷企业的组织结构图清楚地表明了每个员工向各自不同部门的管理人员进行报告，但是这些员工也许没有必要被安置在工厂或办公室的不同地方。实际上，大多数的营业员和行政人员往往占据同一个办公地点。采购员、计价员、营业员、生产调度人员以及客服人员也许向不同部门的管理人员报告，但是他们的工作经常需要沟通和协调。

沟通是借助一定的手段把可理解的信息在两个或两个以上的个人或者群体中传递或交换的过程，目的是通过相互间的理解与认同来使个人间或群体间的认知以及行为相互适应。企业的整个管理工作在很大程度上都与沟通有关。在企业内部，有员工与员工之间的交流、员工与部门之间的交流、部门与部门之间的交流；在企业外部，有企业与客户之间的交流、企业与企业之间的交流。

对于所有的印刷企业来说，正式的沟通制度是最基本的。没有这种制度，开展业务的所有努力都将化为泡影。印刷企业与客户、客户与广告代理商、媒体与印刷企业之间的有效沟通非常重要。同样地，如果要执行正确的管理方法，实现生产效率，从事各种生产过程的那些员工之间的沟通也是必要的。

在印刷企业里，良好的沟通是每个员工的义务，沟通的关键环节在管理人员与普通员工之间，而且沟通必须是一个双向的过程，通过组织结构向上沟通以及向下沟通。

沟通必须在正确的信息来源与正确的信息目的地之间进行，否则，沟通所要传达的信息将会到达它并没有打算去的地方，这样的话就不可能做出重要的决策，也不可能采取正确的行动，因为信息没有被合适的员工在恰当的时间、恰当的地点所接收。企业的组织结构决定了纵向和横向的沟通渠道。忽视直线组织中的任何层级都会导致错误信息和错误理解，可能导致企业内不同层级的管理人员和工人的不满。

在不违反任何组织权力结构的情况下，某一部门的员工彼此应该自由沟通。同样地，只要有一个共同的管理者，在企业中处于同一层级的员工也应该相互沟通。例如，印前部门的员工彼此可以自由沟通，也可以与其部门主任之间自由沟通。印前部门的主任也应与其他部门的主任和生产经理自由沟通。生产经理应该与其他经理和总经理进行沟通。主任与下属之间可以进行上下沟通。实际上，所有的生产部门之间有必要进行适当的沟通，这样可以防止出现生产问题。

上面描述的组织结构十分呆板，某个部门的员工想要和另一部门的员工进行沟通时，可能会引发某个问题。例如，如果一位扫描仪操作员想要请教一个关于工作上的问题，这个问题仅有营业人员能够解答，因此，他需要先把这个问题转达给印前部门主任，再到生产部经理，接着到营业部经理，最后才转达给营业人员。问题的答案还要沿着同样的路线返回给那位扫描仪操作员。这样的沟通程序很不合理，因此，在组织结构中需要补充一些正式的沟通链。在这个例子中，印前部门主任与营业人员之间可以建立一条正式的沟通链，扫描仪操作员可以直接把某个问题告知印前部门主任，这位主任接着就可以找到合适的营业人员来解决这个问题。

在图2-7中，沟通链是用两点间的虚线表示的，它将一个人与另一个人直接相连。这个结构图勾勒出印刷厂里几条典型的沟通链，但并没有画出所有的沟通链。要建立沟通链，组织分析员或经理需要进行适当的平衡：沟通链太多可能会分散工人的生产注意力，耽误太多时间；沟通链太少可能会引发生产的延期或中断。

在一个组织结构图中，生产主任、营业人员和参谋人员通常使用虚线连接。生产委员会、计划委员会和特别工作小组常常跨越部门界限建立联系，以促进企业内部的沟通。

建立沟通链的目标应当是：通过确保将完整详细的工作信息告知适当的员工，使对这种沟通链的需要最小化。广泛的沟通渠道不应当作为一种补偿不充分工作指示的手段。

沟通链会随组织的改变而改变。当然，这种沟通链的设计可以用来规范正式的工作交流，而不是社会交流。社会交流的不断增加可能表明一种对建立正式沟通渠道的需要。企业应当设立定期检查制度，确保已建立的组织结构和组织规则仍能满足企业的需要。

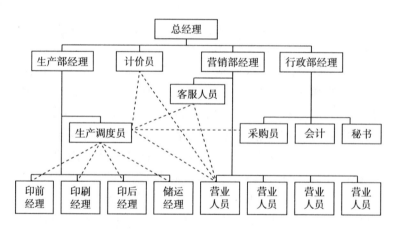

**图2-7　沟通链**

从沟通的形式来看，沟通可分为口头沟通、书面沟通等方式。印刷企业中的沟通方式主要有以下四种：

**（一）口头沟通**

面对面运用口头语言也许是最有效的沟通方式。这样，信息接收者通过信息交换、身体语言能够判断信息传递者所要表达的意思和态度。然而，口头沟通并不是说不会出错，因为沟通的接收者可能按照他所希望的或者完全误解的方式理解其所接收的信息。印刷生产技术规定方面的问题不可能只采用口头沟通方式，因为错误几乎时常发生。

当口头讨论的具体细节未采用书面方式沟通时，就会产生信息遗漏或偏差。随着时间的推移和现状的改变，记忆中储存的信息会发生改变。良好的沟通意味着工作指令或

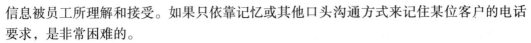

信息被员工所理解和接受。如果只依靠记忆或其他口头沟通方式来记住某位客户的电话要求，是非常困难的。

### （二）书面沟通

员工经常采取书面沟通方式，如正式的打印报告、手写的备忘录等。书面信息制作和呈现的方式很关键。任何工作指令要想避免被误解，就必须书写清楚且明确。

印刷生产是一项复杂的业务，如果要消除误差和争议，就必须以书面形式向每个工作岗位提供充分的信息。在印刷工件单中，不宜采用口头沟通的事项如下所述：

（1）纸张与纸板：质量、克重、尺寸、厚度、纹路、时间期限、特殊要求等。

（2）排版：拷贝的制作、排字方法、版面制作等。

（3）复制与制版：原稿、艺术加工、出片、分色、制图、打样等。

（4）印制：（单张纸或卷筒纸）印刷方式、加放、色彩、辅助操作、单色、套印、上光等。

（5）印后加工与装订：切纸、折页、胶订、计数、交货方式等。

上述事项并不是全部内容，还有许多其他事项。当沟通不够的时候，会出现许多令人烦恼的事情，生产节奏会出现错乱。

### （三）会议

企业召开会议必须有一个具体的目的，注意不要让会场变成谈话场所。大多数重要的业务应该先召开会议，会议的目的应该是形成共识。

会议组织者应该只邀请那些能在会上发挥作用的员工参加会议，其他人可以从会议记录中获取必要的信息。举办会议会产生一定的费用，因此，会议组织者应该只在必要的时候才召开会议，并仔细考虑会议议程的安排。

会议的安排过程应该包括下列任务：①明确会议的目的；②确定会议中要讨论的具体议题；③列出会议要求采取的行动；④准备必要的材料；⑤发送必要的文件。

企业里一般设有两种性质的委员会：一种是处理和协调大范围问题的特别委员会，另一种是处理和沟通小范围问题的委员会。负责解决大范围问题的委员会是由一组处理某一特定问题的成员组成的，可以不定期举行会议，委员会成员可以更换，完成任务时解散，质量问题通常由这种委员会来解决。负责解决小范围问题的委员会定期召开会议，一般来说成员固定。为了检查和修订生产计划而每天召开会议的生产委员会，提供了一个沟通和制定决策的便利讨论会。这样的委员会很少替换成员，相反，它通常作为一种有效的沟通方法，为营业人员、生产人员和生产调度人员之间的沟通开辟了一条重要的信息渠道。

### （四）信息系统

印刷行业已经广泛运用计算机化的管理信息系统。更加快捷的服务、激烈竞争的价格和日益提高的质量等市场压力，促使印刷企业寻找那些能够迅速提供准确信息的管理信息系统。企业内部采用这样的系统，发送或接收的信息以简短的通知书形式传输或存取。然而，计算机化的系统主要用于处理那些与生产控制、岗位跟踪、物料存货、成本核算、印刷估价、工资津贴、会计账户、财务发票、生产调度等有关的数据。

沟通也包括人的因素。有效的沟通必须对企业的人力资源加以管理。在预期有效的运作之前，必须告诉员工有关他们的职责和权限。沟通的加强，将会减少整个生产运作过程中的误解，提高管理部门的工作绩效和员工的岗位满意度。

组织的设计是一项创造性的活动，它能够大大促进一家印刷企业的顺利运作。明确的权责分配以及清晰的沟通渠道可以建立有效的组织结构，消除无序状态。定期评估会防止一个企业的组织结构随着企业的发展而变得过于呆板、与企业的需要不相关。很重要的一点是，要确保所有的员工都能理解企业的组织结构图，尤其是在新的员工导向计划中应该使用组织结构图，以便解释企业的管理结构。

# 第三节 组织变革

## 一、组织变革的含义

企业在完成组织设计之后，管理任务并没有结束。因为企业的内部环境和外部环境都在持续发生变化，因此，印刷企业必须适时进行组织变革才能应对未来的挑战。

组织变革就是企业根据内外部环境的变化，及时对组织中的要素及其关系进行调整，以适应企业未来发展的要求。

任何一家印刷企业都必须随着环境的变化而不断地进行自我调整，使企业组织与环境相适应。组织变革的根本目的就是提高组织效率，使企业能够顺利地发展。

根据企业面临的不同环境，我们可以把推动组织变革的因素分为外部环境因素和内部环境因素。外部环境因素主要是市场需求、资源供应、技术进步等方面的变化，内部环境因素主要是对快速制定决策、保障信息沟通渠道畅通、克服组织低效率等方面的要求。

印刷企业管理人员可以依据各种信息对生产活动进行诊断，寻找有关组织问题的根源。最重要的信息来自印刷企业内部，如财务报告、质量控制数据库、预算和标准成本报告都是重要的信息载体。市场份额下降、利润率下降是企业竞争能力减弱的迹象，营运资金周转缓慢、费用支出急剧增加是企业管理效率低下的迹象。这些现象表明企业的有关组织活动需要进行变革。

## 二、组织变革的主要内容

组织变革具有系统性和互动性，印刷企业组织中任何一个因素的改变，都会带来其他因素的变化。然而，就某一阶段而言，由于环境情况各不相同，变革的内容和侧重点也有所不同。综合而言，组织变革过程中的基本要素包括结构、员工和技术。具体内容如下：

### （一）对结构的变革

结构变革包括组织中的权力关系、协调机制、集权程度、职务与工作再设计等其他结构参数的变化。管理人员的任务就是要对如何选择组织设计模式、如何制订工作计划、如何授权等一系列行动做出决策。现实中，僵化的结构设计往往不具有可操作性，需要随着环境条件的变化而改变，管理人员应该根据实际情况灵活改变其中的某些组成要素。

### （二） 对员工的变革

员工变革是指员工在态度、技能、期望、认知和行为上的改变。组织发展虽然包括各种变革，但是员工是最主要的要素，员工既可能是推动变革的力量，也可能是反对变革的力量。变革的主要任务是企业员工之间在权力和利益等资源方面的重新分配。为了顺利实现这种分配，企业必须注重员工的参与，注重改善人际关系并提高实际沟通的质量。

### （三） 对技术的变革

技术变革包括对作业流程与方法的重新设计、修正和组合，包括更换机器设备，采用新工艺、新技术和新方法等。由于印刷产业的激烈竞争和科学技术的不断创新，印刷企业管理人员应该能够与当今的信息技术紧密联系，注重在印刷工艺流程再造中充分利用最先进的计算机和互联网技术进行一系列的技术改造，同时还需要对企业各个部门或者各个层级的工作任务进行分解和重新组合，如工作任务的丰富化、工作范围的扩大化等。

印刷企业应当注意技术变革可能对组织结构和员工行为产生的潜在影响。例如，一家印刷企业在采用新机器设备时有可能产生一系列结果：一是劳动分工和工作任务的重大变化；二是员工社会关系的变化；三是工作条件的改善；四是监督方式的改变；五是工作岗位的改变；六是工资水平的提升；七是员工职业自豪感的提高；等等。上述变化的程度和范围取决于技术变革的规模大小。显然，如果印刷企业增添一台新的胶印印刷机，就不至于引起大的波动和变化，但是引进一套完全自动化的印刷工艺流程，就会引起大致如上的变化。

## 三、组织变革的步骤

企业的组织变革是一个系统的过程。组织变革的过程如图 2 - 8 所示，它是由四个按逻辑次序联系起来的步骤组成的。管理人员在实施变革方案时，需要考虑到每一个步骤。

**图 2 - 8　组织变革过程**

组织变革的过程可以分为如下几个步骤：

### （一） 问题识别与原因

对印刷企业现状和问题的诊断必须要有针对性，要通过搜集资料的方式，对企业的职能系统、工作流程系统、决策系统以及内在关系等进行全面的诊断。印刷企业除了要从企业外部信息中发现对企业有利或者不利的因素之外，更主要的是能够从企业内部查找导致企业或部门绩效差的具体原因，并确立需要进行变革的具体部门和员工。

### （二）因素分析与方案

问题及原因查明之后，管理人员就要对组织变革的具体因素展开分析，比如职能设置是否合理、决策中的分权程度如何、员工参与改革的积极性怎样、流程中的业务衔接是否紧密、各个管理层级之间或者职能机构之间的关系是否易于协调等。印刷企业在此基础上制订若干可行的组织变革方案，以备选择之用。

### （三）方案选择与实施

印刷企业必须在若干备选方案中选择一个正确的方案，然后制订具体的工作计划并付诸实施。推进组织变革的方式多种多样，企业在选择具体方案时要充分考虑到变革的深度和难度、变革的影响程度、变革的速度以及员工的可接受程度和参与程度等，做到有计划、有步骤、有控制地进行。当组织变革出现某些偏差时，企业要有备用的纠偏措施及时纠正。

### （四）效果评价与反馈

组织变革是一个包括众多复杂变量的转换过程，再好的工作计划也不能保证完全取得理想的效果。因此，变革结束之后，印刷企业的管理人员必须对变革的结果进行总结和评价，及时反馈新的信息。对于没有取得理想效果的变革措施，管理人员应当给予必要的分析和评价，然后再做取舍。

## 四、组织变革中的压力及其管理

### （一）压力的定义

所谓压力，是在动态环境条件下，个人面对种种机遇、规定以及追求的不确定性所造成的一种心理负担。压力既可以带来正面激励效果，也可以造成负面影响。显然，变革就是要能够把个人内在的潜能充分地发挥出来，起到正面的效果。一般而言，压力往往与各种规定、对目标的追求相关联，例如，印刷企业中的各项规定使每一位员工都不能肆意妄为，而对工作业绩、奖励和晋升的追求又使每一位员工产生极大的工作压力。只有当目标结果具有不确定性和重要性时，潜在的压力才会变为真实的压力。

### （二）压力的起因

产生压力的因素可能有多种，组织变革中的主要压力因素是企业因素和个人因素。

#### 1. 企业因素

企业的组织结构变动和员工工作变动是产生压力的主要因素。例如，大型印刷集团公司的矩阵型组织结构要求员工具有两个上级，从而打破了组织的统一指挥原则，并要求员工具有更强的组织协调能力，同样，工作负担过于沉重或者过于枯燥也会产生很大的压力，虽然从事具有挑战性工作的员工可能更富有工作激情，然而，一旦出现权责不统一或者预期不明确，马上就会造成工作压力。另外，过于严厉的管制和规章制度、不负责任的上级、模糊不清的沟通渠道、不愉快的工作环境等都会产生很大的工作压力。

#### 2. 个人因素

个人因素如个人经济拮据、债务负担、法律纠纷等都是产生压力的主要因素。经验表明，员工的人格类型划分有助于企业对个人压力进行识别和调节。组织中往往将人区分为 A 型和 B 型两种人格。A 型人总觉得时间紧迫，富有竞争性，缺乏耐心，做事非常快，很难有空闲时间，因此承受的压力就比较大。B 型人则刚好相反，轻松、悠闲，与世无争，性格比较开朗，因此压力也就比较小。

### （三）压力的释解

并非所有的压力都是不良的。对于员工而言，如何对待因工作要求和组织结构的变革而产生的压力是重要的，如何减轻和消除不适的压力则是更为重要的。

就企业因素而言，印刷企业必须从聘用员工时就要了解员工的工作潜力，看其能否适应其拟聘岗位的要求。当员工能力不足时，就会产生很大的压力。另外，改善组织沟通也能够使因沟通不畅而产生的压力减至最小。印刷企业应当建立规范的绩效考核方案，如采取目标管理方法，清晰地划分岗位职责并提供明确的考核标准，以减少各种不确定性。如果压力来自于枯燥的工作或者过重的工作负担，企业可以考虑重新设计工作内容或者降低工作量。

就个人因素而言，减轻个人压力会面临两个方面的问题：一是管理人员很难直接控制和把握某些因素，如团队建设往往需要员工有更多的自觉意识，而这种意识又很难取得观念上的一致；二是管理人员必须考虑到企业文化和道德伦理等因素，员工如果是因缺乏计划和组织观念而产生压力，则管理人员可以提供帮助予以合理安排，如果是涉及个人隐私方面的问题，则管理人员难以插手。

# 第四节　企业文化

企业文化影响着企业整个组织的运行效率。从经济学的角度来看，企业文化的存在和发展，正是在于它能降低企业的运行成本。这就像一台印刷机的动力来源是电力，而保证其运行顺利实现的则是机油。机油能降低印刷机部件之间的摩擦系数，保证各个部件的协调作业和高速运转，从而使印刷机运行达到设计上应有的生产效率。

## 一、企业文化的内涵及作用

### （一）企业文化的内涵

企业文化的本质就是企业员工共同遵守的价值观和行为规范。价值观是指导企业员工从事各项工作的哲学观念，它决定着企业员工的行为方式，并对企业新员工进行同化。行为规范是指企业员工倾向于某种方式行为处事，并把这种工作方法传授给新员工，对那些遵守或违反这种方法的人将分别给予奖励或惩罚。

企业文化包括观念形态和制度形态两个层面，这是两个相互影响、相互制约、相互作用的层面。印刷企业既要重视企业价值观（包括经营哲学、商业道德等）的倡导，也要加强企业规章制度（包括领导体制、组织结构、管理制度）的建设。企业制度建设在相当程度上制约着企业文化的状态。

企业文化的影响力非常强大，只是由于它不是有形的，所以容易被人们忽视。任何一个群体都有自己的价值观和行为方式，正是这些共同的价值观念，促进了企业的发展壮大。

**（二）企业文化的作用**

印刷行业的激烈竞争，使企业对员工管理提出了更高的要求；印刷企业既要对员工行为加以规范，同时也要对员工思想进行引导，也就是企业价值观的培育。只有这样，印刷企业才会保持强大的竞争力。为了达到这一目标，除了不断优化组织结构、完善各种管理制度之外，印刷企业必须在生产实践中逐渐提炼出具有自身特色的价值观念，并在企业内部进行大力宣传。对于印刷企业来说，企业文化的作用表现在如下五个方面：

（1）导向力。这是指企业文化把员工引向一个预定的目标。企业文化的导向作用使企业不再是因相互利用的需要而聚集起来的一个群体，而是由一群有着共同价值观念和理想追求的人凝聚起来的一个组织。

（2）凝聚力。这是指共同的价值观念使企业上下团结一致，众志成城。在浓厚的企业文化氛围中，员工们自然而然地融合于企业之中，他们的思想行为将与企业文化保持一致。企业文化的影响是潜移默化的，每个员工在工作岗位上往往会感受到它的强大力量，自觉或不自觉地融入企业，同其他员工形成合力。

（3）激励力。这是指共同的信念使员工勇于向困难挑战，向自我挑战。企业文化一旦形成，就会在企业内部形成良好的工作氛围，并随着企业的发展而不断丰富和深化。企业文化的激励作用往往会起到物质激励所不能起到的作用，使企业员工产生责任感、荣誉感和进取心，激励员工与企业同呼吸、共命运。

（4）约束力。这是指成文或约定俗成的企业信条对每位员工的行为起到有力的规范作用。对员工来说，企业文化既是一种导向，也是一种行为规范。

（5）辐射力。企业文化不但对企业自身产生积极的影响，对社会也会产生一定的影响。企业文化属于亚文化，它与社会主体文化是辩证关系。社会主体文化决定着企业文化的大方向；与此同时，企业文化也对社会主体文化产生一定的影响，丰富社会主体文化的内容。

企业文化是印刷企业管理的一项重要内容，但并不是印刷企业管理的全部内容，企业文化不能代替企业的日常管理工作。印刷企业管理人员决不能盲目崇拜企业文化的作用，不能认为企业只要建立企业文化就万事大吉了，要正确处理企业文化与企业管理的关系。企业管理人员一方面要完善企业管理制度，提高企业管理水平；另一方面还要认识到企业文化在企业管理中的重要作用，建立适合自身特点的企业文化。

## 二、企业文化的主要内容

### （一）企业价值观

企业价值观是指企业及其员工的价值取向，是企业经营管理活动所遵从的基本信念。它包括企业存在的意义和目的、企业各项规章制度的必要性和作用、企业各层级和各部门员工的行为及与企业利益之间的关系等，是企业文化的核心内容。每一个企业的价值观都会有不同的层次和内容，成功的企业总是会不断地创造和更新企业的信念，不断地追求新的、更高的目标。

**（二）企业精神**

企业精神是指企业员工经过共同努力奋斗和长期培养所逐步形成的、认识和看待事物的共同心理趋势、价值取向和主导意识。企业精神是一个企业发展的精神支柱，是企业文化的核心，它反映了员工对企业的特征、形象、地位等的理解和认同，也包含了对企业未来发展和命运所抱有的理想和期望。企业精神反映了企业的价值追求和精神风貌，成为凝聚企业员工共同奋斗的精神源泉。

**（三）行为规范**

行为规范是指从道德意义上考虑的、由企业向员工提出并应当遵守的行为准则，它通过社会公众舆论和企业规章制度来规范员工的行为。企业员工的行为规范既体现出社会伦理道德的一般要求，又体现着本企业各项管理制度的特殊要求。因此，如果企业不能设定并维持高标准的行为规范，那么正式的行为准则和相关的培训要求将会流于形式。由此可见，以社会道德规范为基础的伦理行为准则与本企业的管理规章制度相结合，共同构成了企业员工的行为规范。

## 三、企业文化的创新

企业文化创新是企业为了适应经营环境变化而调整企业文化内容的活动过程。在企业文化建设过程中，要突破旧有的企业文化对组织管理的束缚，建立能够适应新环境、提升组织运行效率和市场竞争力的新企业文化。

面对国内外市场激烈竞争的环境，印刷企业不仅要从思想上认识到创新是企业文化建设的灵魂，是不断提高企业竞争力的关键，而且还要逐步深入地把创新贯彻到企业文化建设的各个层面，落实到企业经营管理的实践中，使企业文化由不合时宜的经营理念转变为一种对提高企业竞争力有决定性作用的全新的经营理念。

## 本章小结

1. 组织设计就是对组织的结构和活动进行创构、变革和再设计。

2. 部门化是按照职能相似性、任务活动相似性或关系紧密性的原则把专业人员分类集合在各个部门内，然后配以专职的管理人员来协调领导、统一指挥。

3. 组织结构是指企业的基本组织架构，是对完成企业目标的人员、工作、技术和信息所做的制度性安排。组织结构主要涉及企业部门构成、岗位设置、权责关系、业务流程、管理流程及企业内部协调与控制机制等。

4. 沟通是借助一定的手段把可理解的信息在两个或两个以上的个人或者群体中传递或交换的过程，目的是通过相互间的理解与认同来使个人间或群体间的认知以及行为相互适应。

5. 组织变革就是企业根据内外部环境变化，及时对企业中的组织要素及其关系进行调整，以适应企业未来发展的要求。组织变革一般涉及结构变革、员工变革和技术变革。

6. 企业文化的主要内容包括企业价值观、企业精神和行为规范。企业文化的作用表现在它所具有的导向力、凝聚力、激励力、约束力、辐射力五个方面。

## 思考与练习

1. 组织设计涉及哪些基本要素？组织设计应当遵循什么基本原则？
2. 为了实现组织设计的理想效果，设计者一般需要完成哪些工作？
3. 印刷企业组织有哪些常见的沟通方式？
4. 企业组织变革主要包括哪些方面的变革？企业组织变革应该注意什么问题？
5. 企业文化的核心内容是什么？

**案例讨论**

### 汕头东风：文化引领　极致前行

汕头东风印刷股份有限公司创立于 1983 年，至今已有 38 年的历史。公司创立 30 多年以来，乘着改革开放的东风勇敢创业，2012 年在上交所主板挂牌登陆资本市场。东风股份从创办之初的只有十几平方米的家庭小作坊，到拥有 20 多家控股及参股公司，成为国内印刷行业历史悠久、产业链完整的印刷包装集团之一。

经过多年的发展积淀，东风股份形成了优秀的企业精神和企业文化。公司顺应时代发展，从经验化管理向制度化、规范化管理迈进，不断加强组织建设，开展文化塑造，铸造企业之魂，全体东风人已形成了高度一致的价值理念和行为准则。凝练出来的"极致文化"早已随着企业的发展壮大深深地植入了每一个东风人的内心深处，成为指引东风人奋勇前行的明灯。

东风的极致文化，是以"责任　合作　共赢"为核心价值观，以"行动至上　超越自我　兼容并蓄　亲和共生"为企业精神，传递"管理无小事，细节有管理，从细节做起，把小事做好"的朴实管理思想。追求客户满意的极致，追求产品工艺质量的极致，追求人才发展的极致。

**一、极致文化时刻引导团队创新进取、积极行动**

几年前，包装产品二维码应用日益增多，但公司当时的二维码检测设备只有三台品检机，远远不能满足需要，单独加装检验单元的成本超过 20 万元，如现有产线全部改造则成本投入超过 300 万元，并且存在巨大的适配性风险。

刚开始经过多次的研讨、试验都以失败告终，但团队负责人王培学没有放弃，在极致文化的感召下，他屡败屡战，因为他坚信没什么技术难题是无法攻克的。在他执着坚持下，通过与厂家工程师持续多次的沟通、研究，对设备进行了多次试验，终于找到了解决方案：利用品检机本身的相机采集图像，经过软件对其进行解码，达到读取二维码

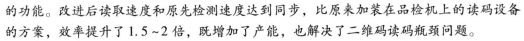
的功能。改进后读取速度和原先检测速度达到同步，比原来加装在品检机上的读码设备的方案，效率提升了 1.5~2 倍，既增加了产能，也解决了二维码读码瓶颈问题。

正是东风无数个"王培学"在实践极致文化过程中的开拓进取、勇于创新、积极行动的精神，才让东风印刷在烟包印刷领域里能够扎实奋进，从偏于一角的街道作坊式企业，成为全国烟标行业龙头企业之一，成为每个合作客户最信赖的共生伙伴。

### 二、用追求客户满意的极致来引导追求产品工艺质量的极致

2018 年前后，东风股份的主要客户均推出细支类烟包产品，细支烟包产品因生产工艺原因，容易出现包烟成型效果差、包装效率低、消费者开合盖操作体验差，甚至部分产品在投入市场后会产生烟盖开口，影响香烟品质等问题。各烟草公司对此一筹莫展，各细支烟标印刷企业也是屡遭客户投诉。

东风股份管理团队在接到客户迫切需求后，在极致文化的感召下，组织印刷设计、材料、工艺、生产等精干力量，将问题转化为"提升细支烟产品包烟适性"问题，分解为"烟标压痕挺度不稳定""压痕不饱满不均匀""亲胶性不佳""产品变形"等若干科目，并继续深挖细节，从人、机、料、法、环、信息等角度，深度发掘工艺细节，从改善模切板斜切角度数、牙刀尺寸密度、点胶方式与材质等生产细节，利用鱼骨图等分析工具，放大每个工艺细节，抽丝剥茧，将各工艺细节堰塞点一一攻克。在通过前后 6 个月的极致改善工作后，将客户包烟生产效率从 230 包/分钟提升到 300 包/分钟，包装效率提升了 30.4%，并且实现后续 300 天烟标适包性客户投诉为零的优异成绩！

### 三、追求人才发展的极致，实现亲和共生

追求人才发展的极致方面，东风股份始终坚持人才是企业最重要的财富，以"以人为本 尊重人 发展人 完善人"的人才观念，博天下之众长，纳世间之人才，将来自天南地北的人才凝聚在一起。根据不完全统计，公司管理团队 50% 以上来自跨区异地，60% 以上来自基层选拔。其中，中基层人才"学力与学历"提升计划是公司最重要也是最受欢迎的人才培养战略，通过公司与知名高校联合培养的高学历人才里，大专以上学历近 200 人，研究生学历约 30 人，基本上都已走上各级重要岗位。

公司尊重每一位员工的个性和创造性精神，帮助员工实现自我价值，发挥全员参与企业管理的积极作用；在尊重人的基础上创造条件培养、发展和完善人，协助员工做好职业生涯规划，建立后备管理干部培养机制和在职管理干部竞聘上岗机制，尽力做到知人善任、人尽其才。在管理干部培养和竞聘机制实施过程中，有 60 余人走上管理岗位，有数百人被推荐、选拔、评定为梯队人才储备，有 40 余人被派往公司下属各级子公司，成为当地核心人才。

资料来源：汕头东风提供。

➡ **思考题**

1. 结合汕头东风案例，谈谈公司领导人在企业文化建设中的作用。

2. 案例企业是如何践行"极致文化"的？

即学即测

### 一、选择题

1.【单选题】职能部门化的优点是（　　）。

A. 有利于充分合理地利用专项资产　　　　B. 通过设定不同部门来满足需求

C. 能协调并对市场做出灵敏反应　　　　　D. 符合组织活动的专业化要求

2.【单选题】下列组织结构的类型中，只适用于比较简单的小型企业的是（　　）。

A. 直线制　　　　B. 直线职能制　　　　C. 事业部制　　　　D. 矩阵制

3.【多选题】在组织变革中，员工变革的方式包括（　　）。

A. 改变员工的工作态度　　　　　　　　　B. 改变员工结构

C. 对员工进行培训　　　　　　　　　　　D. 裁减员工

4.【多选题】企业文化的主要内容包括（　　）。

A. 企业经营目标　　B. 企业价值观　　　C. 企业精神　　　　D. 行为规范

5.【单选题】企业文化是一种软性约束，通过其共同的价值观向员工渗透和内化，使组织自动形成一套自我调控机制，这描述的是企业文化的（　　）。

A. 凝聚功能　　　　B. 导向功能　　　　C. 激励功能　　　　D. 适应功能

二、判断题

1. 组织设计的实质是按照劳动分工原则将企业中的活动专业化。（　　）

2. 直线制组织结构是比职能制组织结构落后的组织结构形式。（　　）

3. 组织变革就是指组织结构随着外部环境的变化而变化。（　　）

4. 结构追随战略，战略的变化必然带来组织结构的更新。（　　）

5. 企业文化的核心是企业精神。（　　）

**参考答案**

一、选择题：1. D　2. A　3. ABC　4. BCD　5. B

二、判断题：1. √　2. ×　3. ×　4. √　5. ×

# 印刷企业营销管理

## 本章提要

　　本章针对印刷行业，按照购买者将市场分为两大基本类型，分析了印刷市场营销特征；阐述了印刷企业 STP 战略的制定，并在此基础上对印刷企业市场营销组合策略做了分析阐述；介绍了印刷企业销售队伍管理的内容与方法；从客户分类、大客户管理、客户服务和客户淘汰等方面详述了印刷企业客户管理。

## 重点难点

　　⊙印刷市场营销特征
　　⊙印刷市场细分的主要标准、细分市场评估、目标市场选择与市场定位
　　⊙印刷企业市场营销组合策略制定以及印刷企业营销组织特征
　　⊙印刷企业营销人员的基本素质与技能
　　⊙印刷企业大客户评价与管理原则

### 引导案例

### 按需定制：雅昌的实践

　　北京雅昌艺术印刷有限公司（以下简称雅昌）以艺术印刷为主要业务，通过互联网和信息技术，围绕客户需求打造了互联网平台，从而重新调整企业与客户之间的联系方式，帮助企业降低时间成本，提升企业对客户的响应力，这是雅昌的核心指导思想。

　　雅昌借助线上平台，满足客户对精品案例、个性化定制、在线快速报价、在线数据编辑处理等服务的需求。通过互联网和信息技术，能够实现销售、生产和客户之间的实时沟通和有效反馈，满足客户在不同业务场景的需求。

　　雅昌和上海小羚羊共同开发建设了线上运营平台，以承接雅昌的按需印刷业务。雅昌的核心优势在于：第一，多年来，积累了丰富的行业印刷经验；第二，借助线上平台系统，能够为客户针对复杂的艺术类图书印制需求提供快捷方便的在线报价服务；第三，线上平台能够实现对于类型丰富的艺术类产品的个性化定制，用户可以随时对所需产品进行下单；第四，雅昌拥有一支全亚洲乃至全世界最好的艺术品设计及编辑团队，并把相关设计师的资源公布至网络平台上，供客户选择。

　　资料来源：康宏灿. 雅昌云印刷业务的探索［J］. 印刷经理人，2020（4）：33-34.

市场营销是这样一种企业职能：识别顾客的需要和欲望，确定企业所能提供最佳服务的目标市场，通过与重要的顾客建立有特定价值倾向的长期合作关系，可盈利地营造顾客满意。在市场经济社会，市场营销扮演着非常重要的角色，它是指导整个组织活动的一种理念，是一种创造性的职能，对此，营销部门必须与企业内部其他部门、与整个价值链上的其他组织密切合作。

# 第一节　印刷市场类型与市场营销特征

## 一、市场与印刷市场类型

市场是商品经济的产物，随着商品经济的不断发展，市场的概念也在不断变化。传统的市场指商品交换的场所，然而在科学技术及商品经济快速发展的今天，市场早已突破了场所的界限。

市场可以从不同的角度去定义。市场营销学从顾客角度定义市场，认为：一个市场是由那些具有特定的需要或欲望，而且愿意并能够通过交换来满足这种需要或欲望的全部潜在顾客所构成。也就是说，市场是产品或服务的现实和潜在的购买者，有买者则有市场。

在营销者看来，卖主构成行业，买主则构成市场。针对印刷行业，我们可以按照购买者将市场分为两大基本类型：个人消费者市场和组织市场。个人消费者市场由那些为满足自身或家庭成员的消费需要而购买的个人组成；组织市场则由各种工商企事业单位、政府机构及各种团体构成，其购买主要是基于自身的经营活动或执行相关职能。印刷企业主要面对的是组织市场，该市场购买动机与目的相差较大，主要包括：

（1）作为企业自身产品的一部分，如包装物、标识、产品说明书、用户手册等，购买者主要是各种工商企业。

（2）作为企业的主要和最终产品直接转售，如书籍、报纸、杂志、挂历、贺卡等，购买者主要是出版社、杂志社、报社等。

（3）作为宣传品及生产性消费，如企业及产品简介、职工手册、表单及各种办公用印刷品等，涉及几乎整个组织市场。

（4）执行相关职能，如钞票、票证等，购买者主要是政府机构。

## 二、印刷市场营销特征

### （一）印刷市场营销属定制营销

印刷即对原稿（或样品）进行大量复制，属定制加工，是印刷品生产的一道加工工序，也是最后一道工序。这就决定了印刷市场营销属定制营销，其着眼点是使产品能够

体现顾客的意志，市场营销活动需建立在买卖双方协同一致的基础上。

### （二）客户群体复杂、要求各异

根据上述分析，印刷市场从个体消费者到各种工商企事业单位、政府机构及各种团体，其需求动机相差较大，基于各不相同的购买动机与目的，即使是同一类印件，在质量、交货期、价格等方面也有很大的不同，需要认真分析把握。

### （三）对营销人员技术知识要求较高

经销一般商品的营销人员只需了解其产品的特性、使用方法等，印刷企业营销人员则需清楚并熟悉印件的生产过程，以便更好地满足用户的要求。

印刷企业面对的可能是训练有素的专业采购人员（如对包装物有大量需求的公司、经常或周期性地出版发行书刊的出版单位），也可能是外行（其所在单位的印件加工业务很少），但无论面对哪种类型的用户，都要求营销人员必须懂得相关的技术知识，以便能更快、更好地理解用户的要求，并准确地将用户的要求形成印刷加工指导（工程单）。如果在营销人员与印刷加工之间增设技术人员，将加大用户的采购成本，包括再接洽、反复说明等的时间和精力，从而降低顾客价值。

另外，随着更加环保和节能的电子纸的开发与应用，以及无纸化的数字出版产业的快速发展，绿色出版将在出版业得以真正贯彻。现代企业的营销活动，必须适应这种消费环境的变化，确立绿色营销观念，力争在 21 世纪的激烈市场竞争中占有一席之地。

## 第二节　印刷企业市场研究与 STP 战略

### 一、印刷企业市场研究

消费者收入的提高、生产技术与工艺的改进、竞争的加剧、电子出版物等替代产品的不断涌现等，常常会使印刷需求发生变化，进而影响到印刷企业的市场份额及利润率。为及时抓住机会、避开威胁，企业应密切关注并认真研究市场营销环境及其变化，包括供应商、销售渠道、顾客、竞争对手、社会公众等与企业关系密切、能够影响企业服务顾客的能力的各种特定环境要素，以及人口、经济、自然环境、政治、法律、文化、技术等对整个微观环境有广泛影响的一般环境要素。对于印刷企业，尤其要时刻关注并认真研究下列问题：

（1）印刷技术发生的变化及其带来的机会与威胁，行业发展趋势，企业应对策略。

（2）企业的主要竞争者概况，他们从事的印刷业务类型、产品特色及其目标客户，他们引进新技术、购置新设备情况，他们的发展方向及市场份额变化情况。

（3）企业的业务概况，当前的和期望的市场份额情况，现有客户及潜在客户对现有产品的需求情况。

（4）企业的主要原材料及其市场供求情况，价格走势，主要供应商及其产品质量、价格、信誉、协作性等情况。

市场研究的关键是占有相关信息与情报，这些相关信息与情报可以从企业内部记录、营销情报和营销调查中获得。

每个企业内部都有大量的数据记录与资料，如会计部门的应收账款、成本等数据，生产储运部门的生产能力、存货水平、装运能力，销售部门的客户档案（或客户数据库）、代理商情况、竞争对手情况、销售记录等，企业应经常分析并充分利用这些内部数据、记录。

营销情报是关于营销环境日常发展、变化情况的信息。市场营销主管们大多通过自己阅读书籍、报纸、贸易刊物，与顾客、供应商和其他外界人士交谈，或与公司中的其他主管、职工交谈来自行收集市场营销情报。然而这些方法太不正规并带有偶然性。有价值的信息可能遗漏或来得太迟，主管们可能很晚才知道竞争者的行动、新顾客需要或代理商的问题，以至无法做出最佳反应。为此，需要通过以下渠道获得相关信息情报：

（1）企业的销售人员和经销商每天与客户、市场打交道，他们是企业的耳目，企业首先应训练并鼓励他们发现和报告新情况。

（2）企业可培养专门的情报人员以掌握竞争对手的情况。

（3）社会上专门有一些信息咨询机构或情报部门，他们专门收集各企业的情报信息、各种统计数据，企业可以从外部购买情报。

企业一般通过营销调研来系统地设计、收集、分析和报告与企业面临的特定营销问题如定价、顾客满意度、广告效果等有关的各种数据和资料。对此，企业可以调查现有的和潜在的客户、竞争对手的重要客户、代理商、储运机构等。

通过营销情报与营销调研系统获得的信息常常需要进一步加工、整理与分析，从中发现数据的内在联系、变动趋势，建立数学模型进行决策与预测，更有效地应用到营销问题与决策中。

分析与评价市场营销环境，可以利用 SWOT 分析法，如图 3 - 1 所示。通过分析与评价，制定市场营销战略，为企业的市场营销运作提供全面的导向。

| 优势（Strengths） | 劣势（Weaknesses） |
|---|---|
| 机会（Opportunities） | 威胁（Threats） |

图 3 - 1　SWOT 分析

## 二、印刷企业的 STP 战略

现代战略营销的核心可以被描述为 STP 战略，即细分市场（Segmentation）、目标

（Targeting）和定位（Positioning）。

通常情况下，某一印刷企业不可能提供所有的印刷加工服务。顾客数量太多，购买要求又各不相同，总会有一些竞争对手在为某一部分顾客的服务中处于优势地位。因此，企业应该分辨出能有效为之服务的最有吸引力的细分市场，扬长避短，而不是四面出击。随着经济的快速发展、个性化需求的增长和竞争的不断加剧，越来越多的企业开始接受并实行目标市场营销，目标市场营销的最终形式是顾客化定制营销，其产品与营销方案要依据不同的顾客或购买者的需要进行调整。

目标市场营销要经过三个主要步骤，即市场细分、目标市场选择和市场定位。

### （一）市场细分

市场细分（Market Segmentation）是指按照细分标准把市场分割为若干具有不同需要与特征的市场部分，每一个市场部分都是一个具有相似欲望和需要的购买者群体，都可被企业选为目标市场，并有针对性地制定市场营销组合策略。

印刷业作为加工工业，其市场细分标准主要有：

（1）印刷品类型。不同的印刷品，对加工工艺、设备的要求不同，对质量、交货期限等要求不同。

（2）用户规模与购买力。印刷加工的需求者规模、购买力相差较大，一般情况下，企业比较重视经常购买、购买量大、有实力的用户。

（3）用户的地理位置。地理位置不同，用户需求与购买行为会存在很大差异，运输及其他交易成本也会有所不同。

（4）购买行为。用户购买行为取决于用户采购中心及中心各成员的特征。有些企业属程序性购买，对质量、价格、服务等没有特殊要求；有些企业则会讨价还价，拖欠购货款；有些企业有相对固定的印刷商，对某一厂家忠诚程度较高。这些不同的购买行为与特征，将影响企业的利润率、回款率与市场占有率。企业应仔细分类、选择并采取相应措施。

企业可以按上述一个或多个细分标准对印刷市场进行细分。表 3-1 是按印刷品类型及用户规模与购买力进行的市场细分。

表 3-1　印刷品/用户规模与购买力细分

| 细分市场 | | 用户规模与购买力 | | |
|---|---|---|---|---|
| | | 大 | 中 | 小 |
| 印刷品 | 报纸 | | | |
| | 书籍 | | | |
| | 期刊 | | | |
| | 包装 | | | |
| | 宣传品 | | | |
| | 其他 | | | |

## （二）目标市场选择

通过市场细分，将整个市场分成了若干个细分市场或亚市场。那么，哪些细分市场可以作为企业的目标市场呢？一般需要从以下三个方面对各个细分市场进行评估：

（1）细分市场的规模和增长率。企业必须首先收集并分析各个细分市场的现行业务量和增长率，以决定该细分市场是否具有足够的市场潜力（市场需求尚未得到满足的程度）。

（2）细分市场的吸引力。主要考虑竞争对手多少、强弱，购买者的相对购买力等因素。

如果该细分市场强大的竞争对手较多，且买方比卖方更能讨价还价，那么买方便会努力压低价格，提出更高的质量或服务要求，造成竞争厂商之间的相互争斗，从而降低卖方的获利能力。

（3）企业目标和资源。即使某个细分市场具有合适的规模、增长率和较强的吸引力，企业仍需考虑本身的目标和资源。如果某个细分市场不符合企业的长远目标，企业应考虑放弃这一细分市场，以免分散企业的精力，影响主要目标的实现。即使某一细分市场适合企业的目标，企业还须看自己是否具有占领该市场所必需的技能和资源。如包装印刷近几年发展较快，企业在资金、设备、技术等方面是否能够满足挤占这一细分市场的需要，能否与这一市场中的较有优势的竞争对手抗衡。

印刷定制加工的特性决定了印刷企业必须根据用户的要求提供加工服务。而随着经济的快速发展，定制印刷加工需求越来越多样化，任何印刷企业都不可能为所有的顾客提供全部产品和服务，为此，需要根据企业的实力及特长选择能为其服务的一个或几个目标市场，并分别制定营销组合策略。

某些印刷企业只有一类印刷业务，如报纸印刷或图书印刷，或专门为某类用户服务，如出版社，这类印刷企业多附属于某一报社或出版社，他们在完成本社印刷任务的同时承接外部的印刷加工业务，集中服务于一个或少数几个相关的目标市场，产品及工艺专业化程度很高。采用这种集中目标市场策略，其优点主要体现在以下几个方面：一是可以更好地利用现有技术、专用设备，减少设备投资，减少作业准备和调整时间，降低成本；二是有利于提高标准化程度，生产与质量控制相对简单；三是工人有专门的、确定的工作任务，工作很少出错；四是营销活动目标集中，对某一细分市场了解得比较清楚，有利于提高市场占有率。采用集中性策略主要基于这样的考虑，即与其将有限的资源分散使用于每一个细分市场，在整个市场中占很小份额，不如集中所有力量，为某一个或少数几个细分市场服务，在一个或少数几个细分市场中占较大份额。

## （三）市场定位

企业在决定进入哪个细分市场之后，还必须决定在这些市场中与竞争对手相比，本企业产品或服务在目标顾客心目中的形象与地位，即市场定位。

市场定位一般步骤如下：

（1）明确顾客的真正需求或顾客心目中需要产品具有什么样的形象。

（2）研究竞争者产品的属性与特色以及在市场中的地位、市场满足程度。

（3）确定本企业产品在市场中的理想位置。

（4）采取适当的市场营销组合策略，树立本企业产品的形象，巩固和扩大市场占有率。

例如，某印刷企业，按印刷品类型及用户规模与购买力细分标准对印刷市场进行了市场细分并选择书刊印刷的大中型用户为目标市场，如表3-2所示。

表3-2　目标市场选择

| 细分市场 | | 用户规模与购买力 | | |
|---|---|---|---|---|
| | | 大 | 中 | 小 |
| 印刷品 | 报纸 | | | |
| | 书籍 | | | |
| | 期刊 | | | |
| | 包装 | | | |
| | 宣传品 | | | |
| | 其他 | | | |

企业为自己的产品在这一市场上定位时首先要通过分析企业内部记录与市场调查明确这些情况：企业的印刷任务来自印刷市场的哪一部分？主要客户是谁？客户对印刷的要求是什么？他们最关心的是什么？客户为什么向我们订货？是价格有竞争力、可靠性好、质量高，还是与客户关系好？该市场部分中的主要竞争对手提供何种产品给顾客？等等。

调研分析结果是：顾客主要关心产品质量和价格，主要竞争对手及提供的产品如图3-2所示。

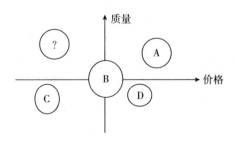

图3-2　市场定位

大多数企业都采取"见缝插针"的办法，以便尽快取得领导地位，但必须具备以下条件：

（1）技术要能够满足高质量的要求。

（2）成本较低，要能保证以低价出售仍能盈利。

（3）能取得顾客的信任，争取足够的购买者。

企业也可靠在竞争对手附近，与其争夺顾客，但也是有条件的，如靠在A附近，需要：

（1）比 A 质量好，服务、交货等使顾客更满意。

（2）市场容量大。

（3）与本企业信誉、特长相应。

产品的市场定位能对顾客的知觉和选择决策起到很重要的作用，是制定市场营销组合策略的依据。

# 第三节　印刷企业的市场营销组合策略

## 一、市场营销组合理论

市场营销组合（Marketing Mix）是指企业为了进入某一特定的目标市场，在全面考虑其任务、目标、资源及外部环境的基础上，对企业可以控制的各种营销手段进行选择、优化组合和综合运用，以满足目标市场的需要，获得最佳经济效益的一种经营理念。

20 世纪 50 年代，Neil Borden 提出了旨在指导企业营销实践的 12 个要素，即产品、品牌、包装、定价、市场调研、分销渠道、人员推销、广告、促销、销售展示、售后服务以及物流，对市场营销的研究范围进行了较好的界定，使人们在从事市场营销运作时可以较为清晰地从这些方面入手。60 年代，哈佛大学教授 Jerome McCarthy 对以上要素进行了高度概括与综合，提出了著名的"4P 组合"策略，即：

产品——Product，包括质量、品牌、包装、服务、设计、功能、规格等；

价格——Price，包括目录价格、折扣、折让、信用条件等；

渠道——Place，包括位置、存货、运输、覆盖区域等；

促销——Promotion，包括广告、人员推销、公共关系、销售促进等。

这一组合策略使人们从较为繁杂的营销变数中找到了最为重要的因素，并将之从单纯的因素上升为一组策略，从而能更好地适应日益复杂的营销环境。

1990 年，美国学者 Robert Lauterborn 教授提出了与传统营销的 4P 相对应的 4C 营销理论：

（1）消费者的需求与欲望（Consumer needs & wants），把产品先搁到一边，赶紧研究消费者的需求与欲望，不要再卖你能制造的产品，而要卖某人确定要买的产品。

（2）消费者愿意付出的成本（Cost to the customer），暂时忘掉定价策略，充分考虑顾客消费产品或服务所愿意花费的成本。

（3）购买商品的便利（Convenience），忘掉流通渠道策略，为消费对象提供尽可能方便的消费渠道，使其消费的非货币成本降低。

（4）沟通（Communication），忘掉促销给消费者的刺激，厂商与消费对象应当采取适当的双向沟通渠道进行联系，让顾客更多地参与到企业的经营过程中来，以便更好地为其服务。

与4P相比较，4C理论更加强调消费者的需求和欲望，关注消费者的成本与便利。在市场营销环境复杂多变的情况下，企业应根据自身的实际情况，综合运用4P与4C理论，形成自己的行之有效的营销组合策略。

## 二、印刷企业市场营销组合策略

### （一）产品策略

1. 产品的整体概念及其应用

产品是指提供给市场的能够满足消费者或用户特定欲望与需要的任何东西，包括有形产品（Goods）、无形服务（Services）和思想理念（Ideas）。广义的产品概念将产品分为三个层次，即核心产品、有形产品和附加产品。

核心产品是企业向购买者提供的基本效用或利益，是购买者真正要买的东西，即购买者在购买一样产品或一项服务时所寻找的核心利益。书刊印刷用户的核心利益是想通过印刷实现其内容产品的价值；包装印刷用户的核心利益是通过设计、印刷精美的包装提高其产品的价值等。因此，企业的任务是善于发现购买者购买产品时所追求的利益，销售购买者所追求的利益，而不只是产品本身。

有形产品即产品实体，包括设计、质量水平、特色、品牌名称、包装等。针对印刷企业，主要是质量水平。产品质量是主要的产品定位工具之一，有级别和一致性两个尺度。企业很少去追求最高的质量标准，因为没有几个用户想要或支付得起很高质量级别的产品。一般，企业选择的质量级别往往和目标市场的需要、企业的设备能力与技术水平相一致。高质量还指高水平的质量一致性。这里的产品质量是指符合标准质量，即没有产品缺陷以及质量标准的前后一致性，其质量能够与顾客的希望相吻合，实现物尽其值。

外延产品亦称为附加产品，指人们购买有形产品时所获得的全部附加服务和利益。美国一位市场营销学家曾断言：未来竞争的关键，不在于工厂能生产什么产品，而在于其产品所提供的附加价值，如维修、咨询、信用等。随着印刷技术与设备的不断改进，不同企业印刷加工的印件本身存在的差异将越来越小，为此，需要围绕用户追求的核心利益在附加产品上做文章，包括对用户任何问题的反应要快、能够更好地保证按时交货、对用户的样品或设计能够提出改进建议等，使其更好地实现其核心利益。

总之，企业的产品策略重点要强调的就是企业的产品要符合用户的需要和要求。而且，这里的产品是就广义的产品或产品的整体概念而言的。广义的产品概念是以顾客为中心的，也就是说，衡量一个产品的价值是由顾客决定的。一个企业如果善于围绕核心产品和实际产品开发适当的附加产品，就必定能在激烈的市场竞争中立于不败之地。

2. 产品组合策略

一般情况下，很少有企业只生产经营单一产品。企业提供给市场的全部产品线、产品项目及其有机组合即为产品组合。产品组合包含四大要素，分别是广度（或宽度）、长度、深度、相关性（或关联度）。不同的印刷企业，目标市场与定位不同，其营销目标也有所差异。为实现既定的营销目标，企业可以制定扩大产品组合、缩减产品组合、增加产品组合深度等策略。

（1）扩大产品组合。扩大产品组合是指扩大产品组合的广度，即增加产品线或产品大类的数目，扩展经营范围。扩大产品组合可以从以下三个方面考虑：第一，增加的新产品线可以与现有产品有密切联系。第二，发展与现有产品在最终用户上有紧密联系的新产品线。第三，新增加的产品线可以与原有产品线毫无关系。总体来看，扩大产品组合，有两条原则：一是要能够发挥企业现有的技术、工艺、设备的优势，充分利用企业现有的人、财、物等各种资源；二是要使企业的长期收入稳定下来，减少风险。

（2）缩减产品组合。与扩大产品组合策略相反，有的企业也可以采用缩减产品组合策略。当某些产品市场饱和、价格竞争激烈时，企业为了更好地分配和有效地利用资源，可以取消一些产品线或产品项目，通过缩减产品组合取消低利产品，用有限的资源培育和发展重点产品，实现企业营销目标。

（3）增加产品组合深度。增加产品组合深度，又称为高档化、低档化策略，即在一条产品线上多生产几种产品。高档化策略是在一种产品线内增加高质高价的产品项目，以提高企业的声誉，获得高额利润。低档化策略是在现有产品线内增加廉价产品项目，目的是吸引某个不同的细分市场，适应不同用户的需求。增加产品组合深度策略，如果运用得当，能够充分利用原有的产品线，满足多个细分市场的需要，从而提高销售量，增加利润。同时，该策略也存在风险，低档化可能破坏目前成功的品牌形象，而高档化则难以改变企业在用户心目中原有的形象，使用时需谨慎决策。

3. 增值服务策略

由于印刷行业的特殊性，企业只能根据客户订单需求进行生产加工，在客户关注的核心利益之外，企业能提供的增值服务质量显得尤为重要。增值服务是基于客户需求的，例如一个企业需要做展览的宣传册，整个工作一定是从数据采集、平面设计、排版、校对到印制的过程，客户在需要印刷的同时也会需要摄影、平面设计、校对等一系列服务，甚至展览的设计与实施。基于客户需求制定增值服务策略，是当今印刷企业营销应思考和分析的。根据客户需求提供更多的服务，可以减少客户的采购成本（如时间成本、人员成本等），提高客户的满意度，增强消费体验，有利于建立长久稳定的客户关系，减少竞争对手的参与机会，减少因价格波动对客户的影响，并可以为企业带来新的利润来源。

（1）以新技术应用方式提供增值服务策略。印刷企业通过使用数字印刷技术将电脑中的文件输入到印刷机载体转换为印刷品，能够极大地缩短传统印刷制版时间，使客户能够快速获得产品；同时，印刷企业使用数字印刷技术可以更便捷地提供跨地域打印输出服务。与传统印刷相比，数字印刷流程所需设备更少、占地面积小、投资少、所需人员少，能从一定程度上降低成本，提高服务效率。印刷企业使用数字技术，实现按需修改、按需印刷，还能够实现小批量定制化包装印刷，满足客户需求。

（2）以多元化服务方式提供增值服务策略。深度拓展技术优势，提供专业化服务，实现多元化服务带来的价值增值。第一，印刷企业可以在为客户提供基本文印服务的同时，延伸基本业务，提供设计制版、文字编辑与校对等服务，实现价值增值。第二，从传统媒体服务拓展到多媒体服务、从文印服务拓展到视频制作等服务。印刷企业可以为客户制作宣传视频、培训视频、短视频等，满足客户需求，实现价值增值。第三，关注终端消费者需求，以文创产品研发为契机，打通全媒体链条，拓展价值增值实现方式。以社群营销带动产品分享，实现"直播带货""粉丝经济"基础上的文创产品销售。同时，以消费者的社交分享内容（如微信、微博等）为私人订制文创产品核心，制作"照片书""生活记录"等，满足终端消费者的私人订制需求。

（3）以"一站式"解决方案方式提供增值服务策略。以按需印刷为经营思路，以营销服务为运营核心，印刷企业可以转变自身定位，从"生产加工商"转变为"营销服务供应商"。按照传统的客户定制模式，客户需要什么，印刷企业就生产什么。而当印刷企业定位为"营销服务供应商"时，企业可以从数字印刷服务提供入手，深度挖掘客户的潜在需求，向客户提供"一站式"解决方案，如向客户提供内刊设计、宣传视频、展板设计、企业视觉识别系统设计等全面服务，以"一站式"解决方案的方式向客户提供增值服务。

**（二）定价策略**

企业设定的价格应适中。价格太低无法赚取利润；价格太高不能产生足够的需求。一般，产品成本确定了底价，消费者对产品价值的看法确定了最高价。企业必须考虑各种影响因素，以便在这两极之间找到最合适的价格。

客户并不总是购买最廉价的产品，印刷企业客户也是一样，很少只考虑价格。因此，假定价格是赢得订单的主要因素是错误的。质量、信誉、交货时间及人际关系等在市场营销中起着非常重要的作用。

在制定价格政策时，首先要考虑企业的市场定位，如果企业的市场定位是优质优价，就不要经常报低价，以便确立、维护企业在目标顾客心目中的形象与地位；其次要考虑企业的生产能力与成本，在生产能力过剩的情况下，价格只要高于变动成本便可以接受；再次要考虑客户的性质，对于信誉较好的长期的大客户，应该在定价上灵活掌握；最后还需考虑供需状况、竞争对手的价格政策等因素，以便使企业的价格更有竞争力，巩固并扩大市场占有率。

定价方法一般有以下三种：

**1. 成本加成法**

成本加成法即在成本的基础上，加上一个适当比例的毛利或利润。这种方法简便易行，能确立最低的价格水平，避免亏本，且被认为对买卖双方都是公平合理的，因"降本求利"，只要这个利是合理的，一般都能为用户所接受，缺点是忽略了需求与竞争，不利于通过成本的降低而提供企业的价格竞争力。

**2. 价值定价法**

价值定价法即根据消费者所理解的产品价值对产品进行定价，如图3-3所示。

顾客 → 价值 → 价格 → 成本 → 产品

**图3-3　价值定价法**

价值定价法所规定的价格，一般来说是产品价格的上限，即顾客根据自己对产品价值的理解，所愿支付的最高价格。许多企业的定价偏高，尤其是一些知名企业，报价远远高出顾客对其价值的理解，一些顾客因支付不起或超出了其经费预算而望而却步，一些顾客认为不值而放弃购买，导致企业销售受限。

一些企业的定价偏低，尽管有些顾客会因此怀疑其质量而不去购买，但一般来讲，绝大多数顾客会认为"物有所值"，从而给企业带来好的销售业绩，可是所创造的收益很可能低于本应创造的收益，也就是说企业如果把价格提到顾客认知的价值水平，会创造更高的收益。

价值定价法的关键是正确认识顾客的理解以及顾客对不同竞争商品所设定的价值，这是一项非常困难的工作，营销人员可通过市场调查、客户分类与评价、一系列的测试以及反馈意见等加以确认。

3. 竞争定价法

现在的市场是一个竞争的市场，产品价格也必须适应竞争状况加以规定和调整，竞争定价法便是以市场价格为依据、以竞争者的售价为基础的定价方法，主要是应付竞争者。

竞争定价法一般按流行价格及行业的市场价格定价。用这种定价方法，可得到合理的收益，且比较保险，常用于产品差别不大的情况。这时，企业除了按照行业产品的市场价格报价外，别无其他选择。企业唯一可以做的努力是控制成本，降低成本以便获得更多的利润。当然，为了应付竞争对手，可以在适当的情况下略高或略低于流行价格。

一般来说，低于主要竞争对手的价格才有竞争力，但要考虑企业的生产能力和成本水平，要考虑降低价格可能意味着服务减少、交货没有保障或产品质量下降，而绝大多数印刷企业客户考虑的不只是价格，为更好地实现其印刷产品的价值，他们可能更看重后者。有些用户甚至愿意接受较高的价格，认为这样会得到优良的产品和服务。

价格是企业竞争的主要手段之一，企业除了根据不同的定价目标选择不同的定价方法外，还要根据复杂的市场情况选择不同的定价策略，确定产品价格。

定价策略可以考虑以下两种：

1. 铁价定价策略

这种定价策略产品价格不因需求状况、竞争状况而改变，即不因竞争者的进入而降低价格，也不因需求的增加而抬高价格。采用这种策略能在用户中获得良好的信誉，对于稳定价格、稳定企业利润有好处，常用于著名企业或名牌产品。这种策略的缺点是当其他企业采用灵活定价策略、降低价格出售时，就会失去一部分市场份额。

2. 灵活定价策略

这是一种根据市场状况，尤其是需求状况与竞争状况，结合企业的经营情况而采取的灵活规定价格的策略。例如，为应对竞争对手，在不提高报价的情况下提供更多更好的服务，这等于降低价格；或在竞争对手降价时跟着降价；或在企业有剩余生产能力时率先降价，挤占市场；或为得到某个潜在的大客户让利定价；等等。

印刷属定制加工，企业常常为了满足客户的各种不同要求而投入不同的人力与设备，提供不同的服务，索取不同价格，即采用灵活定价策略。但为维护企业的形象、达到企业的总体目标，在采用此策略时，应围绕企业的市场定位并明确每一次报价的目的。

（1）折扣定价。对早付清货款的顾客酌情调整其基本价格，采用价格折扣。例如"2/10 净 30"，表示付款期是 30 天，如果在成交后 10 天内付款，给予 2% 的现金折扣。这样做不但可以加速资金周转、减少收账费用和坏账，还可以在心理上让顾客感到占了便宜，从而一定程度地增加了顾客满意度。

（2）差别定价。由于印刷企业客户订单数量、质量要求差别较大，因此企业要对不同的客户采取差别定价。对那些有实力的、要求比较高的客户要投入更多服务而采取较高的定价；对那些有经常业务往来的顾客给予更多的价格优惠；对那些业务往来不多但是具有潜在价值的客户要参考竞争对手的定价；而对那些业务量比较小的顾客则采取一般的习惯定价。

### （三）促销策略

#### 1. 促销与促销的主要方式

企业向目标顾客宣传介绍其产品的优点，说服和吸引顾客来购买其产品，以实现潜在交换，企业所从事的这种市场营销活动叫作"促销"。促销的实质是沟通——产品的生产者与需求者之间的信息沟通活动。一方面，产品需求者将对产品的需求意向或意图传递给产品生产者，促使产品生产者贯彻这一意图，生产出的产品适合需求者的口味或意图。另一方面，产品的生产者将产品的信息传递给产品的需求者，试图影响产品需求者的态度和购买行为，促使产品需求者贯彻产品生产者的意图，进而实现交换。

促销的基本目的是改变一个企业的产品需求（销售）曲线的位置和状况，包括两个方面：一是促使需求曲线发生位移，即在一定价格条件下，增加某种产品的销售量。二是影响产品的需求弹性：当价格提高时，使需求无弹性；当价格降低时，使需求有弹性。

现代营销不仅仅局限于开发一个好产品，把价格定得很吸引人，并把它推向目标顾客，企业还必须与它们的顾客进行沟通与交流，而且交流的内容不应该随随便便、任其自然。对于大多数企业而言，问题不在于是否要交流，而在于花多少钱和采取什么方式。

促销的方式主要有人员推销、广告、营业推广和公共关系。广告是对构思、商品或服务所做的有偿性非人员介绍和促销，形式不拘，经办人明确。人员推销是企业的销售人员为了完成销售和建立顾客联系所做的人员演示、介绍。营业推广也叫销售促进，是鼓励购买或销售产品、服务的短期刺激行为。公共关系则是通过获得高知名度、建立良好的企业形象，以及处理或阻止不利的谣传、故事和活动的发生，从而与公司的各个公众建立良好的关系。企业为了有效地将信息传递给它所希望的顾客，有目的、有计划地把人员推销、广告、营业推广、公共关系有机组合并综合运用，这一组合过程称为促销组合。促销方式及其具体形式见表 3-3。

表3-3　促销方式及其具体形式

| 广告 | 人员推销 | 营业推广 | 公共关系 |
|---|---|---|---|
| 广播 | 推销介绍 | 竞赛 | 记者招待会 |
| 影视 | 电话销售 | 抽奖 | 演讲 |
| 报刊 | 推销员示范 | 优惠券 | 研讨会 |
| 邮寄 | 展销与展览 | 样品 | 年度报告会 |
| 户外广告 | | 折扣与折让 | 各种庆典 |
| 产品目录 | | 赠品 | 捐献 |
| 产品说明书 | | 招待会 | |

2. 印刷企业的主要促销方式

大多数印刷企业都设有产品展示室并参加印刷展览会，利用其产品展示他们可印制的产品类型和可达到的质量。但为更好地与客户沟通，树立良好的企业形象，印刷企业使用最多的促销方式是人员推销与公共关系。

企业可通过开业、周年等各种庆典来扩大影响，通过承接有一定政治影响的印件树立形象，具体采用何种公关工具要根据企业的实际情况而定。

印刷企业的营业人员或代理机构一般通过电话、电子邮件、客户走访等与客户沟通，获得订单。在沟通过程中，一方面要了解客户的需求信息，包括印刷数量、价格以及对质量、交货期等的要求；另一方面要对企业的技术、设备、服务等进行一定的宣传，让顾客相信企业有能力生产出他们满意的产品。

**（四）渠道策略**

分销渠道（Distribution Channel）指与提供产品或服务以供消费者或商业用户使用或消费这一过程有关的一整套相互依存的机构。渠道策略对企业来说有着重要的意义：一方面，企业的渠道策略直接影响着其他的营销策略，一旦企业选定了渠道成员，其价格策略、人员推销等都会随之变化；另一方面，渠道策略由于涉及同其他企业之间长期的B2B合作关系，所以很难像其他营销组合策略那样灵活易变，如企业的广告、定价、促销等都可以根据市场状况而变化，但是，企业一旦与中间商建立了渠道关系，当环境变化时，就不容易改变现有渠道。

1. 营销渠道模式

企业可以设计自己的分销渠道以便通过不同的方式将产品和服务提供给用户。每一个将产品的所有权向最终使用者推进一步的中间商都是一个渠道层次，由于生产者和用户都在其中起一定的作用，它们也是渠道的一部分。渠道中间商层次的数量表明了一个渠道的长度。经过的环节越多，渠道越长；反之则越短。同一层次分销商的多少是渠道的宽窄问题。同一层次的分销商越多，则渠道越宽。典型的消费品和生产资料分销渠道见图3-4和图3-5。在渠道1中，消费品或生产资料没有通过中间商到达消费者或用户手中，称为直接营销渠道。在渠道2~4中，包含了一个或多个中间商，称为间接营销渠道。

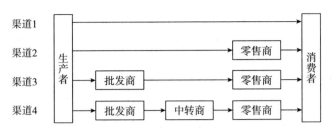

图 3-4 消费品分销渠道

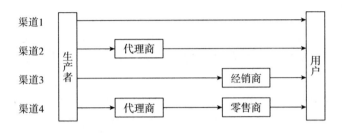

图 3-5 生产资料分销渠道

2. 营销渠道设计

营销渠道设计必须基于企业营销战略进行长远规划，在一段时期内具有稳定性。对于印刷企业来说，营销渠道设计主要在于确定渠道模式。企业在设计营销渠道时，一定要决定采用什么类型的渠道模式。印刷的定制加工特性决定了印刷企业一般采用直接营销渠道或通过中间商的间接营销渠道，而中间商又可以分为网络印刷企业和其他中间商形式。

第一，直接营销渠道。在直接营销渠道方面，很多时候是由销售人员直接开发客户。此时，销售人员的个人能力、业务关系等对于直接营销渠道开发和维护效率起着至关重要的作用。企业可以通过招聘和培训获得并培养优秀的销售人员。在营销渠道开发方面，积极发挥上门营销优势，开发新客户，同时，注意对现有客户需求进行深度挖掘，拓展业务范围。

第二，以网络印刷企业作为中间商的间接营销渠道。在当前的网络信息时代，网络平台成为联系生产者和用户的重要渠道，印刷企业应注重网络营销渠道的重要作用。印刷企业可以加大与网络印刷企业的合作，通过网络印刷企业平台展示企业产品，宣传企业技术特点和业务特色，借由网络印刷企业中间商接触潜在的网络客户，进而实现潜在客户向实际客户的转化。

第三，其他中间商间接营销渠道。中间商拥有客户资源，与大量客户直接联系。以中间商客户资源优势为基础，印刷企业与之建立合作关系，并注意维护合作关系，实现双方互惠共赢。

3. 营销渠道管理

如果企业选择了间接营销渠道，那么企业还需要做好渠道管理工作，主要包括对渠道中的中间商进行选择、激励和评估，并随着营销环境的变化进行适时调整。

企业在选择中间商时，由于企业自身的实力、声誉、产品特点等不同，对中间商的吸引力也有所不同。实力强、声誉好、产品销路好的企业更容易找到中间商。但无论选择中间商的难易程度如何，企业一般都要从以下几个方面分析和确定合格的中间商，包括中间商与目标市场的接近程度、财务状况、经营目标与经营范围、市场占有率、推销能力和储运能力。

企业还需要了解中间商的需求，不断激励中间商，充分发挥中间商的作用。企业要提供优质产品，为中间商创造良好的销售条件；根据中间商的声誉和销售绩效等情况，给予不同的价格折扣，与中间商合理分配利润；提供一定的促销支持；加强信息沟通；与中间商形成长期伙伴关系。

企业还需要按照一定的标准检查和评估中间商。常用的标准包括销售本企业产品情况、销售服务情况、推销本企业产品力度、促销合作程度等。评估完成后，要有效地应用评估结果，对经营好的中间商给予奖励，对表现不好的中间商要进行分析，帮其改进，必要时给予更换。

企业为适应营销环境的变化，有时还要对营销渠道进行调整。包括增减营销渠道成员、增减一条渠道、调整渠道结构等。无论局部调整还是整体调整，都要充分研究分析，评价调整结果的影响，进行合理决策。

# 第四节　印刷企业销售队伍管理

## 一、销售人员的作用与职责

销售人员在印刷企业和客户之间起到关键的纽带作用。在许多情况下，销售人员要同时服务于两个主体，即买者和卖者。他们对于客户而言代表的是企业。他们找到并发展一批新的客户，传播有关企业的生产和服务的信息，通过接近客户、解答疑问、协调价格和付款条件，直至签订合同、完成生产加工、交付产品。除此之外，销售人员为客户提供服务，做市场调查和情报收集工作，建立客户档案，进行客户管理。同时，销售人员对于企业而言代表客户，在企业内部充当客户利益的维护者。他们反馈客户对企业产品及其服务的意见，并同企业的其他人员一同进一步提高自身在客户中的信誉。

作为印刷企业的销售人员，不但要考虑企业的生产能力和业绩，还要考虑客户的想法和要求，尤其要着重考虑用户的核心利益。对此，注意倾听客户意见、对客户的询问做出快速反应和明智解释是非常重要的。为维护客户的利益，应尽快回答客户关于价格、交货期以及技术方面的询问，如果可能延误交货期，应立即通知客户。不能及时提供客户所需要的信息，可能会损害客户利益，并失去该客户的其他业务。另外，对客户的反应太慢，客户会考虑其他印刷企业。

以前人们总认为销售人员只应关注销售，其主要任务是提供适合企业的印刷订单。然而，现在的观念则认为，销售人员应该不仅仅是获得订单，他们还得知道如何使客户

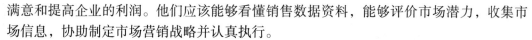

满意和提高企业的利润。他们应该能够看懂销售数据资料，能够评价市场潜力，收集市场信息，协助制定市场营销战略并认真执行。

　　总之，销售人员除了赢得新的客户和获得订单外，还要帮助企业同客户建立长远的关系，并创造利润。

## 二、营销组织

　　营销主管一般要根据企业及其市场情况，对营销活动组织进行一系列的策划，包括组织结构、销售人员队伍的规模以及营销的主要方式等。

　　印刷企业的销售队伍一般按区域组织或客户类型组织。按区域组织的优点是能够明确销售人员的职责，包括信誉与责任，促使销售人员努力与当地的客户建立良好的关系。另外，销售人员靠近客户，可以经常直接接触客户，在降低差旅费用的同时，利于与客户建立紧密的伙伴关系。

　　一些印刷企业按客户类型组织其销售人员，分别为老客户服务、为大客户服务、为长期客户服务，或致力于寻找新客户。这种组织形式有利于企业销售力量的合理分配，能与重要的客户建立更紧密的联系，提高对重要客户的服务质量。

　　企业需要多少销售人员往往取决于企业规模大小、客户数量、客户相对集中情况、每个客户平均一年需走访的次数、平均走访或接待一个客户所需要的时间、平均每天接听电话或收发电子邮件的数量等因素，一般可按工作量法加以估算。

　　一定规模的印刷企业一般都设有外部销售人员和内部销售人员，且需要协同工作。外部销售人员上门走访客户，主要服务于企业的重要客户并寻找新的大客户，内部销售人员则通过电话、电子邮件联系业务或在他们的办公室内接待来访的预期客户。内部销售人员为外部销售人员提供后勤服务，负责解答客户提出的各种具体问题，报价、跟踪订单，确保保质保量及时交货，利用电话、电子邮件为外部销售人员提供新的潜在客户的线索等。

　　每个企业都有自己的大客户或重要客户，为更好地满足这些客户的要求、减少失误，企业一般采取小组销售的方法。销售小组可以由销售人员、财务人员、技术人员、后勤人员及高层管理人员组成。

## 三、销售人员素质与培训

　　一位优秀的销售人员对于一个企业来讲具有相当的价值。国外一项研究表明，一般情况下，优秀销售员要比普通销售员多销售 1.5～2 倍，企业 30% 的优秀销售员可以完成 60% 的销售。因此，认真谨慎地挑选和培养优秀销售人员是大幅度提高企业整体销售业绩的关键。

　　1. 优秀销售员的素质

　　美国盖洛普管理咨询公司对近 50 万名推销员进行了调查。研究表明，优秀的推销员有四个方面的主要素质：内在动力、干练的作风、推销能力以及最重要的一点，即与

71

客户建立良好业务关系的能力。

（1）内在动力。不同的人有不同的动力，如自尊心、幸福、金钱等，对此，优秀的推销员有一个共同点，即有成为杰出之士的无尽动力。这种强烈的内在动力可以通过锤炼、磨炼形成，但却不是能教会的。

动力源于三种性格类型：竞争型的人不仅想要成功，而且有渴望战胜对手（其他公司和其他推销员）的满足感。他们能站出来对一个同行说："你是本年度最佳推销员，我不是对你不恭，但我会与你一争高低的。"追求自我实现的推销员就是为了体验一下获胜的荣耀。他们不论竞争如何，总想把自己的目标定得比自己能做到的要高。他们一般能成为最好的营销经理。善于交际的推销员的长处在于他们能与客户建立和发展良好的业务关系，他们为人慷慨、周到、做事努力。一公司经理说：这样的推销员是非常难得的，我们需要那种能够耐心回答顾客可能提出的第十个问题的推销员，那种愿意和客户在一起的推销员。

没有谁是单纯的竞争型、自我实现型或关系型的推销员。大多数优秀的推销员或多或少属于其中的某一种类型。竞争型的推销员如果有一些关系意识，他可能既可以照顾好顾客，还能得到大笔业务。

（2）干练的工作作风。不管他们的动机如何，如果销售人员组织不好、凝聚力不强、工作不尽力，他们就不能满足现在的客户的越来越多的需要。优秀的推销员能制订详细周密的计划，然后坚决执行。在推销工作中没有什么神奇的方法，不能靠运气或是雕虫小技，有的只是严密的组织和勤奋的工作。有人说他们能碰到好运气，但很有可能是因为他们早出晚归，在人们下班回家后，他们可能还要与客户商谈，或拿着行李赶往火车站。

（3）完成推销的能力。如果一个推销员不能让客户订货，其他技巧都是空谈。不能成交就称不上推销。有一点很重要，作为一个优秀的推销员要有一种百折不挠、坚持到底的精神，优秀的推销员和优秀的运动员一样，要不畏惧失败，直到最后一刻也不放弃努力。优秀的推销员失败率较低的原因就是他们对自己和推销的产品坚信不疑。优秀的推销员非常自信，认为他们的决策是正确的，十分渴望做成交易，在法律和道德允许的范围内无论采取何种方法也要使交易成功。

（4）建立关系的能力。在当今关系营销环境中，优秀的推销员最重要的一点就是要成为为顾客解决问题的能手和与客户拉关系的行家。他们本能地理解客户的需求。优秀推销员要做到：全神贯注、有耐心、足够周到、反应迅速、能认真倾听、十分真诚；能站在客户的立场上，用客户的眼光看问题；要目的明确，优秀的推销员不是讨别人喜欢，他们要的是盈利；他们总是想到客户的业务将向何处发展，他们怎样才能帮助客户。

尽管印刷业务的营销与一般商品的营销有很多不同之处，但上述优秀推销员的素质具有一定的共性，是每一位销售人员应当努力追求的。除此之外，印刷企业的营销人员要取得好的销售业绩，还需要具备以下基本素质与技能：

（1）熟悉并掌握必要的印刷技术知识。印刷包括若干复杂工序，用到多种材料。只有熟悉生产业务、掌握相关的知识，销售人员才能针对原稿的风格、表现形式以及客户的要求选择恰当的印刷材料与工艺方法，尽快地给客户以满意答复或与客户讨论业务问题。但要注意，与客户交谈最好使用对方易懂的语言，除非客户首先使用技术术语，以免疏远客户。因为当客户不明白这些术语的含义时，他们就不会同意签订相关合同，甚至损害双方间的关系。

（2）工作经验积累。印刷属定制生产加工。因客户需求、要求各不相同，严格地讲，每一个印件都可以说是企业不同的产品。为理解并满足不同客户的不同要求，需要销售人员不断地积累经验，在理解客户要求、设计产品时不出差错。另外，经验能使销售人员产生自信，能使客户相信企业的能力。

（3）倾听，冷静处理各种问题。在洽谈业务及印刷加工中，客户总会提出各种问题与意见，销售人员应认真倾听并做出分析判断，了解客户的真正需求是什么、企业能否做到，不要为赢得客户而做出企业无法实现的承诺。在讨论生产方法或生产工艺时，即使客户错了，也不要与之争辩。独断专行和不友好的争论无助于营销的成功。

（4）善于与人合作。拿到客户的印刷合同只是销售工作的第一步。要想使客户满意而归并与企业建立长期的客户关系，还需要企业各部门的密切合作，包括计划、采购、生产、质量、财务及后勤等部门。销售人员需要了解相关人员并与之融洽相处。

2. 销售人员培训

有些印刷企业在招聘新业务人员之后立即让他们独立投入工作，尽管这样能够使他们尽快进入角色、锻炼他们的工作能力，但由于缺乏必要的专业知识与经验，可能会给企业带来不应有的损失。

新的销售人员一般要花费几个星期、几个月甚至一年的时间参加培训。对于在职的人员，每年也要安排一定时间重新学习，补充新的知识。

营销人员培训应从以下五个方面进行：

（1）本企业的发展情况，包括企业发展史、企业的经营方针和经营策略、企业的经营状况、企业的利润目标、长期规划等。

（2）产品知识，包括纸张特性、工艺设计、加工过程、印刷装订质量等，同时还要了解竞争对手印刷的优缺点，从而知己知彼。

（3）市场情况，包括企业面对的各种类型的客户和这些客户的购买动机、购买行为等，也包括竞争对手的政策和策略。

（4）营销技术和营销方法的培训，即业务培训，这是销售人员的基本功。作为销售人员只有不断地学习和研究新的营销技术和方法，才能排除营销过程中遇到的各种困难，打开市场。

（5）企业有关制度规定。销售人员要清楚企业的有关制度规定，履行一定的工作程序，如信用条件、优惠政策、送货制度等。

总之，营销的重心是要由坐等订单变为争取订单，争取订单并不是一件容易的事，但从销售人员方面来讲，需要接受系统而严格的专业培训。

## 四、销售人员的激励

印刷行业具有微利经营的特征，且竞争激烈，印刷企业的薪酬水平普遍偏低，人员

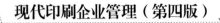

流动较大。印刷企业销售人员作为人力资源队伍的重要组成部分，通过有效的激励机制，可以充分调动销售人员的积极性，促使销售人员发挥自己的聪明才智与潜在的能力。制定激励机制的原则主要是公平原则，以员工绩效为依据，确立以绩效为基础的激励体系。在实施过程中，把精神奖励和物质奖励相结合。

印刷企业对销售人员的具体激励策略包括：

（1）参与式激励策略。激发销售人员参与上级管理者的决策过程与重要工作，通过满足销售人员的尊重需要和自我实现需要①激发其工作热情。企业需要建设员工积极参与的企业文化，营造员工积极表达的氛围。

（2）目标激励策略。与目标管理工作联系在一起，印刷企业从整体销售目标到部门目标，再到销售人员目标，层层分解，使销售人员有明确的任务目标。设定具体目标时，需与企业上一年度同期相比较，结合本年度企业内外部具体情况，制定科学适宜的目标。目标要具有具体性、可衡量性、可实现性的特点，能够促进销售人员发挥潜力，提高工作积极性。

（3）成就激励策略。销售人员的工作需要得到来自于企业管理层、同事、客户等方面的认可。印刷企业通过实施成就激励策略，肯定销售人员的工作表现和工作绩效，能够提高其在企业、行业和社会层面的影响力。尊重、表扬、授权、证书等都是可行的成就激励形式。

（4）薪酬激励策略。薪酬激励策略对于企业吸引和留住人才、激发人才能力有着重要的意义。目前，在印刷企业中，包括销售人员在内的市场营销人员受教育水平偏高，市场营销岗位月均薪酬在印刷企业不同职位的薪酬中排在第三名②。薪酬激励策略不仅包括基本工资、绩效工资等方面，还包括"补充医疗保险""带薪休假""膳食补贴"等常见的形式。此外，还有印刷企业为员工提供"旅游津贴""利润分享"。

# 第五节　印刷企业客户管理

客户是企业的利润之源。传统的营销理论与实践强调招徕新客户和创造营销业绩，但是由于生产过剩、竞争者更加精明老练等原因，招徕新顾客越来越难，另外，企业也已认识到，失去一位顾客远不止失去一笔买卖，而是失去了该顾客在其购物生命期内可能发生的整个购物量，所以如今的企业还必须注重保持现有顾客并与他们建立可获利的长期关系。随着印刷企业数量的不断增加、印刷技术的飞速发展，市场竞争不断加剧，为此，印刷企业更需要加强客户的开发、维系与管理。

---

① 尊重需要和自我实现需要是马斯洛需要层次理论中的第四层次和第五层次需要。

② 在印刷企业中，不同职位的薪酬存在一定差距。"中层以上管理者""研发""市场营销"三个岗位月均薪酬排在前三名。参见：李坤平.2020 中国印刷业最佳雇主调研报告［J］.印刷经理人，2020（3）：14－22.

## 一、客户分类管理

不同客户对企业的商业价值不同，一般来说，企业 80% 的利润源自 20% 的长期客户。因此，对这些客户进行有效的分类管理，可以帮助企业更好地配置资源，使营销策略更有成效，更有利于与有价值的客户建立长期关系。客户分类管理可以从以下两个方面进行：

### （一）客户构成分析

根据企业交易记录，可以选择某一标准对客户的交易额、毛利率等进行计算和统计分析，如表 3-4 所示。

表 3-4　客户构成分析

| 指标＼客户 | 出版社 | 杂志社 | 工商企业 | 政府机构 | 其他 |
|---|---|---|---|---|---|
| 年交易额 | | | | | |
| 占总交易额比重 | | | | | |
| 上年交易额 | | | | | |
| 交易额增长率 | | | | | |
| 毛利率 | | | | | |
| 其他 | | | | | |

客户还可以按地理位置划分为各地区客户、各国家客户；按印刷产品种类划分为书籍印刷客户、包装印刷客户、期刊印刷客户、宣传品印刷客户等。指标可以增加回款额、回款率等。通过上述结构分析，可以使企业清楚客户的基本结构、主要市场及利润的主要来源。

### （二）客户 ABC 分类

客户管理的一个重要原则就是要做好对重要客户的管理。为找到并有效地管理有价值的客户，可以在客户结构分析的基础上用 ABC 分类法将客户进一步分为 ABC 三类，对不同级别或类型的客户采用不同的管理方案。

企业可以按交易额对客户进行 ABC 分类。首先按交易额由高到低对客户进行排序，并计算累计交易额，累计交易额占到总交易额 70% ~ 80% 的前若干个客户（可能只占总客户数量的 20%）为 A 类客户；B 类客户的累计交易额将占总交易额的 10% ~ 20%；C 类客户的累计交易额只占总交易额的 10% 以下，但客户数量可能要占近一半。很显然，企业应对 A 类客户实行重点管理，与其建立长久的可盈利关系。

## 二、大客户管理

大客户是企业的关键客户（A 级客户）、伙伴型忠实客户，是为企业创造 80% 利润的客户。由于市场环境复杂多变，对大客户的管理将是一个动态过程，需要经常地评价、确认、调查研究、发现问题并制订解决方案，必要时还需进行适当的淘汰。

**（一）大客户评价与确认**

交易额只是确认大客户的因素之一，一般还需考虑资信情况、报价的目的与次数、毛利率、合作历史与相互关系以及发展潜力等因素。为综合考虑上述诸因素，可以参考一定的评价标准，用打分的方法加以量化确定（见表3-5、表3-6）。

表3-5　大客户评价标准（参考）

| 评价项目 | 评价等级 | 评价参考分数 |
|---|---|---|
| 交易额 | 1~3 名 | 8~10 |
| | 4~10 名 | 5~8 |
| | 10 名以后 | 0~5 |
| 利润率<br>（毛利率） | 20% 以上 | 8~10 |
| | 10% ~20% | 5~8 |
| | 10% 以下 | 0~5 |
| 发展潜力 | 交易额增长率在10% 以上<br>客户所在行业及自身有良好的发展前景 | 8~10 |
| | 交易额增长率在5% ~10%<br>客户所在行业及自身发展前景一般 | 5~8 |
| | 交易额增长率在5% 以下<br>客户所在行业及自身发展前景不看好 | 3~5 |
| 资信情况 | 资金运转良好，回款率98% 以上 | 8~10 |
| | 资金运转一般，回款率80% ~98% | 5~8 |
| | 资金运转较差，回款率80% 以下 | 0~5 |
| 报价 | 报价目的是达成交易，合理地讨价还价 | 8~10 |
| | 报价目的是达成交易，过多地讨价还价 | 5~8 |
| | 报价目的只是得到价格信息 | 3~5 |
| 关系 | 有很好的合作历史，像朋友一样能相互理解 | 8~10 |
| | 以往合作较好，能在合作的基础上解决问题 | 5~8 |
| | 关系一般，难以沟通 | 3~5 |
| 要求的<br>服务水准 | 要求提供基本的服务；<br>或虽有特殊要求，但在价格上能给予补偿 | 8~10 |
| | 要求提供特殊服务，在价格上没有补偿 | 5~8 |
| | 要求太多，比较苛刻 | 2~5 |

注：每个评价项目满分10 分。

表3-6　评价结果（参考）

| 指标＼客户 | 权数 | 客户1 | 客户2 | 客户3 | 客户4 | 等等 |
|---|---|---|---|---|---|---|
| 交易额 | 25 | 10 | 10 | 10 | 8 | |
| 利润率 | 20 | 8 | 7 | 5 | 6 | |
| 发展潜力 | 15 | 6 | 5 | 7 | 8 | |
| 资信情况 | 15 | 9 | 8 | 6 | 5 | |
| 报价 | 10 | 10 | 8 | 8 | 7 | |
| 关系 | 10 | 10 | 8 | 4 | 6 | |
| 要求的服务水准 | 5 | 8 | 7 | 6 | 5 | |
| 加权平均得分 | 100 | 8.75 | 7.8 | 6.95 | 6.7 | |

根据评价结果，企业可以将某个分数以上的客户作为大客户，或选择加权平均得分前若干位的客户作为大客户。

上述评价指标、评价参考分数及权数可根据企业实际情况适当调整确定。

**（二）大客户管理原则**

确定大客户的目的是更加有效地管理与维系客户，以便为企业目标的实现奠定基础。

大客户管理可以考虑以下一些原则：

（1）注重利用各种信息技术为客户提供多种沟通渠道，并采取更为亲切和人性化的各种沟通方式，如组织每年一度的大客户与企业间的座谈会；对大客户、重点客户，由营业部经理甚至总经理定期或不定期地走访，与其建立较高层次的较为密切的组织及私人关系。

（2）建立以客户为中心的更为灵活的组织结构体系，建立大客户管理部，并由营业部经理、技术人员、生产车间主任等有关人员组成小组，以确保这些客户的订单保质、保量按期完成。

（3）围绕大客户需求，对企业业务流程进行改造，采用企业资源管理系统（ERP）、供应链管理系统（SCM）、客户关系管理系统（CRM）等应用软件，加强信息集成，提高客户服务效率。

（4）在企业超负荷运转、加工能力受限时，应首先考虑大客户订单的质量、时间等要求，在企业技术、设备能够达到要求的情况下，尽量避免大客户印件外协加工，以免达不到客户的要求或造成客户转移到外协单位。

（5）关注大客户对企业产品或服务提出的抱怨，并派得力人员或小组尽快圆满解决。

（6）经常检查、分析大客户评价表，看看哪一位客户的哪些评价项目可以改善。

## 三、客户服务

印刷企业提供的服务属于定制服务，需要企业与客户之间进行经常的、有效的沟通。通过提供客户服务，印刷企业能够提高工作质量和客户满意度。

**（一）客户服务的主要措施**

提供高标准的服务是客户满意的主要因素。对此，印刷企业可采取以下主要措施：

（1）关心你的客户。

（2）信守对客户的诺言。

（3）公司的所有雇员——从董事长到门卫都要尊重顾客，并与客户建立友好关系。

（4）对涉及客户利益的各种问题都要认真对待，包括：打电话，快速收回废次品，讲究礼貌，听取客户意见并快速做出反应，诚实、公正、积极。

（5）当天回答客户的询问。

（6）鼓励客户提出改进建议，并尽可能实施。

（7）客户对公司的产品和服务提出有价值的反馈意见时，应当给予奖励。

企业与客户之间是双赢关系。一方面，企业应站在客户的立场上为其提供个性化的产品和服务；另一方面，企业也要考虑由此增加的成本和费用。

**（二）客户投诉管理**

客户在接受印刷企业提供的印刷服务与产品的过程中和过程后，可能出现不满意的情况。印刷企业要正确看待这一现象，把处理客户不满的工作作为客户服务的一部分。很多情况下，客户通过投诉来表达不满。客户投诉是指客户通过各种渠道向公司表达的各种不满、抱怨和意见。客户投诉管理实际上是印刷企业与客户沟通的一种途径。有效的客户投诉管理可以提升服务水平，树立企业的品牌形象，提升客户满意度。客户投诉管理可以从以下四个方面开展：

（1）设立投诉受理部门，由专职岗位专职人员负责。需要定期对客户进行回访，及时了解客户满意或不满的情况，遇到问题及时处理。接收客户投诉后，对投诉内容和处理结果分类整理归档。

（2）建立投诉处理流程。涉及客户投诉编号、客户投诉调查、追踪改善、成品退货、处理期限、核决权限、处理逾期反应等方面。流程主要包括投诉受理部门接收投诉、投诉内容涉及部门处理问题、关联部门协助处理、处理结果反馈给受理部门、受理部门反馈给客户。

（3）建立投诉反馈规范。注意下列情况：反馈周期安排、客户投诉损失金额核算情况、业务部门不得超越核决权限与客户做任何处理的答复协议或承认、客户投诉内容若涉及其他公司需同有关单位共同处理、客户投诉不成立或客户对反馈有异议时的处理等。

（4）建立投诉奖惩制度。明确客户投诉责任人员，针对客户投诉进行绩效奖金罚扣。

在客户投诉处理中，务必遵循实事求是的原则和及时反馈原则，第一时间将结果反馈给投诉者，并最大限度地争取客户的理解，让客户体会到一切以客户为中心的服务理念。

### 四、客户淘汰管理

企业总是希望留住大客户并与其建立长久的可盈利关系，这也是近几年强调的关系营销的精髓。关系营销意味着处理好眼前利益与长远利益之间的关系、处理好与顾客之间的关系。与此同时，因为每个企业都有一些不受欢迎的顾客，如长期赖账者，所以企业并不需要与每一个顾客建立长久关系，企业所要决定的是能够为哪些顾客提供最有效的服务以击败竞争者，要招徕和保持可从其身上获利的顾客。

客户管理是一个动态的管理过程，企业在竞争的环境中，既要争取和留住顾客，又要根据以往的交易情况和其他企业所掌握的资料对客户进行经常的检查与评价，淘汰那些不受欢迎的顾客。如资信非常差的顾客、非常苛刻不合作的顾客、大额但利润率极低的顾客等，在没有改善余地的情况下，应考虑淘汰，以便企业把精力集中于那些合作的可获利的长期客户上。

## 本章小结

1. 印刷企业主要面对的是组织市场，印刷市场营销特征主要有以下几点：印刷市场营销属定制营销；客户群体复杂、要求各异；对营销人员技术知识要求较高。

2. 印刷作为加工工业，其市场细分标准主要有印刷品类型、用户规模与购买力、用户的地理位置和购买行为。

3. 客户并不总是购买最廉价的产品，印刷企业客户也是一样，很少只考虑价格。因此，假定价格是赢得订单的主要因素是错误的。质量、信誉、交货时间及人际关系等在市场营销中起着非常重要的作用。

4. 大多数印刷企业都设有产品展示室并参加印刷展览会，利用其产品展示他们可印制的产品类型和可达到的质量。但为更好地与客户沟通，树立良好的企业形象，使用最多的促销方式是人员推销与公共关系。

5. 印刷企业的销售队伍一般按区域组织或客户类型组织。一些印刷企业按客户类型组织其销售人员，分别为老客户服务、为大客户服务、为长期客户服务，或致力于寻找新客户。一定规模的印刷企业一般都设有外部销售人员和内部销售人员，且需要协同工作。每个企业都有自己的大客户或重要客户，为更好地满足这些客户的要求、减少失误，企业一般采取小组销售的方法。

6. 印刷企业的营销人员需要具备以下基本素质与技能：熟悉并掌握必要的印刷技术知识；工作经验积累；倾听，冷静处理各种问题；善于与人合作。

7. 大客户是企业的关键客户（A级客户）、伙伴型忠实客户，是为企业创造80%利润的客户。由于市场环境复杂多变，对大客户的管理将是一个动态过程，需要经常地评价、确认、调查研究、发现问题并制订解决方案，必要时还需进行适当的淘汰。

第
三
章

印
刷
企
业
营
销
管
理

# 思考与练习

1. 印刷市场营销有哪些主要特征？

2. 试针对某个具体的印刷企业及其目标市场进行 SWOT 分析，结合其市场定位，分析和评价其市场营销组合策略，并提出调整措施。

3. 印刷企业的营销人员需要具备哪些基本素质与技能？

4. 试针对某个具体的印刷企业进行客户分类与评价，并提出客户管理建议。

## 鼎籍数码的营销服务

辽宁出版集团"二次创业"深化改革，推动传统图书出版产业链向数字化转型，建立辽宁鼎籍数码科技有限公司。鼎籍数码创建伊始便明确了定位，不做单纯的生产加工商，要将自身建设成为一家集内容、产品创新、全方位营销服务于一体的"文化＋科技"按需印刷品牌企业。

鼎籍数码以市场为导向，逐渐形成了以营销服务为核心的企业经营战略。通过为客户提供全方位的服务，大幅增加客户黏性。

鼎籍数码拥有职业精干的线下营销团队。这是一支业务拓展能力极强的专业化营销服务队伍，他们有丰富的印刷服务经验，能够准确把握客户需求，实现快速、准确、周到服务。线上营销，人才先行。作为新兴 POD 按需印刷企业，鼎籍数码不断创新思路，进军线上营销市场，快速组建起一支高水平、高学历的专业优秀互联网营销队伍，成员均为硕士学历，学习能力强、专业水平高，对于线上营销渠道的开发提供了强大的人才支撑。

打通网媒运营渠道，全面启动互联网营销。鼎籍数码目前已开拓百度、58 同城、抖音、淘宝、头条、微信等现阶段主流网络媒体渠道。百度推广、58 同城主要面向 B 端企业客户，实现销售收入的新增量；抖音、淘宝主要面向 C 端零售客户，重点打造个性化照片书和自助出书两大定制类文创产品；头条、微信公众号主攻企业品牌推广，迅速扩大企业品牌影响力。

鼎籍数码彻底扭转传统印刷企业单一印刷加工业务模式，进一步细分经营市场，建立差异化、多样化产品结构；深挖技术优势，拓展专业出版市场；以短版图书印刷为起点，深挖 POD 按需印刷优势，开发出版单位断版图书、试销图书、专业小众图书、自费和自助出版图书业务，通过技术优势填补传统印刷的业务空白，形成业务新增长点；提供专业增值服务，不断扩大快印、文印市场份额；为大型企事业单位提供高效快速的快印、文印服务，同时提供设计制版、文字编辑、校对等增值服务，被客户广为认可；开拓视频制作运营业务，满足客户多元需求。在业务推广过程中，鼎籍数码发现很多客户有企业宣传视频和网络短视频制作的需求。公司启动布局视频业务，主要为客户提供企业产品宣传类、培训类视频，互联网运营的短视频制作和运营服务。

资料来源：房峰. POD 按需印刷驶入营销服务新航道［J］. 印刷经理人，2020（3）：52－53.

**⤷ 思考题**

1. 鼎籍数码的营销人员管理有什么特点？对企业的营销服务有什么作用？

2. 从案例中可以看到，鼎籍数码的营销策略有哪些？并给出你的评价。

**即学即测**

**一、选择题**

1.【单选题】印刷企业市场营销属于（　　）。

A. 关系营销　　　B. 定制营销　　　　　C. 媒体营销　　　　　D. 网络营销

2.【单选题】印刷企业依据（　　）制定增值服务策略。

A. 客户构成　　　B. 客户评价　　　　　C. 客户需求　　　　　D. 客户类型

3.【多选题】印刷企业一般按照（　　）来组织其销售人员。

A. 订单类型　　　B. 区域　　　　　　　C. 客户数量　　　　　D. 客户类型

4.【多选题】为更好地与客户沟通，树立良好的企业形象，印刷企业使用最多的促销方式有（　　）。

A. 人员推销　　　B. 广告　　　　　　　C. 营业推广　　　　　D. 公共关系

5.【多选题】印刷企业进行市场细分时，其市场细分标准主要有（　　）。

A. 印刷品类型　　B. 用户规模与购买力　C. 用户的地理位置　D. 购买行为

**二、判断题**

1. 印刷企业营销人员需清楚并熟悉印件的生产过程，以便更好地满足用户的要求。（　　）

2. 印刷企业在选择目标市场后，无须考虑竞争者情况，只明确本企业产品想要树立的产品形象，即可确定市场定位。（　　）

3. 对于书刊印刷客户来说，印刷企业只要通过印刷实现其内容产品的价值即可，不需要提供外延产品。（　　）

4. 印刷企业常常为了满足客户的各种不同要求而投入不同的人力与设备、提供不同的服务、索取不同价格，即采用灵活定价策略。（　　）

5. 优秀的印刷企业销售员应具备四个方面的主要素质：内在动力、严谨的作风、推销能力以及与客户建立良好业务关系的能力。印刷企业销售员不需要熟悉印刷技术相关知识。（　　）

**参考答案**

一、选择题：1. B　2. C　3. BD　4. AD　5. ABCD

二、判断题：1. √　2. ×　3. ×　4. √　5. ×

# 第四章

# 印刷企业生产管理

## 本章提要

　　本章介绍了印刷企业生产管理原理，比较详细地介绍了印刷企业生产计划和生产作业计划的制订方法与思路，阐述了印刷企业生产能力与生产效率分析的基本思想。通过本章的学习，旨在对印刷企业生产管理基本理论有一个概括的了解，为实际从事印刷企业生产管理奠定良好的理论基础。

## 重点难点

　　⊙重点把握印刷企业生产管理的概念和特征
　　⊙熟悉印刷企业生产管理的内容
　　⊙了解印刷企业生产计划与控制的方法和思想
　　⊙掌握印刷企业生产能力确定和生产效率分析的基本原理

 引导案例

### 盛通印刷：让管理"无处不在"

　　转型故事：近年来，在传统制造领域，印刷行业正遭遇越来越强烈的转型冲击：从单纯的加工业向加工服务业转变；从手工、简单机械劳动升级为智能、联动化劳动；从劳动密集型转向资本密集型、服务创新型的商业模式……在这些转型历程中，信息化、精益化、绿色环保化正成为行业深刻变革的关键词，传统印刷企业在绿色与数字化的产业浪潮中也开始面临愈加复杂的经营环境和随之而来的全新管理挑战。凭借对生产设备与管理工具软硬相间的经营策略的坚持，北京盛通印刷股份有限公司（以下简称盛通印刷）成功地在绿色与数字化的产业浪潮中漂亮转身，在拥有了更出众的运营绩效和更具优势的市场竞争力的同时，对于盛通印刷这家上市企业而言，收获更多的是企业决战资本市场的品牌价值。

　　因此，越来越多的印刷企业期望通过对设备先进性的追逐，跑赢这场来势汹汹的转型竞赛。而除了对硬件高科技性的一味推崇，印刷企业要想在这轮转型大潮中异军突起，更应从软件层面加速思考管理模式的数字化革新。正如盛通印刷总经理栗延秋所言："先进的硬件设备可以让我们的企业跑得很快，而借助IT工具的数字化管理则能确保我们走得更远。"

## 管理是企业经营之本

作为国内印刷产业界的优秀代表，成立于 2000 年的盛通印刷曾连续获得两届中国出版政府奖印刷复制奖，连续五年被评为"中国印刷百强企业"，聚焦高端市场的经营理念，涉足图书、杂志、海外市场、商业印刷、药品包装印刷等多领域的产品定位，足以令其在华北地区的印刷行业中稳居前列。如今盛通的年产值已超过 5 亿元，并在 2011 年成功完成融资上市，翻开了全新的企业高速成长篇章。

对于历时十年便带领一家民营企业成功博得资本市场青睐的栗延秋看来，盛通的成长既得益于繁华的文化印刷产业契机，更离不开从三大元素中汲取的养分。

首先是精准的市场定位。盛通身处全国的出版中心——环渤海地区，而北京作为亚洲重要的文化中心，集中了全国约 40% 的出版社、1/3 的杂志社，出版物印刷需求量大。但同时，因低端领域产能过剩，造成行业竞争性整体偏弱。盛通正是看准了高端不足的区域产业现状，将目标市场精准定位在多色、精品这一高端领域，并一直坚持了下来。

其次是强大的融资能力。高端的市场定位意味着极高的设备要求，这背后必然需要巨大的资金支持。与美国柯达、德国海德堡等国际知名厂商的长期合作以及国际先进水平的印刷配套设备的不断引进，直到 2011 年成功上市，都彰显了盛通强大的融资能力和资金运作水准。

最后一块非常重要的便是科学化的生产管理。栗延秋认为，加强内部管理细节控制和流程设计，实现精细化管理，是盛通一直以来重要的经营目标，这也源于企业清晰的商业模式定位。"都说印刷行业是传统制造业，而我更愿意把我们归为服务行业。"栗延秋表示，印刷业不同于以量产为标签的电子业，不仅品种多、作业单变动频繁，并且每种工艺路线都很长且复杂，但同时对时效性的要求却非常高，盛通便有过 8 小时印刷 15 万本书的交付记录。这使在追求印刷高品质的同时，盛通必须及时准确掌握生产进度、指令信息以及生产设备的负荷状况，提升整体运营效率，以确保订单的达交率。

为此，盛通在成立之初便将 IT 引入企业的经营管理中。2001 年，盛通自主研发了一套订单系统，以实现对订单信息、客户信息、应收账款信息的电脑化管理，当时已能很好地满足企业的经营管理需求。2004 年，通过一套供应链系统，开始步入高速发展轨道的盛通适时地将制造端与财务端、采购端成功串联，将企业的 e 化管理进程再往前推进了一步。在不断追求放大 IT 工具对于企业经营价值的过程中，栗延秋始终坚信管理是企业一切运作的根本，"必须要有勇气开始，并坚持下去，才能成功。"这也是盛通坚守的经营信条。

## 策略创新拉开管理变革大幕

2004 年盛通开始筹备上市。

随着进程的推进，企业的经营管理层渐渐意识到，孤岛式的信息管理正成为上市面前一大"拦路虎"。从一家公司扩展到五家公司，公司变多了，管理便不能简单靠吆喝了，再加上作为公众公司的经营数据不仅要有据可查，还必须及时清晰，这些都鞭策着盛通尽快在上市当口完善数据化管理。

2011 年对于盛通而言注定是不平凡的一年。

那一年，国家新闻出版总署和环境保护部正式发文推进绿色印刷工作，而盛通成为第一批获得绿色印刷认证的印刷企业之一。绿色印刷不仅仅是材料、排放、供应链的绿色，更意味着管理流程的绿色。这无疑大大推动了盛通的数字化管理变革进程。为了对商业流程进行重组，真正打通采购—生产—仓储—财务的价值链条，实现绩效经营的优化，盛通开始了一场雄心勃勃的管理模式转型，关键词便是"信息化"。在历时超过半年的实施过程中，盛通的 ERP 项目在历经不断的人性化调整后，最终使员工乐于使用，得以顺利推行。

**深挖数据价值，提升管理绩效**

在信息化解决方案中，包含了工艺 BOM、订单附件、平行工艺管理、计件工资管理、APS 排产等客制化的应用，帮助盛通实现在订单处理、成本计算、物料采购、排产计划、财务报表、包工、库存等各个关键运营节点的信息化管控，让所有线下作业都可以在线上以数据的形式反映出来。如今，ERP 已成为盛通内部管理的主线，"从进到出，整个经营过程都可以在 ERP 中实现，经营绩效也可以通过系统准确呈现，这种透明式的管理对于我们管理层而言太重要了。"

更为关键的是，基于多营运中心的管理架构体系，构造了以供应链、生产管理、财务一体化为核心，协同 APS、HR、BI、OA 等无缝集成的一体化管理体系，使盛通经营管理各层次、各环节的内外部信息资源充分整合与高度共享并挖掘其潜力，大大缩短了原始信息从传递到决策过程中的反馈时间，管理层与基层以及各职能部门之间的沟通变得更加快捷和直接，从而大幅提升企业经营和管理水平。

无疑，一体化解决方案对于盛通而言，无异于一场由数字化、绿色的企业策略创新触发的管理变革。不仅工艺变得更严谨、灵活，生产过程追踪一目了然，现场数据及时准确；成本管理也更为精细，物料管理更为规范，交付周期也得到大幅缩短。同时，通过建立财务业务一体化体系的支撑系统，不仅财务部门完成了向偏重报表分析的管理会计的转变，而且有效增强了盛通面对规模化、多地化扩张带来的管理复杂化的应变能力，全员跨部门整体化的经营意识和能力也获得了提升。

如今，盛通正着力加快实现多品种、多批次、长工艺生产特性下的自动高速排程。在现有的产能条件下，每天几百个品种在盛通车间里同时流动的情况时有发生，造成极大的排程难度。对此，盛通希望能够借助 APS 高速排程工具，通过对产能、人员、定额、交期的维护自动实现计划排产，合理地利用企业的资源使生产效率和资源利用率达到最优。"不久的将来，我们希望实现在较少人干预下，多品种按工艺自动高速排产，这样我们就能不断调整生产循环，并修正完善系统数据的准确性。"栗延秋对即将投入应用的 APS 期望很高。

从无到有，信息化帮助盛通将经验值成功转变为参数值，形成可衡量和改善的管理指标。这不仅为盛通评估运营绩效提供了依据，更大大推动了企业数字化、绿色的策略创新历程。在传统印刷产业越来越深地陷入转型泥潭的当下，很多企业选择举起尖端的设备武器应对，盛通却在用先进的生产工具武装自己的同时，用信息化谋局变革，擦亮了管理的利器。相信在"信息链上起舞"的盛通印刷，必将如栗延秋总经理而言，走得更远更稳。

近年来，盛通印刷在激烈的印刷行业竞争中脱颖而出，由小到大，由弱到强，把一批印刷企业渐渐甩到了后头，创造了短时期内快速成长的奇迹，尤其在扩大生产能力和生产规模、科学开展生产管理方面不能不引起管理学界的总结和思考。

资料来源：http：//www.infowin.com.cn/a/case/1/15/2014/0307/81.html。

**案例思考**

1. 案例中是如何体现"管理是企业一切运作的根本"这句话的？
2. 盛通公司的生产管理的科学化表现在哪些具体方面？请结合案例进行具体分析。

生产管理是印刷企业管理的主要内容，其主要任务是制订生产计划、安排生产进度和控制生产过程。当今的印刷业是节约、高效、多产和注重质量的行业，是在全球范围内展开竞争的行业。印刷企业生产管理的主要任务就是用最少的成本适时生产出符合数量及质量要求的产品，实现企业的整体目标。在买方市场条件下，印刷企业赢得竞争优势的主要手段是质量、价格和交货期，也就是利用高质量和低于竞争对手的价格进行印刷品的有效生产，及时完成顾客的订货任务，着力培养企业在质量方面的声誉和信任感。本章主要对印刷企业生产管理原理、工厂布置、生产效率、生产计划、生产控制等基本问题进行简要的介绍。

# 第一节　印刷企业生产管理原理

## 一、印刷企业生产管理的概念

### （一）生产及印刷企业生产管理

任何一个企业，无论其运作的模式如何特殊，都无一例外地涉及两大问题：一是提供或生产什么，二是如何提供。因此，可以说生产活动是企业的基本职能，是任何制造型企业都必须面对的问题。商业的本质，就是从用户出发，用户的需求变了，企业要顺势而为，更好地满足用户在产品、设计、生产、质量、功能等方面的需求，为用户提供更好、更优质的服务。

生产（Production）是一种功能，也是一个过程，是创造产品或提供服务的行为，是一切社会组织将对它投入的生产要素转化为有形或无形的产出的过程。

关于生产的概念，大体上有三种观点：马克思主义认为，生产是以一定生产关系联系起来的人们利用劳动资料、改变劳动对象，以适合人们需要的过程；西方学者认为，生产是创造财富的过程；国内学者认为，生产是一切社会组织将输入转化为输出的过程（见图 4 - 1）。

图4-1 生产的概念

注：生产要素包括生产对象、生产手段、生产者（劳动力）、资金、信息、能源、材料等；生产产品包括有形产品（实物生产、制造业）和无形产品（非实物生产、服务业）。

各种组织的生产过程与产品如表4-1所示。

表4-1 各种组织的生产过程与产品

| 社会组织 | 主要输入 | 转化内容 | 主要输出 |
| --- | --- | --- | --- |
| 印刷企业 | 纸张、油墨等原辅材料 | 印制活动 | 印刷品 |
| 工厂 | 原材料 | 加工、制造 | 制品 |
| 运输公司 | 产地物资 | 位移 | 销售地域物资 |
| 医院 | 病人 | 诊断、治疗 | 恢复健康的人 |
| 学校 | 学生 | 教学 | 人才 |
| 咨询服务 | 问题、情况 | 咨询 | 建议、办法 |

印刷企业生产管理是对企业各种印刷品生产活动的计划、组织、分析和控制。它所关注的两大问题是：第一，印刷品是如何生产出来的；第二，如何降低印刷品生产过程中的资源消耗。

> **延伸阅读：**
> 从世界范围来看，普遍存在的问题是传统出版行业由于来自互联网和移动互联网的冲击处于萎缩状态，这给处于上游的印刷行业带来了冲击，导致印刷板块的缩减。此外，票据印刷量也在下降，尽管针对账单、发票、直邮信函等的数据处理服务对票据印刷市场的增长有所帮助，但数据处理服务已经基本饱和。相对于数字印刷，普通印刷需求量正在不断减少。首先，表格、文件等商业印刷业务需求量受到来自电子商务的冲击；其次，终端顾客越来越多地使用自有打印机，这对商业印刷市场也造成了影响。由于电子票据、电子出版物和电子银行的增加，票据、海报、邮票等非出版物印刷收入也在大幅下降。书籍、报纸、杂志、黄页的印刷量更是面临着长期下降趋势。

**（二）印刷企业生产管理所要解决的主要问题**

印刷企业生产管理处理的具体问题包括如下方面：

（1）What，即产品和质量战略。

（2）Where，即厂址和现场布局。

（3）When & Who，即生产计划与排程。

（4）How，即工作方法与生产组织。

生产管理与其他领域的关系如图 4 - 2 所示。

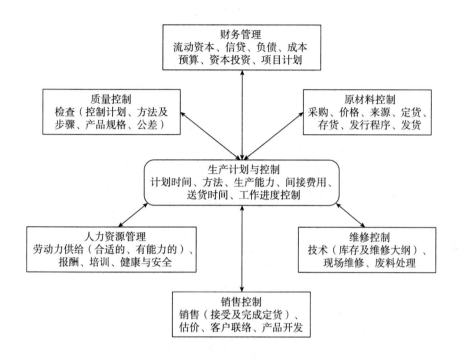

图 4 - 2  生产管理与其他领域的关系

## 二、印刷企业生产管理的内容

印刷企业生产管理是指对印刷企业生产活动的全过程进行综合性的、系统的管理。其研究对象是印刷企业的整个生产系统，包括输入、制造加工、输出和反馈四个环节。

（1）印刷企业生产系统的输入是指将用于企业生产的劳动力、印刷设备、各种材料等物质要素和生产计划、技术图纸、工艺规程、操作方法等信息要素投入印刷品生产过程。

（2）印刷企业生产系统的制造加工是指劳动者运用印刷设备、工具等劳动资料，按照规定的生产流程和计划，对印刷对象进行筛选、整理、加工，完成印刷品的制造过程，这是印刷企业生产系统运行的主要环节。

（3）印刷企业生产系统的输出是生产系统转换的结果，包括物质输出和信息输出两个方面。

（4）印刷企业生产系统的反馈是指把印刷生产系统输出的有关印刷品产量、质量、成本、技术、进度、消耗等信息再输入到生产系统，发现差异、纠正错误，保证预定目标实现的过程。

书刊装订的工艺流程如图4-3、图4-4和图4-5所示。

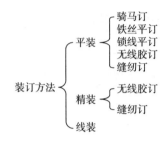

图4-3　书刊装订方法

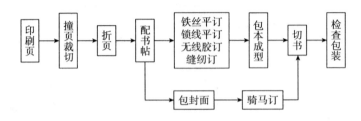

图4-4　平装工艺流程

88

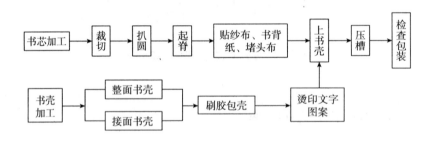

图4-5　精装工艺流程

　　一件印刷品的完成，对于传统的模拟印刷，一般要经过原稿的设计和选择、原版的制作、制版、印刷、印后加工等过程，其工艺流程如图4-6所示。

　　书刊印刷企业装订的工艺流程如图4-7所示。

　　当前，随着数码化印刷设备的广泛普及，以喷墨为代表的新设备，由于其自动化程度较高、操作简便等特性，更适合多线并行生产，也更适合建设超大型数字印刷工厂，喷墨技术对传统印刷逐渐进行替代，印刷业的集约度也会持续增加。与碳粉机相比，喷墨印刷设备的印刷品质更稳定，故障率更少，与胶印机相比，其又在中小批量印刷方面具备极大的成本优势，是理想的革新性设备，其生产流程和工艺也会发生改变。

　　印刷企业生产管理的内容主要包括如下几个方面：

　　（1）生产过程与战略：生产过程的原理、特征，生产方式的选择，技术、工艺管理。

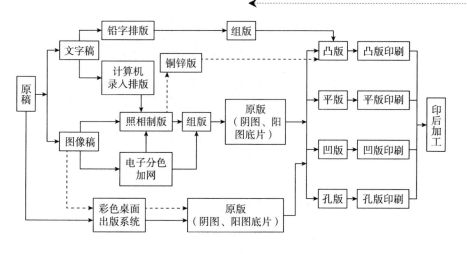

**图4-6　印刷工艺流程**

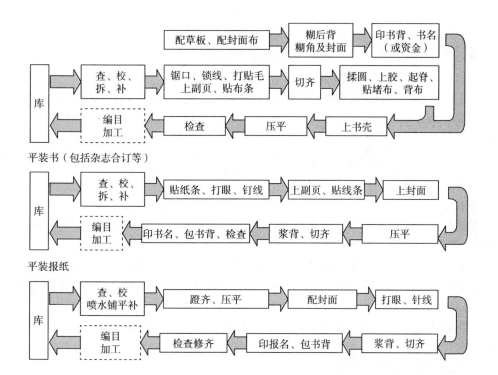

**图4-7　书刊印刷企业装订的工艺流程**

（2）生产系统的配置：厂址选择、工厂布局、设备配置及布局。

（3）生产系统运行的计划与控制：生产计划、作业计划、生产控制。

（4）生产作业活动的组织：劳动组织、作业分工、工作流程设计。

（5）生产要素管理：技术、设备、人力等。

图4-8所示为平版胶印印刷工艺流程。

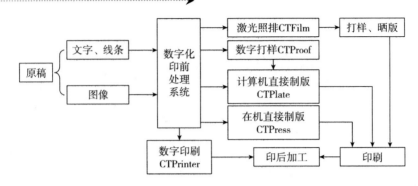

图4-8 平版胶印印刷工艺流程

## 三、印刷企业组织生产过程的基本要求

在市场经济条件下，印刷企业作为独立的经营实体，其生产管理的任务是将社会和市场所需的一定质量的产品，在需要的时间内按需求数量及时而又经济地生产出来。

### （一）印刷企业生产管理的任务

从生产类型上来讲，印刷企业一般属于订货型生产，生产管理的任务是：①按照合同约定或市场需求的印刷产品品种、质量，完成生产任务。②按照企业制订的产品成本计划完成生产任务。印刷品的价格是由合同约定或市场决定的，为了获得稳定的利润，印刷企业应该制定产品的计划成本，生产管理的任务之一是保证产品成本不突破计划成本，厉行节约。③按照合同约定或市场需求的产品数量和交货期完成生产任务。数量不足要承担违约责任或丧失销售机会，产量过剩又会因增加库存而增加成本，加大风险。现代经济系统对企业交货不再要求及时，而是要求准时，过早或过迟生产出产品都会使企业招致损失，印刷企业生产管理必须要做好数量和交货期的平衡工作。

印刷企业生产产品的质量（Quality）、成本（Cost）和交货期（Delivery），简称QCD，是衡量企业生产管理成败的三要素。保证QCD三个方面的要求，是印刷企业生产管理的最主要任务。在企业的实际管理工作中，这三个方面的要求是互相联系、互相制约的。提高质量可能会引起成本的增加；为了保证交货期而过分赶工，可能会引起成本的增加和质量的降低。为了取得良好的经济效益，生产管理应很好地完成计划、组织、分析、控制职能，做到综合平衡。

印刷企业的生产过程是指从原稿（文字稿和图像稿）的投入开始，直到印刷品印后加工完工的全部过程，是按一定客观要求组织起来的劳动过程和自然过程的总和。劳动过程是指劳动者直接或间接（借助于劳动手段）地作用于劳动对象，使其发生变化的过程，也就是劳动者凭借智力和体力改变劳动对象的过程；自然过程是指借助于自然力作用于劳动对象，使其发生变化的过程。

**延伸阅读：**

根据国家新闻出版署发布的《2019 年新闻出版产业分析报告》，2019 年，印刷复制实现营业收入 13802.6 亿元，利润总额 774.1 亿元。"十三五"前 4 年时间内，印刷市场规模壮大，企业总体营收增速放缓，行业量质齐升，步入发展新阶段。

**结构优化　内生动力逐步增强**

在 2019 年印刷复制 13802.6 亿元的"大盘子"中，包装装潢印刷优势明显，占比达到 78.68%。这一数据在 2016～2018 年的比例分别为 76.41%、77.32%、77.84%，可见包装装潢印刷 3 年来比重逐年攀升，对印刷复制营收贡献率居高不下，占据绝对优势。

出版物印刷（含专项印刷）2016～2019 年的营业收入呈增长态势，但增速放缓。纵向参考图书、期刊与报纸的数据，可以发现在出版物印刷中，4 年来，图书出版总量规模依旧保持上涨趋势，到 2019 年，全国出版图书 106 亿册（张），增长 5.9%，占全部数量的 23.5%。相比较而言，期刊和报纸印刷则下降明显，分别从 2016 年的 27 亿册、390.1 亿份降至 2019 年的 21.9 亿册、317.6 亿份。

与此同时，产业集中度提高。2016～2019 年，国内印刷行业规模以上企业营业收入逐年增长，利润总额稳步增加，利润率稳中有升。

**集约发展　集团规模持续扩大**

2016～2019 年，印刷集团资产总额不断增加，收入稳步增长。2016 年，12 家印刷集团资产总额 108.6 亿元，主营业务收入 54 亿元。2019 年，11 家印刷集团资产总额 163.4 亿元，较 2018 年增加 19.5 亿元，增长 13.6%；主营业务收入 76.7 亿元，较 2018 年增加 18.5 亿元，增长 31.8%。

具体来看，4 年间，中国文化产业发展集团有限公司、江西新华印刷集团有限公司、上海印刷（集团）有限公司、湖南天闻新华印务有限公司、浙江印刷集团有限公司 5 家印刷集团占据"半边天"。除中国文化产业发展集团有限公司稳居第一外，其他 4 家企业各有进退。2019 年，江西新华印刷集团有限公司、上海印刷（集团）有限公司冲刺前三。

资料来源：陈建奇，从雯．近四年新闻出版产业分析报告显示：印刷复制业量质齐升［N］．中国新闻出版广电报——中国印刷导刊，2020 - 11 - 18.

**（二）印刷企业生产过程的结构性构成**

印刷企业生产过程的结构性构成主要表现为劳动者和生产设备的组织形式，但它不同于行政性组织，是一种由生产任务关系形成的工作组织。

（1）工作地，是指由工人、设备、一定的生产面积等要素组成，具有特定的生产能力，能承担一定任务的生产单位。工作地是生产过程中最基层的生产单位。根据企业的任务即活动内容的不同，工作地的设置和承担的任务也不同，印刷企业的工作地可以是一台设备。

（2）工作中心，是指由相互关联的若干个工作地组成，具有特定生产能力，完成一定产品或半成品的生产单位。工作中心的形式可以是作业组、生产线、加工中心、流水线等，也可以是辅助生产时的一个仓库、运输组等。工作中心的构成方面，除各工作地外，一般另外需要一些联结各工作地的设置，如运输装置等（见图4－9）。

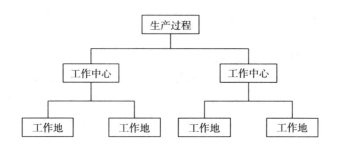

图4－9　生产过程的结构性构成

印刷企业的生产过程，一方面是原材料、燃料、动力、劳动、技术的不断投入过程，另一方面是印刷品的不断输出过程。

根据印刷企业印刷品生产所需要劳动的性质及其对产品所起作用的不同，一般可以将生产过程划分为生产准备过程、基本生产过程、辅助生产过程和生产服务过程四个部分。

（1）生产准备过程，是指产品正式投入生产之前所进行的各种生产技术准备工作的总和，如色彩设计、新产品试制及论证、工艺设计、工艺准备、纸张选择及劳动定额的制定、能源消耗定额的制定、劳动组织的协调和印刷设备布置等工作。

（2）基本生产过程，是指直接为完成印刷品所要进行的各种生产活动，如印刷企业的印刷，这一活动是印刷企业的主要生产活动。

（3）辅助生产过程，是指为了保证基本生产过程的顺利进行而提供辅助劳动和辅助劳务的生产过程，如印刷企业的打样、晒版等。

（4）生产服务过程，是指为基本生产过程和辅助生产过程服务的各种生产服务活动。生产服务过程往往并不是一种生产活动，如纸张及各种印刷材料供应、保管和运输等工作。

上述四部分既有联系，又有区别。其中，基本生产过程是主导部分，其他过程都围绕这一过程而进行。

**（三）组织印刷企业生产过程的客观要求**

合理组织企业生产过程，必须符合连续性、比例性、节奏性、适应性的要求。只有按照这些要求去组织生产，才能以最小的劳动耗费，取得最好的生产成果，提高生产的经济效益。

（1）生产过程的连续性，是指生产过程各阶段、各工序的进行在时间上是紧密衔接的，不发生各种非预期的中断现象，加工对象在生产过程中一直处于运动或被加工状态（如加工、检查、运输等），各生产环节的设备、人力总是处于工作状态。保持和提高生产过程的连续性，可以减少在制品占用，缩短产品生产周期；可以更有效地利用原材料、设备、工地和人力，减少损失；可以改善产品质量；可以加速资金周转。要实现生产过程的连续进行，必须使企业内各车间、仓库之间以及工地之间的布置符合工艺流程的要求；必须采用先进的技术设备，提高自动化、专业化水平；必须做好生产准备工作和生产服务工作，防止意外停工。

（2）生产过程的比例性，是指产品生产过程的各阶段、各工序之间，在生产能力和产品加工劳动量上要保持一定的比例关系。各个生产环节的工人人数、生产效率、设备数量等，都必须进行通盘考虑，综合平衡，防止出现比例失调。提高生产的协调性，有利于企业人力资源、设备资源和动力资源的充分利用，保证生产过程的连续进行。实现生产的比例性，一方面，要在设计和建厂时，充分考虑企业的产品结构和工艺特点，合理配备人力资源和设备资源；另一方面，企业的生产方向并非一成不变，因而要在改变产品的工艺操作、工艺设计或淘汰旧产品、生产新产品时，及时地根据变化后的实际情况进行适当的调整，以适应新的情况。

（3）生产过程的节奏性，是指企业及其各个生产环节都要按照生产计划的要求，在一定时间内，生产相等或等速递增数量的产品，或完成相等或等速递增数量的工作量，使各个工作地的负荷保持相对稳定。保证生产过程的节奏性，有利于减少在制品占用、压缩库存，提高人力、设备的使用效率，保证产品质量，做到均衡生产。提高生产过程的节奏性，应从投入、制造、出产三个环节入手。其中，出产的节奏性是生产过程节奏性的本质要求，而制造的节奏性是实现生产节奏性的保证，投入的节奏性是制造节奏性的前提。因而，实现生产过程的节奏性，应当投入、制造、出产统筹安排、合理规划。

---

**延伸阅读：描述成功的印刷生意模式**

（1）他们都利用网路接单做印刷生意

　　　他们都可以网路接单做印刷生意

　　　他们都利用网络来服务印刷客户

（2）他们都可以做少量多样印刷生意

　　　他们也能够做大量订单印刷生意

（3）他们的客户大部分是最终客户

　　　他们的客户大部分是（业务员）跑出来的

（4）他们提供的是印刷服务

（5）网路让触角伸长，订单增加，人手不会增加

---

（4）生产过程的适应性。生产过程的适应性是指生产过程的组织形式要灵活多变，能够进行恰当的调整，以满足生产不同产品的要求。在社会主义市场经济条件下，市场需求千变万化、多种多样，企业只有抓住各种机会，满足不同消费者的需求，才能不断扩大市场占有率，赢得市场竞争优势。这要求企业在组织生产过程时，要保证企业的生产过程能在市场需求发生变化时，迅速做出调整，适应新的情况，按照市场或顾客的需求，准时提供足够数量和质量的产品。一般来说，强化生产过程的适应性，企业的生产应向多品种、小批量、能够应急应变的方向发展。要采用混流生产等先进的生产组织方

式，也可以在主流产品以外组织灵活的生产单位，不断开发新产品，提高企业生产过程的适应能力。

# 第二节　生产计划与控制

## 一、生产计划

简单地说，计划就是设定目标，指明路线的过程。这个过程包含信息的收集、整理、分析、归纳，目标的思考与设定，执行方案的构想、比较与决策，组织内外的沟通协调，必要资源的分析、统计与组合，以及过程中所遇到问题的解决等，计划的过程本身充满挑战，对思维能力是极大的考验，当然要成为好的职业经理人，擅长制订计划是必要的第一步。

### （一）计划包含的要素

制订一项计划时必须包含以下要素：①清晰的目标；②明确的方法与步骤；③必要的资源；④可能的问题与成功关键。

生产计划可以定义为一个系统。通过计划可以对生产经营的每一个步骤进行科学的评判，安排在合适时间内达到最大效率的每一个工序的工作任务。尽管不可能为每一个印刷品的生产制订严格的计划，但每一个印刷企业应当尽可能地制订计划，并且在制订计划时要考虑工作的种类、技术的难易程度、印刷周期的长短及印刷品质量要求等因素。

### （二）生产计划的内容

生产计划也称基本生产计划或年度生产大纲，是指企业为了生产出符合市场需要的产品，所确定的在什么时候生产、在哪个车间生产以及如何生产的总体计划，是对企业总体生产任务的确定与进度安排，一般为年度计划。企业生产计划是根据销售计划制订的，它又是企业制订物料供应计划、生产任务平衡、设备管理计划和生产作业计划的主要依据。

生产计划面临的核心问题是生产与需求之间的矛盾，即生产均衡性要求与需求之间的矛盾，解决的主要问题是"生产能力—生产任务—市场需求"三者之间的关系，因此，计划的编制过程是一个在一定条件下方案优化的过程。

生产计划工作的主要内容包括：调查和预测社会对产品的需求，核定企业的生产能力，确定目标，制定策略，选择计划方法，正确制订生产计划、库存计划、生产进度计划和计划工作程序，以及计划的实施与控制工作。

制订生产计划和安排生产进度活动的目的，就是能够合理地分配现有的技术和人力资源，在符合客户要求的质量和价格的前提下，提高生产效率，确保能够按时交货。印刷企业生产一般有批量生产和连续生产两种类型。

1. 批量生产

批量生产有下列特征：

（1）每项工作是独立的，有自己的特征，有各种各样的生产要求和程序。

（2）要求部分送货。

（3）可以存储产成品和半成品。

（4）由于上述原因，浪费很高。

（5）机器负载运转复杂。

（6）通常要求很详细的产品规格。

2. 连续生产

这是由杂志和报纸印刷中的在产品的特点决定的，通常按规定方法组织生产，产品品种较少，工作流转平衡。组织生产过程的重点是确定关键路线，决定整个工作时间的活动顺序，考虑并进行操作和连续操作。

（三）生产计划的主要指标

企业生产计划的主要指标从不同的侧面反映了企业生产产品的要求。

（1）产品品种指标，包含两方面的内容：①企业在计划期内生产的产品名称、规格等质的规定性；②企业在计划期内生产的不同品种、规格产品的数量。品种指标能够在一定程度上反映企业适应市场的能力，一般来说，品种越多，越能满足不同的需求，但是，过多的品种会分散企业生产能力，难以形成规模优势。因此，企业应综合考虑，合理确定产品品种，加快产品的更新换代，努力开发新产品。

（2）产品质量指标，是指企业在计划期内生产的产品应该达到的质量标准，包括内在质量和外在质量两个方面。内在质量是指产品的性能、使用寿命、工作精度、安全性、可靠性和可维修性等因素；外在质量是指产品的颜色、式样、包装等因素。在我国，产品的质量标准分为国家标准、部颁标准和企业标准三个层次。产品的质量指标是衡量一个企业的产品满足社会需要程度的重要标志，是企业赢得市场竞争的关键因素。

（3）产品产量指标，是指企业在计划期内应当生产的合格的工业品实物数量或应当提供的合格的工业性劳务数量。产品的产量指标常用实物指标或假定实物指标表示。产品产量指标是表明企业生产成果的一个重要指标，它直接来源于企业的销售量指标。

（4）产品产值指标，是指用货币表示的企业生产产品的数量，它解决了企业生产多种产品时，不同产品产量之间不能相加的问题。企业的产品产值指标有商品产值、总产值和净产值三种表现形式。

商品产值是指企业在计划期内生产的可供销售的产品和工业劳务的价值。其内容包括用自备原材料生产的可供销售的成品和半成品的价值、用订货者来料生产的产品的加工价值、对外完成的工业性劳务价值。

总产值是指用货币表现的企业在计划期内应该完成的产品和劳务总量。它反映企业在计划期内生产的总规模和总水平，其内容包括商品产值、订货者来料的价值及在制品、半成品、自制工具的期末期初差额价值，它是计算企业生产发展速度和劳动生产率的依据。

净产值是指企业在计划期内新创造的价值。净产值的计算方法有两种：一是生产法，即从工业总产值中扣除物质消耗价值的办法；二是分配法，这种方法是从国民收入初次分配的角度出发，将构成净产值的各要素直接相加求得净产值，这些要素主要包括工资、职工福利基金、税金、利润、利息、差旅费、罚金等。

在实践中，商品产值和净产值一般用现行价格计算，总产值则要求用不变价格计算。

### （四）产品生产进度安排

企业编制生产计划，不仅要科学确定全年生产任务，而且要把全年的生产任务逐期分解，下放到各个季度和各个月份，这就是产品生产进度的安排工作。合理安排企业的出产进度，一方面有利于进一步落实企业的销售计划，满足市场需求，履行经济合同；另一方面有利于企业平衡生产能力，有效利用设备和人力。

产品产出进度的安排，因企业的特点不同而有所不同。

1. 大量生产产品产出进度的安排

大量生产产品的进度，一般采用均衡生产方式，把全年生产任务分配到各季、各月。但是，把全年计划均衡地分配到各月，并不意味着平均地分配到全年 12 个月，而是考虑产品特点和企业状况，随着工人操作技能的逐渐熟练而逐渐增加产量，具体有四种类型（见图 4 - 10）。

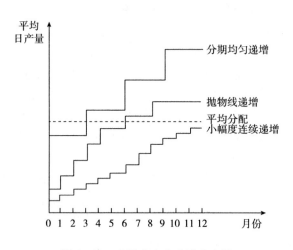

图 4 - 10　大量生产方式进度安排

（1）平均分配。即把全年的计划产量平均地分配到各期中，一般使日产量大体相等。这种方法适用于产品生产能力基本饱和、生产技术和工艺过程比较成熟的情况。

（2）分期均匀递增。这种方法把全年产量分配到各期之中，每一期的平均日产量之间成等差递增数列，而在每一阶段内，日产量大体相等，这种方法考虑技术的不断进步。

（3）小幅度连续递增。这种方法类似于分期均匀递增法，只是把全年产量分配到各个期的时期间隔较短，短期内的日产量也是大体相等，相邻两期的日产量差额较分期均匀递增较小。

（4）抛物线递增。这种方法在投产的初期日产量较小，随着生产的进行，企业的日产量以递减的速度逐渐增加，达到一定日产量后趋于稳定，这种方法多适用于新产品的生产。

**2. 季节性需求商品生产进度的安排**

有些商品的市场需求在全年内并不是均匀分布的，而是呈现明显的季节性变化。这类商品生产进度的安排，涉及劳动力的招聘和辞退、原材料的组织、产品库存量的大小等众多因素，工作比较复杂。

（1）均衡安排方式。这种安排方式不管市场需求如何，都把全年的生产任务均匀地分配到各季度、各月份，使全年日产量大体相等。这种安排方式有利于人力、物力的合理利用和管理，但有时库存量很大，占用很多流动资金，有时又会出现供不应求，丧失市场机会，如图4－11所示。

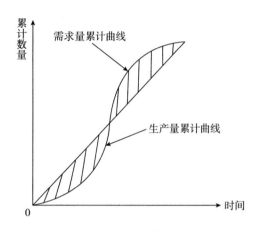

**图4－11　均衡安排方式**

（2）变动安排方式。这种安排方式是在合理市场调查的基础上按照市场调查得出的市场需求资料，随着市场需求量的变化安排生产量。和均衡安排方式相反，这种方式抓住了市场机会，降低了商品库存，节约了流动资金，但劳动力和原材料的供应工作也要求季节性变动，这给企业的管理提出了更高的要求，也不利于稳定产品质量，如图4－12所示。

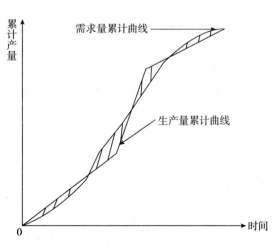

**图4－12　变动安排方式**

（3）折中安排方式。这种方式是企业的日产量大小相间，既减少了库存，满足了市场需求，又容易组织劳动力和原材料供应，便于管理，如图4-13所示。

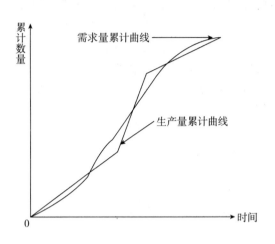

**图4-13 折中安排方式**

生产控制是一个工艺过程，是生产阶段的开始和对工作情况的连续反馈（见图4-14）。

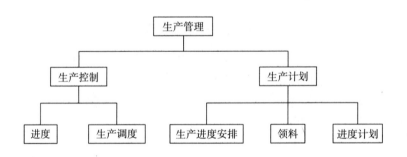

**图4-14 生产管理**

生产控制的步骤主要包括确立标准、衡量绩效和纠正偏差三个阶段。生产作业控制是生产控制的主要内容，是指在生产作业计划的执行过程中，对有关产品或零部件的数量和生产进度进行控制，它是实现生产作业计划的保证。在质量控制过程中，车间要做到不制造不良品、不接受不良品、不放过不良品。

## 二、生产进度控制

生产控制经理负责制订生产计划并保证最有效地利用资源来实现计划。生产控制职责包括制订计划、平衡工作负荷、确保产品按时发运。在服务行业，这种职能也叫作计划。

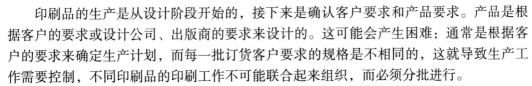

印刷品的生产是从设计阶段开始的，接下来是确认客户要求和产品要求。产品是根据客户的要求或设计公司、出版商的要求来设计的。这可能会产生困难：通常是根据客户的要求来确定生产计划，而每一批订货客户要求的规格是不相同的，这就导致生产工作需要控制，不同印刷品的印刷工作不可能联合起来组织，而必须分批进行。

生产进度控制，是指对原材料投入生产到成品入库为止的全过程进行控制，是生产作业控制的关键。生产进度也应考虑客户的优先次序和送货的灵活性，因为并不是所有的印刷品都需要在同一时间完成。另外，没有按时送货又会导致惩罚，当然客户也不满意。因此，在产品生产之前就应对生产时间和成本进行科学的预测。因而生产管理人员与销售人员之间应保持密切的联系。

**延伸阅读：砍掉工厂管理这8类，利润立马出来！**

收入－成本＝利润，一个企业要想追求利润，方式有两种：一种是增加收入，另一种就是降低成本。成本是一个企业的大后方，成本降低10%，利润就翻一番，减成本就是减风险。

下面总结出了生产经营环节中的七种浪费：等待的浪费、搬运的浪费、不合格品的浪费、动作的浪费、库存的浪费、过量生产的浪费、人的浪费。其中最恶的浪费是过多库存的浪费，它会产生以下几种问题：占用场地库房空间；占用资金；额外的人力盘点及管理；造成腐蚀、老化、失效，掩盖了管理中的诸多问题。砍掉成本，杜绝浪费，就要慧眼识刀。通过总结，应该做到以下几个方面：

(1) 砍预算。首先要设立预算制度，预算要有法律效力，重压之下，必有勇夫，预算被逼出来之后，利润也随之而出。

(2) 砍机构。砍机构，要快刀斩乱麻，不要一个人站在高处，要做全员瘦身运动，瘦身是一场大革命——全员意识变革，要与能力强的人合作，要巨人不要侏儒。通过"我能创造多少利润，我能为客户做什么"的大讨论，引入"利润导向，客户导向"的理念；按照客户导向、利润导向的原则，通过学习和研讨，重组企业的三大流程，即产品研发流程、销售流程、订单交付流程；根据新的业务流程设计新的利益机制。

(3) 砍人手。一本书上说，三个员工只有一个是创造价值的，所以每个员工都要配把砍刀，人人头上一把刀：不管任何员工，目标必须是明确的；必须有可以量化的数字；具有挑战精神；要合理，不能脱离实际。砍人手，要做到"10 - 1 > 10"。

(4) 砍库存。设定最低库存标准，要市场不要工厂，做到零库存。降低企业库存的细则：直接送到生产线；循环取货；与供应商保持信息沟通；通过与供应商建立良好关系，确保优先送货；转移库存。

(5) 砍采购成本。磨尖刀，越尖越好，关注三个核心——核心业务、核心产品、核心客户。通过竞标来确定供应商，供应商的选择是中心任务——信用情况、品质保证、价格、费用、时间、服务情况，让我们的采购员和供应商保持对立，同时，供应商也是我们的共赢商。

（6）砍劣质客户。曾经听过一句话"无限满足客户就会破产"，劣质客户坚决封杀，欠款客户毫不留情。但是，服务决定成败，对于守信客户，我们一定要注重服务质量和产品质量。

（7）砍日常开支。仔细观察发现，浪费无处不在，作为综合管理部门，我们会从以下方面砍日常开支：砍电话费、砍小车费、砍办公设备费、砍不必要的差旅费、砍招待费。

（8）砍会议。实际上，会议是时间成本的大敌，往往好多会议都是在用文件互相折磨。我们应该把会议搞成限时演说，管理好自己的时间，把每一天当成生命中的最后一天，提高会议效率。会议注重解决问题，而不是讨论问题。

不断灌输降低成本的重要性，全员参与，将成本降低与薪酬挂钩，成本降低后的收益自然也是大家的。

生产进度可以构成一个简单的表，或者是一张范围广泛的包括大量生产细节的进度表。这些顺序取决于工作的自然性，组织生产活动以及进行生产控制时，可以引入一条关键路线，进行重点控制。生产进度控制主要包括投入进度控制、出产进度控制和工序进度控制三个方面。

**（一）投入进度控制**

投入进度控制是指控制产品、零部件投入生产的数量、品种、日期，并使之符合生产作业计划的要求，也包括对原材料、零部件投入提前期的控制以及劳动力、设备、技术等准备工作的控制。做好投入进度控制，有利于保证生产连续进行，降低在制品占用，实现生产投入的均衡性。

**（二）出产进度控制**

出产进度控制是指对产品或零部件的出产数量、出产日期、出产品种、出产提前期的控制。它有利于保证均衡、连续、按时、成套地生产产品，完成生产作业计划规定的任务。

**（三）工序进度控制**

工序进度控制是指对产品或零部件在加工过程中所经过各道工序的控制。工序进度控制常用于单件小批生产和成批生产，对于加工周期长、经过工序多的产品，不但要进行投入进度控制和出产进度控制，而且要做好工序进度控制。

上述环节控制工作的执行，将导致有效的生产控制：能在需求的时间提供材料，确保与目标相适应；能够确定完成工作所需要的时间和在现有条件下可能完成的时间；能够确定最合适的技术及其有效性、可替代的技术、每项工作的能力或核心技术；在任何给定的时间内提供人力资源，对所要求的任务给予清晰的指示；能够使生产调度的补救措施对其他工作的进度产生有利的影响；对一些可能超过估计情况的工作，必须预先提出可供选择的替代方案。

表4-2是中小型印刷企业的基本图表。大中型印刷企业除了在生产方面有更多的细节外，其计划图表与中小企业的相同。

表4-2　中小型印刷厂基本图表

日工作表　　名称_____　　日期_____

| 工作号 | 客户名称（缩写） | 工作描述（简写） | 操作号 | 机器产量 | 正常 | 加班 |
|---|---|---|---|---|---|---|
|  |  |  |  |  |  |  |
|  |  |  |  |  |  |  |
|  |  |  |  |  |  |  |

经营项目

1. 计划——印刷原稿　　　　10. 制版　　　　　　19. 切齐
2. 版式设计　　　　　　　　11. 预打样　　　　　20. 订书
3. 排版　　　　　　　　　　12. 打样　　　　　　21. 包装
4. 校对　　　　　　　　　　13. 平版机准备　　　A. 等待（状态原因）
5. 修正　　　　　　　　　　14. 平版机运转　　　B. 油或清洁
6. 照相　　　　　　　　　　15. 裁切　　　　　　C. 修理
7. 蒙版和色彩校正　　　　　16. 机械装订　　　　D. 大致洗净滚筒
8. 涂墨　　　　　　　　　　17. 手工装订
9. 墨脱　　　　　　　　　　18. 配叶

　　一个有效的工作进度依赖于下列有关资料：个别技术单元的可能时间；每个技术单元的生产加工能力；所加工印刷品的复杂程度；员工和各种技术单元有关的能力。表4-3为印刷企业车间生产进度跟踪表。

表4-3　印刷企业车间生产进度跟踪表

|  | 1 | | 2 | | 3 | | 4 | | 5 | | 6 | | 7 | | 8 | | 9 | | 10 | | 11 | | 12 | | 13 | | 14 | |
|---|---|---|---|---|---|---|---|---|---|---|---|---|---|---|---|---|---|---|---|---|---|---|---|---|---|---|---|---|---|
|  | 上午 | 下午 | 上午 | 下午 | 上午 | 下午 | 上午 | 下午 | 上午 | 下午 | 上午 | 下午 | 上午 | 下午 | 上午 | 下午 | 上午 | 下午 | 上午 | 下午 | 上午 | 下午 | 上午 | 下午 | 上午 | 下午 | 上午 | 下午 |
| DTP |  |  |  |  |  |  |  |  |  |  |  |  |  |  |  |  |  |  |  |  |  |  |  |  |  |  |  |  |
| 照相 |  |  |  |  |  |  |  |  |  |  |  |  |  |  |  |  |  |  |  |  |  |  |  |  |  |  |  |  |
| 计划 |  |  |  |  |  |  |  |  |  |  |  |  |  |  |  |  |  |  |  |  |  |  |  |  |  |  |  |  |
| 牌照 |  |  |  |  |  |  |  |  |  |  |  |  |  |  |  |  |  |  |  |  |  |  |  |  |  |  |  |  |
| 印刷 |  |  |  |  |  |  |  |  |  |  |  |  |  |  |  |  |  |  |  |  |  |  |  |  |  |  |  |  |
| 印后加工 |  |  |  |  |  |  |  |  |  |  |  |  |  |  |  |  |  |  |  |  |  |  |  |  |  |  |  |  |

　　很显然，低于平均产量的印刷企业在价格和送货上都将处于竞争的劣势地位，这样就必须分析人员和技术以及经营管理方面所存在的问题，需要两种类型的生产报告。一种是显示产品规格和客户记录工作时间差异的产品分析。检查产品产量的方法是建立一个由各个成本中心给出的生产小时的周记录，然后把记下的小时数与可能需要的总小时数进行比较。另一种信息来源由生产进度表和工人的时间表构成，包含的记录有生产和

经营活动的类型、客户要求的时间、不可记录时间（停工时间）和损失时间及其原因。

　　日工作表有多种形式，表 4-4 是一个例子，表 4-5 是机器每日工作情况的记录。从一张完整的表中可以进行工作类型和时间的分析。分析的目的是提高可记录的生产小时数，尽可能减少不可记录的生产小时数，最终达到提高生产效率的目的。

#### 表 4-4　日工作表

```
每日机器记录
机器                                        日期
操作者
工作号      开始      结束      持续时间      估计时间      差量
       准备
       运行
       准备
       运行


时间：综合工作时间
            实际        估计        差量
准备
运行
投入工作卡片           日期_____        执行人_____
```

#### 表 4-5　机器每日工作情况记录

| 机器 | 可能小时数 | 生产运行小时数 A | 生产准备小时数 B | 总的生产小时数（A+B） | 维修 | 等待 | 其他工作（制作感光版等） | 生产时间,% | 评论 |
|---|---|---|---|---|---|---|---|---|---|
| MOVP | | | | | | | | | |
| Komori | | | | | | | | | 效果好、疑问、维修时间及原因 |
| GTO | | | | | | | | | |
| Stahl | | | | | | | | | |
| total | | | | | | | | | |

　　生产进度情况通常显示在直线上或一系列图表上，这有下列优点：可以清楚地显示各自的资源需求；那些无规则或无工作时间的任务容易被识别和发现，以便采取有效的补救措施而不致耽误工作；生产任务和工作情况容易被员工理解和接受，能够激发士气。各种类型的进度图表是强化生产过程控制，提高生产效率的有效手段，主要有箭头表、进度计划图表、产品项目进度图表和机器设备负荷图表等（见图 4-15、图 4-16）。

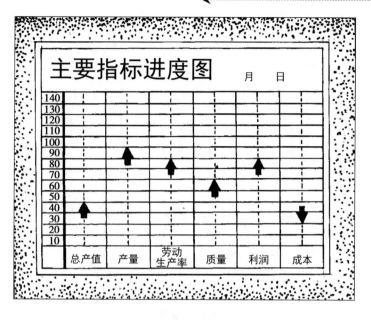

图 4 – 15　某印刷企业主要生产计划指标进度

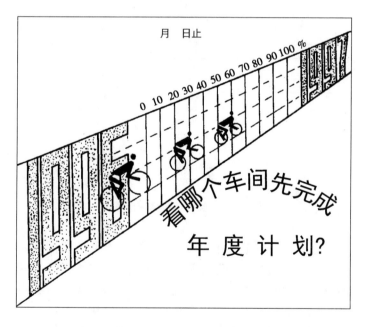

图 4 – 16　某印刷企业各车间年度生产计划完成情况

## 三、看板管理

### （一）看板管理的概念和特点

看板是一种类似通知单的卡片，是传递信息或指令的牌子、小票、信息卡和器具等，其基本形式是一种长方形卡片，用塑料、金属或硬纸制成，有的为了耐用起见装入塑料袋内。看板上的内容，可以根据企业管理的需要来决定，一般包括产品名称、品种、数量、生产线名称、前后工序名称、生产方法、运送时间、运送方式和存放地点等。

看板管理是日本丰田汽车公司在与美国福特汽车公司竞争中首创的一种以在制品占用量最小为目的的生产作业控制方法。看板管理把看板作为取货指令、运输指令和生产指令，用以控制生产和微调计划。看板管理强调在必要的时间，按必要的数量，生产必要的产品，最大限度地运用资金。看板一般分为生产看板（如加工看板、信号看板等）、运输看板和取货看板三类。

一般来说，看板管理是以组织生产线生产为前提条件的，具有如下特点：

（1）看板管理以装配工序为起点，由下一道工序向上一道工序提取零部件，而不是由上一道工序向下一道工序输送零部件。

（2）看板管理化大批量为小批量，尽可能避免成批生产、成批搬运，尽量减少在制品占用量。

（3）看板管理用装配工序来调整和平衡全部生产。

看板管理中，工序中看板的移动情况如图4-17所示。

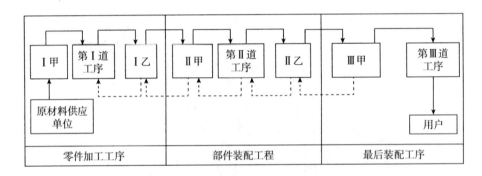

图4-17  看板运行情况示意图

从图4-17中可以看出，每道工序的设备附近都设有两个存件箱，甲存件箱是上一工序已加工完毕、本工序准备加工的存件箱，乙存件箱是本工序已加工完毕、准备下道工序随时领取的存件箱。最后装配工序没有乙存件箱。图中实线为零部件传送过程，虚线为看板传送过程。当最后装配工序的工人从Ⅲ甲箱中取用一个零件后，同时从箱中取回一块取货看板，运输工人看到摘下的取货看板，按规定的时间凭取货看板到Ⅱ乙箱中提取一个同样的零件，以补足Ⅲ甲箱中已使用的零件。同时，从Ⅱ乙箱中取出一块生产看板交于第二道工序工人。此看板相当于生产通知单，第二道工序工人接到之后，即抓紧组织生产，制成后补入Ⅱ乙箱中。开始制造时，要从Ⅱ甲箱中取一件零部件，开始和第三道工序一样的程序。通过这种生产过程的组织，使生产中的在制品占用量达到最小。

**（二）看板的具体形式**

（1）传送看板。传送看板包括应传送的工件号、工件名、类型、上道工序号及其出口存放处号、下道工序号及其入口存放处号。

（2）生产看板。生产看板是指在一个工厂内，指示某工序加工制造规定数量工件所用的看板，它一般包括加工看板（规定需加工工件的件号、件名、类型、工件存放位置、工件背面编号、加工设备等）和信号看板（是在固定的生产线上作为生产指令的看板，一般表现形式是信号灯或不同颜色的小球等）两种类型。

（3）取货看板。取货看板是指后工序的操作者按看板上所列件号、数量等信息，到前工序（或外协厂）领取零部件的看板，它包括工序间取货看板和外协取货看板两种形式。

**（三）看板的使用规则**

（1）不合格件不转入后道工序。上道工序必须为下道工序生产百分之百的合格品。如果发现生产了不良品，必须立即停止生产，查明原因，采取措施，防止再次发生，以保证产品质量，防止生产中不必要的浪费。

（2）后道工序从前道工序领取零部件。后道工序必须遵循三条具体规定：一是禁止不带看板领取零部件；二是禁止领取超过看板规定数量的零部件；三是实物必须附有看板。

（3）只生产后道工序领取的零部件数量。各工序不能生产超过看板所规定数量的产品，以控制过量生产，彻底排除无效劳动。

（4）均衡化生产。均衡生产是看板管理的前提和基础。实施看板管理，只对总装配线下达生产数量指令，因而其担负生产均衡化的责任，为了准确地协调生产，及时满足市场多变的需求，最好利用计算机分析各种因素，制订确切的均衡化生产计划。

（5）计划和控制相结合。由于各工序的生产能力和产品合格率高低不同，必须在允许范围内进行微调，适当地进行增减调整，并且尽量不给前工序造成很大的波动而影响均衡生产。

（6）作业标准化。为了保证对后工序供应百分之百的合格品，必须实行作业标准化、合理化和设备稳定化，消除无效劳动，提高劳动生产率。

**（四）看板管理的控制作用**

（1）控制生产过程。由于看板作为"生产指令"和"传送指令"，任何时候都必须与实物一起移动，能够严格控制生产进度和在制品的数量。

（2）改善现场管理。由于看板任何时候都与实物一起移动，因而生产管理人员和操作人员只要通过看板，就可直接了解生产情况，及时发现生产中的问题，从而能迅速采取改善措施解决问题。

（3）调整生产计划。在运用看板的情况下，如果某一产品需求有变化，可以自动调整。由于前后工序都必须严格按照看板规定的时间和数量取货和生产，因而可以对在制品实现最有效的实物管理。

（4）传递作业指令。这是看板最基本的功能，由于看板作为生产中的原始凭证，记载了必要的生产信息，因而看板就成了准确传递信息、保证信息流畅的有力工具，如生产数量、时间、方法、顺序以及搬运时间、搬运对象等。

## 四、印刷企业生产环节

### （一）印刷企业生产的主要环节

如前所述，印刷企业的生产流程比较复杂，根据印刷品的不同而有所区别，但如下方面是比较普遍的环节。

（1）设计（概念、原稿、视觉、布线图等）。

（2）摄影术（纸张和纸板、质量、重量、尺寸、纸（板）厚度、等级说明、切光容差等）。

（3）排版和 DTP（作品种类、印刷书籍、期刊和杂志、一般作品、原稿和技术计划、电子排版、手工和电子版面制作、溴化物正片和负片）。

（4）复制和印刷表面准备（原稿质量、布线图、照相准备、质量、胶片质量、分色、照相/扫描、版式设计和组版、计划和组合软件、晒版和印版的数量和尺寸、打样、照相制版等）。

（5）印刷（制版、平版印刷、网屏、柔版印刷、照相凹版、凸版印刷、加线或加网等）。

（6）方法（全张翻版印对载、双面印刷、特殊制作）。

（7）范围：耐印力。

（8）颜色：色彩制版印刷或预制颜色。

（9）印刷程序和辅助活动（印刷时间要求、辅助活动、数量、大孔、涂墨、油墨过薄或消失、特殊处理、金属印版、喷墨、选择技术、油墨、耐光性、犯水的、无气味的、装订加工、裁切、切齐、订书线、无线胶订、折页、裁切及压折、配页、固定或账簿装订、锁线订、加衬纸、编号、硬封面装订、加衬方法等）。

（10）适应性和加铅排版时间。

（11）数量。

（12）送货期限。

（13）印刷时间要求。

### （二）印刷企业订货

印刷企业一般都有订货收据。当有特殊技术要求时，根据生产的种类、适应性和加铅排版时间、印刷数量、送货期限和复杂性等，企业必须与客户保持密切的联系。公司订货通常包括订货数量、部分和全部技术说明、要求使用的材料（包括原稿、透明阳图片、印刷品、各个阶段的部线图）等。典型的印刷订货的生产程序可用图4－18来表示。

客户订货后就要求对每一项生产经营情况和复杂性进行评价，根据生产计划、方法、程序和材料对每一个生产环节进行估价。因此，管理者必须在印刷和相关方面具备丰富的知识。

有些说明是口头上的，在这种情况下，应尽快得到书面说明。尤其对印刷品来说，运用同样的方式，不同的人对口头说明会有不同的解释，这会引起误解，浪费时间，增加额外成本。

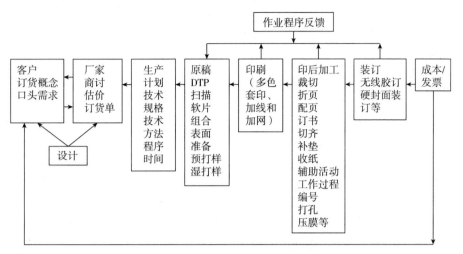

图 4-18　印刷品订货流程

　　在验收订单和订货说明、检验和登记生产订单中的产品规格等材料后，就可以开始产品计划和进度了。之后，可以将布线图和其他材料分配给相关的生产车间，开始安排生产。印刷企业的工作订单和说明有各种各样的格式：

　　（1）单张表格，包括尺寸、颜色、纸型、质量、送货日期等基本细节。

　　（2）一个夹子或信封，上有生产活动纲要和实施细则。

　　（3）一个大夹子，包括所有工艺活动、胶片成分等，生产技术说明通常在夹子的外面。表 4-6 是一个基本的工作订单的例子，表 4-7 是一个典型的产品规格表，表 4-8 是一个大型印刷企业的产品订单标准格式。

表 4-6　工作订单范例

工作订单号＿＿＿＿＿＿＿＿＿＿＿＿＿＿＿＿＿＿＿＿＿＿＿＿＿＿＿＿＿＿＿＿＿＿＿＿＿

客　　　　户＿＿＿＿＿＿＿＿＿＿＿＿＿＿＿＿客户代码＿＿＿＿＿＿＿＿＿＿＿＿＿＿＿＿

工 作 名 称＿＿＿＿＿＿＿＿＿＿＿＿＿＿＿＿估 价 号＿＿＿＿＿＿＿＿＿＿＿＿＿＿＿＿

客户联系地址＿＿＿＿＿＿＿＿＿＿＿＿＿＿＿＿＿＿＿＿＿＿＿＿＿＿＿＿＿＿＿＿＿＿＿

电　　　　话＿＿＿＿＿＿＿＿＿＿＿＿＿＿＿＿＿＿＿＿＿＿＿＿＿＿＿＿＿＿＿＿＿＿＿

内　　　　容＿＿＿＿＿＿＿＿＿＿＿＿＿＿＿＿＿＿＿＿＿＿＿＿＿＿＿＿＿＿＿＿＿＿＿

数　　　　量＿＿＿＿＿＿＿＿＿＿＿＿＿＿＿＿尺　　寸＿＿＿＿＿＿＿＿＿＿＿＿＿＿＿＿

墨　　　　色＿＿＿＿＿＿＿＿＿＿＿＿＿＿＿＿材　　料＿＿＿＿＿＿＿＿＿＿＿＿＿＿＿＿

号码/大孔等＿＿＿＿＿＿＿＿＿＿＿＿＿＿＿＿＿＿＿＿＿＿＿＿＿＿＿＿＿＿＿＿＿＿＿

说　　　　明＿＿＿＿＿＿＿＿＿＿＿＿＿＿＿＿＿＿＿＿＿＿＿＿＿＿＿＿＿＿＿＿＿＿＿

装 订 说 明＿＿＿＿＿＿＿＿＿＿＿＿＿＿＿＿＿＿＿＿＿＿＿＿＿＿＿＿＿＿＿＿＿＿＿

送 货 日 期＿＿＿＿＿＿＿＿＿＿＿＿＿＿＿＿＿＿＿＿＿＿＿＿＿＿＿＿＿＿＿＿＿＿＿

**表 4 – 7　产品规格表**

产品规格表

产品代码＿＿＿＿＿＿＿＿＿＿＿＿＿＿　　　客户名称和地址＿＿＿＿＿＿＿＿＿＿＿＿

日　　期＿＿＿＿＿＿＿＿＿＿＿＿＿＿　　　发票地址＿＿＿＿＿＿＿＿＿＿＿＿＿＿＿

估 价 号＿＿＿＿＿＿＿＿＿＿＿＿＿＿＿＿＿＿＿＿＿＿＿＿＿＿＿＿＿＿＿＿＿＿＿

内　　容＿＿＿＿＿＿＿＿＿＿＿＿＿＿＿＿＿＿＿＿＿＿＿＿＿＿＿＿＿＿＿＿＿＿＿

尺　　寸＿＿＿＿＿＿＿＿＿＿＿＿＿＿　　　纸　　型＿＿＿＿＿＿＿＿＿＿＿＿＿＿＿

样　　张＿＿＿＿＿＿＿＿＿＿＿＿＿＿　　　封面材料＿＿＿＿＿＿＿＿＿＿＿＿＿＿＿

颜　　色＿＿＿＿＿＿＿＿＿＿＿＿＿＿　　　数　　量＿＿＿＿＿＿＿＿＿＿＿＿＿＿＿

送货单位＿＿＿＿＿＿＿＿＿＿＿＿＿＿

送货地址＿＿＿＿＿＿＿＿＿＿＿＿＿＿＿＿＿＿＿＿＿＿＿＿＿＿＿＿＿＿＿＿＿＿＿

部门说明＿＿＿＿＿＿＿＿＿＿＿＿＿＿＿＿＿＿＿＿＿＿＿＿＿＿＿＿＿＿＿＿＿＿＿

原　　稿＿＿＿＿＿＿＿＿＿＿＿＿＿＿＿＿＿＿＿＿＿＿＿＿＿＿＿＿＿＿＿＿＿＿＿

印　　刷＿＿＿＿＿＿＿＿＿＿＿＿＿＿＿＿＿＿＿＿＿＿＿＿＿＿＿＿＿＿＿＿＿＿＿

装订加工＿＿＿＿＿＿＿＿＿＿＿＿＿＿＿＿＿＿＿＿＿＿＿＿＿＿＿＿＿＿＿＿＿＿＿

此表在生产时须保留，生产完后附上印刷成品送回办公室

**表 4 – 8　大型印刷企业的产品订货单**

工作订单号＿＿＿＿＿＿＿＿＿＿＿＿＿＿＿＿＿＿＿＿＿＿＿＿＿＿＿＿＿＿＿＿＿＿

客　　户＿＿＿＿＿＿＿＿＿　　客户代码＿＿＿＿＿＿＿＿＿　　记录号＿＿＿＿＿＿＿＿＿

工作名称＿＿＿＿＿＿＿＿＿　　产品代码＿＿＿＿＿＿＿＿＿＿＿＿＿＿＿＿＿＿＿＿＿

客户地址＿＿＿＿＿＿＿＿＿　　电　话＿＿＿＿＿＿＿＿＿　　估价号＿＿＿＿＿＿＿＿＿

内　　容＿＿＿＿＿＿＿＿＿＿＿＿＿＿＿＿＿＿＿＿＿＿＿＿＿＿＿＿＿＿＿＿＿＿＿

＿＿＿＿＿＿＿＿＿＿＿＿＿＿＿＿＿＿＿＿＿＿＿＿＿＿＿＿＿＿＿＿＿＿＿＿＿＿＿

数　　量＿＿＿＿＿＿＿＿＿＿＿＿＿＿　　尺　　寸＿＿＿＿＿＿＿＿＿＿＿＿＿＿＿

墨　　色＿＿＿＿＿＿＿＿＿＿＿＿＿＿　　材　　料＿＿＿＿＿＿＿＿＿＿＿＿＿＿＿

封面墨色＿＿＿＿＿＿＿＿＿＿＿＿＿＿　　材　　料＿＿＿＿＿＿＿＿＿＿＿＿＿＿＿

编号说明＿＿＿＿＿＿＿＿＿＿＿＿＿＿＿＿＿＿＿＿＿＿＿＿＿＿＿＿＿＿＿＿＿＿＿

装订说明＿＿＿＿＿＿＿＿＿＿＿＿＿＿＿＿＿＿＿＿＿＿＿＿＿＿＿＿＿＿＿＿＿＿＿

准 备 者＿＿＿＿＿＿＿＿＿＿＿＿＿＿　　核 定 者＿＿＿＿＿＿＿＿＿＿＿＿＿＿＿

桌面出版

打样要求　是/否　　　　修正　是/否　　　　计划期限＿＿＿＿＿＿＿＿＿

页码大小/格式＿＿＿＿＿＿＿＿＿＿＿＿＿＿＿＿＿＿＿＿＿＿＿＿＿＿＿＿＿＿＿＿＿

| | | 设计 | | 是/否 | |
|---|---|---|---|---|---|
| 1 | 1 | 准备 | | 是/否 | |
| 2 | 2 | 分色 | | 是/否 | |
| 3 | 3 | 日期 | | 日期 | |
| 4 | 4 | | | | |
| 1. 保持布线图　是/否　软件编号 | | | | | |
| 2. 保持　　　　是/否　软件编号 | | | | | |

评　论＿＿＿＿＿＿＿＿＿＿＿＿＿＿＿＿＿＿＿＿＿＿＿＿＿＿＿＿＿＿＿

最终打样者＿＿＿＿＿＿＿＿＿＿　日期＿＿＿＿＿＿＿＿＿＿　核定者＿＿＿＿＿＿＿＿＿＿

签名

交给

日期：＿＿＿＿＿＿＿＿＿＿＿＿＿＿　技术主管签名＿＿＿＿＿＿＿＿＿＿＿＿＿＿＿＿

拼版

分色记录　　是/否　　数量＿＿＿＿＿＿＿＿＿＿＿＿＿＿＿＿＿＿＿＿

### （三）印刷企业生产车间领料

各个生产车间（或班组）在接受生产管理部门下达的印刷指令后，必须根据生产过程对各种材料的需要，填写领料单，并从仓库办理领取材料的各种手续，领取的数量和质量必须符合客户对印刷品质量的要求，然后才能正式开始生产。材料领用单的格式如表4-9、表4-10所示。

#### 表4-9　A印刷厂材料领用单

表格编号：

领用部门：

□平制车间　　□印刷车间　　□装订车间

□工艺车间　　□其他部门

| 编　号 | 货品说明 | 数　量 | 单　位 |
|---|---|---|---|
| | | | |
| | | | |

备注：

| 开单 | 领用部门审批 | 仓务（出仓） | 领用签收 |
|---|---|---|---|
| | | | |
| | | | |

1. 会计

2. 物料

3. 仓务

4. 领用部门

表 4 – 10　A 印刷厂纸领用单

表格编号：

| □来自 | □内购 | □港购 | □其他 | | |
|---|---|---|---|---|---|
| 客户： | | □广东公司<br>□深圳公司 | 印号：□□□□□□<br>印名：□□□□□ | | |
| 编号 | 类别 | 纸张说明 | | 正常数量 | 辅纸数量 |
| | | | | 令张 | 令张 |
| | | | | 令张 | 令张 |
| | | | | 令张 | 令张 |
| | | | | 令张 | 令张 |
| | | | | 令张 | 令张 |
| 备注： | | | | | |
| 开单 | 批核 | 仓务（出仓） | 领用签收 | | |
| | | | | | |

1. 会计
2. 物料
3. 仓务
4. 领用部门

# 第三节　工厂布置

## 一、工厂布置的内容

工厂布置和设计涉及对所有标准的分析，它包括技术定位、建立充足的生产基地、提供辅助设备、存储和服务场所。印刷企业工厂布置主要包括下列方面：

（1）印刷程序设计，包括技术的选择、设备安装和维修等。

（2）印刷设施设计，包括供热、光、电、水、仓库和环境等方面。

（3）工作场所设计，包括建筑模式和服务设施的保养等。

（4）产品设计，包括规格、材料、技术和复杂性等。

（5）操作设计，人力资源配置、设备配置和工作方法等。

工厂布置应在不威胁健康和安全的前提下，占用最小的空间，以避免浪费人工和移动材料的布局，但这并不意味着狭小的工作环境才是最好的。清洁的环境和良好的工作条件可以提高员工生产的积极性，保持良好的工作状态，减轻疲劳，提高生产效率，降低生产成本。

易燃材料必须单独存放；污染、灰尘、光、热、噪声、通风和湿气的控制问题也必须考虑。好的工厂布置的优越性更多地体现在生产、管理和仓库的经济利用上。员工能够更容易地流动，这样生产活动的疲劳就会减少，材料流动的数量也会减少，这样就可以减少在产品的数量和管理成本，产量也能够容易预测和控制，这样整个生产管理就会更有效。改善环境可以通过激发员工在工作场所的自豪感来激励他们，人事和劳资关系将得到改善，发生的事故将会减少。

## 二、工厂总平面布置

### （一）工厂总平面布置的概念

工厂总平面布置，是指在厂址选择的基础上，在已经选定的厂址范围内，对组成工厂的各个部分，包括基本生产车间、辅助生产车间、各种仓库、维修部门、服务部门、公用部门、绿化部门等进行合理的布置，确定其平面和立体面位置，并相应地确定物料流程、运输线路和运输工具。工厂总平面布置必须从系统的观点出发，统筹规划，合理安排，力求实现整体部署效果的最优，而不为强调局部而破坏整体，更要防止行政第一、生产第二的作风。

### （二）工厂总平面布置的原则

（1）必须满足生产过程的要求，使原材料、半成品、成品的运输线路尽可能短，减少或避免往返运输，节约运输费用。

（2）要使生产中需用的物料有合理的流向，有密切联系的车间应靠近布置。生产联系密切的车间和部门要布置在一起，便于组织生产和产品加工协作。生产过程的流向和运输系统的配置应满足货物运输路线的要求，保证物料流程符合产品输出的方向。

（3）最大限度地使用厂区面积，减少不必要空地，布置应尽可能紧凑，但必须注意防火、采光、卫生等要求。

（4）要考虑到工厂的长远规划，尽量和将来的厂内布置相协调，适当留有余地。

（5）要保证安全生产和职工的身心健康，按照生产性质、防火和环保要求，合理划分厂区。易燃、易爆仓库应在厂区边远地带，污染严重的企业要有相应的环保措施，认真考虑"三废"处理。

（6）与周围环境相协调，美化、绿化厂区。

## 三、车间布置

选定了工厂的地理位置，对工厂内部各个组成部分进行了工厂总平面布置以后，剩下的问题就是确定各车间内部的设备布置，即车间布置。车间布置的任务是合理地确定车间内各组成部分的位置。车间的组成部分决定于生产性质和生产规模，一般来说，生产车间由生产部分、辅助部分、仓库部分、过道部分、车间管理部分和服务部分六大块构成。其中生产部分是主要的，其占地面积也最大。

进行车间的平面布置时，要绘制车间区划平面图，确定车间内各部分的相互位置及面积。由于生产部分是车间内最重要的组成部分，因此车间平面布置的主要内容是生产部分的布置，即设备布置。设备布置是否合理，将影响产品的生产周期和生产成本，对劳动生产率的提高也会产生重要影响。

**（一）设备布置的形式**

（1）工艺专业化形式，是指把相同类型的设备布置在一起，又叫机群式布置。

（2）产品专业化形式，是指将所有生产设备和工作地按产品加工装配的工艺路线顺序排列，又叫对象专业化布置。

（3）综合式布置，一般来说，一个大的工厂很难只用一种方式布置其为数众多的设备，而是两种布置形式相结合，形成综合式布置，以满足企业生产的不同要求。

**（二）设备布置的原则**

（1）按照生产过程的流向和工艺顺序布置设备，尽可能使加工对象成直线运动，使产品通过各设备的加工路线最短，多设备看管条件下，设备间运送距离最短，便于工人操作和方便运输。

（2）便于物料运输，加速设备间的物料流动，各工序间设备生产能力做到综合平衡，减少在制品占用。

（3）合理布置工作地，确保安全，各设备之间，设备与墙壁、柱子之间要有适当的距离，设备的转动部分要有必要的防护，尽可能为工人创造良好的工作条件。

（4）充分利用车间生产面积和生产设备。在一个车间内，区别情况实际对待，可把设备布置成直线形、L形、U形等形状，尽量防止出现难以利用的面积。应正确设计设备、墙壁、柱子、过道之间的距离，设备生产能力负荷与工人的操作能力相平衡，防止设备闲置，提高设备使用效率。

（5）注意维护设备精度、照顾设备的工作特点。如精加工设备，光线好、振动小，布置时必须考虑这一特点。

112

# 第四节　生产能力与生产效率分析

## 一、生产能力分析

### （一）生产能力的概念与分类

生产能力决策的目的在于在适当的时间、适当的地点确定合适的生产能力。长期生产能力是由建设完成的设备规模来确定的，或通过转包、加班、租赁来增加。不管怎样，能力计划不仅决定了设备的规模，也决定了进行运作需要的员工数量。为了满足市场的需求和保持劳动力的平衡，需要确定雇员的规模。在短期计划里，生产能力有时可通过分包、外移或租用空间来扩大。然而，生产能力计划不仅决定设施的规模，也决定作业中的人数。生产能力是指企业生产系统在一定的生产组织和技术水平下，直接参与生产的固定资产在一定时期内（一般为一年）所能生产的产品最大数量或所能加工的最大原材料总量，一般以生产系统的输出量描述其大小。在多品种生产的情况下，生产能力用装备的可用量描述，如印刷企业设备的数量和工作时间等。企业的生产能力是一个

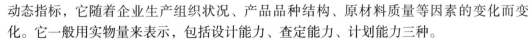

动态指标，它随着企业生产组织状况、产品品种结构、原材料质量等因素的变化而变化。它一般用实物量来表示，包括设计能力、查定能力、计划能力三种。

设计能力是指企业设计任务书和技术设计文件中所规定的生产能力。这是工厂建设时，根据技术文件确定的标准能力，处于投资过程中，尚未形成的能力，称为潜在能力。由于条件限制，设计能力一般需建厂一段时间后才能达到。

查定能力（修正的设计能力）是指在没有设计能力或虽有设计能力，但由于企业的生产组织、技术、水平、品种结构等发生了变化而不能正确反映企业的生产水平的情况下，根据企业新的生产组织情况和技术水平审查核定的生产能力。

计划能力（有效生产能力）是指企业在计划期内，根据现有的技术水平，所能够达到的生产能力，一般根据计划期内条件的变化以及采取的技术组织措施情况确定。

以上三种表现形态的企业生产能力，其适用情况有所不同。查定能力类似于设计能力，是确定企业的生产规模、编制企业的长期计划、决定改扩建方案、安排基本建设项目和采用重大技术举措的依据。计划能力是编制企业年度生产计划的主要根据。

对于企业来说，生产能力主要取决于装备，所以一般用企业的固定资产，在一定时期内，在一定技术组织条件下，经过综合平衡以后，所能生产的一定种类产品的最大数量来表示生产能力的大小。

**（二）生产能力计划**

表4-11所示为企业的生产能力计划分类。

**表4-11　企业的生产能力计划分类**

| 目标及内容 ＼ 种类及时间 | 长期生产能力计划（3~5年） | 中期生产能力计划（1~2年） | 短期生产能力计划（1~3个月） |
|---|---|---|---|
| 计划目标 | 与企业生产发展规划协调 | 提高生产能力利用率 | 充分挖掘生产潜力 |
| 设备 | 厂房建设计划、设备购置和改造计划 | 修改基本建设和技术改造计划 | 提高厂房设备利用效率技术组织措施计划 |
| 人员 | 智力开发方针、人才招聘、职工培训的战略安排 | 职工招聘和培训计划 | 合理配备临时加班计划 |
| 物资 | 取得资源的方针 | 落实订货计划 | 原材料和零部件的发送 |

**（三）生产能力分析的内容**

表4-12所示为企业生产能力分析的内容。

**表4-12　企业生产能力分析的内容**

| | 目前的方法 | 可能替代的方法 |
|---|---|---|
| 目的 | 可得到什么？<br>是必需的吗？ | 还可做什么？<br>应该做什么？ |
| 位置 | 在哪儿做？<br>为什么？ | 还可在哪儿做？<br>应该在哪儿做？ |

续表

|  | 目前的方法 | 可能替代的方法 |
|---|---|---|
| 顺序 | 什么时候做？<br>为什么？ | 还可什么时候做？<br>应当什么时候做？ |
| 人物 | 谁做？<br>为什么？ | 还有谁可以做？<br>还有谁应当做？ |
| 方法 | 怎样做？<br>为什么？ | 还应怎样做？<br>应当怎样做？ |

### （四）影响生产能力的因素

企业生产能力的大小受多种因素的影响，如设备、工具、生产面积、工人人数、工人的技术水平、工艺方法、原材料质量和供应情况、生产组织、劳动组织等。但是，影响企业有效生产能力的主要因素有以下五个方面：①固定资产的数量，是指企业在计划期内用于生产的全部机器设备数量、厂房、生产面积和其他生产性建筑物的面积。②固定资产在计划期的有效工作时间，是指企业按现行工作制度计算的机器设备全部有效工作时间和生产面积的有效利用时间。年内生产面积或设备可以利用工作时间是影响生产能力的重要因素，主要表现为制度工作时间和有效工作时间。③固定资产的生产效率，是指单位机器设备或单位生产面积在单位时间内的产量定额或单位产品的台时占用定额。在固定资产数量和固定资产工作时间一定的情况下，固定资产的生产效率对企业的生产能力有决定性的作用。④加工对象的技术工艺特征。生产能力是根据各个生产环节的综合平衡确定的，而对各环节起决定作用的是产品的工艺特征，对应于不同的产品、不同的加工方法，各个生产环节的能力是不同的。⑤生产与劳动组织，包括劳动者的出勤、技术及熟练程度，表现为定额时间和生产组织方式的合理性等。《生产与运作管理》一书中将影响有效生产能力的因素归结为表4－13所示的六个方面。

表4－13　决定有效生产能力的因素

| A. 工厂设施 | 4. 动机 |
|---|---|
| 1. 设计 | 5. 报酬 |
| 2. 选址 | 6. 学习 |
| 3. 布局 | 7. 缺勤和跳槽 |
| 4. 环境 | E. 运行 |
| B. 产品/服务 | 1. 排程 |
| 1. 设计 | 2. 材料管理 |
| 2. 产品或服务组合 | 3. 质量保证 |
| C. 工艺 | 4. 维修政策 |
| 1. 产量能力 | 5. 设备故障 |
| 2. 质量能力 | F. 外部因素 |
| D. 人力因素 | 1. 产品标准 |
| 1. 工作满足 | 2. 安全条例 |
| 2. 工作设计 | 3. 污染控制标准 |
| 3. 培训和经验 |  |

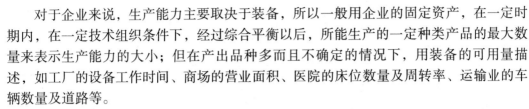

对于企业来说，生产能力主要取决于装备，所以一般用企业的固定资产，在一定时期内，在一定技术组织条件下，经过综合平衡以后，所能生产的一定种类产品的最大数量来表示生产能力的大小；但在产出品种多而且不确定的情况下，用装备的可用量描述，如工厂的设备工作时间、商场的营业面积、医院的床位数量及周转率、运输业的车辆数量及道路等。

生产能力确定时必然涉及的两个指标是生产效率和生产利用率。生产效率是指实际产出与有效生产能力的比值，而生产利用率是指实际产出与设计生产能力的比值。高的生产效率所表明的资源有效运用并不表明资源真正得到有效运用。

**（五）生产能力的技术经济分析**

生产能力的技术性质表现为投资大、相对稳定、形成和调整需要一定的时间。

生产能力的经济性质包含以下几个方面：

（1）生产能力对产品成本的影响：$C = \dfrac{F}{Q} + V$（其中，F 代表固定成本；Q 代表产量；V 代表单位变动成本；C 代表单位成本）。

（2）生产能力对销售量和收入的影响：$S = PX$（其中，X 代表销量；P 代表单价；S 代表销售收入）。

（3）生产能力对市场占有率会产生较大的影响：

$$能力利用率 = \dfrac{实际产出}{有效能力} \times 100\%$$

$$能力缓冲 = 1 - 能力利用率$$

根据行业不同，能力缓冲应控制在不同的水平。例如，服务行业由于不能用库存调节需求，所以应设置较大的能力缓冲才能保证产品质量。

生产能力的规划与决策必须考虑需求量和规模经济等因素。

关于需求量：$M = \dfrac{R}{H}$

其中，M 表示关键设施的需求量；R 表示每年对关键设施需求的小时数；H 表示单位关键设施提供的小时数。

在一定生产规模范围内，若其他条件不变，生产规模（或产量）越大则成本越低，这就是规模经济对生产成本的影响。

## 二、生产效率分析

**（一）生产率的概念**

一个企业管理者的主要职责之一是力争有效地利用该企业的资源。生产率通常是指商品或劳务的产出与生产过程投入（劳动、材料能源及其他资源）之间的关系，是一个相对指标，常表示为产出与投入之比。生产率是分析企业生产效率的一个重要指标，可按单一投入、两种以上的投入或者全部投入来度量，与这三种度量方法相对应，有三种生产率，即单要素生产率、多要素生产率和总生产率（见表 4 - 14、表 4 - 15）。管理实践中选用哪一种方法主要根据衡量的目的而定，在提高生产率时，采用劳动这一投入量比较合适。生产率衡量的困难表现在三个方面：一是当投入产出的数量不变时，质量可能发生变动；二是外部因素的变化可能导致生产率的变动；三是往往缺乏衡量的精确单位。

表 4 - 14　不同类型生产率度量方法举例

| 计算方法 | 举　例 |
|---|---|
| 单要素计算法 | 产出/劳动、产出/机器、产出/资本、产出/能量 |
| 多要素计算法 | 产出/（劳动 + 机器）、产出/（劳动 + 资本 + 能量） |
| 总生产率计算法 | 生产的商品或劳务/生产过程中的全部投入 |

表 4 - 15　单要素生产率计算方法举例

| 生产率 | 举　例 |
|---|---|
| 劳动生产率 | ①每人工小时的产出单位数 |
| | ②每轮班的产出单位数 |
| | ③每小时增值额 |
| | ④每小时的产出 |
| 机器生产率 | ①每机时的产出单位数 |
| | ②每机时的产值 |
| 资本生产率 | ①每元投入的产出单位数 |
| | ②每元投入的产值 |
| 能量生产率 | ①每千瓦小时的产出单位数 |
| | ②每千瓦小时的产值 |

例：利用下列数据求出劳动和机器投入的多要素生产率。产出为 1760 单位，投入人工 1000 元、材料 520 元、管理费 2000 元。

则多要素生产率 = 产出/（人工 + 材料 + 管理费）

= 1760 单位/（1000 元 + 520 元 + 2000 元）

= 0.50 单位/元

从本质上讲，生产率反映出资源的有效利用程度，企业管理者关心生产率是因为它直接影响到企业的竞争力，若两家企业有同等的产出量，但其中一家由于生产率较高而投入的较少，那么这家企业就能够以较低的价格销售自己的产品，从而提高其市场份额，若选择原价销售，能够获得更多的利润。

一般情况下，印刷企业必须建立良好的效率分析机制，这种分析有助于发现薄弱环节，及时改善，提高生产效率和产品质量。尽管影响印刷企业生产效率的因素很多，但最重要的还是人力资源的开发和利用、设备效率和协调组织能力。低水平的管理将引起停工和浪费，也可能生产出废品或导致生产秩序混乱，员工训练和发展方面的不足意味着公司的潜能没有得到充分发挥。

印刷企业应该认识到，生产成本不是判断企业管理好坏的唯一标准，质量上的声誉也是一个重要因素，对每一项工作来说，在规定的送货时间内，生产出最好质量的产品，质量的好坏必须与其价格相对应。

在印刷企业，每个环节对印刷质量都有相应的要求，一般情况下，印刷品的质量可以产成品反映原稿规格的程度来估计。然而，客户和印刷企业对质量的要求客观上有许多标准（如原稿的质量、位置、记录、颜色平衡性以及缺陷如划痕、污点等）。质量控制不仅是产品检查部门的责任，如果是连续型生产，每一生产阶段的全体生产人员必须共同来关心质量。质量控制是一个认识问题，应成为全体人员主要关心的对象。

各环节或工序工作质量的好坏直接影响到生产效率的高低，当发生产品质量问题时，不仅会产生客户和印刷企业之间的纠纷，而且最直接的结果就是增加了返工和处理这些质量问题的人力和时间，当生产次品或等外品的工作发生的越多，因补救措施发生的成本就越大，最终会打乱原有的生产计划，增加成本支出，降低生产效率。

印刷企业生产效率分析应充分运用各种表格，表 4 – 16、表 4 – 17 两张表格可供参考。

表 4 – 16　每周生产效率分析

|  | 可能的基本生产小时数 | 实际记录的生产小时数 | 停工小时数 | 超时数 |
|---|---|---|---|---|
| 第 1 周（2～7） |  |  |  |  |
| 样稿 |  |  |  |  |
| 印刷 |  |  |  |  |
| 印后加工 |  |  |  |  |
| 合计 |  |  |  |  |
| 部门小结 |  |  |  |  |
| 样稿 |  |  |  |  |
| 印刷 |  |  |  |  |
| 印后加工 |  |  |  |  |
| 合计 |  |  |  |  |

表 4 – 17　基本活动

活动表

设备/机器＿＿＿＿＿＿＿＿＿　位置＿＿＿＿＿＿＿＿＿　日期＿＿＿＿＿＿＿＿＿　号码＿＿＿＿＿＿＿＿＿

操作者姓名＿＿＿＿＿＿＿＿＿＿＿＿＿＿＿＿＿＿＿＿＿＿＿＿＿＿＿＿＿＿＿＿

| 操作及工作细节 | 操作人员<br>1　2　3 | 花费时间 | 备注 |
|---|---|---|---|
|  |  |  |  |
|  |  |  |  |
|  |  |  |  |
|  |  |  |  |

**（二）提高生产率的途径**

影响生产率的因素主要有生产方法、资本、质量、技术和管理。提高生产率的方法如下：

（1）测定所有生产环节的生产率，这是实现有效管理和控制的第一步。

（2）将系统视为一个整体，确定哪个生产环节的生产率是最重要的，确定瓶颈环节，重点投入资源，提高这个环节的生产率，原因在于提高任何非瓶颈环节的生产率不会影响到系统的生产率，只有瓶颈环节生产率的提高才会引起整体生产率的提高。

（3）设计提高生产率的方法，也可学习其他企业的经验。

（4）确定合理目标，以实现生产率增长。

（5）管理者应扶持并鼓励生产率的提高，并要对有贡献的人员采取激励措施。

（6）应用以电脑为基础的信息系统来提高生产率。印刷企业管理中运用计算机的优点主要有：可以提高记录和存储大量信息的能力，容易提取信息和回信息；能够提高快速解决复杂问题的能力（在估价时尤其有用）。

在印刷企业中，使用计算机信息系统的三个领域如下：

（1）销量、采购和名义账、薪水、估计、成本、库存控制、销售、订货程序等领域。

（2）市场预测、估价、成本核算、原材料库存控制、订货控制、销货程序、产品控制、开发票、生产控制、薪水、财务记账等领域。

（3）预印、自动计算、运行浪费、油墨成本、产品计算、废品、停工、准备和开始时间、通过部门计算工作成本、计算百分比（各部门和整个企业的）、附加价值分析、报价、计算各个部门的时间成本、原材料库存分配和库存处理、每日明细账、计算生产时间和非生产时间、成本等。

计算机技术最近的发展促进了全面控制系统的产生：工作跟踪；采购和库存管理；订货程序；成本和价格估算；生产控制；发票管理；销售分析；远距离数据收集；人事管理；等等。

为提高印刷企业生产效率，也必须开展各种形式的技术比赛和劳动竞赛，提高工人劳动的积极性。

# 第五节　清洁生产与 5S 管理

## 一、清洁生产

清洁生产思想的形成是对人类几千年发展的实践经验和教训的总结，特别是对工业革命以来发达国家走过的道路进行反思的结果，也是人类社会进步的必然。人类在付出惨痛的经济和环境的代价之后，才认识到应实现可持续发展，而清洁生产是实现可持续发展的必由之路，它不仅能为企业带来巨大的经济和社会效益，而且是企业管理思想的新发展。

### （一）清洁生产的概念与内容

工业是环境污染的主要来源。目前世界上许多国家正处于工业化的过程中，由于工业企业数量的增加，能源消耗高、资源浪费严重、污染严重的传统工业生产方式依然居于主导地位，结果导致可利用资源逐渐枯竭，工业污染防治的形势非常严峻。在这种情况下，如果仍采用"末端治理"这一被动管理模式，存在着投入高、费时费力等问题，与企业的经济效益没有明显关系，企业普遍没有治理污染的积极性。为了使企业生产与环境保护协调发展，清洁生产应运而生。

清洁生产自诞生以来，迅速发展成为国际环保的主流思想，有力推动了世界各国的环境保护。联合国环境规划署对清洁生产的定义为：清洁生产是一种新的创造性思想，该思想将整体预防的环境战略持续应用于生产过程、产品和服务中，以增加生态效率和减少人类及环境的风险。

具体来说，清洁生产的内容主要有：

（1）对企业生产过程来讲，要求节约原材料和能源，淘汰有毒原材料，并在全部排放物和废物离开生产过程以前削减所有废物的数量和毒性。

（2）对产品来讲，要求减少从原材料提炼到产品最终处置的全生命周期的不利影响。

（3）对服务来讲，要求将环境因素纳入设计和所提供的服务中。

清洁生产是一种新的环境战略，也是一种新的思维方式。它包括清洁的生产过程、清洁的产品以及清洁的服务三方面的内容。即不仅要实现生产过程无污染或少污染，而且生产出来的产品和服务在使用和最终报废处理过程中也不对环境造成危害。清洁生产的内容及途径不仅包含技术上的可行性，而且包括经济上的可盈利性，体现了经济效益、环境效益和社会效益的统一。

**（二）清洁生产的意义**

**1. 清洁生产是工业化推进的必然产物**

20世纪80年代以来，随着经济的高速增长，城市化进程的加快，各种资源的开发和消耗不断增加，给环境带来了很大的影响。随着人口增长和国民经济的发展，各种资源供给和社会需求的矛盾还将会进一步加剧。如果我国仍以传统的高消耗、低产出、高污染的生产方式来维持经济的高速增长，将会使环境状况进一步恶化，也会使有限的资源加速耗竭。所以转变传统的发展模式，实现经济与环境的协调发展的历史任务已经摆在我们面前。实践证明，清洁生产就是适应这种转变很好的方式。

清洁生产是一种兼顾经济效益和环境效益的最优生产方式，清洁生产可以最大限度地减少原材料和能源的消耗，降低成本，提高效益，变有毒有害的原料或产品为无毒无害或对环境和人类危害最小的原料或产品；对生产全过程进行科学的改革和严格的管理，使生产过程中排放的污染物达到最小化，这样在生产过程中就可以控制大部分污染的来源，从根本上解决污染与生态破坏，带来很高的环境效益。

**2. 清洁生产是可持续发展的具体体现**

可持续发展就是要使经济、社会的发展与环境保护协调一致，既要发展经济，又要保护好自然资源与环境；既要安排好当前的发展，又要使子孙后代能够永续发展。可持续发展的实质要求不仅要注重经济发展的数量和速度，而且要重视发展的质量和可持久性。而要做到这一点，就必然要求调整消费结构，广泛推行清洁生产方式，提高效益，节约资源与能量，减少废物排放。清洁生产正体现了这一点。它体现了工业可持续发展

119

的战略，能够保障环境与经济的协调发展，因此成为可持续发展的优先领域。通过实施清洁生产，不仅可以减少甚至消除污染物的排放，而且能够节约大量能源和原材料，降低废物处理和处置费用，从而在经济上有助于提高生产效率和产品质量，降低生产成本，使产品在市场上更具有竞争力。

3. 清洁生产丰富和完善了企业的管理思想

就生产过程而言，清洁生产通过对企业管理人员及操作工人的培训，提高他们的管理意识和环境保护意识，调动职工的积极性，使他们认识到在日常生活工作中只要采取一些简单易行、不花钱或很少花钱的措施就可大大降低原材料和能源的消耗，提高物品的利用率，减少污染物的排放，从而节约成本，提高产品质量。清洁生产还通过一套严格的审计程序核对有关单元操作、原材料、水、能源、产品和废弃物的来源、数量及类型，判定物料流失的关键所在，判定企业效率低的原因和管理不善之处，从而提出一套节约能源、减少污染、提高企业效率和产品质量的行之有效的方法。清洁生产之所以能够推广开来，究其原因主要是它能与企业的管理结合起来，能与企业的本身利益紧密地结合起来，它通过一套系统而完整的思路来促进企业节约能源，减少废弃物的排放量，提高企业的投入产出比，从而丰富了企业管理的思想。

这里列出的表 4-18、表 4-19 是北京市质量技术监督局发布的《清洁生产评价指标体系 印刷业》，供学习思考本节内容时参考。

**表 4-18 出版物印刷清洁生产评价指标项目、权重和基准值**

| 一级指标 | 权重值 | 二级指标 | | 单位 | 权重值 | I 级基准值 | II 级基准值 | III 级基准值 |
|---|---|---|---|---|---|---|---|---|
| 生产工艺及设备指标 | 23 | 淘汰落后设备、生产工艺执行情况（*） | | — | 2 | 不应使用国家和地方明令淘汰或禁止的落后工艺和设备 | | |
| | | 生产工艺 | 制版工艺（平版印刷） | — | 3 | 计算机直接制版（CTP 版）占比≥85% | CTP 版占比≥75% | CTP 版占比≥65% |
| | | | 印刷工艺 | — | 4 | 全部使用环保油墨 | 环保油墨占比≥90% | 环保油墨占比≥80% |
| | | | | — | 4 | 免酒精润版液占比≥90% | 免酒精润版液占比≥85% | 免酒精润版液占比≥80% |
| | | | | — | 4 | 低挥发清洁剂占比≥95% | 低挥发清洁剂占比≥90% | 低挥发清洁剂占比≥85% |
| | | 有机废气处理 | | — | 3 | 使用有机废气净化、治理设施 | | 使用有机废气集气及高空排放设施 |
| | | 热固型轮转机余热回收 | | — | 3 | 热固型轮转机全部配套生产余热回收设施 | | |

| 一级指标 | 权重值 | 二级指标 | | 单位 | 权重值 | I级基准值 | II级基准值 | III级基准值 |
|---|---|---|---|---|---|---|---|---|
| 资源与能源消耗指标 | 22 | 单位产值综合能耗 | | 吨标准煤/万元 | 4 | ≤0.100 | ≤0.126 | ≤0.300 |
| | | 单位产值总耗水量 | | 立方米/万元 | 2 | ≤3.200 | ≤5.300 | ≤6.900 |
| | | 单位产品综合能耗量 | | 吨标准煤/千色令 | 4 | ≤0.50 | ≤0.70 | ≤0.90 |
| | | 单位产品总耗水量 | | 立方米/千色令 | 2 | ≤13 | ≤23 | ≤30 |
| | | 油墨使用量 | 单张纸胶印 | 千克/千色令 | 2 | ≤95 | ≤100 | ≤105 |
| | | | 商业轮转 | 千克/千色令 | 2 | ≤90 | ≤95 | ≤100 |
| | | | 报业轮转 | 千克/千色令 | 2 | ≤73 | ≤77 | ≤82 |
| | | 有机溶剂使用量 | | 千克/千色令 | 4 | ≤10 | ≤25 | ≤35 |
| 产品特征指标 | 5 | 产品一次交检合格率 | | — | 5 | ≥97% | ≥96% | ≥95% |
| 污染物产生与排放指标 | 30 | 作业环境化学有害因素的职业接触限值（＊） | | — | 4 | 符合 GBZ 2.1 的要求 | | |

表 4 - 19　印刷业清洁生产管理指标项目、权重及基准值

| 一级指标 | 权重值 | 二级指标 | 单位 | 权重值 | I级基准值 | II级基准值 | III级基准值 |
|---|---|---|---|---|---|---|---|
| 清洁生产管理指标 | 11 | 环境法律法规标准执行情况（＊） | — | 1.5 | 符合国家和地方有关环境法律、法规，污染物排放达到国家和地方排放标准、总量控制和排污许可证管理要求 | | |
| | | 产业政策执行情况（＊） | — | 1.5 | 符合国家和地方相关产业政策 | | |
| | | 环境管理制度及执行情况 | — | 1 | 按照 GB/T 24001 建立环境管理体系，并取得认证，能有效运行；环境管理程序文件及作业文件齐备 | 按照 GB/T 24001 建立环境管理体系，并能有效运行；环境管理手册、程序文件及作业文件齐备 | 环境管理手册、程序文件及作业文件齐全 |
| | | 职业健康安全管理制度及运行情况 | — | 1 | 建立职业健康安全管理体系，并有效运行 | | |
| | | 节能减排管理制度及执行情况 | — | 1 | 建立节能减排管理制度，并有效执行 | | |
| | | 原辅材料及成品库管理情况 | — | 1 | 有完善的原辅材料以及产品的管理规章制度，并有效实施 | | |
| | | 危险废弃物管理 | — | 1 | 建立相关管理制度，台账记录、转移联单齐全；危险废弃物贮存符合 GB 18597 等污染控制标准要求 | | |

续表

| 一级指标 | 权重值 | 二级指标 | 单位 | 权重值 | Ⅰ级基准值 | Ⅱ级基准值 | Ⅲ级基准值 |
|---|---|---|---|---|---|---|---|
| 清洁生产管理指标 | 11 | 开展清洁生产审核情况 | — | 1 | 企业开展了清洁生产审核，并建立了持续清洁生产机制 | | 企业开展了清洁生产审核 |
| | | 清洁生产部门和人员配备 | — | 1 | 设有清洁生产管理部门，配备专职管理人员且岗位职责分工明确 | | 设有清洁生产管理部门，配备兼职管理人员且岗位职责分工明确 |
| | | 环境监测及信息公开 | — | 1 | 建立主要污染物监测制度，应按相关部门要求定期进行环境监测和信息公开 | | |

## 二、5S 管理

5S 就是整理（Seiri）、整顿（Seiton）、清扫（Seiso）、清洁（Seiketsu）、素养（Shitsuke）五个项目，因日语的拼音均以"S"开头，简称5S。5S 起源于日本，通过规范现场、现物，营造一目了然的工作环境，培养员工良好的工作习惯，其最终目的是提升人的品质：革除马虎之心，养成凡事认真的习惯（认认真真地对待工作中的每一件"小事"）；遵守规定的习惯；自觉维护工作环境整洁明了的良好习惯；文明礼貌的习惯。

### （一）整理

整理就是要将工作场所中的任何东西区分为必要的与不必要的，把必要的东西与不必要的东西明确地、严格地区分开来，不必要的东西要尽快处理掉。其目的在于腾出空间，空间活用，防止误用和误送，塑造清爽的工作场所。

企业生产过程中经常有一些残余物料、待修品、待返品、报废品等滞留在现场，既占据了地方又阻碍生产，包括一些已无法使用的工夹具、量具、机器设备，如果不及时清除，会使现场变得凌乱。生产现场摆放不要的物品是一种浪费，即使是宽敞的工作场所，也将越发窄小，另外，棚架、橱柜等被杂物占据而减少使用价值，增加了寻找工具、零件等物品的困难，浪费时间，物品杂乱无章的摆放增加盘点的困难，成本核算失准。

进行整理工作要有决心，不必要的物品应断然地加以处置，实施要领是：

（1）确定"要"和"不要"的判别基准。

（2）将不要物品清除出工作场所。

（3）对需要的物品调查使用频度，决定日常用量及放置位置。

（4）制定废弃物处理方法。

（5）每日自我进行检查。

### （二）整顿

整顿就是对整理之后留在现场的必要的物品分门别类放置，排列整齐，明确数量，并进行有效的标识。其目的是使工作场所一目了然，创造整整齐齐的工作环境，消除找寻物品的时间，消除过多的积压物品，这是提高效率的基础。

整顿的三要素是场所、方法、标识。在放置场所方面，物品的放置场所原则上要100%设定，物品的保管要定点、定容、定量，生产线附近只能放真正需要的物品，放置原则是易取并不超出所规定的范围，因此，要在放置方法上多下功夫。标识方法是：放置场所和物品原则上一对一标识；现场物品和放置场所必须标识；某些标识方法全公司要统一。

整顿工作所包含的三定原则是：定点（即放在哪里合适）、定容（即用什么容器、颜色）、定量（即规定合适的数量）。

实施要领包括：①前一步骤整理的工作要落实。②流程布置，确定放置场所。③规定放置方法、明确数量。④画线定位。⑤场所、物品标识。

### （三）清扫

清扫即要将工作场所清扫干净，保持工作场所干净、亮丽的环境。其目的在于消除脏污，保持职场内干干净净、明明亮亮，稳定品质，减少工业伤害，实施时要注意责任化、制度化。

实施要领是：①建立清扫责任区（室内、外）。②执行例行扫除，清理脏污。③调查污染源，予以杜绝或隔离。④建立清扫基准，作为规范。

### （四）清洁

清洁即将前面所介绍的3S管理办法制度化、规范化，并贯彻执行及维持结果，要定期检查。

### （五）素养

培养员工良好的工作习惯，其最终目的是提升人的品质，革除马虎之心，养成凡事认真的习惯（认认真真地对待工作中的每一件"小事"）。

# 本章小结

1. 生产是企业的主要职能，印刷企业生产管理是指对印刷企业生产活动的全过程进行综合性的、系统的管理。其研究对象是印刷企业的整个生产系统，包括输入、制造加工、输出和反馈四个环节，研究对象为印刷品的形成过程。

2. 计划就是设定目标，指明路线的过程。计划既涉及目标（做什么），也涉及达到目标的方法（怎么做）。生产计划是组织企业生产活动的重要依据。

3. 看板管理是日本企业创造的一种先进的管理方法，印刷企业作为订货型生产，运用看板管理的思想能够提高生产过程的科学化水平，能够提高生产效率，减少浪费。

4. 生产能力是指企业生产系统在一定的生产组织和技术水平下，直接参与生产的固定资产在一定时期内（一般为一年）所能生产的产品最大数量或所能加工的最大原材料总量，一般以生产系统的输出量描述其大小。在多品种生产的情况下，生产能力用装备的可用量描述，如印刷企业设备的数量和工作时间等。它一般用实物量来表示，包括设计能力、查定能力、计划能力三种。

5. 影响生产率的因素主要有生产方法、资本、质量、技术和管理。提高生产率的方法是任何印刷企业都必须重点关注的问题。

6. 清洁生产是印刷企业必须重点关注的问题，因为印刷业属于对环境容易产生污染的行业，又属于都市型产业，因此，清洁生产关系到印刷企业能否生存和持续成长。

# 思考与练习

1. 什么是印刷企业生产管理？它包括哪些内容？

2. 在市场经济条件下，印刷企业生产过程合理化的要求有哪些？

3. 书刊印刷企业的工艺流程具体包括哪些主要环节？

4. 谈谈你对生产管理和生产运作管理的认识。

5. 运用运作管理历史知识，阐述 20 世纪企业为提高生产率采用了什么方法？当今世界以及将来是否可用同样的方法来提高生产率呢？

6. 假定 A 公司上周 8 个工人印刷了 300 个标准包装箱，本周 6 个工人生产了 240 个标准包装箱，哪一周的生产效率高？（参考答案：上周 37.5 个标准包装箱/人，本周 40 个标准包装箱/人）

7. 计算下列每周的多要素生产率。这些生产率数字表明了什么？假定一周工作 40 小时，每小时工资为 12 元，管理费是一周劳动成本的 1.5 倍，印刷材料成本是每千克 6 元，单位标准价格为 140 元。（参考答案：周一：5.62；周二：5.45；周三：5.20）

| 周 | 产量/单位 | 工人数 | 印刷材料/千克 |
|---|---|---|---|
| 1 | 300 | 6 | 45 |
| 2 | 338 | 7 | 46 |
| 3 | 322 | 7 | 46 |
| 4 | 354 | 8 | 48 |
| 5 | 222 | 5 | 40 |
| 6 | 265 | 6 | 42 |
| 7 | 310 | 7 | 46 |

案例 1

## 某印刷企业 5S 管理实战案例

A 公司是一家印刷企业，主要做包装用瓦楞纸箱、丝网印刷和传统的胶印业务。两年前，公司上马了一套"印刷管理信息系统"，在竞争非常激烈的印刷市场上，确实发挥了很大的作用。此时的公司总经理吴先生，开始把目光瞄准了全数字印刷领域。

## 一、接受5S挑战

A公司与香港某公司洽谈中的合资项目是在A公司引进新的数字印刷设备和工艺，同时改造公司的印刷信息系统。

然而，与港商的合资谈判进行得并不顺利。对方对A公司的工厂管理提出了很多在吴总看来太过挑剔的意见，比如仓库和车间里的纸张、油墨、工具的摆放不够整齐，地面不够清洁，印刷机上油污多得无法忍受，工人的工作服也令人不满……

后来，在合资条款里，投资者执意将"引入现代生产企业现场管理的5S方法"作为一个必要的条件写进了合同文本。

刚开始的时候，吴总和公司管理层觉得港方有点小题大做。不就是做做卫生，把环境搞得优美一些，吴总觉得这些事情太"小儿科"，与现代管理、信息化管理简直不沾边。不过，为了合资能顺利进行，吴总还是满口答应下来。

几个月的时间过去了，吴总回想起来这些鸡毛蒜皮的小事，有一种脱胎换骨的感觉。

## 二、"鸡毛蒜皮"的震撼

推广20世纪50年代就风靡日本制造企业的"5S管理方法"，需要做大量的准备和培训工作。

从字面上说，5S是指五个以日语单词的罗马注音"S"为开头的词汇，分别是整理（Seiri）、整顿（Seiton）、清扫（Seiso）、清洁（Seiketsu）、素养（Shitsuke）。

这五个词，以及所表达的意思听上去非常简单。刚开始的时候，大家很不以为然。几天后，他们找到了B公司，通过实地调查，用大量调查材料，让A公司的领导和员工，受到了一次强烈的震撼。吴总和B公司签了为期半年的合同，并安排郑顾问进行辅导，郑顾问发现，印制车间的地面上，总是堆放着不同类型的纸张，里面有现在用的，也有不知道谁搬过来的；废弃的油墨和拆下来的辊筒、丝网躺在车间的一个角落里，沾满了油污；工人使用的工具都没有醒目的标记，要找一件合适的工具得费很大的周折。

仓库里的情况也好不到哪里。堆放纸张、油墨和配件的货架与成品的货架之间只有一个窄窄的、没有隔离的通道，货号和货品不相符合的情况司空见惯。有时候，车间返回来的剩余纸张与成令的新纸张混在一起，谁也说不清到底领用了多少。

顾问还检查了吴总引以为荣的MIS系统，查看了摆放在计划科、销售科、采购科的几台电脑，发现硬盘上的文件同样混乱不堪，到处是随意建立的子目录、随意建立的文件。有些子目录和文件，除非打开看，否则不知道里面到底是什么。而且，郑顾问发现，文件的版本种类繁多，过时的文件、临时文件、错误的文件或者一个文件多个副本的现象数不胜数。

在A公司里，长久以来大家对这样一些现象习以为常：想要的东西，总是找不着；不要的东西又没有及时丢掉，好像随时都在碍手碍脚；车间里、办公桌上、文件柜里和计算机里，到处都是这样一些"不知道"：不知道这个是谁的、不知道是什么时候放在这里的、不知道还有没有用、不知道该不该清除掉、不知道这到底有多少……

"在这种情况下"，郑顾问直率地问吴总，"你如何确保产品的质量？如何确信电脑里的数据是真实的？如何鼓舞士气，增强员工的荣誉感和使命感？"最后一个问题，郑顾问指的是墙上贴的一个落着灰尘的标语："视用户为上帝，视质量为生命。"

### 三、整理、整顿、清扫

郑顾问把推进5S的工作分为两大步骤，首先是推进前三个"S"，即整理、整顿、清扫。

整理，就是要明确每个人、每个生产现场（如工位、机器、场所、墙面、储物架等）、每张办公桌、每台电脑，哪些东西是有用的，哪些是没用的、很少用的，或已经损坏的。

整理就是把混在好材料、好工具、好配件、好文件中间的残次品、非必需品挑选出来，该处理的就地处理，该舍弃的毫不可惜。"特别是电子'垃圾'"，郑顾问告诫管理人员，"可以让你的工作效率大打折扣；不断冒出来的文件查找、确认、比较工作，会浪费大量的工作时间。"

整顿，就是要对每个整理出来的"有用"的物品、工具、材料、电子文件，有序地进行标识和区分，按照工作空间的合理布局，以及工作的实际需要，摆放在伸手可及、醒目的地方，以保证随用随取。

听上去"整顿"很简单，从经验来看，其实是很仔细的工作，比如电脑文件目录就是最好的例子。

"一般来说，时间、版本、工作性质、文件所有者，都可以成为文件分类的关键因素"，郑顾问结合自己的体会，向大家详细介绍了"什么是电子化的办公"。对一个逐步使用电脑、网络进行生产过程管理和日常事务处理的公司而言，如何处理好纸质文件和电子文件的关系，是养成良好的"电子化办公"习惯的重要内容。

"电子化的过程中，如果把手工作业环境里的'脏、乱、差'的恶习带进来，危害是巨大的。"郑顾问说。

清扫，简单说就是做彻底的大扫除，发现问题，就及时纠正。但是，"清扫"与过去大家习惯说的"大扫除"还有一些不同。"大扫除"只是就事论事地解决"环境卫生"的问题，而"清扫"的落脚点在于"发现垃圾的源头"。用郑顾问的话说，就是"在进行清洁工作的同时进行检查、检点、检视"。

### 四、爽朗心情

随着3S（整理、整顿、清扫）的逐步深入，车间和办公室的窗户擦干净了，卫生死角也清理出来了，库房、文件柜、电脑硬盘上的文件目录、各种表单台账等"重点整治对象"也有了全新的面貌。但是，包括吴总在内的所有人都没有觉得郑顾问引进的"灵丹妙药"有什么特别之处。

不过，吴总承认，大家的精神面貌还是有了一些微妙的变化：人们的心情似乎比过去好多了，一些不拘小节的人的散漫习惯多少也有了收敛；报送上来的统计数据不再是过去那种经不住问的"糊涂账"，工作台面和办公环境的确清爽多了。

这当然不是5S管理的全部。郑顾问结合前一阶段整治的成果，向吴总进言："5S管理的要点或者说难点，并非仅仅是纠正某处错误，或者打扫某处垃圾；5S管理的核心是要通过持续有效的改善活动，塑造一丝不苟的敬业精神，培养勤奋、节俭、务实、守纪的职业素养。"

按郑顾问的建议，公司开始了推进5S管理的第二步：推行后两个"S"——一个是清洁，另一个是素养。清洁的基本含义是"如何保持清洁状态"，也就是如何坚持下去，使清洁、有序的工作现场成为日常行为规范的标准；素养的基本含义是"陶冶情操，提高修养"，也就是说，自觉自愿地在日常工作中贯彻这些非常基本的准则和规范，约束自己的行为，并形成一种风尚。

郑顾问进一步说明，后两个"S"其实是公司文化的集中体现。很难想象，客户会对一个到处是垃圾、灰尘的公司产生信任感；也很难想象，员工会在一个纪律松弛、环境不佳、浪费随处可见的工作环境中产生巨大的责任心，并确保生产质量和劳动效率；此外，更不用说在一个"脏、乱、差"的企业中，信息系统竟然会发挥巨大的作用。

**五、"零"报告**

若干个月后，当A公司的吴总带领新的客户参观自己的数字印刷车间的时候，在他的心底里涌动着一种强烈的自豪感。车间布局整齐有序，货物码放井井有条，印刷设备光亮可鉴，各类标识完整、醒目。

公司的电脑和MIS系统在没有增加新的投资的情况下，好像"焕发了青春"，带给吴总的是一系列"零"报告：发货差错率为零，设备故障率为零，事故率为零，客户投诉率为零，员工缺勤率为零，浪费为零……

在参观者啧啧有声的称赞中，吴总感到，引进一套先进设备的背后，原来是如此浅显又深奥的修养"功夫"，真应了那句老话：工夫在"诗"外。

资料来源：转自http://www.cetc.cc/article/64189.html。

▶ **思考题**

1. 推行5S管理的意义何在？
2. 印刷企业在推行5S管理时应注意哪些内容？
3. 从管理学的角度，谈谈为什么会出现"零"报告。
4. 请结合管理的领导职能，谈谈领导在5S活动中的作用。

**案例2**

### 美国超级印刷企业的人均营业收入有多高？

首先，还是要拿北美最大的9家印刷厂来举例。这得继续感谢美国 *Printing Impressions* 杂志，它做的"北美印刷企业400强"榜单没有给出各家企业的利润，却给出了营收和用工人数，这就为计算人均营收提供了基础。当然了，跟国内的情况类似，美国人做的榜单，给出的用工人数也并非十分精准。比如，很难相信一家印刷厂的用工人数，会如榜单所示正好是10000人或5000人。

从整体上来说，北美大型印刷厂的用工人数相当了得。在"北美印刷企业400强"中，营收规模最大的9家印刷厂，也是用工人数的TOP 9，而且与其他企业拉开了明显差距。这9家企业总共用了多少人呢？2016年合计达到127426人，比我国百强企业的用工人数13.5万只少了不到8000人。

从北美用工人数过万的印刷企业情况来看，北美 TOP 9 中，有 4 家企业 2016 年用工人数超过 1 万，且全部是美国企业。其中，用工人数最多的是当纳利，达到 4.20 万；紧随其后的是 Quad/Graphics 公司、LSC 传播公司，分别为 2.26 万、2.30 万；印刷电商大佬 Cimpress 一看就不像是轻资产公司，用工也达到了万人量级。相对而言，国内有 3 家人数过万的印刷厂，而美国有 4 家，数量接近。但一比用工数，差距就大了：国内 3 家合计用工 39913 人，美国 4 家合计用工 97600 人。实际上，国内 3 家企业加起来还没有当纳利一家用的人多（见图 4－19）。

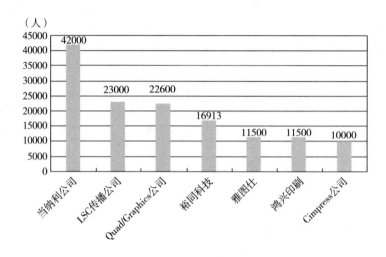

**图 4－19　北美 4 家印刷企业与国内 3 家印刷企业用工数比较**

### 一、中美两国超级印刷企业用工人数对比

当然，用工人数多少不是问题，关键是效率高低。在这一点上，中美两国超级印刷企业的差距有多大？下面就来比比看。2016 年，国内 3 家企业裕同、雅图仕、鸿兴合计营收 102.53 亿元，用工人数 39913 人，人均营收约为 25.69 万元；美国 4 家企业当纳利、Quad/Graphics 公司、LSC 传播公司、Cimpress 公司合计营收 170.15 亿美元，用工人数 97600 人，人均营收为 17.43 万美元，约合人民币 115.80 万元（见表 4－20）。

**表 4－20　2016 年北美 4 家超级印刷企业人均营收情况**

| 序号 | 公司 | 营收（亿美元） | 用工人数（人） | 人均营收 | |
|---|---|---|---|---|---|
| | | | | 万美元 | 合人民币（万元） |
| 1 | 当纳利公司 | 69.00 | 42000 | 16.43 | 109.12 |
| 2 | Quad/Graphics 公司 | 43.30 | 22600 | 19.16 | 127.26 |
| 3 | LSC 传播公司 | 36.50 | 23000 | 15.87 | 105.41 |
| 4 | Cimpress 公司 | 21.35 | 10000 | 21.35 | 141.81 |
| | 合计 | 170.15 | 97600 | 17.43 | 115.80 |

（1）同样是用工人数过万，美国企业人均营收是中国企业的4.51倍，差距大得出人意料。从单体企业来看，国内3家企业中，人均营收最高的是裕同，为32.77万元，最低的是鸿兴，为18.72万元；美国4家企业中，人均营收最高的是Cimpress，为141.81万元，最低的是LSC传播公司，为105.41万元。简单说来，美国最高是中国最高的4.33倍，美国最低是中国最低的5.63倍，美国最高是中国最低的7.58倍，中国最高相当于美国最低的31.09%（见图4-20）。

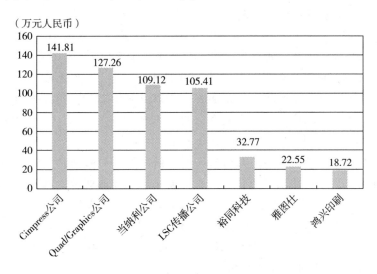

**图4-20　2016年中美两国超级印刷大佬人均营收对比**

（2）北美其他企业的情况怎么样？急需对中美两国超级印刷企业的用工情况进行比较分析。2016年，北美TOP 9合计营收246.34亿美元，用工人数127426人，人均营收19.33万美元，约合人民币128.41万元；国内百强企业合计营收1039亿元，用工人数13.5万人，人均营收76.96万元。北美TOP 9是国内百强企业的1.67倍，差距还是有，但是与两国超级印刷企业之间的落差比，还是小多了（见表4-21）。

**表4-21　2016年北美TOP 9印刷企业人均营收情况**

| 序号 | 公司 | 营收（亿美元） | 用工人数（人） | 人均营收 | |
|---|---|---|---|---|---|
| | | | | 万美元 | 合人民币（万元） |
| 1 | 当纳利公司 | 69.00 | 42000 | 16.43 | 109.12 |
| 2 | Quad/Graphics公司 | 43.30 | 22600 | 19.16 | 127.26 |
| 3 | LSC传播公司 | 36.50 | 23000 | 15.87 | 105.41 |
| 4 | Cimpress公司 | 21.35 | 10000 | 21.35 | 141.81 |
| 5 | Deluxe公司 | 18.49 | 6026 | 30.68 | 203.82 |
| 6 | 多彩印刷公司 | 17.00 | 5000 | 34.00 | 225.84 |
| 7 | Cenveo公司 | 15.59 | 7300 | 21.36 | 141.88 |
| 8 | 洲际印刷公司 | 15.28 | 8000 | 19.10 | 126.83 |
| 9 | 当纳利金融解决方案公司 | 9.84 | 3500 | 28.10 | 186.65 |
| | 合计 | 246.34 | 127426 | 19.33 | 128.41 |

2016 年，我国 26 家印刷业上市公司合计营收 520.88 亿元，用工人数 68225 人，人均营收 76.35 万元，与百强企业近乎持平。从整体上看，北美 TOP 9 后五家企业的人均营收水平比国内 4 家超级印刷企业要高一些。比如，多彩印刷公司、Deluxe 公司人均营收合人民币都超过了 200 万元，分别为 225.84 万元、203.82 万元；当纳利金融解决方案公司、Cenveo 公司分别为 186.65 万元、141.88 万元。只有洲际印刷公司略低，为 126.83 万元。

**二、高效率为什么没有带来高利润？**

（1）北美印刷厂的人均效率确实比国内要高。20 家企业人均 161.27 万元的营收水平，是国内百强企业和上市公司的 2 倍多，行业平均水平的 4 倍。这个差距还是不小的。

（2）北美印刷厂的员工都很精简。在 400 强中，从第 37 名开始用工人数超千人的企业便完全绝迹，超过 500 人就算是大企业，在 TOP 100～250，用工一两百人的企业是绝对主流；自第 250 名往后，绝大多数企业用工人数都不足百人。TOP 400 的最后一名仅用工 34 人，年营收合人民币却超过 4000 万元。

北美印刷企业的劳动效率高，人均创收能力强，但他们的利润为什么却不高？北美同行的利润有多低？可以参见《为什么说在美国搞印刷才真叫苦？及北美最大的 9 家印刷厂一年能赚多少钱》，在这简单罗列一下：2016 年，北美 TOP 9 印刷厂合计实现归属于上市公司股东的净利润 1.11 亿美元，人均利润合人民币只有 0.58 万元。即使去掉亏损企业，7 家盈利企业的人均利润合人民币也只有 6 万元左右。相对而言，国内圈内 26 家上市公司 2016 年人均利润达到 7.54 万元。

为什么高效的北美同行赚钱比国内还难？这个问题很复杂，可能与两国企业的成本结构有关。在美国办企业，除了人工，土地、税收、水电气等都比国内要便宜。难道问题就出在人工成本上？网上有一个数据：2016 年 2 月，美国制造业的平均小时工资为 25.68 美元。假如全年也是这个水平，则每个从业人员的月收入约为 4314 美元，年收入约为 5.18 万美元。在这里，拿北美 TOP 400 的最后一名 Milpak 图像公司来举个例子。2016 年，这家公司 34 名员工共实现营收 644 万美元，平均每人 18.94 万美元，折合成人民币比国内高不少。问题是，其中的 5.18 万美元要拿来给工人发工资，占到人均营收的 27.34%。如果老板也像国内一样还需要支付员工的各种保险，每个从业人员的综合成本轻松超过人均营收的 30%。

中国是什么情况呢？按照国家统计局的统计，2016 年我国制造业人均工资为 54338 元，如果再加上 30% 左右的社保支出，每个从业人员的综合成本约为 7.06 万元，在人均营收中的占比是多少呢？按印刷业全行业人均 39.92 万元的营收水平来说，占比约为 17.69%；按百强企业、圈内上市公司人均超 76 万元的营收水平来说，占比不超过 10%。

这样一比，美国印刷企业老板为什么赚钱那么难、利润率那么低是不是就好理解了？同时，这也说明一个问题：这几年国内印刷厂的用工成本虽然在走高，但与美国同行比起来，老板们还是幸福多了。

北美印刷企业面临的盈利压力，实际上也给国内的老板提了个醒：当一个行业步入以拼效率为主的竞争阶段，即使企业的人均产出在提升，利润率的走低通常仍难以避

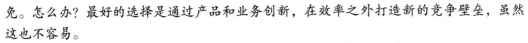

免。怎么办？最好的选择是通过产品和业务创新，在效率之外打造新的竞争壁垒，虽然这也不容易。

资料来源：美国用工人数最多的印刷厂及北美印刷企业的人均创收效率到底有多高？［EB/OL］. https：//www. sohu. com/a/218879207_ 650419，2018－01－25.

### 即学即测

#### 一、选择题（多选）

1. 印刷企业生产管理是对企业各种印刷品生产活动的计划、组织、分析和控制。它所关注的两大问题是（   ）。

A. 印刷品是如何生产出来的

B. 如何降低印刷品生产过程中的资源消耗

C. 丰富印刷品的花色品种

2. 根据印刷企业印刷品生产所需要劳动的性质及其对产品所起作用的不同，一般可以将生产过程划分为四个过程，具体包括（   ）。

A. 生产准备过程

B. 基本生产过程

C. 辅助生产过程

D. 生产服务过程

E. 质量检验过程

3. 企业生产计划的主要指标从不同的侧面反映了企业生产产品的要求，主要包括四个方面的指标（   ）。

A. 产品品种指标

B. 产品质量指标

C. 产品产量指标

D. 产品产值指标

E. 劳动生产率指标

4. 产品产出进度的安排，因企业的特点不同而有所不同。大量生产产品的进度，一般采用均衡生产方式，把全年生产任务分配到各季、各月。在企业实践中通常有四种安排方式（   ）。

A. 平均分配

B. 分期均匀递增

C. 小幅度连续增长

D. 抛物线递增

5. 看板的具体形式包括（   ）。

A. 传送看板

B. 生产看板

C. 取货看板

#### 二、判断题

1. 生产管理是印刷企业管理的主要内容，其主要任务是制订生产计划、安排生产进

度和控制生产过程。当今的印刷是节约、高效、多产和注重质量的行业，是在全球范围内展开竞争的行业。印刷企业生产管理的主要任务就是用最少的成本适时生产出符合数量及质量要求的产品，实现企业的整体目标。（　　）

2. 一件印刷品的完成，对于传统的模拟印刷，一般要经过原稿的设计和选择、原版的制作、制版、印刷、印后加工等过程。（　　）

3. 看板管理是美国福特汽车公司首创的一种以在制品占用量最小为目的的生产作业控制方法。看板管理把看板作为取货指令、运输指令和生产指令，用以控制生产和微调计划。看板管理强调在必要的时间，按必要的数量，生产必要的产品，最大限度地运用资金。（　　）

4. 清洁生产自其诞生以来，迅速发展成为国际环保的主流思想，有力推动了世界各国的环境保护，联合国环境规划署对清洁生产的定义为：清洁生产是一种新的创造性思想，该思想将整体预防的环境战略持续应用于生产过程、产品和服务中，以增加生态效率和减少人类及环境的风险。（　　）

5. 生产进度控制，是指对原材料投入生产到成品入库为止的全过程进行控制，是生产作业控制的关键。生产进度也应考虑客户的优先次序和送货的灵活性。因为并不是所有的印刷品都需要在同一时间完成。（　　）

**参考答案**

一、选择题：1. AB　2. ABCD　3. ABCD　4. ABCD　5. ABC

二、判断题：1. √　2. √　3. ×　4. √　5. √

# 印刷企业物流管理

## 本章提要

本章阐述了印刷企业物流的内涵、分类和作用，并对构成印刷企业物流管理的供应物流、生产物流、销售物流、回收物流与废弃物流管理的相关理论、技术与方法进行了比较系统的论述。

## 重点难点

⊙掌握印刷企业物流的内涵和分类

⊙掌握供应物流的概念与构成，了解经济订购批量公式，掌握库存控制的目标

⊙掌握印刷企业生产物流的概念及生产物流的计划与控制

⊙了解印刷企业回收物流、废弃物流的概念和意义，掌握回收物流与废弃物流手段

 引导案例

### 印刷究竟是一个什么样的行业？

一直走"专业化"路线的格力电器，开始大玩"跨界"，推出格力手机，做智能餐饮配送柜，甚至一度要投资新能源汽车。董明珠带领这家全球最大的家用空调企业进入了完全陌生的领域，让格力所处的原有的行业边界变得模糊，如今的格力是属于家电产业还是 IT 产业？带着同样的问题，再次审视印刷行业，已历经超过千年的变化与演进，在进入 21 世纪第二个 10 年的今天，印刷业是什么样的现状？印刷又是什么？

#### 印刷是加工业

传统印刷是将文字、图画、照片、防伪等原稿经制版、施墨、加压等工序，使油墨转移到纸张、织品、塑料品、皮革等材料表面上，批量复制原稿内容的技术。客户下单，根据订单要求采购材料，同时出样给客户确认，客户确认"OK"后正式批量印刷，然后装订成书，成品送到客户手中完成交货。这是典型得不能再典型的传统加工模式。

提到"加工业"这三个字，多数人的印象是"低端""廉价""价格竞争"等，这还是改革开放初期"三来一补"旧发展模式的延续，企业缺乏对基础设计和制造技术的持续研究，生产方式粗放，产能低端过剩，高端难以突破形成。"匠人精神"的缺位，不仅使企业在产品质量上没有优势，在技术、成本等细分领域依然未能建立优势，企业的发展没有特点。对于客户来说，他在你的企业中没有找到他可依赖的要素。就拿印刷

环节的准备工作来说，笔者曾到一家企业看样，印第一手套准，第二手稍调整下颜色后就进入正式大货印刷了，当笔者要求机长再把套准调整下时，得到的回答是"调不了"。同样的工作，雅昌又是怎么执行的呢？首先在印刷准备环节通常要印 3~5 手，套准误差和颜色要达到标准后才清洗橡皮布，然后进行颜色微调整并确保印刷颜色已稳定，再请客户或印刷主管签字确认，颜色确认"OK"后才可进行大货印刷。在雅昌，一个成品为 4000 印数的产品，仅仅是印刷加放的白纸就达到 250 张/贴。对于印刷难度高的产品，印刷加放还会有不同程度的增加。总之，一定要确保客户能获得想要的颜色结果。雅昌对于产品品质的重视度与管控力，就是其客户群体所依赖的要素之一。

### 印刷是服务业

雅昌成立之初就提出"印刷是服务业"的定位，正是凭借"客户想到的，我们要想到做到；客户没有想到的，我们依然要想到做到"的服务精神，雅昌在国内高端艺术印刷领域异军突起，成为行业中的一面重要旗帜。

在 21 世纪的今天，服务的理念已深入各行各业。万达集团从商业地产转型为以文化、金融服务业为主业的企业，而 360 网盘却在毫无征兆的情况下突然关闭了。同为中国知名企业，都"不差钱"，何以结果相去甚远？

其实服务不仅仅是资金的投入，仍需要强大的技术基础，需要训练有素的员工，需要持之以恒的管理能力，甚至是合适的战略定位，服务应该是适合的服务。对印刷服务而言，也是如此，没有十全十美的服务，只有周到、细致和适合的服务。对一个刚完成沙漠之旅的驴友来说，他需饱饮一杯清泉，痛痛快快地洗个澡，除尽身上的尘土和疲劳，然后美美地睡上一觉；而一个悠闲的旅者则可能需要的是一杯好茶、一本书，坐在挂满果实的樱桃树下，听着小鸟的轻鸣，沐浴着柔和的阳光。因此，要做好服务，首先要懂你的客户，印刷业所面对的终端客户和旅游业、IT 业面对的客户没有什么不同，只有比客户更懂客户，才可能适当地引导客户，为客户提供适合的服务。雅昌的客户群体中，既有各艺术领域里的艺术家，也有被艺术所吸引的商业成功人士。对艺术家而言，我们的角色是印刷方面的专家，我们深谙好书的制作之道；对志在提升艺术修养的人士而言，我们是艺术导师，我们指引他们领略中西方文化艺术的精髓。在雅昌，单是关于梵高的传记、作品集、研究等艺术著作就有 100 余款，能帮助客户全面、系统地研究梵高，研究梵高的艺术。某种程度上，我们是万能插座，可以和各类客户对接并能发挥自己的优势与效力，这种优势与效力促使客户和雅昌，乃至和其他合作方实现共赢。这才是服务！

### 印刷是互联网产业

互联网作为新经济的代表，往往都以挑战者的身份示人。在过去的几年间，随着移动互联网的快速发展，互联网就像一个不守规矩的野蛮人，在很多传统行业掀起滔天巨浪，不经意间快速打破现有的格局。

美国人罗伯特·基恩在大学时期印资料时发现所有印刷厂都要求每次要印刷几千份。这个生意天才马上想到，可以开一个印刷厂来解决这些小批量印刷订单没人做的问题。于是，1995 年 Cimpress 的前身 Vistaprint 公司诞生了。那时，恰逢网络在全世界开始流行，他靠的就是电子商务思维，使从名片印刷起步的 Cimpress 成长为全球网络印刷大鳄。从有限的印刷品做到上万种产品，年销售额超过 15 亿美元，其 2015 年在欧洲的销售更是增长 28%，达到 6.44 亿美元。目前，Cimpress 在开发下一代"大规模定制平台"（MCP），目的是要通过此平台进一步整合集团旗下的所有品牌线生产信息，梳理因收购而不断壮大的业务结构，最终实现产品在集团下属所有生产工厂中的跨平台联动。

雅昌艺术市场监测中心基于雅昌中国艺术品数据库，汇集了自 1993 年至今雅昌所统计到的 900 多家中国艺术品拍卖机构的 1 万多个拍卖专场中 250 多万件拍品成交及图文信息，以及 1 万多个艺术机构、4000 多家画廊和其他大量的艺术数据。在充分尊重和理解艺术专业知识的前提下，对数据进行严谨的整理和科学的分析，并据此运用统计学和经济学的方法观测艺术市场走势，分析艺术品类以及艺术家的市场行情，提供艺术品估价信息参考，并提供相关讲座和咨询服务。这是雅昌基于艺术印刷等业务所获得的基础数据，以大数据分析技术开发的新产品服务。

雅昌艺术影像基于现代大幅面数字印刷技术，并凭借雅昌的数据采集、处理与应用能力，融合数字科技与影像艺术，为摄影机构、摄影师、摄影爱好者以及影像消费者提供专业、便捷、高性价比的影像艺术服务。在专业市场"提升影像艺术价值"，在大众市场"让影像艺术之美走进每个人的生活"的使命，是雅昌实施从 B2B 模式向 B2C 模式战略延伸的新探索。

### 印刷是文化产业

当然，就像中国古代的四大发明一样，固然其都经历了各种各样技术的革新和形式的变化，但骨子里还是那四大发明。印刷也是一样，其行业特质注定它会作为文化传承的载体而延续，所以，印刷业是文化产业。目前，不少企业也已像雅昌一样，认识到印刷的文化特质，并逐步将产品线从纯粹的书刊印刷扩展为艺术复制、设计、内容制作等多种产品形态，从线下延伸到线上，企业发展渠道得到拓宽，企业经营思路也日益丰富，充分发挥印刷在文化传播方面的优势与潜力，取长补短，推动印刷行业发展的新突破。

文化终究是"人民"的，艺术可以是小众的，但艺术的对象则是大众的。雅昌早在 2009 年便提出从"为人民艺术服务"到"艺术为人民服务"，在向文化产业转型的过程中，雅昌不断地研究探索文化的本质，并围绕着"艺术为人民服务"的理念，一步一个脚印，逐步丰富产品内容、扩展服务范围。在"为人民艺术服务"阶段，是艺术界需要什么，我们就做什么，于是我们做艺术印刷、做艺术品复制、做艺术网、做艺术影像……雅昌所规划的产品几乎涵盖了艺术界需要的各种形态，传统印刷书籍通过各种形式为客户提供增值服务。而在"艺术为人民服务"阶段，则是人民需要什么，我们就用我们的资源为他们打造什么，像艺术普及教育、流动美术馆等，这些都是雅昌实现"艺术为人民服务"目标的新实践。

最后，还是回到开篇的问题，印刷是什么？互联网思维开放、互动的特性会改变各产业的整个产业链条；互联网思维与印刷行业的对接，也会改变印刷行业固有的商业模式。但不论时间的车轮如何前行，不论事物的形态如何变化，印刷仍然是印刷，但又不只是印刷！

资料来源：唐小兴. 印刷究竟是一个什么样的行业？[J]. 今日印刷，2017（7）.

135

物流管理是当代最有影响的新型管理理论之一。它以物的动态流转过程为主要研究对象，揭示了物流活动（运输、储存、包装、装卸搬运、流通加工、物流信息等）的内在联系，使物流系统在经济活动中从潜隐状态显现出来。物流管理将管理工程与技术工程相结合，应用了系统工程的科学成果，提高了物流系统的效率，从而更好地实现了物流的时间效益和空间效益。

# 第一节　印刷企业物流管理概述

## 一、印刷企业物流的概念

印刷企业是为社会提供印刷产品和相关服务的一个经济实体。一个印刷企业，要购进原材料，经过若干工序的加工制造，形成符合客户要求的印刷产品销售出去。在印刷企业经营范围内由生产或服务活动所形成的物流系统称为印刷企业物流。

企业系统活动的基本结构是投入—转换—产出，对于印刷企业来讲，是印刷材料、燃料、印刷设备、人力、资本等的投入，经过制造或加工使之转换为印刷产品或服务。物流活动便是伴随着印刷企业的投入—转换—产出而发生的。

相对于投入的是印刷企业所需设备和材料的供应物流；相对于转换的是印刷企业的印刷生产物流；相对于产出的是印刷企业印刷产品的销售物流。由此可见，在印刷企业经营活动中，物流是渗透到各项经营活动之中的活动。

## 二、印刷企业物流的分类

从印刷企业业务流程特点出发，进行具体的、微观的分析，可以将印刷企业物流划分为以下具体的物流活动：

### （一）供应物流

印刷企业购入原材料、零部件或设备商品等的物流过程称为供应物流，也就是印刷物资生产者、持有者到使用者（印刷企业）之间的物流。

印刷企业的流动资金大部分是被购入的印刷物资材料及半成品等所占用的。印刷企业供应物流的严格管理及合理化对于印刷企业的成本有重要影响。

### （二）生产物流

从事印刷生产的企业由原材料购进入库起，直到印刷成品库的成品发送为止，这一全过程的物流活动称为生产物流。生产物流和生产流程同步。原材料、半成品等按照工艺流程在各个加工点之间不停顿地移动、流转形成了生产物流，如生产物流中断，生产过程也将随之停顿。

生产物流合理化对从事印刷生产的企业的生产秩序、生产成本有很大影响。生产物流均衡稳定，可以保证在制印品的顺畅流转，缩短生产周期。在制印品库存的压缩、设备负荷均衡化，也都和生产物流的管理和控制有关。

### （三）销售物流

印刷企业售出产品或商品的物流过程称为销售物流，是指印刷产品的生产者（印刷企业）到用户或消费者之间的物流。

通过销售物流，印刷企业得以回收资金，并进行再生产的活动。销售物流的效果关系到印刷企业的存在价值是否被社会承认。销售物流的成本在产品及商品的最终价格中占有一定的比例。因此，在市场经济中为了增强企业的竞争力，销售物流的合理化可以收到立竿见影的效果。

### （四）回收物流

在印刷生产及流通活动中有一些资材是要回收并加以利用的，如印刷生产过程中产生的废品、废料、不合格的印品，纸张、塑料、金属等各种承印材料经裁切加工形成的切屑，使用过的印刷版材等。流通过程最典型的废弃物是被捆包的印刷材料、设备，以及产品解捆以后所产生的废弃包装材料，如木箱、编织袋、纸箱、纸带、捆带、捆绳等，有的可以直接回收使用，有的要再生利用。

回收物资品种繁多，流通渠道也不规则，且多有变化，因此，管理和控制的难度大。

### （五）废弃物流

印刷生产和流通系统中所产生的无用的废弃物，如在印刷生产过程中形成的纸张边角余料、含有化学废物的排放物，流通过程中产生的废弃包装器材等，如果不妥善处理，不但没有再利用价值，还会造成环境污染，就地堆放会占用生产用地妨碍生产。对这类物资的处理过程产生了了废弃物流。废弃物流没有经济效益，但是具有不可忽视的社会效益。为了减少资金消耗，提高效率，更好地保障生活和生产的正常秩序，对废弃物资综合利用的研究很有必要。

印刷企业物流系统结构如图5-1所示。

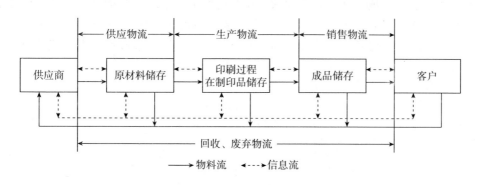

图5-1　印刷企业物流系统结构

137

### 三、印刷企业物流合理化的作用

企业物流贯穿企业生产和经营的全过程，企业物流的改善可以带来预想不到的利益。物流合理化被称为是"企业脚下的金矿""企业的第三利润源泉"，是当前企业最重要的竞争领域。印刷企业物流同样如此，具体地，印刷企业物流合理化的作用可列举如下：

#### （一）降低物流费用，减少产品成本

物流费用在印刷产品成本中占有相当比重，印刷企业物流合理化可以提高物流作业效率，减少运输费用及仓储费用，从而直接达到降低成本的目的。

#### （二）缩短生产周期，加快资金周转

通过合理制订生产计划使物流均衡化，同时减少库存、减少物流中间环节可以有效地缩短生产周期，购进的原材料在较短的时间内形成印刷成品供给用户。

据统计，原材料从购进到形成产品供给用户，只有5%的时间是被加工活动所占用，其他95%的时间是仓储、搬运或在印刷加工线上的等待时间，也就是属于物流活动所占用的时间。由此可见，物流系统的改善对缩短原材料流转周期是起决定作用的。这一方面可以有效地加快资金周转，提高资金的使用效率；另一方面，生产周期缩短可以更好地适应市场的变化，提高印刷企业的竞争能力。

#### （三）压缩库存，减少流动资金的占用

库存控制是印刷企业物流合理化的重要内容，库存控制的目的是通过各种控制策略和控制方法使印刷企业的原材料、中间在制印品和印刷成品库存在满足生产要求的前提下，把库存控制在合理范围之内。

印刷企业的流动资金主要是被材料费占用的，一般材料费（含原材料及在制印品）占流动资金的75%左右，因此，库存物资的减少将对减少流动资金起显著作用。

#### （四）改善物流，提高印刷企业的管理水平

物流系统涉及印刷企业的各个领域。在物流科学的系统观念指导下，从整体效益着眼，对物流环节的任何改善都会对企业管理水平的提高起促进作用。仅就库存控制来看，一定量的库存是维持生产连续性的必要条件。但是库存过多不仅占压流动资金，而且掩盖了企业管理中的许多矛盾，这一现象如图5-2所示。

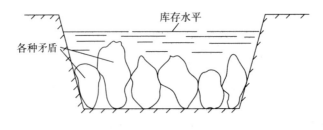

图 5 - 2　库存的作用

水池中的石头是印刷企业存在的问题，只要代表库存量的水面足够高，这些石头就不会露出水面，即印刷企业问题不被暴露。如果要降低库存水平，必须同时把可能露出水面的石头进行处理，例如减少库存必须提高供应部门的工作效率，保证供货渠道的畅通才能不发生"断粮"的危险；如果要减少在制印品库存，必须加强对印刷生产线的管理，提高设备维修部门的责任心和工作效率。可以说，库存的降低促进了印刷企业素质的提高。日本一位企业家认为，"只要看物流状况，就能判断企业的管理水平"，这是很有道理的。

## 第二节　供应物流管理

印刷企业为了保证本身生产的节奏，不断组织印刷材料、设备、零部件、燃料、辅助材料供应的物流活动，这种物流活动对印刷企业能否正常生产、生产效率高低等起着重大作用。

印刷企业供应物流不仅要保证供应的目标，而且要以最低成本、最少消耗、最大保证来组织供应物流活动。企业竞争的关键在于如何降低物流过程的成本，这是印刷企业物流的最大难点。为此，印刷企业供应物流就必须解决有效的供应网络、供应方式、零库存等问题。

### 一、印刷企业需要的主要设备与材料

印刷企业由于企业规模和技术领域不同，所需要的设备和印刷材料也各不相同，常用的设备和材料如下：

**（一）印刷设备**

*1. 印前设备*

印前设备包括电脑、扫描仪、样板打印机（激光、喷墨）、CTP 系统（computer to plate system）、菲林输出设备、显影机、激光刻版机、光绘机、晒版机、冲版机、绷网机、排版设计专用软件、烤版设备等。

*2. 印刷设备*

印刷设备包括数码印刷机、轮转印刷机、单张纸胶印机、不干胶（标签）印刷机、商用表格（票据）印刷机、凸版印刷机（柔版印刷机、铅字印刷机）、凹版印刷机、丝网印刷机、移印机、塑料包装生产线、印铁设备等。

*3. 印后设备*

印后设备包括切纸机、折页机、配页机、装订机、打码机、上光机、切角机、贴面机、喷码机、涂布机、捆扎机、热封机、压痕机、覆膜机、模切机、糊盒机、烫金机、压纹机、打孔机、复合机、包本机、平装胶订联动线、分切机、裱纸机、压光机、切线机等。

**（二）印刷材料**

**1. 印前处理用感光材料**

印前处理用感光材料包括晒版、制版等使用的感光材料。

**2. 印刷版材**

印刷版材根据采用材料不同分为以下几类：铝版（PS 版）、纸版、高分子聚酯版、树脂版、铜版等。

**3. 印刷油墨**

印刷油墨以印刷版型为基础，有如下分类：

（1）平版油墨，包括胶印亮光油墨、胶印树脂油墨、胶印轮转油墨、胶印四色版油墨、平版印铁油墨、平版光敏印铁油墨、珂罗版油墨、胶印热固油墨等。

（2）凸版油墨，包括橡皮凸版塑料油墨、凸版轮转机油墨、凸版轮转书刊油墨、树脂版油墨等。

（3）凹版油墨，包括影写版苯型油墨、凹版（糖果纸）醇溶油墨、影写版汽油型油墨、影写版水型油墨、凹版塑料薄膜油墨等。

（4）丝网油墨，包括油型誊写油墨、水型誊写油墨、线网塑料油墨等。

（5）专用油墨，包括软管油墨、印铁滚涂油墨、制版感光油墨、玻璃油墨、标记油墨、盖销油墨、喷涂油墨、复印油墨、号码机油墨、防伪油墨等。

**4. 承印材料**

承印材料有很多种，最常用的有印刷用纸、不干胶、塑料、金属、玻璃、木材、纺织品等。

**5. 印刷胶辊与橡皮布**

印刷企业中使用印刷胶辊与橡皮布为橡胶材料。橡胶材料会由于使用中的各种物理、化学影响逐步变形氧化，因此印刷胶辊与橡皮布需定期更换。

**6. 润版液**

根据使用的配方不同，润版液分为普通型润版液、酒精型润版液、非离子型表面活性剂润版液三类。

**7. 印刷用化学药剂**

在印刷过程中经常使用的化学药剂有消泡剂、调墨油、撤淡剂、流平剂、橡皮布清洗剂、油墨清洗剂、上光油等。

**8. 黏合剂**

黏合剂在印刷工业中有着广泛的应用，在覆膜、装订、烫印加工等工艺中都要用到各种性质的黏合剂。

**9. 覆膜材料**

覆膜是对印刷品表面的一种整饰，使之耐水、耐磨、光亮、鲜艳。覆膜常用塑料薄膜有聚丙烯薄膜（PP）、聚氯乙烯薄膜（PVC）、聚乙烯薄膜（PE）、聚酯薄膜、聚碳酸酯薄膜（PC）等。

**10. 装订材料**

用于装订的材料主要是封面材料、缝订材料。封面材料包括纸张和纸版，在精装书中使用了纺织品、塑料、皮革等；缝订材料包括缝订用线（棉线、亚麻线、化学纤维线）、缝订用金属丝（铁丝、不锈钢丝、黄铜丝和其他合金丝）、缝订用热熔线、纱布与堵头布（棉布、彩色棉线、丝线）。

**11. 烫印材料**

烫印材料包括金属箔（金箔、银箔、铜箔、铝箔）、电化铝箔、粉箔、色片。

**12. 包装材料**

包装材料指各种材料设备、产成品的包装物，如木箱、编织袋、纸箱、纸带、捆带、捆绳等。

## 二、供应物流的概念与构成

供应物流是生产过程物流的外延部分，受企业外部环境影响较大。供应物流包括原材料等一切生产资料的采购、进货运输、仓储、库存管理、用料管理和供料运输。它是企业物流中独立性相对较强的一个子系统，并且和生产系统、搬运系统、财务系统等企业各部门以及企业外部的资源市场、运输条件等密切相关。供应物流系统由以下内容构成：

**（一）采购**

采购是供应物流与社会物流的衔接点。它是依据印刷企业生产计划所要求的采购计划，进行印刷物资外购的作业层，需要承担市场资源、供货方、市场变化等信息的采集和反馈任务。

**（二）供应**

它是供应物流与生产物流的衔接点，是依据供应计划与消耗定额进行印刷生产资料供给的作业层，负责原材料消耗的控制。

**（三）库存管理**

它是供应物流的核心部分。它依据印刷企业生产计划的要求和库存状况制订采购计划，并负责制定库存控制策略和计划及反馈修改。

**（四）仓库管理**

它是供应物流的转折点。它负责购入印刷物资的接货和生产供应的发货，以及物料保管工作。供应物流系统结构如图5-3所示。

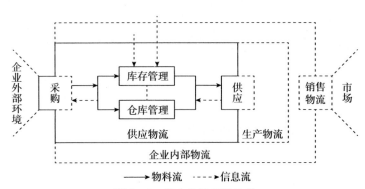

**图5-3 供应物流系统结构**

## 三、采购决策

### （一）采购决策的内容

采购决策的内容主要包括市场资源调查、市场变化信息的采集和反馈、供货方选择及决定进货批量、进货时间间隔。

（1）印刷企业采购决策者应对所需材料、设备的资源分布、数量、质量和市场供需要求等情况进行调查，作为制定较长远的采购规划的依据。同时，要及时掌握市场变化的信息，进行采购计划的调整、补充。

（2）在选择供货方时，应考虑材料、设备供应的数量、质量、价格（包括运费）、供货时间保证、供货方式和运输方式等，根据本企业的生产需求进行比较，最后选定供货方。要建立供货商档案，其内容主要有企业概况（地点、规模、营业范围等）、供应物资种类、运输条件及成本、包装材料及成本、保管费和管理费、包装箱和包装材料的回收率、交易执行状况等，完善的档案数据是选定供货商的重要依据。

在选择供应商时，可以根据企业实际情况确定对供应商的评价指标体系，制定对供应商评价报告模板，按照模板条款每年度对供应商进行评价，并最终确定认可的供应商名单。表5-1所示是一个供应商评价报告的示例，印刷企业可以参照拟定本企业的供应商评价报告。

表5-1　供应商评价报告

| |
|---|
| 1. 填报日期： |
| 2. 物色新供应商的原因： |
| 3. 供应商名称：<br>3.1 供应商资料编号：　　　　　　　　　3.2 最近评价报告编号： |
| 4. 桌面评价供应商资料<br>□符合要求　　　　　　□不符合要求 |
| 5. 实地考察<br>5.1 目的：<br>5.2 质量保证措施：□满意　　　□不满意<br>5.3 储存及运输：□可接受　　　□待定　　　□不满意<br>5.4 生产设备能力：□足以配合要求　　　□不足够<br>5.5 应付产品要求能力：□足够　　　□不足够<br>5.6 生产类似产品经验： |
| 6. 样品评价<br>6.1 样品名称：<br>6.2 评价结果：□可接受　　　□待定　　　□不能接受 |
| 7. 综合评价结果：<br>□可接受，可获认可供应商资格<br>□待定<br>□不能接受 |

| | |
|---|---|
| 8. 参与评价人员：<br>□常务副总经理　　　□物料供应部经理　　　□技术质量科主任　　　□其他人员 | |
| 9. 审批日期： | |

（3）采购批量在采购决策中是一个重要问题。一般情况下，每次采购的数量越大，在价格上得到的优惠越多，同时因采购次数减少，采购费用相对能节省一些，但一次进货数量过大，容易造成积压，从而占压资金，多支付银行利息和仓储管理费用。如果每次采购的数量过小，会在价格上得不到优惠，因采购次数的增多而加大采购费用的支出，并且要承担因供应不及时而造成停产待料的风险。如何控制进货的批量和进货时间间隔，使印刷企业生产不受影响，同时费用最省，是采购决策应解决的问题。

**（二）经济订购批量**

经济订购批量公式又称经济批量法（简称 E·O·Q 公式）。它是由确定性存储模型推出的，进货间隔时间和进货数量是两个最主要的变量，运用这种方法，可以取得存储费用与进货费用之间的平衡，确定最佳进货数量和进货时间。

确定性模型的典型库存模型如图 5-4 所示。

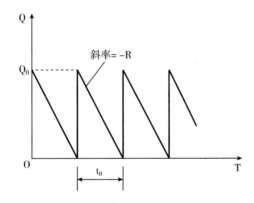

**图 5-4　确定性模型的典型库存模型**

该模型公式的推导做了以下假设：①缺货费用无限大；②当存储降至零时，可以得到补充；③需求是连续的、均衡的，设需求速度 R 为常数，则 t 时间的需求量为 $R_t$；④每次订货量不变，订货费不变；⑤单位存储费不变。

经过数学推导，最后得出公式（E·O·Q 公式）的形式如下：

$$Q_0 = R_{t_0} = \sqrt{\frac{2C_3R}{C_1}}$$

式中，$Q_0$ 表示订货批量；R 表示需求速度；$C_1$ 表示单位存储费用；$C_3$ 表示订购费；$t_0$ 表示间隔时间。

进一步简化可以得出最佳费用公式：

$$C_0 = \sqrt{2C_1C_3R}$$

$C_0 = \min C(t)$，即最佳费用（包括存储费用和订购费用）。

例：某印刷企业生产需要某种纸张，其年需求量为 365 吨，需求率为常数（每天 1 吨）。设该纸张的成本为每吨 500 元，存储费的成本每年为物资成本的 20%，每次订货需定购费 20 元。试用经济订购批量法公式计算出每次订货数量及所需费用。

解：

$$Q_0 = \sqrt{\frac{2C_3R}{C_1}}$$

$R = 365$（以年为单位的需求速度），$C_3 = 20$，$C_1 = 500 \times 20\% = 100$。

将这些数字代入上式得出：

$$Q_0 = \sqrt{\frac{2 \times 20 \times 365}{100}} = 12（吨）$$

即每次订购 12 吨，每隔 12 天订货 1 次。

所需费用：

$$C_0 = \sqrt{2C_1C_3R} = \sqrt{2 \times 100 \times 20 \times 365} \approx 1208 （元）$$

此费用包括每年的存储费用和每年的订购费用。

**（三）准时制采购**

1. 准时制采购的概念和意义

准时制采购是企业内部准时制系统的延伸，是实施准时制生产经营的必然要求和前提条件，是一种理想的物资采购方式，它的极限目标是原材料和外购件的库存为零、缺陷为零。在向最终目标努力的过程中，企业不断地降低原材料和外购件的库存，从而不断地暴露物资采购工作中的问题，采取措施解决问题，进一步降低库存。

准时制采购具有以下意义：

（1）可以大幅度减少原材料与外购件的库存。根据国外一些实施准时制采购的企业测算，原材料与外购件的库存可降低 40% ~ 85%。这对于企业减少流动资金的占用、加快流动资金周转具有重要意义。

（2）可以保证所采购的原材料与外购件的质量，既减少了采购的直接损失，又保证了生产正常有序地进行。

（3）降低了原材料与外购件的采购价格。由于供应商和制造商的密切合作以及内部规模效益与长期定货，再加上简化手续而消除浪费，可以使价格得以降低。据资料介绍，生产复印机的美国施乐公司通过实施准时制采购，使采购价格下降了 40% ~ 50%。

2. 印刷企业准时制采购策略

（1）减少供货商的数量。最理想的情况是，对某种材料或设备只从一个供货商处采购，这种做法称为单源供应。单源供应的好处是，印刷企业与供货商之间增加了依赖性，有利于建立长期互利合作的伙伴关系。供货商获得了长期稳定的订货，也可能提供更低价格的印刷材料与设备、配件。在日本，有 98% 的准时制采购企业都实行单源供应。

（2）小批量采购。由于准时制采购旨在消除印刷企业材料与设备、配件的库存，采购必然是小批量的，通常根据客户订单对物资的需求进行采购。

（3）保证采购的质量。实施准时制采购时，印刷材料与设备、配件的库存极少，以至接近于零，因此必须保证所采购物资的质量。这种保证不是由印刷企业的物资采购部门负责，而应由供货商负责，这就从根本上保证了供货的质量。

（4）合理选择供货方。由于准时制采购实行单源供应，选择合格的供货商成为关键。选择的因素包括产品质量、交货期、价格、技术能力、应变能力、批量柔性、交货期与价格的均衡、批量与价格的均衡、地理位置等。不应该如传统方式那样把价格作为唯一因素。

（5）可靠的送货和特定的包装要求。由于消除了缓冲库存，任何交货失误和送货延迟都会造成难以弥补的损失。送货可靠性主要取决于供货商的生产能力、运输条件和应变能力。

准时制采购对包装也有特定的要求，目的是保证运输和装卸搬运的方便，如对印刷油墨、各种印刷用化学药剂等采用标准的而且是可重复使用的包装容器等。

可见，实施准时制采购不但取决于印刷企业内部，而且取决于供货商的管理水平，取决于全社会的管理水平，因此在实施的过程中，必须慎重而全面地考虑各种因素才能做出正确的决策。

## 四、库存控制

供应物流中断将使印刷生产陷于停顿，库存控制是实现合理储存的重要手段，运用这种手段解决物资供应计划中的合理储备数量问题，以保证生产的正常进行。

### （一）准确预测需求

这里所指的需求，是以印刷生产计划对各类物资的需求为依据确定出的物资供应需求量。

印刷生产计划是根据客户订单、市场对各种物资的需求量来制订的，而供应计划则依据印刷生产计划下达的物资品种、结构、数量的需求，各种材料的消耗定额和印刷工艺时序来制订。供应计划要做到对各种印刷材料、购入件的需求量（包括品种、数量）和供货日期的准确需求预测，才能保证印刷生产正常进行，降低成本，加速资金周转，提高印刷企业经济效益。因此，制订切实可行的印刷生产计划，确定合理的物资消耗定额，是做到准确预测需求的关键。

### （二）库存控制

库存量不是越多越好，也不是越少越好，多了会造成积压，少了又会出现不能满足正常所需供应，因此要求确定合理库存。库存控制是实现合理库存的重要手段。

#### 1. 库存的目标

库存控制不是孤立的，它与营销管理、仓库管理、生产管理、材料运输、采购管理、财务管理等都有联系。因此，物资库存管理所涉及的目标并不唯一，有些甚至是互斥的目标。库存控制是印刷企业内部不同职能部门间矛盾的根源，这种矛盾是由于不同的职能部门在涉及库存物资使用上承担不同的任务而引起的。表5-2表明了各部门互斥的目标。

表5-2 各部门互斥的目标

| 职能部门 | 职能 | 库存目标 | 库存量的倾向 |
|---|---|---|---|
| 营销 | 出售产品 | 对客户的良好服务 | 高 |
| 生产 | 制造产品 | 有效的批量 | 高 |
| 采购 | 购入所需物资 | 单位成本低 | 高 |
| 财务 | 提供流动资金 | 资金的有效利用 | 低 |
| 仓库 | 储存物资 | 维护物资使用价值 | 低 |

由此可见，印刷企业物资库存管理所涉及的目标并不是完全一致的，从而各部门对库存的态度也不相同。表5-3表明了各部门对库存的态度。

表5-3 各部门对库存的态度

| 职能部门 | 典型的反映 |
|---|---|
| 市场经营与销售 | 如果总是缺货或无足够的品种，营销部门不能用空的货车去销售，那样就不能留住客户 |
| 生产 | 如果按大批量生产，就可能降低单位成本和有效地经营 |
| 采购 | 如果整批大量购进，就能降低单位成本 |
| 财务 | 从哪里筹集资金支付存货款？库存水平应更低些 |
| 仓库 | 这里已经没有货位了，什么也不能再放了 |

库存的目标应归结为：使库存投入最少，对用户的服务水平最高和保证企业的有效经营。

2. 库存控制方法

库存控制最直接的方法是控制以下几种主要的库存水平：

（1）正常库存。因采购是批量进行的，而生产是连续进行的，由于这种节奏的不一致，要保证生产，必须有正常的库存。

（2）安全库存。为了防止发生意外事故和不可知因素的影响，供应活动受到阻碍时，需要有安全库存，以保证生产的正常进行。

（3）最大库存。为控制库存成本，将库存水平保持在最大库存量以下。

（4）过程库存。这是一种库存水平。当对供应商发出采购订单后，收到供应商的发货前，一旦订单所购物资的库存量达到该水平，必须及时向供应商问讯，进一步确认交货时间。

最大库存 > 正常库存 > 过程库存 > 安全库存

当库存水平达到需要采购的水平，仓储部门要向采购部发出采购通知单，表5-4所示是一个采购通知单示例。

表 5 - 4　采购物料通知单示例

采购物料通知单

To：采购部

From：仓库管理部　　　　　　　日期：

| 印号 | 印件名称 | 采购物料名称 | 规格 | 库存量 | 采购量 | 需用日期 | 备注 |
|------|---------|------------|------|--------|--------|---------|------|
|      |         |            |      |        |        |         |      |
|      |         |            |      |        |        |         |      |

## 五、仓库管理

### （一）材料储存设施

印刷企业的规模不同，其仓库的规模和功能也有所不同，但大都有三类仓库，或集中，或分散。

（1）成品仓库：用于储存印刷成品。

（2）危险品仓库：用于储存化学药剂和易燃、易爆品。

（3）原料仓库：用于储存供印刷生产使用的材料、设备。

中小型印刷企业的仓库通常在生产区域内或离生产区域很近，大型印刷企业的仓库通常是独立建筑。大多数印刷企业的仓库不具备空调和温度控制条件，材料的储存环境和印刷生产环境相同。采用独立的仓库具有以下优势：

（1）通常是为达到特定的储存效果而特别建造，可以使各种储存物资更方便地移动和存放。

（2）可以对储存物资进行更有效的控制，从而减少损耗和浪费。

（3）可以更有效地保护储存物资的价值安全。

采用独立的仓库具有以下缺点：

（1）增加了储存物资的搬运移动。

（2）储存物资在从仓库到生产车间的运输过程中，由于环境造成的温湿度骤变，会对印刷生产的效果产生影响。

（3）加大企业开支。

对于仓库设在生产区域内或离生产区域很近的大多数中小型印刷企业，要注意安排专人管理仓库，如果仓库直接由生产人员管理，不可避免地会造成物资的不合理使用甚至浪费，因为生产人员如果能很容易地自行取用物资，那么他们通常很少考虑到材料耗费的成本。

仓库设在生产区域附近有一个好处：减少了物资的转运。但是，考虑到印刷物资在生产区域的随意堆放所造成的物资使用不当甚至浪费，以及令生产区域杂乱无章，会使生产效果大受影响，即使不能将印刷物资采用单独仓库储存，也要在生产区域内开辟专门的地方储存印刷物资，并由专人负责管理。

所有印刷物资应避免高温高湿的存储环境，这对感光胶片、印刷用纸、印刷版材、油墨等材料尤其重要，环境因素的不稳定会导致印刷物资自然使用寿命的降低。应将纸类和各种承印材料存放在木制货架上，离开地面。感光胶片、印刷版材最好放置在编号的货架上，货架之间要留有足够的通道。

印刷用化学药剂应储存在安全地点，通常要放置在金属防火容器内，同时储存的数量也视印刷企业规模大小有相应的限制。

### （二）材料鉴别与放置

印刷物资在入库时要进行最初的质量检验，以鉴别物资、给予适当的存放位置。印刷物资必须放置在固定的位置，这样可以方便寻找和取放，但这往往会造成库存空间不能有效利用。印刷物资的随意摆放也是允许的，可以暂时先把物资存放于某处，这是为了增加库存空间的利用率，但必须注意及时将该物资放置在特定的存放位置。采用管理信息系统对物资的摆放进行管理是十分有效的手段。另外，印刷物资的摆放位置还受其自身大小、重量和自然属性的影响。如果条件允许，应把使用频率较高的物资（如印刷用纸）放置在接近通道、便于取得的位置；码放高度也要保持在搬运设备可正常操作的范围内，码放高度一般不要超过2米，货垛之间要保持适度间隙，码高时要将轻质物资置于上层。

印刷物资的使用应遵循先进先出的原则，可以预防物资长期储存造成的损坏变质，加快物资更新，避免由于新材料的替代而使库存物资失去使用价值。考虑到以下原因，应避免大量存货：大量存货会占用大量的空间，造成昂贵的仓库占用成本；对存货的记录与管理要花费更多的时间精力；新型材料的出现会使库存物资贬值；存货在储存期间会发生自然损坏或变质，降低其本身价值。

感光材料的储存包括以下两个方面：

1. 未曝光的感光材料的储存

储存的温度为21℃～24℃、相对湿度为40%～50%，比较低的湿度对储存有利；避免与其他化学药品接触，避免受X射线和放射材料的照射，避免日光直射；远离暖气和热源，放置时最好不要横置，并放在离地面50厘米以上（或离楼板20厘米以上）、离墙壁30厘米以上的地方。

在夏天或热带地区，对未打开包装的感光材料最好在低温冷冻情况下储存。保存在低温条件下的感光材料在打开包装使用前最好在较温暖的条件下贮存24小时，打开包装的感光材料不应在冰箱中储存，因为高湿度会使打开包装的感光材料损坏，因此，未用完的感光材料最好按原包装包妥或存于密闭容器内。

2. 制版后的感光材料的储存

制版后的感光材料最好储存在干燥、无灰尘的地方，要与化学药品分开保存，避开有害气体。定影后的感光材料不要长期储存在高湿度（相对湿度在60%以上）的地方。阴图软片应贮存在耐用的封套里，标明图文的内容，封套不应对感光材料起化学作用，封口放于同一侧。

在实际生产中，印刷企业一般都设立有专门的物料管理部门，负责对包括油墨在内的原辅材料进行统一管理。最重要的是建立完善的物料管理制度，制定合理的进料、领料程序，执行严格的入库、出库手续，也就是说，由专人负责油墨的管理，对油墨产品

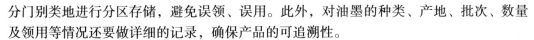

分门别类地进行分区存储，避免误领、误用。此外，对油墨的种类、产地、批次、数量及领用等情况还要做详细的记录，确保产品的可追溯性。

一般来说，为了达到较好的保存效果，应当在常温、阴凉、干燥、避光、通风的环境下用密闭容器来保存印刷油墨。

（1）安全第一，储存油墨时应尽量远离火源、热源，以防发生意外事故。

（2）油墨库房内最好能够保持恒温，与印刷车间的温度差不能太悬殊。如果两者的温差较大，应提前把油墨放到印刷车间内，不仅有利于油墨性能的稳定，还能保证生产的高效率。

（3）在北方一些地区，冬季气候比较寒冷，应避免将油墨存放在户外，防止油墨在低温下发生胶凝现象。如果油墨发生胶凝现象，可以将其转移到温度较高的库房内，或者置入热水中，使不溶物恢复原状即可。

（4）在油墨的存储和管理中还应遵循"先入先出"的原则，即先购入的油墨最先使用，以防油墨由于存放时间过长而影响其使用。

（5）油墨也有一定的保质期，如果存放太长，油墨配方中的各种成分可能会发生分离、沉淀现象。因此，油墨不宜长期保存，一般保存期限以 1 年左右为宜，否则可能影响印刷质量，甚至引起印刷故障。

（6）印刷后剩余的油墨必须密封存放在阴暗处，在今后的生产中可以再利用。在重新使用之前必须先用 100 目以上的过滤网过滤，充分搅拌之后再与新墨混合使用。

（三）库存记录

对所有材料和设备存储情况进行有效的记录是十分必要的，这样可以容易地对各种物资区别定位和运输。表 5-5 所示是一个简单的储存记录单。

表 5-5 储存记录单

| 物资记录 | | |
|---|---|---|
| 日期： | | |
| 货名： | | |
| 数量： | | |
| 存放位置： | | |
| 账面库存 | 实际库存 | 差额 |
| | | |
| 说明： | | |

印刷材料设备的耗费构成了印刷成本的绝大部分，因此，准确地记录定货量、收货量和发货量是十分必要的，可以起到以下作用：

（1）发现预算数量和实际数量之间的变化。

（2）可以明确所有物资的价值，包括仓库中的存货和分发使用的物资。

（3）确认物资损失和不当的使用。

表5－6所示是简单的纸张储存记录，可以通过调整将类似记录表用于各种材料设备的储存记录，采用适合的管理信息系统进行仓库管理，可以节省时间、提高管理效率。

表5－6 纸张储存记录

| 纸张存货记录 | | | | |
| --- | --- | --- | --- | --- |
| 货名： | | 存放位置： | | |
| 颜色： | | 重量： | | |
| 定货数量 | 收到数量 | 发出数量 | 剩余数量 | 日期 |
| | | | | |
| | | | | |

### （四）培训

印刷企业的材料和设备十分昂贵，只有经过良好培训的人员才能进行正确的储存、搬运。印刷企业通常只重视对生产人员的培训，而忽视了对材料设备的采购和仓储人员的培训，应该认识到对印刷企业的采购和仓储人员的培训投资可以使企业获得更高的盈利能力，降低物资浪费，提高产品质量。培训的内容主要包括以下方面：

（1）材料技术：各种材料设备的特性、对印刷生产的适用性、其在生产中容易发生的特殊问题。

（2）防止损坏变质：温湿度变化对各种材料设备的影响、材料设备自身的寿命周期变化、搬运中易发生的损坏等。

（3）搬运储存技术：正确的搬运移动方式、安全的存放方式。

（4）管理信息系统的使用。

# 第三节 生产物流管理

印刷企业生产物流指在印刷生产工艺中的物流活动。这种物流活动是与整个印刷生产工艺过程相伴的，实际上已构成了印刷生产工艺过程的一部分。印刷企业生产过程的物流大体为：印刷材料、零部件、燃料等辅助材料从企业仓库开始，进入到印刷流程的开始端，再进一步随印刷工艺过程一个环节一个环节地流动，在流动的过程中，印刷材料等本身被加工，同时产生一些废料、余料，直到印刷生产加工终结，再流向印刷成品仓库，便完成了印刷企业生产物流过程。

## 一、生产物流概述

### （一）印刷生产工艺流程

我国印刷企业现行的印刷工艺流程以传统工艺为主，有少数先进的印刷企业开始逐步引入以电脑为手段的数字化先进工艺，两种工艺的基本流程如下：

（1）传统印刷工艺流程：排版设计→校对→菲林输出→拼版→晒版→冲版→印刷。

（2）新技术印刷工艺流程：排版设计（基本要求 CMYK）→校对→激光打稿→CTP光刻制版→印刷。

### （二）生产物流的概念

生产物流是指印刷企业原材料、燃料、外购件投入生产之后，经过下料、发料，运送到各加工点和存储点，以在制印品的形态，从一个生产环节流入另一个生产环节，按照规定的工艺过程进行印刷加工、储存，借助一定的运输装置，在各个生产环节间流转，始终体现着印刷物料实物形态的流转过程。

印刷物料随着时间进程不断改变自己的形态和场所位置，印刷物料处于加工、装配、储存、搬运和等待状态，由原材料、外购件的投入开始，终止于印刷成品仓库，物流贯穿于生产的全过程。

### （三）生产物流的主要影响因素

（1）生产的类型。不同的印刷生产类型（平版、凸版、凹版、丝网），它的产品品种、结构的复杂程度、精度等级、工艺要求以及印刷材料、设备准备各不相同。这些特点影响着印刷生产物流的构成以及相互间的比例关系。

（2）生产规模。生产规模是指单位时间内的产品产量，通常以年产量来表示。生产规模越大，生产过程的构成越齐全，物流量就越大。如大型印刷企业印刷生产中有纸张印刷、塑料印刷、金属印刷、玻璃印刷之分。反之，生产规模小，生产过程的构成就没有条件划分得很细，物流量也较小。

（3）企业的专业化与协作水平。企业专业化和协作水平提高，印刷企业内部生产过程就趋于简化，物流流程缩短，某些基本的工艺阶段的半成品，如印前处理、制版等，就可由其他专业工厂提供。

## 二、生产物流计划与控制

### （一）生产物流计划

1. 生产物流计划的内容

生产物流计划是印刷企业生产过程中物料流动的纲领性的书面文件，指导生产物流的开始、有序运行直至完成的全过程，概括了生产物流系统的各种行动和项目。

生产物流计划的核心是生产作业计划的编制工作，即根据计划期内规定的印刷产品的品种、数量、期限，以及印刷生产的客观实际，具体安排印刷产品在各工艺阶段的生产进度，为各生产环节安排短期的生产任务，协调前后衔接关系。

2. 生产物流计划的任务

（1）保证生产计划的顺利完成。为了保证按计划规定的时间和数量生产出印刷产品，要研究印刷物料在生产过程中的运动规律，以及在各工艺阶段的生产周期，以此来安排经过各工艺阶段的时间和数量，并使系统内各生产环节内的在制印品的结构、数量和时间协调。总之，通过物流计划中的物流平衡以及计划执行过程中的调度、统计工作，来保证计划的完成。

（2）为均衡生产创造条件。均衡生产是指印刷企业间及印刷企业内的车间、工段、工作地等生产环节，在相等的时间阶段内，完成等量或均增数量的产品。均衡生产的要求为：每个生产环节都要均衡地完成所承担的生产任务；不仅要在数量上均衡生产和产出，而且各阶段物流要保持一定的比例性；要尽可能缩短物料流动周期，同时要保持一定的节奏性。

（3）加强在制印品、半成品管理，缩短生产周期。保持在制印品、半成品的合理储备是保证生产物流进行的必要条件。对在制印品、半成品的合理控制，既可减少印刷物料占用量，又能使各生产环节衔接、协调，按物流作业计划有节奏地、均衡地组织物流活动。

### （二）生产物流控制

#### 1. 生产物流控制的内容

（1）进度控制。物流控制的核心是进度控制，即印刷物料在生产过程中的流入、流出控制，以及物流量的控制。可以采用《每日物料消耗统计表》等进行物流量的统计跟踪控制。

（2）在制印品管理。在生产过程中对在制印品进行静态、动态控制。在制印品控制包括在制印品实物控制和信息控制。有效地控制在制印品，对及时完成作业计划和减少在制印品积压均有重要意义。

（3）偏差的测定和处理。在进行作业过程中，按预定时间及顺序检测执行计划的结果，掌握计划量与实际量的差距，根据发生差距的原因、内容及严重程度，采取不同的处理方法。首先，要预测差距的发生，事先规划消除差距的措施，如动用库存、组织外协等；其次，为及时调整产生差距的生产计划，要及时将差距的信息向生产计划部门反馈。

#### 2. 生产物流控制的要素

完成上述控制内容的系统可以采用不同的形式和结构，但都具有一些共同的要素。这些要素包括以下几个方面：

（1）强制控制和弹性控制的程度，即通过有关期量标准、严密监督等手段进行的强制控制或自觉控制。期量标准是生产物流计划工作的重要依据，因此也称为作业计划标准，是对加工对象在生产过程中的运动经过科学分析和计算，从而确定的时间和数量标准。期，表示时间，如生产周期、提前期等；量，表示数量，如一次同时投入生产的在制印品数量、仓库应存储的半成品数量等。

（2）目标控制和程序控制，即控制系统的作用是核查生产实际结果，并对生产程序、生产方式进行核查。

（3）管理控制和作业控制。管理控制的对象是全局，是指为使系统整体达到最佳效益而按照总体计划来调节各个环节、各个部门的生产活动。作业控制是对某项作业进行控制，是局部的，目的是保证其具体任务或目标的实现。有时不同作业控制的具体目标之间可能会出现脱节或矛盾，需要管理控制对此进行协调，以使整体达到最优效果。

## 三、物料需求计划

物料需求计划是指对库存资源的管理，做到在需用的时候所有的物料都能配套备齐，而在不需用的时刻，又不过早地积压，从而达到既降低库存，又不出现物料短缺的目的。

### （一）物料需求计划的概念

物料需求计划（Material Requirements Planning，MRP）是一种将库存管理和生产进度计划结合为一体的计算机辅助生产计划管理系统。印刷企业根据订单或市场需求制订生产计划后，生产系统必须按期交付出印刷成品，由此倒推产生了主生产进度计划，再根据产品的数量与产品的层次结构逐次求出各工艺环节所需时间。

### （二）MRP 的逻辑原理

1. 主产品结构文件

主产品结构文件反映产品的层次结构，即所有物料的结构关系和数量组成。由需求时间和相互关系来确定主产品进度计划。根据订单或营销计划，主产品结构和工艺规程决定了印刷成品出厂时间和各个时间段内的生产量，包括产出时间和数量等。

2. 产品库存文件

产品库存文件包含原材料、零部件和产成品的库存量，已订未到量和分配但还没有提取的数量。计算所需物料量应首先考虑当前的库存量，不足部分再进行采购。

### （三）MRP 的特点

1. 需求的相关性

如根据订单确定了所需产品的数量之后，由产品结构文件即可推算出各种零部件和原材料的数量，这种根据逻辑关系推算出来的物料数量称为相关需求。

2. 需求的确定性

MRP 计划都是根据主生产进度计划、产品结构文件和库存文件精确计算出来的，品种、数量和需求时间都有严格的要求，不可改变，即刚性需求。

3. 计划的复杂性

由于各工艺环节产出的印刷半成品的数量、时间、先后关系等需要准确地计算出来，因此当产品的结构复杂、工艺环节特别多时，必须依靠电子计算机计算。

4. MRP 的优越性

（1）由于各个工序对所需要的物资都按精密的计划适时足量地供应，一般不会产生超量库存，对于在制品还可以实现零库存，从而节约库存费用。

（2）有利于提高企业管理素质。企业只有加强物流的信息化、系统化和规范化管理，才能协调好供应、生产和销售以及售后服务工作。

## 四、准时制生产原理简介

### （一）准时制生产的概念

将必要的零件以必要的数量在必要的时间送到生产线，并且将所需要的零件，只以所需的数量，只在正好需要的时间送到生产线，称为准时制生产（Just in Time）。这是为适应消费需要多样化、个性化而建立的生产体系及为此生产体系服务的物流体系。

**（二）准时制生产的意义**

在生产系统中，任何两个相邻工序之间都是供需关系。按照传统的生产计划组织生产，物料根据预定的计划时间由需方逐个工序流动，需求方将上一工序送来的物料进一步加工。需求方接受物料完全是被动的，物料可能提前或延迟到达，延迟到达将使生产中断，提前到达将导致库存量上升，占用过多的流动资金。因此，准时制生产是很重要的。

**（三）准时制生产的目标**

（1）最大限度地降低库存，最终降为零库存。传统观点认为，在制品库存和产品库存都是资产，代表已累积的增值，期末库存与期初库存的差被认为是这一部门在该周期内的效益。JIT 则认为任何库存都是浪费，必须予以消除。在生产现场，生产需要多少就供应多少，生产活动结束时现场应没有任何多余的库存品。

（2）最大限度地消除废品，追求零废品。传统的生产管理认为一定数量的不合格品是不可避免的，允许可以接受的质量水平。而 JIT 的目标是消除各种引起不合格品的因素，在加工过程中，每一道工序都力求达到最好水平。要最大限度地限制废品流动造成的损失，每一个需方都要拒绝接受废品，让废品只能停留在供应方，不让其继续流动而损害以后的工序。

（3）实现最大的节约。JIT 认为，多余生产的物资或产品不但不是财富，反而是一种浪费，因为要消耗材料和劳务，还要花费装卸搬运和仓储等物流费用。

# 第四节　销售物流管理

销售物流是印刷企业为保证本身的经营效益，不断伴随销售活动，将印刷产品所有权转给用户的物流活动。销售物流是通过包装、成品储存、销售渠道、产成品的发送、信息处理等一系列环节实现印刷产品的销售。销售物流是印刷企业物流与社会物流的衔接点，与印刷企业销售系统相配合，完成产成品的流通。

## 一、包装

包装可视为生产物流系统的终点，也是销售物流系统的起点。包装具有防护功能、仓储功能、运输功能、销售功能和使用功能，是物流系统中不可缺少的一个环节。

包装应达到的根本目标是使消费者在接受印品打开包装后，所看到的印品质量与包装出厂前的合格印品质量无异。因此，在包装材料、包装形式上，除了要考虑印品的防护和销售外，还要考虑储存、运输等环节的方便。可选用的包装材料和填充材料很多，印刷企业可根据每一订单的具体情况灵活选择，在确定包装方案时还要考虑包装的标准化、轻薄化、低成本，以及包装器材的回收、利用等重要问题。

## 二、成品储存

印刷企业的印刷生产大多是按客户订单生产，印刷成品通常只需要短暂的临时储存即交付客户，由于印刷品具有易燃、怕潮等特性，在储存过程中要注意采用科学的养护方法，码放合理、避免挤压变形，通风、防潮，保持适当的温湿度水平，以确保印刷成品在储存期间质量完好。

印刷成品库存控制应以市场需求为导向。按客户订单生产的印刷品通常尽快全数交付客户，极少保留库存；一些通用印刷品在制订生产计划时应充分考虑市场需求，力求达到零库存，或将成品存储量控制在极低的水平。

## 三、销售渠道

销售渠道的结构有以下三种：
（1）生产者—消费者，销售渠道最短。
（2）生产者—批发商—零售商—消费者，销售渠道最长。
（3）生产者—零售商或批发商—消费者，销售渠道介于以上两者之间。
影响销售渠道选择的因素有政策性因素、产品因素、市场因素和印刷企业本身因素。

印刷企业对影响销售渠道选择的因素进行研究分析以后，结合本身的特点和要求，对各种销售渠道的销售量、费用开支、服务质量经过反复比较，找出最佳销售渠道。

销售物流的组织与印刷产品类型有关，对于满足客户个别需求的定制印刷品，其销售渠道一般选用第一种结构渠道（生产者—消费者），这种渠道是印刷企业销售物流的主渠道；而一些满足社会需求的通用印刷品，诸如笔记本、日历等印刷品的销售渠道，则较多地选用第二、第三种结构渠道，这种渠道在印刷企业销售物流中使用不多。

正确运用销售渠道，可使印刷企业迅速及时地将印刷产品传送到用户手中，达到扩大商品销售、加速资金周转、降低流通费用的目的。

## 四、产成品的发送

根据产成品的批量、运送距离、地理条件决定运输方式。对于第一种销售渠道，运输形式有两种：一是消费者直接取货，二是印刷企业直接发货给消费者。对于第二、第三种销售渠道，除采用上述两种运输形式外，配送是一种较先进的形式，可以推广。

由印刷企业直接发货时，应考虑发货批量大小问题，它将直接影响到物流成本费用，要使发货批量遵循运输费用＋仓储费用最小的原则。表5-7所示为印刷企业发货单，一式六联。第一联为正本，第二联为客方副本，第三联为客户服务部，第四联为回单，第五联为运输部，第六联为财务部。

表5-7 发货单

发货单

| | | | 编号: | |
| --- | --- | --- | --- | --- |

客户名称：

客户地址： 日期：

| 印件名称 | 每包数 | 共包数 | 数量 | 备注 |
| --- | --- | --- | --- | --- |
| | | | | |
| | | | | |

开单人： 收货人：

### 五、信息处理

要完善销售系统和物流系统的信息网络，加强两者协作的深度和广度，并建立与社会物流沟通和联系的信息渠道，建立订货处理的计算机管理系统及顾客服务体系。

# 第五节　回收物流与废弃物流管理

### 一、印刷企业的物资循环

在印刷企业中，投入的原材料、机器设备，经过生产、流通过程形成合格的印刷品转入消费者手中，这是物资流向的主渠道。与此同时，还存在另一条非主流的物资流向渠道：在印刷生产过程中形成的纸张边角余料、含有化学废物的排放物，流通过程中产生的废弃包装器材，由于变质、损坏、使用寿命终结而丧失了使用价值或者在印刷生产过程中未能形成合格印品而不具有使用价值的物资，它们都要从印刷企业物流主渠道中分离出来，成为生产或流通中产生的排放物。这些排放物一部分可以回收并再生利用，称为再生资源，它们形成了回收物流；另一部分在循环利用过程中，基本或完全失去了使用价值，形成无法再利用的最终排放物，即废弃物。废弃物经过处理后返回自然界，形成了废弃物流。

归纳起来，印刷企业排放物的产生来自两个方面：

1. 印刷生产过程中产生的排放物

（1）印刷工艺性排放物。印刷工艺的特殊性质决定了印刷生产过程中会产生一些特定的排放物，如使用过的印刷机清洗剂、印前菲林输出过程中使用过的显影剂、晒版过程中使用过的化学药剂等。此类排放物称为工业废物，不可再生利用，如果直接排放会造成环境污染，必须经过无害化处理后排放，形成废弃物流。

（2）印刷生产过程中产生的废品、废料，如不合格的印品，纸张、塑料、金属等各种承印材料经裁切加工形成的切屑，使用过的印刷版材等，其产生的数量具有一定规律性，可以回收并再生利用。

（3）印刷机器、设备和劳动工具的报废。造成其报废的主要原因是：由于正常使用中寿命的终结或意外损坏而丧失了使用价值，或者由于设备更新而淘汰，这些排放物不是经济活动产生的，需要随机进行处理。

2. 流通过程中产生的排放物

流通过程中最典型的废弃物是被捆包的印刷材料、设备，以及产品解捆以后所产生的废弃包装材料，如木箱、编织袋、纸箱、纸带、捆带、捆绳等，有的可以直接回收使用，有的要再生利用。

## 二、印刷企业回收物流与废弃物流的概念

印刷企业对排放物的处理包含两个方面：一是将其中有再利用价值的部分加以分拣、加工、分解，使其成为有用的物资重新进入生产和消费领域。例如，废纸被加工成纸浆，又成为造纸的原材料，废金属分拣加工后又进入冶炼炉变成新的金属材料等。二是对已丧失再利用价值的排放物，从环境保护的目的出发将其焚烧，或送到指定地点堆放掩埋，对含有有毒物质的排放物，如使用过的各种化学药剂，还要采取特殊的处理方法。对于前者一般称为回收，后者称为废弃，这两类物质的流向形成了印刷企业回收物流和废弃物流，如图 5–5 所示。

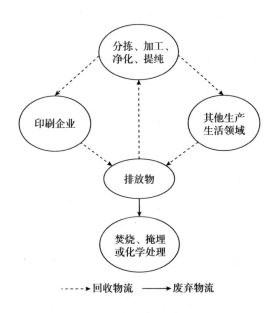

图 5–5 印刷企业排放物流向

综上所述，可以对回收物流和废弃物流做如下概括：

（1）回收物流是考虑到被废弃的对象有再利用的价值，将其进行加工、拣选、分解、净化，使其成为有用的物资或转化为能量而重新投入生产和生活循环系统。

（2）废弃物流是无视对象物的价值或对象物已没有再利用价值，仅从环境保护出发，将其焚化、化学处理或运到特定地点堆放、掩埋。

## 三、印刷企业回收物流与废弃物流合理化的意义

### （一）印刷企业回收物流与废弃物流合理化的经济意义

自然界的物资不是无限的，森林的采伐、矿产的开采都是有一定限度的，在资源已日渐枯竭的今天，人类社会越来越重视通过回收物流将可以利用的废弃物收集、加工，重新补充到生产、消费的系统中去。印刷企业也不例外，如印刷企业的废纸回收已成为造纸业原料供应不可缺少的来源；废弃的印刷机器可以被分解成废钢、橡胶和玻璃而回收利用；使用过的包装材料经过适当加工整理，可以直接重复使用。回收物资重新进入生产领域作为原材料会带来很高的经济效益。

### （二）印刷企业回收物流与废弃物流合理化的社会意义

当前社会最关切的问题之一就是环境问题，而环境污染的根本问题是有害排放物造成的。印刷企业排放物的大量产生，会严重地影响人类赖以生存的环境，如印刷企业排放的含有有害化学物质的废液任其流入自然界的水源中，将污染河流、海洋，不仅危害人类，水生动植物也将会受到致命打击。必须有效地组织回收物流与废弃物流，使排放物得以重新进入生产、生活循环或得到妥善处理。因此，印刷企业回收物流和废弃物流的管理不完全是从经济效益考虑，也要为社会效益考虑。

## 四、印刷企业回收物流与废弃物流管理原则

印刷企业的回收物流与废弃物流仍然由运输、储存、装卸搬运、包装、流通加工和物流信息等环节组成，其管理也是围绕这些环节展开的，管理中应遵循以下原则：

### （一）小型化、专用化的装运设备

回收物流与废弃物流的第一阶段任务是收集，废弃物来源于印刷企业的各个角落，由于分布广泛，因此采用多阶段收集、逐步集中的方式，广泛使用各种小型的机动车和非机动车。

许多废弃物具有污染环境的特点，在装运过程中需要专用的车辆、器具，且废弃物的装运路线要尽量缩短，避免污染扩大。

### （二）简易的储存、包装

回收和废弃物一般只要求有露天堆放场所，但也有一部分回收物资如废纸等在堆放时需要有防雨措施，或放置在简易库房中。

回收和废弃物一般也不需要包装，但是为了装卸搬运方便，可以捆扎或打包。在需要防止废弃物污染环境的特殊情况下，也应有必要的包装，但包装的目的不是保护被包装物资，而是防止对环境造成危害。

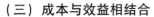

### （三）成本与效益相结合

印刷企业回收物流与废弃物流中由于所处理的对象物价值相对不高，因此物流费用必须保持在低水平。对废弃物处理费用过高，将加大印刷企业的开支。如当可直接回收利用的包装材料和其他废弃材料混杂，需要耗费太多的分拣成本时，可选择放弃回收以获得最佳效益。但是企业必须严格履行其社会职责，遵守国家环保法规，绝对不能以放弃对废弃物的环保处理来降低成本。

## 五、印刷企业回收物流与废弃物流手段

### （一）回收物流手段

对印刷生产过程中产生的废品废料、报废的机器设备、废弃包装材料等可以回收并再生利用的排放物，有的可以直接回收使用，有的要再生利用。常用的处理方法有以下两种：

（1）直接回收使用。包装材料，如木箱、编织袋、纸箱、纸带、捆带、捆绳等可以直接回收使用。

（2）回收后再生使用。对需要再生利用的排放物，印刷企业可以直接将其分拣、出售，由物资回收企业收购后进行统一的再生处理，重新制造原物品，也称回炉复用，包括：印刷生产过程中产生的不合格的印品；纸张、塑料、金属等各种承印材料经裁切加工形成的切屑；使用过的印刷版材；报废的机器设备等。如日本凸版印刷公司印刷厂的废料、废水和垃圾都可以再生利用。据了解，废水经过净化处理后，可在厂内循环使用；下脚纸是100%再生使用；各种垃圾集中后由厂内的废品处理站处理。这些设施在设计工厂时就一次到位，后惠无穷。

### （二）废弃物流手段

对于印刷生产工艺过程中产生的不可再生利用的排放物，常用的处理方法有掩埋、焚烧、化学净化处理等。

为减少含有有害物质的废弃排放物的产生，应尽量采用无毒、无污染的印刷物资。如日本凸版印刷公司印刷厂使用的油墨是委托油墨厂用植物油（豆油）专门加工制成；印刷润版液均用纯水，完全不用酒精。

不可再生利用的排放物按照法律规定由印刷企业自行处理，处理费用计入生产成本。如果印刷企业不具备处理能力，则要和相应的环保部门签定代处理协议，并向环保部门交纳处理费用。

## 本章小结

1. 印刷企业是为社会提供印刷产品和相关服务的一个经济实体。在印刷企业经营范围内由生产或服务活动所形成的物流系统称为印刷企业物流。

2. 印刷企业物流贯穿印刷企业生产和经营的全过程，从印刷企业业务流程特点出

发，可以将印刷企业物流划分为供应物流、生产物流、销售物流、回收物流与废弃物流。

3. 供应物流是为了保证印刷企业生产的节奏，不断组织印刷材料、设备、零部件、燃料、辅助材料供的物流活动，这种物流活动对印刷企业能否正常生产、生产效率等起着重大作用。印刷企业供应物流必须解决有效的供应网络、供应方式、零库存等问题。

4. 经济订购批量公式又称经济批量法（简称 E·O·Q 公式）。运用这种方法，可以取得存储费用与进货费用之间的平衡，确定最佳进货数量和进货时间。

5. 准时制采购是一种理想的物资采购方式，它的极限目标是原材料和外购件的库存为零、缺陷为零。实施准时制采购不但取决于印刷企业内部，而且取决于供货商的管理水平，取决于全社会的管理水平。

6. 生产物流指在印刷生产工艺中的物流活动。生产物流计划的核心是生产作业计划的编制，即根据计划期内规定的印刷产品的品种、数量、期限，以及印刷生产的客观实际，具体安排印刷产品在各工艺阶段的生产进度，为各生产环节安排短期的生产任务，协调前后衔接关系。

7. 当前社会最关切的问题之一就是环境问题，印刷企业回收物流和废弃物流的管理不完全是从经济效益考虑，更重要的是为社会效益考虑。印刷企业排放物的大量产生，会严重地影响人类赖以生存的环境。必须有效地组织回收物流与废弃物流，使排放物得以重新进入生产、生活循环或得到妥善处理。

## 思考与练习

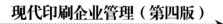

1. 说明印刷企业物流的内涵和分类。

2. 说明供应物流的概念与构成。

3. 怎样理解经济订购批量公式？

4. 库存控制的目标是什么？

5. 什么是准时制采购？印刷企业怎样做到准时制采购？

6. 什么是印刷企业生产物流？影响生产物流的主要因素有哪些？

7. 什么是准时制生产？准时制生产的目标是什么？

8. 说明 MRP 逻辑原理。

9. 什么是销售物流？销售物流的组织包括哪些内容？

10. 什么是回收物流？什么是废弃物流？印刷企业回收物流、废弃物流常用哪些手段？

案例讨论

## 重视物流管理，推动印刷企业整体竞争力的提升

根据中国国家标准《物流术语》（GB/T 18354 – 2006），物流是指物品、货品从起始的供应地向接收地的实体流动过程。而现实经营生产，根据印刷企业具体实际需要，可以将运输、储存、搬运、包装、流通加工、配送、信息处理等基本功能全部实施有机结合，令产品的生产由原材料到成品都在同一条物流线上。而对于印刷企业的物流管理，则多是指对印刷涉及的整个物流过程进行规划、控制和管理的过程。

### 印刷企业物流管理战略化

印刷企业需对物流管理予以重视，从战略视角看待物流管理，制定企业物流战略以期增强竞争能力。印刷企业对物流的管理目标，需要从单纯地为了降低企业内部的物流成本，到为提高企业整体收益而加强内部物流管理，再到通过向客户提供高效的物流服务来带动企业销售的增长。这是一个不断递增深化的过程，需要站在长远战略的角度，去思考物流管理在印刷企业经营中的定位。

盈利，是企业经营最直截了当的目标。物流管理的提升，便是"潜能"的盈利。

（1）降低成本。在印刷企业生产的总成本中，物流运输成本占有较大比例。因此，物流管理的目标之一就是通过优化印刷企业的物流管理，整合资源，将物流成本降到最低。

（2）减少资金占用。印刷企业在经营活动中，重点是为了实现总成本最低的目标。总成本降低，便能积攒出资金，将其用于提升印刷企业的其他核心业务上，以增加其竞争能力。

（3）提高客户的服务水平。通过对物流的有效管理，能积极响应客户服务中的"7R"，即在恰当的时间（Right Time），将恰当的产品（Right Product），按恰当的数量（Right Quantity）和恰当的条件（Right Condition），以恰当的成本（Right Cost）送到恰当的地点（Right Place）及恰当的顾客（Right Customer）手中。客户服务中的"7R"准则，如能准确做到，对于印刷企业来说，客户服务的满足度上来了，订单也会随之源源不断。

（4）提高印刷企业整体竞争力。整体竞争力的提升是物流管理最主要的目标，只有加强企业在市场竞争中的地位，才能在同行中脱颖而出。整体竞争力的提升，离不开在运营过程中物流管理的有效执行。

### 选择合适的印刷企业物流管理模式

在传统印刷企业物流框架中，一件产品从印前设计、生产、工艺包装、流通、出货，一直到最后的消费环节，会被转运、装运多次。

这个过程中，每一件产品都要与物流伴生，但是不同的物流方式之间却是没有关联的。

在印刷企业实践中，印刷产品组织物流的模式基本相同。其中，自成品出厂安排运输到送货至客户手中的物流模式，各家企业有所不同，但多为物流自营模式、物流外包模式，也有少量企业选择物流联盟模式。

印刷企业的各种物流管理模式都有其优缺点，例如物流自营模式，对于大型印刷企业来说，主要运输由本厂负责，需要投入大量的运输车辆、设备监控、人员管理，在旺季时便会力不从心。有部分印刷企业选择物流外包模式，整个物流外包给第三方公司，在对其进行管理时，并未能做到符合企业本身实时需求。为此，印刷企业在分析选择物流管理模式时，需根据企业本身的管理能力、客户服务需求和物流资源条件，综合分析以下主要影响因素决策：

（1）投入的物流总成本。在选择自营还是外包时，必须先做好调查分析报告，报告里清楚列明两种模式下印刷企业物流总成本的构成及其变化情况。寻求创新，首要衡量的是投入的成本与印刷企业未来的发展愿景，投入与产能需成正比。

（2）印刷企业规模和实力。一般来说，大型印刷企业由于实力雄厚，有能力有财力建立自己的物流管理系统，同时还有专业的物流管理人才，这样可以考虑选择自营模式。中小型印刷企业，由于受人员、资金和管理能力的限制，自营模式较难开展，也不能保证服务效率，则可考虑将物流业务外包给专业的第三方物流公司。

（3）物流对印刷企业经营活动的影响。物流对企业经营的影响、印刷企业未来的战略方案、未来的战略伙伴性质等的影响，都是一系列需要分析的因素。决策状态可以参考图5-6，从物流对企业的重要程度、企业管理物流的能力角度去判断选择自营还是外包。

162

图5-6　物流对印刷企业经营活动的影响

综合上述几点，印刷企业可从本企业的规模和实力、物流总成本、物流对企业经营的影响几方面去分析决策使用哪种物流管理模式。最终的目标，在于提升印刷企业的效益。

**供应物流管理**

供应物流是指提供原材料、辅料或其他物料时所发生的物流活动。其是印刷企业活动的开始阶段，为保证印刷企业后续的生产经营，而不断组织原料的供应。

供应物流管理的目标是确保印刷企业生产经营活动的顺利进行和尽量降低企业生产成本。而印刷企业供应物流管理的核心环节，面向的是纸张和辅料的管理，主要包括以下三方面：

（1）供应商的管理。对供应商的管理，主要是通过企业的采购部进行，印刷企业可实施采用 JIT 采购，意在最短的时间内以最快的速度收货，起到减少仓存和节约成本的作用。

（2）对计划、采购、仓储、供料的管理。印刷企业的计划部、采购部和仓储部联合一线，成立特定的物料小组，从生产时间排产表，到即时采购，再到即时入库，保证信息流通顺畅。

（3）对人员、资金、信息的管理。这部分主要为支持性活动，人员的绩效管理、资金货款的结算、信息流向的监控，起到辅助支持，以便上述两点能更好地开展。

**生产物流管理**

生产物流管理是指企业生产过程中，为了制成产品顺利出货所发生的涉及原材料、在制品、半成品、产成品等所进行的物流活动。

印刷企业生产物流的主要特点和主要功能要素是搬运和运输。在成品生产完成前，原材料和半成品仍处于生产的流通过程，它们还是具有物流的伴生性。

印刷企业生产物流管理的内容主要是：对原材料（纸张、辅料）进行搬运流通管理，同时还对半成品及成品储存出货进行管理。对于此环节的生产物流管理，印刷企业的主要目标是整合原材料的搬运，实现仓库的最低库存，均衡生产所需，保证产品质量。为了达到此目标，印刷企业在组织生产时需要注意以下几点要求：

（1）确保物流过程的连续性。保证各生产工序的纸张、辅料、半成品能最快、最直接地进入下一工序，不造成生产车间的物流阻塞。

（2）确保物流过程的平行性。安排在各个车间各个工序上的生产，需要监控其各支流的平行流动，避免某个工序延误而影响到整个生产物流的进展。

（3）确保物流过程的反应性。印刷企业的生产过程要有较强的应变能力，计划部能快速响应订单需求的变动，做出即时协调。

**销售物流管理**

销售物流管理是指企业在出售商品过程中，包括出售前和出售后所发生的物流活动。印刷企业产品的销售使产品的价值和使用价值得以实现，开展合理化、适时化的销售物流有利于降低企业成本和提高企业订单数量。

印刷企业销售物流管理的主要内容是：关注运输环节和存货、出货环节的管理。运输成本是销售物流成本中最主要的开支，所以必须做好运输物流线路的规划。对于销售物流管理，我们需要管理好以下内容：

（1）物流信息与订单的同步管理。订单的信息跟踪、物流跟踪、客户实时需求、快速反馈等都需要做到信息流的同步。

（2）物流服务与客户服务的同步管理。每日跟踪客户计划完成情况，做好沟通工作。

（3）销售物流环境分析。从印刷企业的宏观环境（人口环境、自然环境、政治法律环境等）和微观环境（企业内部环境、客户及供应商环境等）分析评估，在何种环境下销售得以更顺利地开展，提前做好调研。

163

随着互联网和电子媒体的冲击，印刷企业正面临着一场前所未有的风暴和严峻挑战，用人成本和原材料成本上升、产能过剩、贸易战、消防和环保管控趋严等多重压力，让企业经营利润一直走低。印刷企业在经营过程中如何提升竞争力，已经成为一项重要课题。而物流管理对印刷企业有着十分重要的影响，可以降低企业的经营成本，提高其时效性及服务质量，逐渐扩大印刷企业的规模与效益，从而有效促进印刷企业整体竞争力的提升，需要引起我们的足够重视。

资料来源：张改换. 重视物流管理，推动印刷企业整体竞争力的提升［J］. 印刷经理人，2020（2）.

**思考题**

1. 印刷企业物流管理战略化的意义何在？

2. 为什么说物流管理可以有效促进印刷企业整体竞争力的提升？

3. 有人说：没有现代的计算机信息技术，就没有现代的物流管理。你觉得对吗？

即学即测

**一、选择题**

1.【单选题】MRP 是指（　　）。

A. 物料需求计划　　　B. 制造资源计划　　　C. 分销资源计划　　　D. 企业资源计划

2.【单选题】下列关于物流服务的说法中正确的是（　　）。

A. 物流服务是指对最终客户的服务，不包括内部客户

B. 物流服务的外包能够增加企业的经营成本

C. 物流服务的不满意会导致客户对整个企业的不满意

D. 物流服务水平越高越好

3.【单选题】下列物流活动中，产生货损最多的环节是（　　）。

A. 运输　　　　　　B. 储存　　　　　　C. 装卸　　　　　　D. 流通加工

4.【多选题】影响生产物流的主要因素包括（　　）。

A. 生产的类型　　　　　　　　　　B. 产品的品种

C. 生产的规模　　　　　　　　　　D. 企业的专业化与协作水平

5.【多选题】产业链上的物流管理分为三个阶段（　　）。

A. 供应物流　　　B. 生产物流　　　C. 销售物流　　　D. 回收物流

**二、判断题**

1. 物流是以满足客户需求为目的，为提高原料、在制品、制成品以及相关信息的流动和储存的效率而对其进行计划、执行和控制的过程。（　　）

2. 准时生产方式（JIT 系统）的目标是消除一切无效的劳动和浪费。（　　）

3. 实施准时制采购要求保持大量的供货商数量并且每次采购的批量较大。（　　）

4. 印刷生产过程产生的排放物属于生产物流。（　　）

5. 主生产进度计划（MPS）是生产物流计划的核心内容，是生产物流计划和管理的依据。（　　）

**参考答案**

一、选择题：1. A　2. C　3. C　4. ACD　5. ABC

二、判断题：1. √　2. √　3. ×　4. ×　5. √

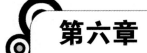

# 第六章

# 印刷企业质量管理

## 本章提要

本章从对质量概念的理解出发，分析了质量管理的相关概念；并由此引申出全面质量管理的概念及其主要思想；针对印刷企业的质量管理特殊性，推出了有关印刷品质量与质量标准，以及如何运用质量统计工具来分析印刷品质量水平；最后分析了印刷企业如何运用 ISO9000 开展质量管理工作。

## 重点难点

⊙掌握质量的概念、全面质量管理的概念及主要思想
⊙了解印刷品质量检测标准
⊙了解如何运用七种质量统计工具

 引导案例

### 印刷企业需要的不仅仅是工匠精神

在第 67 届美国印制大奖颁奖典礼上，中国印刷企业再获佳绩，其中雅昌和中华商务选送的印制作品分别获 7 项和 3 项班尼奖，雅昌更是史无前例地获得了 4 项全场大奖的 3 项。无论是工艺水平、设计的创造性，还是艺术感染力，这些获奖作品无疑都凝聚着印刷人的工匠精神。

但必须指出的是，虽然我国已有印刷企业走进世界印品工艺水平的最高殿堂，但对 10 万家印刷企业来说，仍需全力构建工匠文化。所谓工匠文化，并不完全等同于工匠精神，正如管理学中的企业文化包含了价值观层、制度与行为层和物质层一样，工匠文化应是精神、行为和产品的结合。

不可否认，工匠精神的确是印刷工匠文化的内核，但工匠精神还需要成长的沃土，这不仅要求印刷企业紧密对接社会和客户需求，自觉摒弃粗制滥造、流于平庸的现实主义生产经营理念，还需要在企业内部不断倡导和弘扬追求卓越、精益求精的价值观念，使生产出印刷精品成为企业每一位员工的信仰和价值追求。正如雅昌文化集团董事长万捷所言，雅昌把每一件印刷品、每一本书像艺术家那样创造，用工匠精神来打造每一本书，才能一如既往地推出被世界认可的艺术图书。

完善制度和流程，引导员工的工匠行为，这是培养工匠文化的另一层次。如果一个

印刷企业的流程和制度连合格生产都不能保证的话，它如何能生产出世界级印刷精品？规范的流程管理和优秀的流程控制，可以使印刷产品从设计到生产、从印前到印后、从工艺到技术等各个环节都保持高水准，进而在此基础上形成印刷精品。同时，印刷企业还需要构建相应的制度规则，如原辅材料的采购制度、生产操作标准、质量管理制度、员工培训制度、员工激励制度等，给印刷精品的生产形成一个完备的制度保障体系。

同样，工匠文化还需有产品产出，这就要求印刷企业必须全力打造印刷精品。精美印品是印刷企业工匠文化的集中体现，是印刷企业向外界传达工匠文化的显性符号。雅昌此次斩获全场大奖的《彼得·里克大书》，全书展开尺寸约1米，这是雅昌近几年潜心钻研的"巨作"大书，亦是现今制作的最大型方脊精装书。凭借独自研发的专利装订技术，雅昌把该书打造为"摔不烂、翻不烂"的书。可以说，该印品的设计、装帧、印制均别具匠心，是传统印刷文明和现代印刷工匠技艺的完美结合。正是凭借这样的精品，中国印企才能在世界印刷舞台上完美诠释和表达印刷工匠文化。

当然，除了精神、行为和产品，印刷企业打造工匠文化还需要全社会给予创造生存的土壤，通过强化精神激励和物质待遇，使工匠文化成为全体印刷人的价值追求，使"工匠"成为人人向往的职业理想。在印刷业从传统印刷向数字印刷、绿色印刷转型，印刷产品从单一的阅读纸媒向跨媒体资源平台转变的背景下，印刷企业唯有不断强化精品意识，努力打造工匠文化，才能远离产能过剩、劣质低价竞争的泥潭，迎来印刷业快速发展的春天。

资料来源：刘益.印企需要的不仅仅是工匠精神［N］.中国新闻出版广电报，2016–10–31.

166

产品质量是企业的生命，也是企业竞争取胜的关键。从以上案例不难看出，雅昌和中华商务十分重视产品质量管理体系的整体设计，其规范的流程管理和优秀的流程控制，可以使印刷产品从设计到生产、从印前到印后、从工艺到技术等各个环节都保持高水准，进而在此基础上形成印刷精品。对于印刷企业来说，积极推进全面质量管理，建立质量保证体系，不断提高质量管理水平，保证为市场提供高品质的产品，是印刷企业管理的一项重要任务。

# 第一节 质量与质量管理

## 一、质量

国际标准化组织在ISO9000：2000中对质量的定义如下：质量是指产品、体系或过程的一组固有特性满足顾客和其他相关方要求的能力。其中的其他相关方包括与组织的绩效或成就有利益关系的个人或团体，例如所有者、员工、供方、银行、合作伙伴和社会。

美国著名的质量管理权威专家朱兰博士从用户的观点出发定义质量：质量就是适用性。所谓适用性，就是产品和服务满足顾客要求的程度。企业的产品是否使顾客满意？是否达到了顾客的期望？如果没有，就说明存在质量问题，不管是产品本身的缺陷还是没有了解清楚顾客到底需要的是什么，都是企业的责任。

所谓产品质量，是指"产品的适用性"。产品不同，对质量要求的表现也不同。例如，印刷品的质量表现为清晰度、层次性、阶调值等，洗衣机的质量表现为洗净度、磨损率、噪声等。产品质量包括产品的内在质量特性和外观质量特性，概括起来有以下几点：

（1）性能，是指产品满足使用目的所具备的技术特性，如产品的物理性能和化学成分。性能是最基本的质量特性，如电视机的清晰度等。

（2）耐久性，是指产品的使用寿命，如彩色电视机显像管的使用时间。

（3）可靠性，是指产品在规定的时间和规定的条件下完成规定任务的能力，即产品实现满足用户要求的能力，常用的衡量指标有工作时间、工作次数、平均故障率等。

（4）安全性，是指产品在操作或使用过程中对使用者和周围环境安全、卫生的保证程度。

（5）经济性，是指产品寿命周期总费用的大小，一般用使用成本、寿命周期成本等表示。

（6）外观，是指产品的造型、色泽、包装等外观质量特性，如汽车车身大小、车座设计是否舒适、颜色等。

质量特性是反映产品质量的某种属性，它与产品质量的要求基本上是一致的，只是产品质量要求是从用户的角度来衡量产品质量。而产品的质量特性是生产者从制造过程和质量的保证方面对产品质量的描述，一般以能够定量标注的指标来规定。质量特性值是反映质量特性所达到水平的数据，一般也称为质量数据，可以分为最终产品的实测数据和生产过程中的实测数据。质量数据可分为计数值和计量值两种：计数值是指具有离散分布性质的数据，不能用测量仪测量的数据，只能用查数的办法收集，且取值只能为自然数，一般服从二项分布。计量值是指具有连续分布性质的数据，可以测量出来，可以取任意值，如长度、重量、硬度、强度等。

广义的质量还包括过程质量和工作质量。过程质量是指产品形成的各个环节符合质量特性要求的程度，具体可包括设计过程质量、制造过程质量以及使用过程质量等。工作质量是指企业的管理工作、技术工作和组织工作对达到产品质量标准的保证程度，指企业各方面工作的质量水平。产品质量是企业各部门工作质量的综合反映。产品质量可以用产品质量特性值来表示，而工作质量指标一般是通过产品合格率、废品率和返修率等指标表示。

对于生产现场来说，工作质量通常表现为工序质量。所谓工序质量，是指操作者（Man）、设备（Machine）、原材料（Material）、操作及检测方法（Method）和环境（Environment）五大因素（即4M1E）综合起作用的加工过程的质量。在生产现场抓工作质量，就是要控制这五大因素，保证工序质量，最终保证产品质量。

## 二、质量管理

### （一）质量管理的基本概念

根据 ISO9000：2000 给出的定义，质量管理是指"指导和控制某组织与质量有关的彼此协调的活动"。其中，指导和控制与质量有关的活动，通常包括质量方针和质量目标的建立、质量策划、质量控制、质量保证和质量改进。

这个定义指出了质量管理是一个组织管理职能的重要组成部分，必须由一个组织的最高管理者来推动。质量管理是各级管理者的职责，并且和组织内的全体成员都有关系，他们的工作都直接或间接地影响着产品或服务的质量。因此，质量管理的涉及面很广：从横向来说，包括战略计划、资源分配和其他系统活动，如质量策划、质量保证、质量控制等活动；从纵向来说，包括质量方针、质量目标以及质量体系。

### （二）质量保证

根据 ISO 的定义，质量保证（Quality Assurance）是指"质量管理中致力于对达到质量要求提供信任的部分"。

质量保证的基本思想是强调对用户负责，其核心问题在于使人们确信某一组织有能力满足规定的质量要求，给用户、第三方（政府主管部门、质量监督部门、消费者协会等）和本企业最高管理者提供信任感。为了有把握地使用户、第三方、本企业最高管理者相信具有质量保证能力，使他们树立足够信心，必须提供充分必要的证据和记录，证明有足够能力满足他们对质量的要求。为了使质量保证系统行之有效，还必须时常接受评价，例如用户、第三方和企业最高管理者组织实施的质量审核、质量监督、质量认证、质量评价等。

质量保证是一种有计划、有系统的活动，是实现质量保证所必需的工作保证。通过有计划地开展质量保证活动，应当形成一个有效的质量保证体系（质量保证模式）。

质量保证还分为内部质量保证和外部质量保证。内部质量保证是质量管理职能的一个组成部分，是为了使企业各层管理者确信本企业的活动具备满足质量要求的能力。外部质量保证是为了使用户和第三方确信供方的活动具备满足质量要求的能力。

### （三）管理体系

为了实现质量方针、目标，提高质量管理的有效性，应建立和健全质量体系。管理体系是指实施质量管理的组织机构、职责、程序、过程和资源。管理体系是质量管理的组织保证。

因为顾客的需求和期望是不断变化的，这就驱使组织持续地改进其产品和过程。质量管理体系方法鼓励组织分析顾客要求，规定有助于实现顾客能接受的产品的过程，并保持这些过程受控。质量管理体系能提供持续改进的框架，以增加使顾客和其他相关方满意的可能性。它还就组织能够提供始终满足要求的产品，向组织及其顾客提供信任。

建立和实施质量管理体系的方法由下述步骤组成：①确定顾客的需求和期望；②建立组织的质量方针和质量目标；③确定实现质量目标必需的过程和职责；④对每个过程实现质量目标的有效性确定测量方法；⑤应用测量方法，以确定每个过程的现行有效性；⑥确定防止不合格并消除产生原因的措施；⑦寻找提高过程有效性和效率的机会；⑧确定并优先考虑那些提供最佳结果的改进；⑨为实施已确定的改进，对战略、过程和资源进行策划；⑩实施改进计划；⑪监控改进效果；⑫对照预期效果，评价实际结果；⑬评审改进活动，以确定适宜的后续措施。也可以应用类似的方法，保持和改进现有的质量管理体系。

# 第二节　全面质量管理

## 一、质量管理的发展过程

从质量管理的形成和发展来看，它大体上经历了三个阶段：

### （一）质量检验阶段

这一阶段是从 20 世纪 20 年代到 30 年代。作为质量管理的开始阶段，这一阶段主要把检验作为一道专门工艺，设立专职人员检查产品质量，以保证出厂的产品合格。这种质量管理方法是事后检验，不能预防废品的发生。

### （二）统计质量管理阶段（SQC）

这一阶段是从 20 世纪 40 年代到 50 年代。这一阶段是利用数理统计原理预防产生废品并检验产品的质量，在方式上是由专职检验人员转换而来的专业质量控制工程师和技术人员承担。这标志着将事后检验的观念转变为预防质量事故的发生，使质量管理工作前进了一大步。但这一阶段只限于生产过程，过分强调数理统计方法使人认为质量管理是数学家的事，从而阻碍了数理统计方法的推广。

### （三）全面质量管理阶段（TQC）

这一阶段开始于 20 世纪 60 年代初，系统论的理论观点及一些新的质量要求的出现使全面研究企业质量管理工作应运而生。全面质量管理从市场—现场—市场的观点出发，以用户需要为方向，实行全面、全过程、全员质量管理，强调人的因素，以预防为主。全面质量管理是前两个质量管理阶段的进一步完善和发展。

## 二、全面质量管理的概念及特点

全面质量管理（Total Quality Control，TQC）最先由美国菲根堡姆博士提出，是指以保证和提高产品质量为中心，全体职工及各个部门同心协力，综合运用一套完整的科学管理理论体系、专业技术和科学方法，对影响产品质量的全过程和各种因素实行控制，力求经济地开发、研制和生产、销售用户满意的产品的系统管理活动。其目的在于通过让顾客满意和本企业所有成员及社会受益，进而实现企业持续和长远发展目标。

全面质量管理的特点主要体现在"全面"上，所谓"全面"，有以下四方面的含义：

### （一）全面质量管理的对象是全面的

全面质量管理不仅限于生产中的产品质量，还包括与产品质量关联的各项工作质量，如方针决策的质量、成本质量、交货期质量、服务质量等。

### （二）全面质量管理的范围是全面的，要求实现全过程的质量管理

质量管理工作从原来的生产过程控制扩大到市场调研、设计、制造、辅助生产、物资供应、劳动人事、销售等各个环节，即贯穿于产品质量产生、形成的各个环节，贯穿了企业生产经营的全过程，旨在把不合格的产品消灭在产生过程中，从而形成一种市场—生产现场—市场经营型，防检结合、以防为主的，能够向顾客提供长期稳定合格品的系统。要求企业树立"下个工序就是用户"的思想意识，每道工序的质量都得到保证，形成产品从设计到销售、使用的全面质量管理。

### （三）参加管理的人员是全面的，即全员性的质量管理

质量管理靠企业全体职工牢固的质量意识、责任感和积极性构成的"同心协力"。质量只有靠企业各个部门共同努力才能保证和提高，企业的决策者、职能人员、操作人员等全体人员都要关心质量、对质量负责。推行全员质量管理，要树立全员质量意识，并广泛开展质量小组（QC 小组）活动，使质量管理深入到每个员工的行动中，切实提高和保证产品质量。

### （四）质量管理的方法是全面的

全面质量管理综合运用管理技术、专业技术和科学方法，形成了一套全面的质量管理方法体系。全面质量管理不仅包括质量检验、数理统计控制方法，还包括管理组织、专业技术及其他科学技术成果，针对影响产品质量的各个因素，综合发挥它们的作用，以获得最佳效果。

## 三、全面质量管理的主要思想

### （一）一切从用户出发

产品或服务质量的好坏最终要以用户的满意程度为标准，因此，要树立以用户为中心、为用户服务的思想。与常规不同的是，这里的用户不仅指消费者，厂内下一道工序也是上一道工序的用户。

常言道：客户就是上帝。客户是企业最重要的因素，所有其他因素存在的意义就在于更好地为顾客服务。企业必须有一个如何为客户服务的规划，同时需要教育全体员工如何共同参与、完成使命。企业所建立的服务系统要给员工所需要的支持，以便尽可能把最好的、顾客满意的产品和服务送到客户手中。提供服务的人员包括企业中的每个人：一线员工、各级管理人员及相关人员。为什么是每个人呢？因为每个人都直接为客户服务或服务于为客户服务的人。只有每个员工都懂得客户的重要性，才会有意识地去满足客户的需要。

要与客户建立紧密的关系。只有熟悉客户，才能真正了解客户的需要、愿望、期望。另外，由于客户的需要、愿望变化很快，只有与他们保持紧密的联系才能更好地了解这些变化并适应他们。使客户成功，企业才能有生存发展的空间。选择优秀的客户，

并与之结成战略合作伙伴，才不愧为双赢之道。

### （二）一切以预防为主

全面质量管理认为，质量是设计出来的，不是检查出来的。影响质量好坏的真正原因，不在于检验，而在于设计和制造。设计质量是先天性的，决定质量的等级或水平，制造实现设计质量，所以设计质量非常关键。全面质量管理使质量管理从事后检验发展到事前控制，从管结果发展到管过程、管原因，将影响产品质量的可控制因素控制起来，最大限度降低不合格率。

### （三）一切用数据说话

全面质量管理是以数据为基础的管理活动。质量可以表示为一定的数量界限，只有掌握准确信息，才能了解质量变动状况，采取有效措施解决质量问题。全面质量管理广泛运用了各种统计方法，常用的有七种质量控制工具，现在又出现了新的七种质量控制工具。一切用数据说话，提高了质量管理工作的科学性和准确性。

## 四、全面质量管理的基本工作方法：PDCA 循环

PDCA 循环是全面质量保证体系的基本运转方式和科学的工作程序，是由美国质量管理专家戴明提出的。质量保证体系活动的全过程是按照计划（Plan）、实施（Do）、检查（Check）、处理（Action）四个阶段不停地周而复始运转。

### （一）PDCA 循环的内容

PDCA 循环包括四个阶段八个步骤，如图 6 - 1、图 6 - 2 所示。

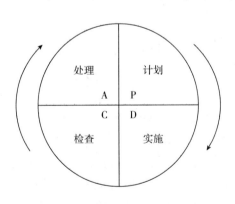

**图 6 - 1　PDCA 管理循环四阶段**

（1）计划阶段，即确定企业的质量目标、活动计划、管理项目和措施方案的阶段。计划阶段包括四个步骤：第一步，分析现状，找出存在的质量问题；第二步，分析产生质量问题的各种因素；第三步，找出影响质量的主要因素；第四步，制定技术组织措施方案，提出措施执行计划和预计效果，并且具体落实执行人、时间、地点、进度、方法等。制订计划必须考虑 5MIE（Man、Machine、Material、Method、Measurement、Environment）因素，以提高计划工作质量。

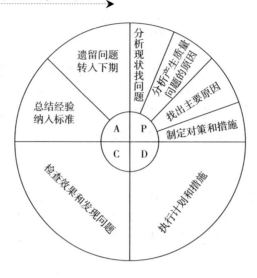

图 6 - 2　PDCA 管理循环八个步骤

（2）实施阶段，即根据预计目标和措施计划，组织计划的执行和实现。

（3）检查阶段，即检查计划执行情况，将结果与目标进行衡量，找出不足。

（4）处理阶段，即针对执行结果，进行总结和分析、处理问题。这一阶段包括两个步骤：第一步，总结成功的经验和失败的教训，成功的经验进行标准化，以利于今后遵循，失败的教训有针对性地提出防范性意见；第二步，把没有解决的遗留问题转入下一个循环，作为下期循环应考虑的目标。

**（二）PDCA 循环的特点**

（1）PDCA 循环顺序进行，靠组织力量推动，像车轮一样向前进，周而复始，不断循环。

（2）大环套小环，相互推动。PDCA 循环作为一种科学运转方法，适用于企业质量管理的各个方面和各个层次。整个企业的质量管理活动是一个大的 PDCA 循环，各个部门、科室、车间直至个人又是各自的 PDCA 循环，形成大环套小环的综合循环体系。各级管理循环既是上一级管理循环的组成部分和具体保证，又是下一级 PDCA 循环的根据。通过大小循环互相推动的有效运作，使企业各方面质量管理活动有机地联系起来，彼此协作、互相促进，以保证企业总的质量目标的实现，如图 6 - 3 所示。

（3）螺旋式上升。PDCA 循环好似一个转动着的车轮，但它不是仅仅停留在原地的运动，而是犹如爬楼梯，是逐步上升的运动。质量管理工作，每次循环就解决一批质量问题，质量水平就有了新的提高，遗留问题和又出现的新问题继续进入下一次循环。

PDCA 循环并不是简单的重复，每一次循环都赋予新的内容和目标，都是更高水平的循环，质量问题不断被解决，又不断有新的问题，质量管理 PDCA 循环是一个不断提高的动态循环，如图 6 - 4 所示。

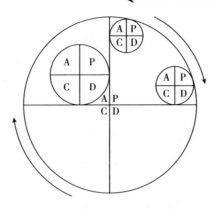

图6-3 大环套小环示意图

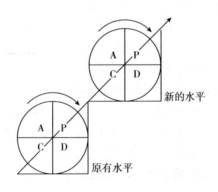

新的水平

原有水平

图6-4 螺旋式上升示意图

## 五、印刷企业推行全面质量管理的组织保证

产品质量决定企业生存与发展，这已成为企业家的共识。产品质量战略也已经成为了大多数印刷企业的发展战略，这就必然要求印刷企业的组织结构，特别是质量管理的组织结构发生相应的变革，以适应印刷企业的这一战略发展的需要。

然而，有些印刷企业出于精简机构的需要，甚至将质量管理部门撤消，而将质量管理的职能交给所谓的综合管理办公室或其他职能机构，这完全是一种逆潮流而动的做法。因为他们没有认识到，如果没有设置专门的质量管理部门，并由它对其他部门的质量管理工作履行组织、指挥、控制、协调和监督等职责，那么要实现企业的质量发展战略，完全是一句空话。

### （一） 以质量管理为中心的组织结构设置

成功企业总是把中心职能配置在企业组织结构的中心地位，减少平均使用量，或者避免各职能部门互相争夺主导地位造成摩擦与内耗。如果企业提出的是产品质量发展战略，那么质量管理部门就应理处于组织结构的中心位置，如图6-5所示。

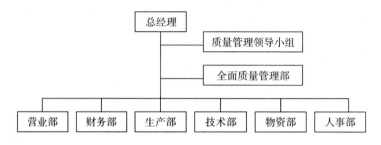

图 6-5　以质量管理为中心的组织结构

在以质量管理为中心的组织结构模式中，建立以总经理为首的质量管理领导小组，下设综合性的全面质量管理机构，其地位比其他职能部门（生产、财务、人事等）要高一个层次，是直属总经理的辅助决策性机构。这一机构的职责是协助总经理制定质量规划及组织、协调和督促企业各部门、各级别的质量管理活动，把质量保证体系各方面的工作纳入经营计划轨道，提高质量的计划性，是企业质量信息反馈的中心。

为了充分发挥全面质量管理部门传递质量信息的作用，全面质量管理部门应当同生产第一线紧密相连，以便履行其综合、监督、协调的职责。为此，应在新的组织结构中评选生产一线的骨干员工，担任质量工作小组主管，组成全面质量管理部门的成员，各部门生产一线员工组成各部门的质量工作小组成员。同时，最好为每个质量管理工作小组配备一名统计员，从事生产进度、质量事故的统计。

174

**（二）以质量管理为中心的组织结构的优缺点**

此种组织结构的优点在于：

（1）质量职责被分配到各个部门，各部门均必须履行自己相应的质量职责。

（2）调动了职工参与质量管理的积极性与主动性。由于全面质量管理部门的主管都是来自一线的优秀员工，他们最了解生产线上存在的质量问题，企业对他们的信任和器重会充分调动他们参与质量管理工作的积极性，同时也会引导其他一线生产员工自觉培养质量意识、参与质量工作。

（3）有利于一线生产人员及时反映真实的质量情况，使上一级管理人员迅速了解生产过程的质量，及时采取预防措施，最大限度地降低质量事故的发生率，将质量损失减到最低限度。

（4）从质量工作小组到全面质量管理部门再到质量管理领导小组，自下而上，权责分明，体现了集权与分权相结合的组织设计原则。全面质量管理部门作为信息传递和反馈的中央处理器，使整个质量体系的运转处于闭环状态，为质量改进的不断进行创造了条件。

当然，这种组织结构也存在着一些缺陷，主要表现在：以质量职能为中心的组织结构，需要企业配备对整个企业的经营运作、管理模式、生产流程及各类操作标准、管理标准和基本的质量管理工具均了解且能熟悉运用的人才，但从行业整体情况来看，此类人才是印刷企业所匮乏的。

# 第三节　印刷品质量与质量标准

## 一、印刷品质量的概念

印刷品是一种靠视觉仲裁的商品和艺术品，人们在评论印刷品质量的时候，总是不由自主地联想到审美、技术、一致性三个方面。这种思考问题的方法是把人的视觉心理因素与复制工程中的物理因素综合在一起进行考虑的，也就是说既考虑印刷品的商品价值或艺术水平，也考虑印刷技术本身对印刷品质量的影响。但是实践证明，从商品价值或艺术角度评价印刷品质量的技术尚不完善，这样的评价往往不能可靠地表达印刷品的复制质量特性，只有从印刷技术的角度出发进行评定，才能正确地评价印刷品质量，这种观点得到国内外大多数专家的赞同。

泽特米尔（A. C. Zettlemeyer）等曾经为印刷品的质量下过这样的定义：印刷品质量是印刷品各种外观特性的综合效果。从印刷技术的角度考虑，印刷品的外观特性是一个比较广义的概念，对于不同类型的印刷产品具有不同的内涵：

（1）对于线条或实地印刷品，应该要求墨色厚实、均匀、光泽好、文字不花、清晰度高、套印精度好、没有透印和背凸过重、没有背面蹭脏等。

（2）对于彩色网点印刷品，应该要求阶调和色彩再现忠实于原稿、墨色均匀、光泽好、网点不变形、套印准确以及没有重影、透印、各种杠子、背面蹭脏及机械痕迹。

上述这些外观特性的综合效果，反映了印刷品的综合，在印刷质量评判中，各种外观特性可以作为综合质量评价的依据，也可以作为印刷品质量管理的根本内容和要求。

## 二、印刷图像质量的概念

上述印刷品质量概念的内涵和外延都很丰富，对于书籍而言，装订质量也包括在印刷品质量的范围之内。然而，如此广泛地考虑印刷品的质量，从印刷复制技术的角度，往往很不方便也无必要。约根生（G. W. Jorgensen）等从复制技术的角度出发，把印刷品质量定义为对原稿复制的忠实性。这种定义对进行印刷复制工艺研究和评价印刷复制各个阶段的质量是方便的。基于这种方法，本书把印刷品的质量和印刷图像的质量区别成两个不同的概念，即把印刷图像质量定义为印刷图像对原稿复制的忠实性。

与印品质量的定义相比，印刷图像质量的定义缩小了讨论问题的范围，这样就可以把印刷图像视为具有明暗和色彩变化的一定量单个像素的信息集合（文字也可以作为图形信息处理，所以文字也可视为图像）。印刷图像质量包括两方面的内容：图像质量和文字质量。现将表达图像质量和文字质量的特征参数分述如下，这些质量特性参数既可作为质量评价时的评判参数选用，也可作为质量管理中的目标参数选用。

### （一）图像质量特征参数

图像质量特征参数可分为以下四种：阶调与色彩再现、图像分辨力、龟纹等故障图形以及表面特性。

阶调与色彩再现是指印刷复制图像的阶调平衡、色彩外观跟原稿相同的情况。对于黑白复制来说，通常都用原稿和复制品间的密度对应关系表示阶调再现的情况（复制曲线）。对于彩色复制品来说，色相、饱和度和明度数值更具有实际意义。

印刷图像的阶调与色彩再现能力不仅受到所用的油墨、承印材料以及实际印刷方法固有特性的影响，而且也常受到经济方面的制约。例如，在多色印刷时，采用高保真印刷工艺就能够取得比较高的复制质量，可那将是以提高成本为代价的。所以对于以画面为主题的印刷品来说，所谓阶调与色彩的最佳复制就是在印刷装置的种种制约因素与能力极限之内，综合原稿主题的各种要求，产生出多数人认为的高质量印刷图像。

阶调复制泛指一组被复制的阶调值与原稿上相应一组阶调值的对应关系，阶调值可用密度值或网点覆盖率值表达。层次定义为图像中视觉可分辨的密度级次。

当一张原稿的阶调得到最佳复制时，图像会表现出令人愉快的反差，原稿上的重要细节得到表现，并有助于整个图像面上取得均匀的平衡，对于低反差原稿，可以在复制中对阶调进行局部校正，从而得到令人更满意的反差。阶调复制不正确时，印刷图像看起来是不鲜明的，缺乏应有的自然光泽，亮调不亮或缺乏反差，重要部位给人以平的感觉，色彩饱和度不够。有时候，阶调复制不良可能与某些似乎无关的问题有联系。例如，不恰当的阶调复制可能使复制品的某些部位缺乏饱和度，甚至使一些色彩出现较大色差。这种偏差用校色控制是不能纠正的，它所需要的校色范围已超出了设备的能力。

最佳阶调再现不仅与分色片的制作有关，而且与其他一些工艺因素有关，其中主要是油墨、网点形状、网目线数、纸上实地墨的密度和有关的印刷特性参数，如网点扩大、网点的定向扩大、叠印和糊版等参数。应当通过组织标准化生产，把这些工艺因素对阶调再现产生的影响量化，在制作分色片的阶段加以补偿。

最佳复制中的图像分辨力问题包括分辨力与清晰度两方面的内容，印刷图像的分辨力主要取决于网目线数，但网目线数是受承印材料与印刷方法制约的。人的眼睛能够分辨的网目线数可以达到每英寸250线，但实际生产中，并不总能采用最高网线数。此外，分辨力还受到套准变化的影响。清晰度是指阶调边缘上的反差。在分色机上，通过电子增强方法，能够调整图像的清晰度。但是，人们至今还不知道清晰度的最佳等级是什么。倘若增强太多，会使风景或肖像之类的图像看起来与实际不符。但像织物及机械产品的图像却能提高表现效果与感染力。

龟纹、杠子、颗粒性、水迹、墨斑等都会引起图像外观的不均匀性。在网点图像中，有些龟纹图形（如玫瑰花形）是正常的。但当网目角度发生偏差时，就会产生不好的龟纹图形。影响图像颗粒性的因素很多，纸张平滑度、印版的砂目粗细都与图像的颗粒性相关。从技术角度讲，除龟纹与颗粒图形之外，人们可以使其他多数引起不均匀性的斑点与故障图形接近于零。

印刷图像的表面特性包括光泽度、纹理和平整度。光泽度要依据原稿性质与印刷图像的最终用途而定。一般来说，复制照相原稿时，使用高光泽的纸张效果较好。在实际

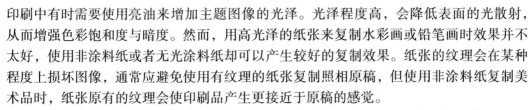

印刷中有时需要使用亮油来增加主题图像的光泽。光泽程度高，会降低表面的光散射，从而增强色彩饱和度与暗度。然而，用高光泽的纸张来复制水彩画或铅笔画时效果并不太好，使用非涂料纸或者无光涂料纸却可以产生较好的复制效果。纸张的纹理会在某种程度上损坏图像，通常应避免使用有纹理的纸张复制照相原稿，但使用非涂料纸复制美术品时，纸张原有的纹理会使印刷品产生更接近于原稿的感觉。

**（二）文字质量特征参数**

最佳文字质量的定义是非常明确的。它们必须没有下列种种物理缺陷：堵墨、字符破损、白点、边缘不清、墨痕等。

文字图像的密度应该很高，实际上，文字图像的密度受可印墨层厚度的限制。在涂料纸上，黑墨的最大密度为 1.40 ~ 1.50；而在非涂料纸上，黑墨具有的最大密度为 1.00 ~ 1.10。

笔画和字面的宽面应该同设计人员绘制的原始字体相一致。字体的笔画与字面宽度也受墨层厚度的影响。墨层比较厚的时候，产生的变形就会比较大，在一定的墨层厚度的条件下，小号字产生的变形要比大号字产生的变形明显得多。为了获得最佳的复制效果，笔画宽度的变化应该保持在字体设计人员或制造人员所定规范的 5% 之内，字符尺寸应保持在原稿规范的 +0.025 ~ +0.050 范围以内。

## 三、印刷品质量控制标准

印刷品的质量由于既有工业技术标准，又有艺术标准，因而有时鉴于艺术和审美的观点不同，同样的产品，对其质量的评价就会不同。因此，在印刷品的质量评比过程中，通常采取专家评定法，由专家独立对印刷品质量水平进行评价，当专家评价出现较大分歧时，再由某一方面的权威进行裁决。

为了加强对产品质量的科学管理，使印刷行业评估、检测产品有共同的标准，新闻出版总署制定了《印刷标准体系表》，并制定了印刷行业的各个标准。目前《印刷标准体系表》主要包括如下四层：

第一层为印刷行业通用标准，包括综合性基础标准和一般规则，如术语、计量单位、尺寸等。

第二层为专业通用标准，包括在专业范围内作为下一层标准和基础，具有广泛的指导意义的标准，包括管理专业通用标准和印刷技术专业通用标准。

第三层为门类通用标准，根据印刷工艺过程，分为印前处理、印刷和印后加工三大类别，并将印刷管理专业标准分为工作标准和管理标准两大门类。

第四层为印刷各类产品的标准，如《图书期刊产品标准》《报纸印刷产品标准》《包装印刷产品标准》等。

下面以《平版印刷品质量要求及检验方法》为例说明印刷品质量标准的具体要求。

### 平版印刷品质量要求及检验方法

**1. 范围**

本标准规定了平版印刷品的质量要求及检验方法。本标准适用于以纸为承印物的平版图像印刷品。其他平版印刷品也可参照使用。

**2. 引用标准**

下列标准包含的条文，通过在本标准中引用而构成为本标准的条文。在标准出版时，所示版本均为有效。所有标准都会被修订，使用本标准的各方应探讨使用下列标准最新版本的可能性。

GB/T 9851 – 1990 印刷技术术语

CY/T 3 – 1999 色评价照明和观察条件

**3. 分类**

本标准的本章及其他章节采用 GB/T 9851 的定义。

3.1　精细印刷品：使用高质量原辅材料经精细制版和印刷的印刷品。

3.2　一般印刷品：除 3.1 外的符合相应质量要求的印刷品。

**4. 质量要求**

**4.1　阶调值**

**4.1.1　暗调**

暗调密度范围见表 6 – 1。

表 6 – 1　印刷品密度范围

| 色别 | 精细印刷品实地密度 | 一般印刷品实地密度 |
| --- | --- | --- |
| 黄（Y） | 0.85 ~ 1.10 | 0.80 ~ 1.05 |
| 品红（M） | 1.25 ~ 1.50 | 1.15 ~ 1.40 |
| 青（C） | 1.30 ~ 1.55 | 1.25 ~ 1.50 |
| 黑（BK） | 1.40 ~ 1.70 | 1.20 ~ 1.50 |

**4.1.2　亮调**

亮调用网点面积表示。

精细印刷品亮调再现为 2% ~ 4% 网点面积；

一般印刷品亮调再现为 3% ~ 5% 网点面积。

**4.2　层次**

亮、中、暗调分明，层次清楚。

**4.3　套印**

多色版图像轮廓及位置应准确套合，精细印刷品的套印允许误差≤0.10mm；一般印刷品的套印允许误差≤0.20mm。

### 4.4 网点

网点清晰，角度准确，不出重影。精细印刷品50%网点的增大值范围为10%～20%；一般印刷品50%网点的增大值范围为10%～25%。

### 4.5 相对反差值（K值）

K值应符合表6-2的规定。

**表6-2 相对反差值（K值）范围**

| 色别 | 精细印刷品的K值 | 一般印刷品的K值 |
|---|---|---|
| 黄 | 0.25～0.35 | 0.20～0.30 |
| 品红、青、黑 | 0.35～0.45 | 0.30～0.40 |

### 4.6 颜色

颜色应符合原稿，真实、自然、协调。

4.6.1 同批产品不同印张的实地密度允许误差为：青（C）、品红（M）≤0.15，黑（B）≤0.20，黄（Y）≤0.10。

4.6.2 颜色符合付印样。

### 4.7 外观

4.7.1 版面干净，无明显的脏迹。

4.7.2 印刷接版色调应基本一致，精细产品的尺寸允许误差为<0.5mm，一般产品的尺寸允许误差为<1.0mm。

4.7.3 文字完整、清楚，位置准确。

## 5. 检验

### 5.1 检验条件

5.1.1 作业环境呈白色。

5.1.2 作业环境防尘、整洁。

5.1.3 作业间温、湿度的要求。

温度：23℃±5℃；相对湿度：（60＋15－10）%。

5.1.4 观样光源符合CY/T 3的规定。

### 5.2 检验形式

印刷过程中检验和产品干燥后抽检。

### 5.3 检验仪器或工具

——密度计。

——30～50倍读数放大镜。

——常规检验用10～15倍放大镜。

——符合规定的计量工具。

——相对反差值（K值）。

——测控条。

——对光谱无选择、漫反射、具有 1.50 ± 0.20 ISO 视觉反射密度的黑色底衬。

5.4 检验方法

5.4.1 测量法：用规定的仪器和工具检验印刷品质量，印刷品应放置在符合要求的黑色底衬上，如果印刷承印物透光程度很高，则应使用白色底衬。

5.4.2 计算法：用专用的数学模型检验印刷品质量。

5.4.3 目测法：目测或借助工具检验印刷品质量。

5.4.4 比较法：以常规条件印刷的色标、梯尺和测控条为参照物，检验印刷品质量。

5.4.5 专家鉴定法：由出版、设计和印刷专家检验印刷品质量。

# 第四节 质量管理统计工具

在统计过程控制中可以应用各种统计方法，其中最常用的统计方法有排列图、因果图、散布图、直方图、检查表、分层法等。

## 一、排列图

现场质量管理往往有各种各样的问题，一般来说，任何事物都遵循"少数关键，多数次要"的客观规律，例如大多数废品由少数人员造成、大部分设备故障停顿时间由少数故障引起、大部分商品销售由少数用户占有等。这一规律首先由意大利经济学家帕累托（Vifredo Pareto）在分析社会财富分布状况时发现，并设计出一种能反映出这种规律的图，称为帕累托图，又称为排列图。此图是将各种问题按原因或状况分类，把数据从大到小排列后所做出的累计柱形图。

某印刷企业为减少 PS 版补版率，对 2008 年 10 月生产的不合格印版进行分类统计，表 6 – 3 是按原因统计的不合格品数据。试用排列图对此问题进行分析。

表 6 – 3 某企业 2003 年 10 月不合格印版统计分析

| 补版原因 | 制版 | 拼版 | 晒版 | 印刷 | 客户 | 其他 |
|---|---|---|---|---|---|---|
| 补版数 | 11 | 7 | 23 | 68 | 2 | 1 |

排列图做法如下：

步骤 1：针对所存在的问题收集一定期间的数据，此期间不可过长，以免统计对象有变动，也不可过短，以免只反映一时情况而不全面。然后将数据按原因、工序人员、部位或内容等进行分类，并统计各项目的频数。

步骤2：将工序按频数从大到小排列，并计算各自所占比率和累计比率，计算结果见表6-4。表中所占比率的合计应为100%，最末一项累计比率也应为100%，可用这两点来检验排列图计算表的计算是否正确。

表6-4　补版原因比率统计

| 序号 | 补版原因 | 补版数 | 比率（%） | 累计比率（%） |
|------|----------|--------|-----------|---------------|
| 1 | 印刷 | 68 | 60.7 | 60.7 |
| 2 | 晒版 | 23 | 20.5 | 81.2 |
| 3 | 制版 | 11 | 9.8 | 91.0 |
| 4 | 拼版 | 7 | 6.3 | 97.3 |
| 5 | 客户 | 2 | 1.8 | 99.1 |
| 6 | 其他 | 1 | 0.9 | 100 |
| 合计 | | 112 | 100 | |

步骤3：以左侧纵坐标为频数，横坐标按频数从大到小依次列出各工序，将频数用直方表示，成为若干个直方由左至右逐个下降的图形，即排列图（见图6-6）。

步骤4：以右侧纵坐标为频率，依次将各工序的累计比率用折线表示（见图6-6）。

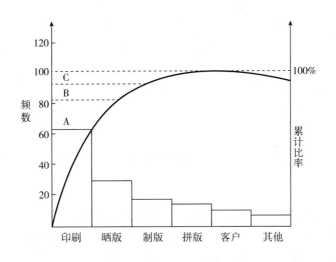

图6-6　PS版补版原因排列图

排列图是一种频数分布图，用于找出少数关键，即分清主次，抓住主要矛盾。因此，对于排列图应注意观察以下几点：

（1）哪一项是最主要的？前多少项包含80%以上的内容？

（2）对哪些项目采取措施后，可使存在的问题减少百分之几？

（3）对照采取措施前后的排列图，研究各个组成项目的变化。

从本例可以看出，引起补版的主要原因是印刷和晒版问题。只要解决了这两个问题，补版率可以降低80%。

## 二、因果图

因果图是日本质量管理学者石川馨首先提出的，所以也称石川图，是在发生质量问题后，为了找出其原因，分析与研究诸原因之间的因果关系而采用的一种树状图（或鱼刺图）。它把影响产品质量的诸因素之间的因果关系清楚地表现出来，使人们一目了然，便于采取措施解决。典型的用于分析印张质量问题原因的因果图如图6-7所示。

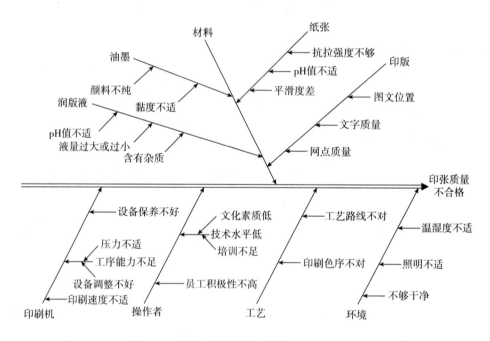

图6-7　引起印张质量不合格的因果分析图

作因果图时需注意：

（1）最后细分出来的原因应是具体的，以便能采取措施。

（2）在分析原因时，要集思广益，力求分析结果准确且无遗漏。

（3）可以应用排列图确定哪个或哪些是重点，订出相应的措施去解决。

## 三、散布图

散布图又名散点图或相关图，是用来分析研究两个对应变量之间是否存在相关关系的一种作图方法。例如，产品加工前后的尺寸、印刷品的实地密度和纸张的白度、网点扩大和网点大小等都是对应的两个变量，它们之间可能存在着一定的不确定性关系。这可以用散布图进行分析。散布图的做法就是把由实验或观测得到的统计资料用点在平面图上表示出来。

常见的散布图有以下几种典型形式，如图 6-8 所示。它们反映了两个变量 Y 与 X 间不同的相关关系：

（1）强正相关。Y 随 X 的增大而增大，且点的分散程度小。

（2）弱正相关。Y 随 X 的增大而增大，但点的分散程度大。

（3）强负相关。Y 随 X 的增大而减小，且点的分散程度小。

（4）弱负相关。Y 随 X 的增大而减小，但点的分散程度大。

（5）不相关。Y 与 X 无明显相关性。

（6）非线性相关。Y 与 X 呈曲线变化。

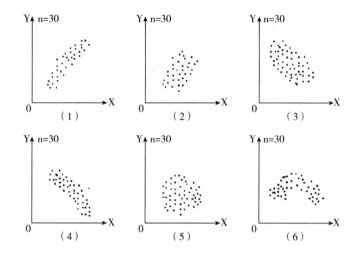

图 6-8　几种常见的散布图形式

## 四、直方图

在同一道工序生产出来的产品，没有两件产品的质量是完全一样的，即产品质量存在变异性。直方图是企业进行这种产品质量差异分析最常用的一种统计方法。现结合实例，说明直方图的绘制及其分析方法。

**（一）直方图的绘制**

某印刷厂对平版印刷品套印质量进行检验，根据标准规定一般印刷品套印的合格标准小于或等于 0.2 毫米，为了判断生产质量的保证情况，特对产品套印误差进行直方图分析，具体步骤如下：

（1）收集数据。采取随机不重复抽样方法，从已经印刷完成的印张中抽取一定数量的样本，并对样本进行检验，把测量结果记录在数据记录表上。经测试，各样品的套印误差数据记录如下：

0.17，0.18，0.26，0.19，0.17，0.18，0.09，0.18，0.23，0.30，0.14，0.16，
0.10，<u>0.02</u>，0.10，0.12，0.13，0.14，0.17，0.10，0.20，0.09，0.19，0.15，0.16，
0.10，0.27，0.23，0.19，0.26，0.15，0.10，0.15，0.17，0.18，0.17，0.18，0.21，
0.10，0.16，0.14，0.13，0.14，0.20，0.19，0.18，0.14，0.14，0.13，0.08，0.11，
0.08，0.19，0.12，0.09，0.17，0.16，0.18，0.06，0.24，0.19，0.17，0.05，0.20，
0.19，0.08，0.07，0.04，0.16，0.15，0.18，0.19，0.16，<u>0.32</u>，0.10，0.12，0.19，
0.24，0.29，0.20，0.10，0.19，0.15，0.17，0.16，0.15，0.16，0.23，0.19，0.15，
0.10，0.11，0.16，0.14，0.16，0.19，0.22，0.17，0.09，0.14。

（2）求样本数据的极差 R。极差表示印刷质量特性值的分布范围，即全部样本数据中最大值 $X_{max}$ 和最小值 $X_{min}$ 的差值。

R = 0.32 - 0.02 = 0.30

（3）确定分组数。一般来说，分组数 K 如表 6 - 5 所示。

表 6 - 5  分组数

| 数据数 | 分组数 |
| --- | --- |
| 5 ~ 100 | 6 ~ 10 |
| 100 ~ 250 | 7 ~ 12 |
| 250 以上 | 10 ~ 20 |

根据 n = 100，选取 K = 10。

（4）计算组距 h。

h = R/K = 0.30/10 = 0.03

（5）计算各组的上、下限值（边界值）。一般地，第一组的下限向前推移半个组距，则第一组的上、下限计算公式为：

第一组下限为 $X_{min} - \dfrac{h}{2} = 0.02 - \dfrac{0.03}{2} = 0.005$

第一组上限为 $X_{min} + \dfrac{h}{2} = 0.02 + \dfrac{0.03}{2} = 0.035$

然后计算其余各组上、下限值。以第一组的上限作为第二组的下限，第二组的下限加上组距即为第二组上限，依此类推。

第二组下限  0.035

第二组上限  0.035 + 0.03 = 0.065

第三组下限  0.065

第三组上限  0.065 + 0.03 = 0.095

……

（6）计算各组中心值 $X_i$。中心值是每组中间数值，按下式计算：

$$X_i = \frac{某组下边界限 + 某组上边界限}{2}$$

第一组中心值 $X_1 = \dfrac{0.005 + 0.035}{2} = 0.02$

第二组中心值 $X_2 = \dfrac{0.035 + 0.065}{2} = 0.05$

第三组中心值 $X_3 = \dfrac{0.065 + 0.095}{2} = 0.08$

……

（7）统计各组频数 $f_i$，整理出频数分布表，见表6-6。

表6-6　频数分布表

| 组号 | 组距（h） | 组中值 $X_i$ | 频数 | | | | | | 频数小计 $f_i$ | 组序 $u_i$ | $f_i u_i$ | $f_i u_i^2$ |
|---|---|---|---|---|---|---|---|---|---|---|---|---|
| | | | 5 | 10 | 15 | 20 | 25 | 30 | | | | |
| 1 | 0.005～0.035 | 0.02 | / | | | | | | 1 | -5 | -5 | 25 |
| 2 | 0.035～0.065 | 0.05 | /// | | | | | | 3 | -4 | -12 | 48 |
| 3 | 0.065～0.095 | 0.08 | ///// | // | | | | | 7 | -3 | -21 | 63 |
| 4 | 0.095～0.125 | 0.11 | ///// | ///// | //// | | | | 14 | -2 | -28 | 56 |
| 5 | 0.125～0.155 | 0.14 | ///// | ///// | ///// | //// | | | 19 | -1 | -19 | 19 |
| 6 | 0.155～0.185 | 0.17 | ///// | ///// | ///// | ///// | ///// | / | 26 | 0 | 0 | 0 |
| 7 | 0.185～0.215 | 0.20 | ///// | ///// | ///// | / | | | 16 | 1 | 16 | 16 |
| 8 | 0.215～0.245 | 0.23 | ///// | / | | | | | 6 | 2 | 12 | 24 |
| 9 | 0.245～0.275 | 0.26 | ///// | | | | | | 5 | 3 | 15 | 45 |
| 10 | 0.275～0.305 | 0.29 | // | | | | | | 2 | 4 | 8 | 32 |
| 11 | 0.305～0.335 | 0.32 | / | | | | | | 1 | 5 | 5 | 5 |
| 合计 | | | | | | | | | 100 | | -29 | 333 |

（8）计算样本数据的均值 $\overline{X}$：

$$\overline{X} = X_0 + h\frac{\sum\limits_{i=1} f_i u_i}{n} = 0.17 + 0.03 \times \frac{-29}{100} = 0.1613 = 0.16$$

（9）计算样本数据的标准差 S：

$$S = h\sqrt{\frac{\sum f_i u_i^2}{\sum f_i} - \left(\frac{\sum f_i u_i}{\sum f_i}\right)^2} = 0.03\sqrt{3.35 - 0.0841} = 0.056$$

（10）作直方图，如图6-9所示。

**（二）观察和分析直方图**

（1）运用直方图判断生产过程是否稳定。直方图在分析时应重点着眼于形态的总体形状，常见的分布图形如图6-10所示。

1）锯齿型。一般是由于测量误差或分组不当所致。

2）正常型。直方图以中间为顶峰，左右对称地分散，呈正态分布，说明生产过程

185

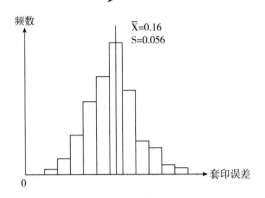

图 6 - 9　直方图

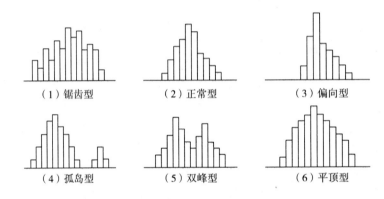

（1）锯齿型　　　　　　（2）正常型　　　　　　（3）偏向型

（4）孤岛型　　　　　　（5）双峰型　　　　　　（6）平顶型

图 6 - 10　直方图类型

比较稳定、正常。

3）偏向型。多数是因为加工习惯造成的，如孔加工常偏小、轴加工常偏大。

4）孤岛型。在主直方图的旁边，又出现小的直方图。这是生产过程中出现短时间的不稳定或者可能有几个不同分布的数据混入了此分布中，应该重新检查数据，看是否有异常。

5）双峰型。一般是由于数据分层不当，使两个不同分布的数据混在一起造成的。

6）平顶型。这往往是生产过程中某种缓慢变化的系统原因造成的。

（2）把直方图与尺寸公差比较，通过观察直方图是否在公差范围之内判断产品质量变异是否正常。这种比较有六种情况，如图 6 - 11 所示。

1）B 在 T 中间，直方图的平均值与公差中心基本重合，实际尺寸两边离公差还有一定范围，这是合理的分布。

2）B 虽然在 T 范围内，但偏向一边，有超差的可能，可采取措施将分布移到 T 中间来，使之成为理想状态。

3）B 与 T 范围重合，虽然 B 仍在 T 内，但毫无余地，稍有疏忽就会出现质量问题，应采取措施降低产品的实际尺寸范围。

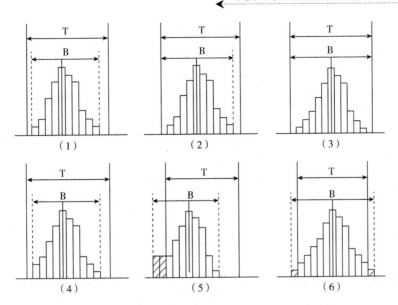

**图 6 – 11　直方图与尺寸公差比较**

注：B 表示实际尺寸分布范围；T 表示公差。

4）B 在 T 中间，出现过剩质量，可以考虑改变工艺，降低精度或缩小公差。

5）B 过分偏离公差中心，已造成超差，产生废品，要设法调整。

6）B 大于 T，两侧均已呈超差的状态，实际尺寸范围过大，出现大量废品，应立即停产并查明原因，缩小尺寸范围或放宽公差范围。

（3）测算工序能力。工序能力，是指在正常条件下，某道工序能够稳定地生产某种程度质量产品的能力，又称加工精度。工序能力的大小，通常用标准差的 6 倍（6σ，σ 表示质量特性值的标准偏差）表示。工序能力指数是指工序能力能满足技术要求的程度，是指按图纸要求的标准（公差范围或规格要求）与工序能力的比值，它是描述工序加工合格品的一种质量保证能力的指标。

在无偏情况下（公差中心与实际尺寸分布中心重合时），工序能力指数计算公式为：

$$C_p = \frac{T}{P} = \frac{T}{6\sigma} = \frac{T_u - T_i}{6\sigma}$$

其中，$C_p$ 表示工序能力指数，T 表示公差范围，P 表示工序能力，$T_u$ 表示公差上限，$T_i$ 表示公差下限。

当实际尺寸分布中心与公差中心不重合时，要纠偏，工序能力指数的计算公式为：

$$C_{pk} = (1 - K)P = \frac{T - 2\varepsilon}{6\sigma}$$

其中，$C_{pk}$ 表示有偏情况工序能力指数；K 表示相对偏移量，$K = \frac{\varepsilon}{T/2} = \frac{|M - \mu|}{T/2}$；$\varepsilon$ 表示分布中心 μ 对公差中心 M 的绝对偏移量。

工序能力指数用来评价工序能力是否应用充分，一般认为当 $C_p = 1.33$ 时最理想。具体评价如表 6 – 7 所示。

187

第六章 印刷企业质量管理

188

表 6 – 7　工序指数评价

| 工序能力指数 | 评　　价 |
|---|---|
| $C_p \geq 1.67$ | 工序能力过高，应重新研究标准或对工序分析，避免成本过高、加工精度的浪费 |
| $1.67 > C_p > 1.33$ | 工序能力充足 |
| $C_p = 1.33$ | 理想状态 |
| $1.33 > C_p \geq 1$ | 工序能力符合要求，但当 $C_p$ 接近于 1 时，则有发生不合格品的可能，应加强管理 |
| $1 > C_p \geq 0.67$ | 工序能力不足，产生不合格品的可能性极大，应立即采取措施 |
| $C_p < 0.67$ | 工序能力严重不足，大量废品已产生，应立即停止生产、查明原因 |

## 五、检查表

检查表又称调查表或统计分析表，是用表格形式进行数据整理和粗略分析的一种方法。常用的检查表有缺陷位置检查表、不合格品分项检查表、频数分布表等。由于在直方图中已经用到频数分布表，这里介绍缺陷位置检查表和不合格品分项检查表。

（1）缺陷位置检查表，是将所发生的缺陷标记在产品或零件的简图的相应部位上，并附以缺陷的种数的数量记录，因此能直观地反映缺陷的情况，如表 6 – 8 所示。

表 6 – 8　印刷故障图形缺陷位置检查表

| 印件编号 | G10001 | 检查部位 | 印张正反两面 |
|---|---|---|---|
| 机型 | 罗兰全张机 | 检查人 | |
| 检查目的 | 印刷故障图形 | 检查印张数 | 100 |

（2）不合格品分项检查表，是将不合格品按其种类、原因、工序、部位或内容等情况进行分类记录，能简便、直观地反映出不合格品的分布情况。表 6 – 9 是某印刷厂生产的不合格成品的分项检查表。

表 6 – 9　某印刷厂生产的不合格成品的分项检查表

| 检查表 | | 编号 |
|---|---|---|
| 印号： | 印刷机台： | |
| 工序： | 装订组： | |
| 检查总数： | 装订工序： | |
| 检查方式： | | |
| 检查日期： | | |
| 检查人： | | |

| 不合格原因 | 检查记录 | 小计 |
|---|---|---|
| 内文蹭脏 | 正 正 正 正 正 正 正 | 35 |
| 图文刮花 | 正 正 正 正 正 正 | 30 |
| 套印不准 | 正 正 正 正 | 20 |
| 网点变形 | 正 正 | 10 |
| 印张破损 | 正 | 5 |
| 其他 | 正 正 | 10 |
| 总计 | | 110 |
| 不合格品个数 | | |

## 六、分层法

分层法是质量管理中常用来分析影响质量因素的重要方法。在实际生产中，影响质量变动的因素很多，如果不把这些因素区别开，有时很难得出变化的规律。如图 6 – 12 所示，从整个图形来看，好像不存在相关关系，但如果把因素 A 与因素 B 区别开，则可以发现，因素 A 与 Y 呈明显的正相关趋势，因素 B 则表现出负相关倾向。可见，用分层的方法可使数据更真实地反映事实的性质，有利于找出主要问题，及时加以解决。

189

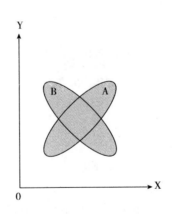

**图 6 – 12　分层法示意图**

企业中处理数据的分层主要有以下几种：
（1）按操作人员分，如按工人的技术级别、性别、工龄和不同的小组等进行分层。
（2）按使用设备分，如按不同的机床型号、新老设备等进行分层。
（3）按工作时间分，如按不同的班次、不同的日期进行分层。
（4）按使用材料分，如按不同的纸张规格、不同的油墨厂商和不同的进料时间等进行分层。

（5）按工艺方法分，如按不同的工艺方法、不同的加工规范等进行分层。

（6）按检查手段、工作环境、使用条件等其他各种原则进行分层。

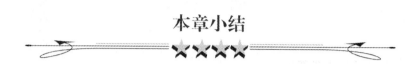

# 本章小结

1. 产品质量是指产品的适用性。产品质量包括产品的内在质量特性和外观质量特性，概括起来包括性能、耐久性、可靠性、安全性、经济性、外观等。质量管理是指指导和控制某组织与质量有关的彼此协调的活动。其中，指导和控制与质量有关的活动通常包括质量方针和质量目标的建立、质量策划、质量控制、质量保证和质量改进。

2. 全面质量管理是指以保证和提高产品质量为中心，全体职工及各个部门同心协力，综合运用一套完整的科学管理理论体系、专业技术和科学方法。全面质量管理包括"四全"：对象是全面的、范围是全面的、参加管理的人员是全面的、方法是全面的。全面质量管理的主要思想包括一切从用户出发、以预防为主、用数据说话。PDCA循环是全面质量管理的基本工作方法。

3. 印品质量是印刷品各种外观特性的综合效果。印刷品外观特性的综合效果反映了印刷品的综合，在印刷质量评判中，各种外观特性可以作为综合质量评价的依据，也可以作为印刷品质量管理的根本内容和要求。

4. 常用的印刷品质量统计工具包括直方图、控制图、因果分析图、排列图、相关图、分层法以及统计分析表。

# 思考与练习

1. 什么是质量？你如何理解？

2. PDCA循环的具体内容是什么？

3. 全面质量管理的特点体现在哪几方面？

4. 影响产品质量的因素有哪些？

5. 某印刷公司印制一本图书，出现了一批不合格品，原因及数量如下：内页蹭脏50本，切出血14本，装订脱页3本，套印不准7本，装订掉页7本，请画出完整的排列表和排列图，并分析指出不合格的主要原因。

 案例讨论

## 质量管理的三大法宝：人、信息、制度

黑龙江日报印务中心隶属于黑龙江日报报业集团，是一家以彩色制版输出、报纸印刷、书刊印刷、彩色商业印刷、书刊装订为主的综合性印刷企业。企业现有职工415

人，2007年产值1.83亿元，利润15.83万元，固定资产2.5亿元，厂房占地面积7万平方米，建筑面积5万平方米。目前，黑龙江日报印务中心已成为省内同行业的龙头企业，实现了从产品的设计制作、制版、印刷到装订及储运、材料供应的一条龙服务，建立了严格的质量管理队伍和ISO9001质量管理体系，运用了集报纸和书刊商业为一体的数字化管理系统。

科学、高效的管理是印务中心质量和效益赖以腾飞的基石。经过多年的磨炼，黑龙江日报印务中心摸索出一条质量管理的经验，那就是，贯彻ISO9001质量管理体系的理念，宣传"做事第一次就把它做好"和"零缺陷"产品的质量文化，通过对人员的管理、对信息的管理和对制度的完善，提高质量管理和生产技术水平，稳定和提高产品质量，降低质量管理成本。具体做法是：

**一、对人员的管理**

1. 抓质量技术部，强化职能部门的作用

（1）要求质量技术部具备"两个意识""三个能力"。"两个意识"是责任意识和服务意识；"三个能力"是协调能力、学习能力和创新能力。

责任意识的要求是：钟爱你的工作，做好守门员。如果把企业比作一个足球队，质量管理的人就是守门员。球队的胜利取决于前卫的进攻能力，但守门员的好坏是胜利的保障，失球就比较麻烦了。产品的质量是企业形象、品牌效应，也是经营能力的前提和基础。管质量的必须始终牢记自己的责任，不能有丝毫的麻痹和松懈。

管理就是服务。服务意识要求质量技术部转变工作作风、增强亲和力，仅仅靠指挥是不够的，还要帮助车间提高管理水平和技术水平，而不是只罚不管、只管不帮，要经常到车间了解情况，帮助车间解决一些在生产中出现的质量问题。所以，质量管理人员对印刷工艺流程和印刷所使用的三大原辅材料应该了解。①质量管理人员应对设备的结构性能有所了解，只有能对设备的结构和性能有所了解，才能帮助车间解决一些由于设备原因出现的质量问题。②质量管理人员应对所有原辅材料的性能有所了解，如PS版、油墨、润版液，对所有原辅材料的性能有所了解，才能帮助车间解决一些由于原辅材料使用不当造成的质量问题。③质量管理人员应对所用的纸张有所了解，才能帮助车间解决一些由于纸张原因造成的质量问题（如纸张表面强度不够、拉力不够、横幅振荡不平等现象）。

进行无障碍的沟通、协调；学习和研究新的质量管理方法、新的印刷技术；发现并持续改进质量管理体系中存在的问题。

（2）要求质量技术部实现"两个转变"。首先，实现由原来的"操作者"向"管理者"的转变。即由原来类似车间质检员的角色向对车间质量工作的管理、对信息的管理的角色转变。理顺和完善质量技术部的这种管理职能，强化职能科室的作用，使全厂质量的管理具有指导性。其次，实现由ISO9001体系与实际工作的"两张皮"向ISO9001体系与实际工作的"二合一"的转变。使质量管理和ISO9001体系融合为一体，必须从源头做起，从职能部门做起，建立合二为一的工作机制，使ISO9001的要求逐渐转化成管理者和操作者的思维习惯和工作习惯。

2. 抓生产车间，突出车间的能动作用

车间是产品的直接生产部门，一切措施和管理，最终都要通过车间生产和产品体现出来，质量工作更是如此。同时，车间的主要工作是生产工作，是生产低成本、高质量的产品。车间的班组长、机台长和其他骨干人员是"第一次就把事情做好"和"零缺陷"产品质量文化的直接履行者。如果把车间比作一头耕耘的老黄牛，"无需扬鞭自奋蹄"便是管理的最高境界。

3. 完善质量管理的组织网络和工作机制，抓好两支队伍

一是 ISO9001 体系内审员队伍，负责抓好质量管理体系的运行；二是产品质量检查员队伍，负责抓好各自工序的产品质量。营销有营销的网络，管理就应该有管理的网络。印务中心建立了一支由车间主管主任、专职质检员、班组长等组成的质量队伍，形成了从厂部到职能科室、车间、班组或机台的四级质量管理网络。理顺和完善质量管理和检查的工作机制，确定了两条检查线路：第一条线路是班组或机台自检——车间质检员专检、车间质量主任巡检，即产品质量检查；第二条线路是质量技术部对上述过程进行检查监督，包括对质量记录的检查和现场监督检查，即质量管理体系检查。

## 二、对信息的管理

当今社会，信息至关重要。比如天气预报，它是一种信息，具有明显的前瞻性和预防性作用。做好信息管理工作，必须加强质量和技术信息的沟通和交流，确保质量和技术信息的畅通，充分发挥信息的前瞻性和预防性作用。具体做法是：

（1）建立质量分析月报制度。由质量技术部每月汇总各车间产品质量情况，对过程检验积累的大量数据进行统计。质量好坏，数据说话。然后运用统计技术，总结优点，找出不足，反映质量情况，预测质量发展趋势，提出改进方向，制定纠正或预防措施，形成月质量分析报告。提供给管理层适时的质量决策信息；及时督促各车间及班组机台，或发扬成绩，或找出差距，朝提高印刷质量的共同目标努力。

（2）定期组织召开质量例会，加强各车间质量信息的流动性，以增强各工序间的相互沟通和相互理解。发布先进的质量和技术信息，传达最新的质量标准。

（3）建立并健全各车间质量评论栏，定期公布质量信息，张贴优质的样张、样报；并将抽检的半成品、成品加以点评，提出优点及不足，以便利、快捷、直观的方式，督促车间及班组机台保持并提高印刷质量。

（4）建立质量论坛。分为"报纸印刷""书刊商业印刷""装订"三个大专题，就质量管理、工艺技术等问题发表建议、看法。举办优质印品、不合格印品展览，旨在增强质量意识、顾客意识及成本意识。

（5）围绕企业生产实际情况，建立三个沟通机制，全面开展换位思考、换位学习活动，使科室与车间、科室与科室、车间与车间、上道工序与下道工序能顺畅地进行无障碍的沟通，使各部门、各工序之间形成密切的合作关系。

实践证明，以上这些做法是正确的。ISO9001:2000 对此有明确要求，是内部沟通程序文件的主要内容，我们把这些做法都写进了印务中心的质量管理体系文件。

## 三、对制度的完善

人治不如法治。个人的能力远远不如制度的威力。制度和标准的贯彻和落实就是执行的力度，执行的力度够不够关键是单位的"一把手"。"一把手"抓得紧，执行的力度就大，所以我们印务中心总经理说："质量出现问题不用找我，就是质量说的算；即使

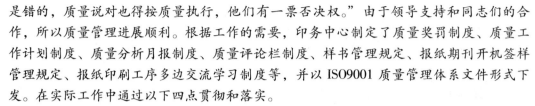

是错的，质量说对也得按质量执行，他们有一票否决权。"由于领导支持和同志们的合作，所以质量管理进展顺利。根据工作的需要，印务中心制定了质量奖罚制度、质量工作计划制度、质量分析月报制度、质量评论栏制度、样书管理规定、报纸期刊开机签样管理规定、报纸印刷工序多边交流学习制度等，并以 ISO9001 质量管理体系文件形式下发。在实际工作中通过以下四点贯彻和落实。

（1）有法可依：正式发布的质量管理体系文件便是印务中心的质量法规。在工作中，有问题找法律依据，而不是找领导请示汇报。遇到新问题新情况或原有制度有缺陷的，我们就立即制定新规定或修改原有规定。比如，新设备入厂，保养维护规程随即到位；生产新产品，质量计划立即跟上。比如，ISO9001 体系运行 10 个月，仅文件就修改了 11 次。

（2）有法必依：任何质量工作都依据文件规定，丁是丁、卯是卯，处理问题一视同仁，形成一种工作习惯。制订 ISO9001 质量管理体系实施细则，以制度化的形式监督制度化的管理体系，充分发挥先进管理方法的作用。定期组织内审员检查各部门 ISO9001 质量管理体系运行的情况，并在全中心工作例会上通报。

（3）执法必严：印务中心有两支执法监督队伍（以质量检查员组成的产品质量法规执法队伍和以质量管理体系内部审核员组成的标准执法队伍）。为提高内审员、产品质量检查员两支队伍的业务水平和管理水平，内审员定期集中学习、培训，每半年现场审核一次，理论学习和现场审核相结合，质检员定期学习、培训，每季度交流一次工作经验。

（4）违法必究："究"不是单纯的罚款了事，而是针对出现的问题，及时分析、查找原因，及时处理，及时制定纠正措施，跟踪落实并不断纠正，最终目的便是从源头上减少发生差错的机会。比如，ISO9001 体系运行 10 个月，下达预防措施 3 次、纠正措施51 次，并在规定期限内全部得到了验证。

资料来源：质量管理的三大法宝：人、信息、制度［N］. 黑龙江日报印务中心，2009 - 12 - 22.

### 思考题

1. 请概述人员管理在质量管理中的作用。

2. 结合案例分析印刷企业质量管理为什么要用数据说话。

3. 黑龙江日报印务中心出台了哪些质量管理制度？你认为这些制度可以发挥作用吗？

### 即学即测

### 一、选择题

1.【单选题】全面质量管理的基本工作方法是（ ）。

A. 朱兰三部曲法　　　B. 5S 管理方法　　　C. PDCA 循环　　　D. 六西格玛法

2.【单选题】印刷复制的亮调用网点面积表示，精细印刷品亮调再现的网点面积为（ ）。

A. 2% ~4%　　　　　B. 0.2% ~0.4%　　C. 3% ~5%　　　　D. 8% ~10%

3.【单选题】分层的原则是使同一层次内的数据波动幅度尽可能（ ），层与层之间的差别尽可以（ ）。

A. 大；小　　　　B. 大；大　　　　C. 小；小　　　　D. 小；大

4.【多选题】印刷图像的表面特性包括（　　）。

A. 光泽度　　　　B. 墨层厚度　　　　C. 纹理　　　　D. 平整度

5.【多选题】常用的印刷品质量统计工具有（　　）。

A. 排列图　　　　B. 分层图　　　　C. 平面图　　　　D. 直方图

**二、判断题**

1. 全面质量管理强调预防为主和不断改进。（　　）

2. 印刷图像的分辨力主要取决于网目线数。（　　）

3. 散布图可以用来发现、显示和确认两组数据之间的相关程度，并确定其预期关系。（　　）

4. 因果图主要原因可以在末端因素上，也可以在中间过程。（　　）

5. 排列图由一个横坐标、两个纵坐标、几个按高低顺序（"其他"项例外）的矩形和一条累计百分比折现组成。（　　）

**参考答案**

一、选择题：1. C　　2. A　　3. D　　4. ACD　　5. ABD

二、判断题：1. √　　2. √　　3. √　　4. ×　　5. √

# 第七章

# 印刷企业技术与设备管理

## 本章提要

本章介绍了印刷技术的特点和印刷技术管理的基本含义，分析了印刷企业技术变化和技术进步，并总结了我国印刷企业技术进步的情况，讨论了印刷企业技术战略、技术引进以及设备管理等问题。

## 重点难点

⊙了解印刷技术的特点和印刷技术管理的内容
⊙理解印刷技术变化与进步的基本规律
⊙理解技术战略的含义与类型；掌握印刷企业技术引进的阶段、内容与方式
⊙掌握印刷企业的技术改造与设备更新的决策内容与方法

195

 引导案例

### 凤凰涅槃——凤凰云印刷

**一、公司简况**

江苏凤凰新华印务有限公司的前身是江苏新华印刷厂，由扬州苏北日报印刷厂、无锡苏南日报印刷厂和苏南新华印刷厂于1954年1月合并而成。至2014年，新华印刷厂已具有60年历史，历经南京中央路、郭家山路、南京经济技术开发区三次厂区搬迁，通过公司化改造，江苏凤凰新华印务有限公司于2011年7月挂牌成立。

公司于2014年1月成为凤凰出版传媒股份有限公司全资子公司。旗下目前拥有三家分公司、九家控股子公司，总资产近5亿元，员工2100名，是市场化、专业化、国际化的大型印刷服务提供商。

公司是首批"国家印刷示范企业"、首批"中国印刷行业AAA信用企业"、"中国印刷百强企业"、中宣部等国家六部委认定的"国家文化重点出口企业"，同时获首届江苏省新闻出版政府奖"先进新闻出版单位奖""印刷复制奖"等6项大奖，以及"中国出版政府奖"、第四届"中华印制大奖"等众多省级、国家级奖项，成为国家印刷标准起草单位、联合国下属机构"印刷服务供应商"，在全国印刷复制行业拥有较高的知名度和影响力。

## 二、机遇与挑战

正如硬币的两面，快速的技术和市场需求的变化，对传统印刷企业既带来前所未有的挑战，也带来新的发展机遇，如何抓住机遇应对挑战反映了企业面对新的技术出现的战略和反应能力。凤凰新华印务有限公司作为一个具有 60 多年历史的传统印刷企业，勇敢地走出了运用先进技术改造传统运营模式的第一步。凤凰新华印务有限公司联合北大方正，打造云印刷服务平台，适应了印刷业技术和市场环境的变化，取得了初步的进展。2013 年上海国际印刷周上，凤凰和北大方正签署了"凤凰印"云印刷平台项目合作协议。凤凰打造云印刷服务平台，主要有两个方面动因：一是传统印刷由于产能过剩、人力成本上升、绿色和数字化建设带来的成本增加等原因进入微利或无利时代，企业必须通过新技术的应用创造新的业务和利润来源；二是适应印刷业务多品种、小批量、个性化的趋势，经济的发展带来了文化的繁荣，文化的繁荣促成消费者审美和消费习惯的多元，在印刷市场，因为个性化的需求，过去传统印刷所赖以生存的"批量"市场日益被"碎片化"所取代，碎片化成为需求市场最大的趋势。

## 三、"凤凰印"云印刷服务平台

"凤凰印"云印刷服务平台主要希望解决三个问题：其一，聚合，也就是把碎片化的订单汇集到平台上来；其二，整合，呈现所有客户所能想象到的全部功能，以满足个性化订单的多样化需求；其三，联合，通过云印刷服务平台，把出版、印刷等众多企业联合起来。具体业务模型如图 7-1 所示：

196

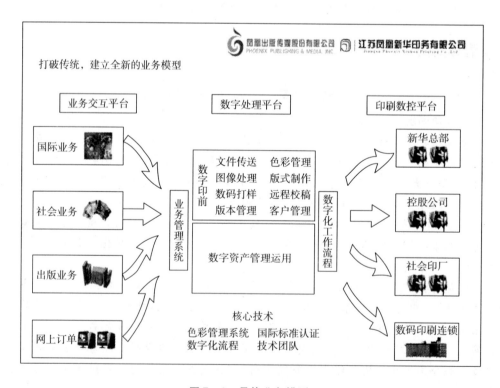

图 7-1 具体业务模型

通过"凤凰印"云印刷服务平台，第一要实现精准加工，既要满足传统工业高精尖的加工要求，同时也要满足现在个性化的就近印刷要求，还要满足数字出版的要求；第二要实现跨界服务，要以需求为导向，提供创意设计、编排印制物流创意等全功能服务；第三要实现创新模式，也就是这个平台不仅是提供服务，还要打造产品。

资料来源：张在健．聚合·整合·联合——凤凰印云印刷平台［J］．印刷经理人，2014（11）．

从以上案例可以看出，传统印刷业正接受新技术的洗礼，印刷企业应根据技术和市场的变化，及时利用先进技术，实现生产经营和管理的创新，为企业未来的发展和成长创造新的价值和优势。无论什么样的印刷企业，面临快速变化的技术和市场环境，都应该从战略的高度，将企业的技术战略和商业战略相结合，方能立于不败之地。

改革开放 40 多年来，中国印刷业技术发生了巨大的变化，信息技术、新材料技术、机光电一体化技术等新成果广泛地应用到印刷领域。印刷工业告别了"铅与火"，迎来了"光与电"，走进"0 与 1"，开始拥抱互联网。数字印刷、数字化工作流程等迅速发展，在印刷业的应用越来越普及，互联网和印刷业的结合将改变传统的印刷方式和商业模式。技术是推动印刷企业生产能力和效率提高，实现印刷企业可持续发展的最重要的因素之一。如何通过技术的引进、消化、吸收，提高企业技术能力和核心竞争力，强化竞争优势，扩大市场份额，实现生存和发展目标，是印刷企业面临的一个重要的问题。进入 21 世纪，随着竞争的加剧和技术进步速度的加快，企业越来越认识到对技术进行管理的必要性。

197

# 第一节　印刷技术及管理

## 一、印刷技术及其特点

20 世纪 50 年代以来，新技术、新发明、新工艺、新材料不断出现，技术因素在经济中的作用逐渐突出，围绕着技术的研究、开发与应用，许多国家和大企业进行了大规模的有组织的科学和技术发展活动，研究与开发经费在 GDP 和企业销售收入中的比例不断提高，技术管理学科首先从对研究开发活动的管理发展起来，后来逐渐发展到创新管理、技术战略管理、基于价值的管理等。技术管理的发展可以划分为四个阶段，如图 7–2 所示。

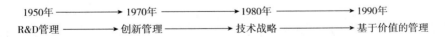

**图 7–2　技术管理发展阶段**

1987 年，美国国家研究委员会将技术管理定义为：技术管理是与工程、科学、管理相关的活动，用于计划、开发和实现技术能力，从而影响和完成组织的战略和运营目标。上述定义包含以下三个重要的观点：技术管理强调完成组织的目标；技术管理强调技术能力的发展和在产品及服务中的应用；企业内部的技术管理与其他管理活动（如营销和生产）相联系。

印刷技术是印刷企业从事印刷等相关业务所需要的知识、技能、手段、方法和规则的总称，包括加工印刷产品的机器、设备和方法。广义的印刷是将图形、文字、光、声、电等各种信息通过一定的方法和手段在某种载体（介质）上再现出来。从印刷加工过程来说，广义的印刷技术包含印前技术、印中技术和印后加工技术，如排版技术、制版技术、打样技术、印刷技术、装订技术等。印刷技术既包含体现在先进印刷设备（包含印前和印后加工设备）、先进印刷材料上的硬技术，也包含体现在高素质员工身上的经验、诀窍和能力，体现在工艺流程、规程、标准等方面的软技术。和其他技术相比，印刷技术具有以下典型的特点：一是技术来源的多元性。印刷技术涉及门类多，在基础理论上涉及物理、化学、光学、机械学、色彩学等；在专业技术上涉及绘图技术、照相技术、计算机技术、通信技术等。二是印刷产品的艺术性。与其他技术相比，印刷技术不仅在工科技术上涉及门类多，还与艺术学发生关系。印刷品的设计、制作、成型都具有突出的审美要求，呈现给人们的一幅幅印刷品能够给人们带来美感和艺术享受。三是技术发展的前沿性。从毕昇发明活字印刷术到今天的电子图像处理和数字印刷，其间，印刷技术随着科技生产力的发展，始终处在技术发展的前沿，一些新技术首先在印刷专业里应用，如电子排版、激光扫描、彩色图像处理系统、整页拼版、POD按需印刷等技术，其特征为电子图像处理、印刷机计算机控制、制版印刷一体化、个性化按需印刷等。印刷技术的水平及专业化程度不断地提高，极大地促进了印刷业的发展。印刷技术的进步，一方面表现为用数字化、自动化、智能化程度更高的先进设备替代旧设备，另一方面表现为需要更高素质和技能的劳动者。印刷加工行业既具有制造业的属性，又具有信息产业的特点，先进设备的不断引进和更加熟练地使用是印刷业技术进步的基本路径。印刷企业技术进步和创新主要是由外部供应商主导的，如印刷设备供应商不断推出先进的设备，印刷材料供应商不断地开发出具有新性能的材料，这些都会推动印刷企业生产效率的提高和产品、服务质量的提高。印刷产业是一个古老的产业，从印刷术的发明至今已经有千年的历史，印刷产业又是一个朝阳产业，随着信息社会的到来和知识经济时代的临近，人们对于信息、知识和交流有了更多、更大的需求，信息网络技术的发展也为印刷产业的发展提供了更大的空间，印刷业正朝着现代数字化、智能化、智慧化的方向发展。

## 二、印刷企业技术管理

印刷企业技术管理就是印刷企业用于计划、开发和实现技术能力，从而影响和完成组织的战略和运营目标的一系列与工程、科学、管理相关的活动，包括印刷企业的技术战略确定、技术选择、技术和设备引进活动、印刷企业技术能力开发、印刷企业工艺管理等一系列活动。印刷企业技术管理的含义如图7-3所示。

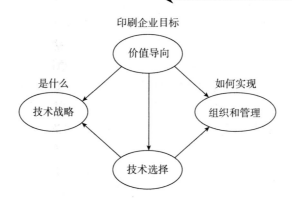

图 7-3　印刷企业技术管理的含义

技术管理强调技术选择中的战略和组织原则，以为投资者创造价值为导向。印刷企业根据企业的发展目标决定技术选择和技术战略，并采取相应的组织和管理措施来实现企业的目标，这些活动就构成了印刷企业的技术管理活动。

# 第二节　印刷企业的技术变化

随着科学技术进步的不断加快、全球竞争和全球市场的形成，印刷技术正经历着迅速的变化。一个流行的说法可以反映这种变化的情况："一天，当一个印刷经理一觉醒来，发现自己的业务被拥有新设备的别的印刷商抢走，而这些新设备自己根本就买不起。"印刷技术的快速变化导致新设备、新工艺不断取代旧设备、旧工艺，而且这种变化的速度越来越快，在可以预见的将来，这种趋势会一直延续下去。印刷技术的变化包括两个密切联系的过程：技术创新和技术扩散。

## 一、印刷技术的创新和扩散

技术的变化本质上是新知识的创造和应用以及由此带来的企业生产效率的提高。从技术层面看，技术变化涉及各种和技术开发、促进、使用相关的参与者，具体包括技术开发者、技术促进者、用户、管理机构以及其他利益相关者。例如，对印刷技术变化来说，印刷设备、材料供应商进行技术开发，提供新的设备和材料；技术促进者如金融机构、技术中介机构为新产品、新技术开发提供各种资源；印刷企业作为用户采纳新的设备和材料；政府或其他与技术变化相关的组织也会影响技术变化的进程和结果。

印刷技术的变化涉及两个方面：一是技术的创新，二是技术的扩散。技术创新就是新技术的首次商业化的应用。技术扩散是指新技术的广泛应用与传播，它是企业间的模仿行为的结果，一个创新企业引进一项技术创新，其他企业进行模仿，导致该创新行为在更大范围内的应用，这就是技术的扩散。技术创新分为产品创新和过程创新（工艺创新）。产品创新就是向市场提供一种新的产品，可以是全新的产品，也可以是经过改进的新产品。过程创新就是引进一种新的生产、制造或服务过程。产品创新和过程创新是相对的，对设备供应商来说是产品创新，对使用该设备的用户来说则是过程创新。例如，印刷设备供应商成功地推出新型数字印刷机，对于该设备供应商是一种新产品，是产品创新；印刷企业购买数字印刷机，则是一项过程创新。

印刷技术的创新过程如图7-4所示。

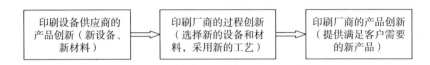

**图7-4 印刷技术的创新过程**

任何成功的技术创新都是在技术机会或顾客需求驱动下，获得可行的技术解决方法的产出和过程。有两种因素驱动技术创新：一种是市场因素，另一种是技术因素，分别称为市场拉动的技术创新和技术推动的技术创新。成功的技术创新往往是两种力量交互作用的结果，只是在不同的技术或技术的不同发展阶段，两种因素所起的作用有所区别。在印刷技术创新的过程中，技术因素起着至关重要的作用，印刷技术创新的来源主要是由印刷设备和材料的供应商所驱动，设备和材料的供应商利用信息技术、机械电子技术、数字网络技术、新材料技术的知识，不断地推出更高效率和更好性能的新设备和新材料，设备、材料供应商的竞争和创新为印刷厂商提供了可以选择的技术机会，例如彩色桌面出版系统、高速多色印刷机、数字印刷机、智能工厂等大大促进了印刷业的技术进步。但是，除了技术推动外，市场条件和市场因素也是一个不容忽视的方面，大部分的技术创新是受市场需求的诱发而产生的。随着客户对高档彩色印刷和更短交货期以及小批量印刷业务的需求增加，印刷技术正朝多色和按需印刷的方向发展，这说明了市场对印刷技术创新的拉动作用。印刷技术的扩散是指一项印刷技术的创新得到更多的采纳或使用的过程。例如，一项新的印刷技术，对设备供应商来说是产品创新，某印刷企业首先采用这种印刷技术就是一项过程创新，其他的印刷厂商模仿该印刷厂商采用这种技术，对自己来说是一种过程创新，但从整个行业或这项技术创新来看是在更大范围内的使用，应该是一种扩散过程。随着扩散过程的不断进行，越来越多的企业采用新技术，这种技术就会成为一种主导的技术或成熟的技术，整个行业的技术水平也就会得到较大的提高，新技术就逐渐替代了旧技术，于是就产生了技术的进步。

## 二、印刷企业的技术演化和技术进步

技术演化是指技术的性能特征随时间发生变化。技术演化一般遵循S型的路线，可以分成四个主要的阶段（见图7-5）：

（1）技术出现阶段。新技术刚刚出现，性能特征还比较粗糙。

（2）迅速提高阶段。此时性能特征迅速提高。

（3）增速渐缓阶段。此时性能提高速度不断下降。

（4）成熟阶段。已经接近技术的极限，除非有重大突破，原有技术很难取得进一步的提高。

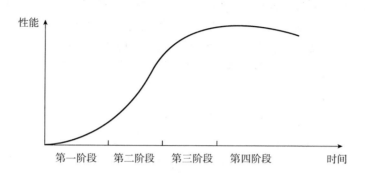

图 7-5　技术演化路线

例如，在印刷技术领域，Drupa1990 印刷国际展览会推出了最为引人注目的新技术——彩色桌面出版系统（DTP），经过 10 多年的发展，各项性能指标大幅度提高，逐渐成为印前图文处理的主导技术。Drupa1995 印刷国际展览会主要推出了数字印刷与直接制版技术（CTP）。Drupa1995 之后，直接制版技术发展迅猛，据美国印刷技术基金会（GATF）对国际重大印刷出版技术的排位统计：计算机直接制版技术连续 3 年均居首位。1997 年底，全世界约有 31 家厂商生产 63 种不同型号的直接制版设备。1996 年，在美国前 100 家大型印刷企业中，有 55% 采用了直接制版系统。在 Drupa2000 上，来自世界各地的 90 多家直接制版系统及材料生产厂商展出了近百种产品。到了 2008 年的 Drupa 国际印刷展上，CTP 技术已经成为一项相对成熟的技术。自 CTP 技术出现以来，CTP 设备在美国、欧洲、日本等国家和地区的企业中已经得到了较大程度的应用，增速逐渐放缓，现在中国等新兴市场国家 CTP 设备的应用正处于加速发展阶段。

CTP 技术经过快速发展阶段，经过市场的竞争与选择，逐步形成相对成熟的技术和产品，技术的创新由根本性的技术创新向渐进的技术创新转变，今后，CTP 技术将围绕免处理版材、大幅面 CTP 设备、高性能紫激光 CTP 设备、柔印 CTP 设备等进行研发与改进。

在 Drupa2012 上，数码印刷机已经成为展会主角，可谓"数字德鲁巴"。设备厂商如高宝、兰达、柯达、惠普、柯尼卡、美能达等企业都展示了数码印刷技术，兰达公司推出一款最新的数码印刷机，添加纳米油墨概念，并提出一个颠覆传统印刷的革命性理念——用现代最先进的数字技术改造传统印刷机械，联手海德堡、罗兰和小森三大设备制造商，共同研发新的印刷方式。

Drupa2016 展会的主题是"触摸未来"，强调工业 4.0 以及设备和系统数字网络，该次展会展现了印刷业发展的新趋势，包括印刷技术和过程的数字化、快速制造和 3D 印刷、为公共事业如新的消费品提供解决方案、快速增长的包装市场及包装印刷数字化、功能性印刷开辟了印刷业发展的新领域。

技术进步是指新技术代替老技术的过程（见图7-6）。技术演化指的是现存技术的渐进性发展，而技术进步是新技术的根本性突破。例如，在印刷技术领域，沿着传统的电子分色、激光照排、制版、打样、胶印印刷路线而不断提高设备性能、生产效率、产品质量的过程是技术演化；而DTP、CTP、数字印刷等对传统印刷形式的重大技术突破就代表了印刷技术的进步。印刷技术的进步，首先表现为创新企业对新设备、新材料、新工艺的率先使用，也就是企业的技术创新；其次表现为新设备、新材料、新工艺的广泛应用，也就是印刷技术的扩散；最后表现为新技术占据主导地位，行业技术水平和生产力极大提高。

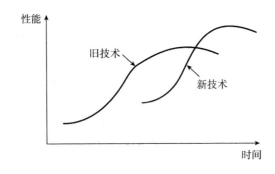

图7-6　技术进步

202

## 三、我国印刷技术进步情况分析

我国是印刷术的发源地，但是，具有悠久历史的文明古国在世界产业和技术革命大潮中却被远远地抛在了后面。20世纪七八十年代以前，我国大部分印刷企业还是铅排、铅印，技术水平相当落后。为了改变印刷技术的落后面貌，国家重点支持了印刷技术装备和汉字排版技术的发展。从"六五"开始，我国印刷业推行了"激光照排，电子分色，胶印印刷，装订联动"的十六字技术发展方向。1974年8月，为解决汉字出版物实现现代化问题，有关部委牵头成立了"748"工程攻关小组。"748"工程攻关小组，从1974年到1980年，用了近6年的时间，调查研究，反复分析、实验，确定中国的汉字排版不能走国外经过第一代手动照排、第二代光机电式照排、第三代阴极射线管照排的老路，直接开发研制自己的第四代激光照排机。由于汉字字体多、字数多、信息量大，北京大学王选教授发明了两位标记点阵信息高倍率压缩和还原技术，解决了汉字排版的关键问题。1981年研制出中国华光Ⅰ型汉字编辑排版激光排版系统的样机。在此基础上，1982～1984年经过研制开发出华光Ⅱ型汉字编辑排版系统。1987年12月1日，华光Ⅲ型机通过了国家鉴定，宣告了中国汉字激光照排系统的成功，开始了批量生产。1988年初，北京大学成立了自己的新技术公司，开始生产华光Ⅳ型激光照排系统。经过"六五""七五""八五""九五"等几个五年计划时期的发展和技术改造，我国印刷技术取得了巨大的进步。进入90年代，信息技术得到了迅速发展，彩色桌面出版技术、计算机直接制版、数字打样、数字印刷等先进技术不断涌现，印刷材料等领域也出现了快速的技术进步，新材料不断投入市场。在 20 世纪 90 年代，我国加大了对印刷业技术改造支持的力度，对引进国外先进设备给予了免除进口关税等优惠措施，大大促进了我国印刷技术引进和改造的进程。许多企业拥有了国外 90 年代先进的制版、印刷、装订等设备，提高了整个印刷业的技术能力和技术水平。2001 年，中国印刷及设备器材工业协会根据国际印刷技术发展趋势，提出了未来 10 年我国印刷及设备器材工业的 28 字技术发展方针："印前数字、网络化，印刷多色、高效化，印后多样、自动化，器材高质、系列化。"

《新闻出版业"十二五"时期发展规划》中指出，印刷复制产业发展重点是：以中小学教科书、政府采购产品和食品药品包装为重点，大力推动绿色印刷发展，以数字印刷、数字化工作流程、CTP 和数字化管理系统为重点，在全行业推广数字化技术，推动我国从印刷大国向印刷强国的转变取得重大进展，争取在新闻出版业中提前实现强国目标。到"十二五"期末，争取成为全球第二印刷大国；培育一批具有国际竞争力的优势印刷企业；力争绿色印刷企业数量占到我国印刷企业总数的 30%；数字印刷产值占我国印刷总产值的比重超过 20%。

"十三五"期间，我国印刷业贯彻"创新、协调、绿色、开放、共享"五大发展理念，加快推进"绿色化、数字化、智能化、融合化"发展，印刷业产业结构不断优化，规模化集约化专业化水平明显提升，实现由印刷大国向印刷强国的初步转变。

1. CTP 技术的采用情况

1998 年，我国成功引进第一套 CTP 系统，经过短短 3～4 年的市场引入期，便进入快速增长阶段。无论是出版物印刷企业还是包装印刷企业，CTP 已经成为比较普遍的印前制版生产方式。根据中国报业协会印刷工作委员会 2013 年度全国报纸印刷制版量及 CTP 使用情况的调查，共有 147 家报纸印刷厂提供了有效数据。这 147 家报纸印刷厂的总制版量为 1686 万张，其中 CTP 制版量为 1470 万张，CTP 制版占总制版量的 87.22%。在调查统计的 147 家报纸印刷厂中，95.9% 的印刷厂安装了 CTP 制版设备，57.1% 的印刷厂全部使用 CTP 制版。在全国报纸印刷制版工艺中，CTP 占总制版量的比例，自 2007 年的 8%、2010 年的 38%，到 2011 年的 55%、2012 年的 76.7%，在 2013 年达到了 87.2%。可以看到，CTP 制版在全国报纸印刷中已经得到了全面普及，传统的 PS 版制版基本被替代，全国报业印刷 CTP 直接制版工艺的改革基本完成。随着国家对环保的要求越来越高，CTP 技术自身越来越成熟，CTP 技术被应用到很多领先的出版物印刷和包装印刷企业，在大中型印刷企业，CTP 应用基本普及。据估计，2020 年我国胶印 CTP 市场规模超过 5000 亿元。

2. 数字印刷的发展情况

数字印刷是使用数据文件控制相应设备，将呈色剂/色料（如油墨）直接转移到承印物上的复制过程。自 20 世纪 90 年代中期以来，随着社会信息数字化程度的日益提高，信息传播需求量的加大，数字印刷技术应运而生，迅速地得到了应用。从技术上看，数字印刷的特点是印刷制版时间短，可以更经济地印刷短版业务，可以做到一张起印，主要市场和发展方向是个性化印刷、可变数据印刷、按需印刷。在我国，数字印刷的主要应用领域有商业印刷、出版印刷、摄影/影像输出、印前设计、数字打样、广告印刷、机关文印、金融/邮政/电信的账单印刷、报业印刷、包装印刷等。

从 20 世纪 90 年代至今，数字印刷技术迅猛发展，形成了与传统印刷技术共生共存、相互补充并逐步扩大份额的态势。根据《2018 中国印刷业年度报告》统计，2012 年，我国数字印刷产值为 57 亿元，2016 年，数字印刷产值达到 358 亿元，5 年时间增长了 300 亿元，数字印刷市场快速发展。2018 年，全球印刷市场规模达到 1800 多亿美元，占整个印刷市场的 1/5 以上。从生产型单张纸高端彩色数字印刷机装机量统计来看，2012 ~ 2018 年，数字印刷机装机量有较快增长，截至 2018 年 7 月达到 2351 台，6 年间平均每年增加 240 多台。根据科印传媒数字印刷调查报告，截至 2020 年 7 月，数字印刷机装机量达到 2708 台。

3. 从数字化工作流程到数字化企业再到智能制造

数字化技术将彻底打破传统上印前、印刷和印后加工的界限，使印刷流程连接为一个无缝的整体。从 2010 年英国伯明翰 Ipex2010 国际印刷展展出的数字印刷设备来看，数字印刷设备多色高速化趋势愈加明显；数字印刷设备异地网络化趋势渐趋成熟；数字印刷设备印装联动化趋势尤显突出。从数字印刷设备到数字化工作流程再到数字化印刷企业，印刷企业将成为更大的信息网络的一个节点，印刷企业的生产效率将极大地提高。随着数字化、网络技术的进一步发展，以及由于人工成本的不断攀升，印刷业朝着更高程度的自动化、智能化和网络化发展，企业的业务流程和管理流程以及运营流程依靠现代信息技术和人工智能技术得到更大程度的整合，企业的智能化程度和劳动生产率水平将进一步提升。

在智能制造的大背景下，印刷业的智能化发展也不断推进。无论是出版物印刷还是包装装潢印刷和其他印刷，智能化水平都在不断提高，利用先进的信息技术提高生产过程的自动化和智能化水平。2018 年 9 月 8 日，由国家新闻出版署主办的首届中国印刷业创新大会在北京举行。在此次大会上，"一本图书印刷智能制造测试线"正式启动建设。2019 年 7 月 26 日，由中国印刷科学技术研究院牵头，联合国内出版机构、印刷企业、印刷设备厂商、软件系统厂商和电商平台等 14 家单位共同建设的"一本图书印刷智能制造测试线"，在第二届印刷创新大会举办期间正式连线生产。目前，一些印刷企业正在投资建设智能印刷工厂，在人工智能等先进技术的推动下，印刷企业正朝着智能化的智慧工厂前进。

# 第三节　印刷企业技术战略

## 一、技术战略的定义

20 世纪 50 年代起，随着企业规模的不断扩大，很多大企业使用多种技术，生产多种产品，在国际国内多个市场进行经营活动，企业需要处理越来越复杂的内部和外部问题，20 世纪 50 ~ 70 年代许多公司开发了战略规划程序和方法来应对企业面对的复杂性，企业战略理论逐渐发展起来。到了 20 世纪 80 年代，技术战略作为一个相对独立的部分得到了重视和发展。技术战略是企业技术选择的表现形式。这些选择包括为获取、维持、利用和放弃技术能力而投入的资源。这些技术选择决定了企业基本技术能力的特征和程度，以及可用的产品和过程平台。技术战略规定了企业选择的技术类型、投入资源的方式、发展什么样的技术能力以及技术能力如何在产品中进行应用。例如，一个印刷企业为了满足不断增长的个性化印刷需求，决定引进数字印刷设备，并通过信息系统的建设实现生产和经营、管理的数字化、网络化，这就是一种技术战略。

　　企业的基本目标是为顾客和投资者创造价值。在现代市场环境下，企业目标的实现，需要获得竞争优势。技术是企业获得相对于竞争对手竞争优势的一种方法。技术管理的主要目标是获得竞争优势。企业的技术战略的制定，就是根据企业的目标、企业所处的市场地位和企业的内部资源情况，从可行的技术机会中进行选择，投入资源进行技术的开发和利用，获取企业的竞争优势。

　　印刷企业的技术战略要服务于企业整体经营战略，通过制定合适的技术战略实现企业的目标。印刷企业的市场环境和技术环境都发生了一些重要的变化。从市场环境来看，印刷企业之间的竞争越来越激烈，顾客对印刷服务的质量要求越来越高，交货期要求越来越短，需求的个性化程度提高，市场细分程度提高，因此印刷企业必须跟上市场的变化，有效地满足市场的需求；从技术环境来看，印刷技术正从传统的模拟流程向网络化、数字化环境下的数字流程转变，为印刷企业提供了许多新的技术机会，同时，技术变化的速度越来越快，新技术取代旧技术的周期逐渐缩短，也对企业的生存和发展提出了挑战，印刷企业要制定合适的技术战略去满足企业的市场需求。

## 二、技术战略的类型

　　技术战略是企业技术选择的表现形式，也可以说技术战略是企业进行技术选择的几种模式。技术选择主要可以从两个方面进行区分：技术选择的范围和领先程度。范围是指企业技术选择的宽度，即我们要开发或进入哪些技术领域；领先是指企业技术选择的目标，即我们开发或使用技术的先进程度。根据这两个方面的不同，技术战略可以分为四种类型（见图 7 - 7）：

　　（1）技术领先战略，是指通过技术开发和利用，建立和保持在所有技术竞争领域的主导市场地位。在此，技术是企业创造和保持竞争优势的主要方法。

　　（2）市场缝隙战略，是指通过抓住关键技术获得领先，技术开发是有选择的，利用企业的技术力量来开发特定技术以创造竞争优势。

　　（3）跟随战略，是指保持较大范围的技术适用性。这种战略重点在应用，避免基础研究所带来的风险。对这些企业来说，技术不是获取竞争优势的主要途径。

　　（4）技术合理化战略，是指保持选定范围技术的适用性。对这些企业来说，它们的技术缺陷应当通过其他竞争优势来弥补，以便在竞争领域中生存。

|  | 范围 | |
|---|---|---|
|  | 全部 | 有选择的 |
| 领先 | 全线技术领先 | 市场缝隙开发 |
| 跟随 | 技术跟随 | 技术合理化 |

图 7 - 7　技术战略类型

　　对印刷企业来说，技术体现在先进设备、先进材料以及先进的生产流程方面，一是选择先进的物质生产技术，二是对先进生产技术的掌握和熟练使用。印刷企业应根据自己的资源、能力、市场环境和竞争地位决定自己合适的技术战略。例如，对于大的印刷企业，业务领域多元化，面对的是对质量要求高的客户，可以采用全线技术领先战略；对于专业化的印刷服务提供商，为特定的客户提供优质的服务，可以采用市场缝隙开发战略；对于大部分的印刷企业，应有针对性地选择合适的技术，针对目标市场提供适当的服务，一切从实用性和有效性出发，采用技术合理化战略。

## 三、印刷企业技术选择

　　技术选择就是企业为了提高企业的竞争优势，选择适用性的技术应用于企业的产品或企业的价值链。企业通过技术选择提高竞争优势主要通过以下三个方面：

　　（1）创造全新的业务。例如，某书刊印刷企业传统业务是图书印刷，企业通过引进数字印刷技术，实现了为零散的社会客户的个性化、按需印刷服务，新的业务具有较高的盈利率，和完全不同的竞争对手进行竞争。

　　（2）改变现有竞争领域的竞争规则。例如，印刷企业通过引进计算机信息管理和客户服务系统，可以更好地进行生产管理、质量管理、周期控制等，如果将印刷企业的系统和客户连接起来，就可以更好、更快地了解客户需要，按客户的需要实行灵活的生产和经营，为客户创造价值，同时提高自己的市场地位和盈利水平。

　　（3）支持现有业务。企业技术选择支持现有业务是通过产品创新和技术创新实现的。例如，印刷企业通过采用胶印印刷技术，淘汰落后的铅印印刷技术，实现了产品创新和过程的创新，虽然企业面向的还是书刊印刷市场，但是企业的产品质量大大提高，交货期缩短，生产效率提高，可以更好地满足客户的需要，提高企业的竞争优势。

　　企业的技术选择和技术战略是相互联系的，企业要根据内部和外部环境的动态变化，决定技术选择和技术战略，实现由技术选择和技术战略带来的竞争优势，为企业和客户创造价值。

# 第四节　印刷企业技术引进

改革开放以来，我国印刷企业经历了迅速的技术变化，为了支持印刷企业的技术进步，国家制定了一系列的产业发展政策，推动了印刷业的技术引进和技术改造的工作。技术引进是发展中国家实现工业化和现代化、产业结构升级与技术进步的重要途径。

## 一、技术引进

一般来说，技术引进就是企业或国家从国外引进先进的技术，是国际技术交流与合作的一种重要形式。通过技术引进，技术引进方可以获得自己没有的技术，提高技术水平，缩短与先进国家的技术差距，并可以节约技术开发费用，实现跨越式发展。技术引进过程分为以下几个阶段：

（1）技术引进规划准备阶段。这一阶段主要根据国家有关的技术经济发展政策和方针，特别是印刷行业发展和地区发展目标，以及技术引进企业的实际情况，结合国外可供选择的技术先进程度，初步选择供应渠道。

（2）技术获得及实施阶段。这一阶段是在前一阶段通过谈判达成协议签订了合同，并制订了具体实施计划后，履行合同，完成引进技术的实务。这里的技术是指广义的技术，包括：按计划建设厂房；安排国内配套设备；组织人员出国培训；待技术资料和设备进口后，落实引进技术的消化吸收；试生产和正式生产；生产出合格的产品。

（3）技术改造和推广阶段。这一阶段是在实施引进技术过程中，在技术逐步消化吸收的基础上，对不适合本企业条件的部分设备加以改造，把科技成果应用于企业和生产各环节，并使这一改进的技术在一定范围内推广、传播。

（4）技术的提高和创新阶段。这一阶段是指在技术引进的基础上，开发出更先进、更具国际竞争力的技术，提高国内的技术水平。

对印刷企业来说，技术引进主要是引进国外先进的设备，掌握先进设备的使用方法，开发出适合企业的工艺流程，加强对员工的培训，在企业生产过程中不断提高企业整体的技术能力。

## 二、印刷企业技术引进的内容和形式

印刷技术既包括先进的设备和材料，也包括相关的知识、经验和技能，是"软技术"和"硬技术"的综合。因此，印刷企业的技术引进既包括先进技术知识的引进，也包括先进设备、重要器材的引进，特别是印刷作为一个加工型的行业，它的技术主要体现在先进的设备、材料以及与此相关的操作方法和技能方面，设备引进在印刷技术引进方面占有重要的地位。

印刷企业技术引进的内容主要有：

（1）专有的技术知识及必要的生产手段，包括产品设计、工艺流程、材料配方、操作规程、技术情报等。

（2）先进的管理、经营技术，如计算机信息管理程序、文件处理系统、质量保证体系等行之有效的提高生产效率、改进产品质量、降低成本的管理和经营技术。

（3）技术服务，如为掌握引进技术而进行的人员培训、技术交流和专家指导等。

印刷企业技术引进的类型很多，具体包括以下主要的形式：

（1）许可证贸易，基本方式是技术供应方和技术接受方就某项技术转移问题达成协议，签订正式合同或许可证书，允许技术接受方使用技术供应方提供的技术，技术接受方为此支付一定的费用。费用可以一次付清，也可以分期支付，还可以按照双方约定的比例从销售中提成支付。根据许可使用的技术形态的不同，许可证贸易又分为专利使用权许可证贸易、专有技术许可证贸易、商标许可证贸易。

（2）合作生产、共同经营的技术引进方式，主要包括对外加工装配、补偿贸易、合资经营、合作生产。对印刷企业技术引进来说，由于印刷行业的特点，国内企业采用比较多的还是合资经营的形式。它是指本国企业或其他经济组织与外国企业、其他经济组织或个人按照平等互利的原则，共同出资成立合资或合营企业，共同经营，对国内企业来说，可以借此获得国外的先进技术、设备以及管理经验，是技术引进的一种重要形式。

（3）进口设备，印刷企业主要采用进口国外成套设备的方式获得先进的技术。其基本做法是：企业同国外设备供应商谈判，签订协议，由国外设备供应商提供设备和相应的技术资料，负责人员培训、设备安装和售后服务、维修等，帮助印刷企业掌握设备的使用方法。

（4）技术咨询与技术服务，印刷企业也可以采用聘请国外专家进行技术咨询和技术服务的形式引进技术，主要包括技术诊断、技术指导、人员培训等形式。

## 三、印刷企业技术引进战略

企业技术引进的根本目的是获得先进技术，提高企业的技术水平，最终提高企业的竞争优势，为企业创造价值。技术引进会涉及引进技术投资和引进技术产出两个方面，同时还会受到企业自身条件的限制，最昂贵的技术、最先进的技术不一定是最有价值的技术。企业应根据自己的目标和资源、能力，选择自己的技术引进战略。

（1）先进技术战略，是指企业引进国外最先进的技术，保持技术上的领先优势。但是这种技术往往比较昂贵，需要企业有比较强的技术消化、吸收能力。

（2）适用技术战略，是指企业引进最适合本企业条件的技术，可以用相对比较少的资金，引进比较先进的技术，取得良好的经济效益。

（3）重点工程战略，是指企业把有限的资金用于引进关键的技术，搞重点工程，对于国内能提供的技术和设备，则尽量通过国内配套解决。

（4）消化创新和自主开发战略，是指企业在引进国外先进技术的基础上，进行消化、吸收、创新，积累经验和技术能力后再自主开发属于自己的技术。

最近20年，我国许多印刷企业进行了技术引进和技术改造，先后引进了国外先进的电子分色、彩色桌面出版、CTP直接制版系统、彩色商业轮转印刷机、数字印刷机、精装联动生产线等印前、印刷、印后加工等先进设备和技术，大大提高了我国印刷企业的技术水平，缩小了与国外企业的技术差距。

### 四、印刷企业技术引进决策

印刷企业的技术引进是企业的一种重要的投资活动，需要从各种可行的技术中进行选择，也就是进行技术引进决策。技术引进决策程序如下：

（1）寻找引进技术的来源。技术引进的来源是指印刷设备和技术的供应商。印刷企业应该通过一定的信息搜集活动，了解国外技术供应商的情况，寻找可能的技术引进来源，这可以通过行业协会或设备代理商以及技术中介组织进行。

（2）选择技术类型。选择技术类型就是印刷企业根据企业的情况选择不同先进程度和先进水平的技术。

（3）构造备选的技术引进方案。企业要通过初步的分析和调查研究，提出几个可行的备选技术引进方案，供企业进一步评价、比较和选择。

（4）技术引进方案的综合评价与决策。技术引进方案的综合评价与决策就是从技术可行性和经济可行性两个方面对技术方案进行综合评价，并从中选择最优的技术引进方案，一般采用综合评分的方法进行，评价项目主要包括技术优势、技术消化掌握能力、销售能力、生产能力、经济效益等。根据引进方案的表现进行评分，综合评分越高，说明方案综合评价越高。

# 第五节　印刷企业技术改造和设备更新管理

企业的技术进步是一个动态变化的过程，是通过新技术对旧技术的不断替代实现的。随着技术的演化，一项新技术也会由引入、成长到成熟，甚至落后，因此，在技术发展阶段中就存在旧技术的更新改造问题。通过更新改造实现技术水平的提高是实现企业内涵增长的重要方式。

### 一、技术改造的含义和内容

技术改造就是在企业现有的基础上，用先进技术代替落后技术，用先进的工艺和装备代替落后的工艺和装备，以改变企业落后的技术经济面貌，实现以内涵为主的扩大再生产，达到提高产品质量、促进产品更新换代、节约能源、降低消耗、扩大生产规模、全面提高社会经济效益的目的。技术改造的内容有广义和狭义之分。广义的内容包括对企业进行全厂性的改造、改建和设备更新。狭义的内容是指局部的技术改造，主要包括设备更新改造，工艺改革，产品更新换代，厂房、生产性建筑物和公用工程的翻新、改造，燃料、原材料综合利用和工业"三废"的处理，零星固定资产的购置等。

印刷企业技术改造的类型包括：

（1）机器设备和工具的更新与改造。印刷技术的进步主要体现在先进的设备和材料的应用方面，因此，机器设备和工具的更新与改造是印刷企业技术改造的重要类型，包括两个方面：第一，设备更新，也就是用新的技术性能更好的设备去更换在技术上或经济上不宜继续使用的设备；第二，设备改造，也就是利用先进的科学技术成果来提高原有设备的性能和效率。

（2）生产工艺改革。生产工艺改革就是运用新的科学技术成果，对产品的材料、加工制造方法、技术和过程等进行改进和革新。工艺改革包括硬件和软件两部分：硬件指工艺装备，如各种印前、印刷和装订设备；软件指工艺方法、过程和劳动者的操作技能。

（3）节约能源和原材料的改造。此种类型就是通过技术改造，提高能源和原材料的综合利用率，降低能源和原材料消耗，提高企业经济效益。

（4）厂房建筑和公用设施的改造。厂房建筑和公用设施是企业生产经营的基本条件和环境，通过技术改造，可以为生产、经营提供更好的条件和环境，有利于企业经济效益的提高。

（5）劳动条件和生产环境的改造。企业技术水平的发挥是一个综合的系统，需要各方面的协调、配合，企业技术改造时，也需要统筹考虑劳动条件和生产环境的改造。

## 二、印刷企业技术改造方案决策

企业的技术改造是一项重要的投资决策活动，涉及范围广，对企业的生产、经营和经济效益影响大，在实施技术改造前，需要进行比较详细的分析、论证工作，这就是技术改造方案的决策。技术改造方案决策属于技术改造的前期阶段，主要包括以下工作：

### 1. 技术改造规划

技术改造规划是指企业在较长时间内，对技术改造的方向、任务和措施进行计划。技术改造规划包括本企业技术发展的方向，一定时期技术改造应达到的目标，技术改造的具体项目、规模、内容和办法，各项目之间的相互协调和衔接，技术改造所需的资金、设备、原材料、技术力量的来源，具体负责单位和人员，改造后的经济效益等。技术改造规划的具体内容包括：①明确企业技术改造的战略目标，安排实施步骤；②明确企业生产过程应达到的技术水平；③采用新技术、新工艺、新材料、新设备的水平及指标；④通过技术改造劳动生产率、能源与原材料节约、利润、质量、劳动条件和环境保护等方面应达到的水平及措施；⑤确定技术改造的重点、时间安排和进度；⑥实施上述诸事项所必需的组织和技术措施、资金筹措和人员培训等。

### 2. 可行性研究

可行性研究就是对技术改造方案的技术可行性和经济可行性进行分析，为技术改造方案决策提供依据。

（1）技术改造方案的技术可行性分析。技术可行性分析就是从技术的角度研究技术改造是否可行，选择的技术是否满足企业的各种条件，是否能达到各种技术指标，是否能提高产品质量、降低消耗，是否能稳定可靠地生产出合格的产品，企业的各种配套生产条件是否达到。技术可行性分析是从技术效率的角度分析技术选择，是经济可行性分析的基础。

（2）技术改造方案的经济可行性分析。经济可行性分析是从经济方面分析技术改造方案的经济合理性。企业技术方案的决策，最终取决于它的经济效果，也就是在一定的资源投入下的产出情况。评价经济效果的指标有两大类：一类是静态指标，是不考虑资金时间价值的指标，如投资回收期、投资效果系数、投资收益率等；另一类是动态评价指标，是在考虑资金时间价值的基础上的评价指标，常用的有净现值、内部收益率、净年值等。对技术改造方案的评价一般采用动态评价指标，把技术改造和不技术改造作为两个独立的方案，也就是通常所说的有无项目法进行评价、决策。把不进行技术改造认为无项目，进行技术改造认为有项目，分别计算两种情况下的现金流，然后通过计算净现值、内部收益率等指标进行评价。

例：某印刷企业现有一条生产线，价值 200 万元，每年需要流动资金 200 万元。如果企业继续使用现有生产线，还可以使用 5 年，未来 5 年的净收入为 150 万元，假设期末流动资金可以全部收回，设备残值为 0。如果现在进行技术改造，需要追加固定投资 100 万元，流动资金 50 万元，未来 5 年每年的净收入为 200 万元，到期流动资金可以全部收回，固定资产残值 50 万元不考虑折旧和所得税的影响，基准折现率为 10%，问企业是否进行技术改造？

解：首先计算有项目和无项目的净现金流，将原有资产的价值作为初始现金流出，两个项目的净现金流量如表 7-1、表 7-2 所示。

211

表 7-1 无项目（不进行技术改造）时的现金流

| 年份 | 0 | 1 | 2 | 3 | 4 | 5 |
|---|---|---|---|---|---|---|
| 1. 固定资产投资 | 200 | | | | | |
| 2. 流动资金投资 | 200 | | | | | |
| 3. 年净收入 | | 150 | 150 | 150 | 150 | 150 |
| 4. 流动资金回收 | | | | | | 200 |
| 5. 固定资产残值回收 | | | | | | |
| 6. 净现金流入 | -400 | 150 | 150 | 150 | 150 | 350 |

表 7-2 有项目（进行技术改造）时的现金流

| 年份 | 0 | 1 | 2 | 3 | 4 | 5 |
|---|---|---|---|---|---|---|
| 1. 固定资产投资 | 300 | | | | | |
| 2. 流动资金投资 | 250 | | | | | |

续表

| 年份 | 0 | 1 | 2 | 3 | 4 | 5 |
|---|---|---|---|---|---|---|
| 3. 年净收入 | | 200 | 200 | 200 | 200 | 200 |
| 4. 流动资金回收 | | | | | | 250 |
| 5. 固定资产残值回收 | | | | | | 50 |
| 6. 净现金流入 | −550 | 200 | 200 | 200 | 200 | 500 |

进行技术改造和不进行技术改造是两个互斥方案，分别计算两个方案的净现值：

无项目的净现值：

$$NPV_1 = -400 + 150 \ (P/A, \ 10\%, \ 5) \ + 200 \ (P/F, \ 10\%, \ 5)$$
$$= -400 + 150 \times 3.791 + 200 \times 0.6209$$
$$= 292.83 \ （万元）$$

有项目的净现值：

$$NPV_2 = -550 + 200 \ (P/A, \ 10\%, \ 5) \ + 300 \ (P/F, \ 10\%, \ 5)$$
$$= -550 + 200 \times 3.791 + 300 \times 0.6209$$
$$= 394.47 \ （万元）$$

$NPV_2 > NPV_1 > 0$，所以应进行技术改造。

## 三、印刷企业设备更新改造管理

### （一）设备更新的内容

设备是印刷企业技术系统的重要部分，设备更新是技术改造的一项重要内容。设备更新包括设备的现代化改造和设备更换。设备的现代化改造就是利用先进的科学技术成就来提高原有设备的性能、效率。设备的现代化改造包括设备局部的技术更新和增加新的技术结构。局部技术更新是指采用先进技术改变现有设备的局部结构；增加新的技术结构是在原有设备的基础上增添新部件、新装置等。设备更换是设备更新的主要形式，包括简单更换和技术更新。简单更换是用结构相同的新设备替换老设备；技术更新是在技术进步的基础上，用新设备来替代旧设备。

### （二）设备的磨损

设备在使用（或闲置）过程中会逐渐发生磨损，磨损分为有形磨损和无形磨损。机器设备在使用（或闲置）过程中发生的实体磨损称为有形磨损。有形磨损会导致设备的精度降低、工作能力降低甚至丧失。设备除遭受有形磨损外，还遭受无形磨损。无形磨损不是由于在生产过程中的使用或自然力的作用造成的，所以它不表现为设备实体的变化，而表现为设备原始价值的贬值。无形磨损按形成原因分为两种：第一种无形磨损是由于设备制造工艺不断改进，成本不断降低，劳动生产率不断提高，生产同种机器设备所需的社会必要劳动减少了，因而机器设备的市场价格降低了，这样就使原来购买的设备价值相应贬值了。第二种无形磨损是由于技术进步，社会上出现了结构更先进、技术更完善、生产效率更高、耗费原材料和能源更少的新型设备，因而导致原有设备的陈旧、落后而贬值。

### （三）设备磨损的度量

#### 1. 设备有形磨损的度量

度量设备的有形磨损程度，借用的是经济指标。整机的平均磨损程度 $\alpha_p$ 是在综合单个零件磨损程度的基础上确定的。即：

$$\alpha_p = \frac{\sum_{i=1}^{n} \alpha_i k_i}{\sum_{i=1}^{n} k_i}$$

其中，$\alpha_p$ 表示设备的有形磨损程度；$k_i$ 表示零件 i 的价值；n 表示设备零件总数；$\alpha_i$ 表示零件 i 的实体磨损程度。

#### 2. 设备无形磨损的度量

设备的无形磨损程度用下式表示：

$$\alpha_1 = \frac{k_0 - k_1}{k_0} = 1 - \frac{k_1}{k_0}$$

其中，$\alpha_1$ 表示设备无形磨损程度；$k_0$ 表示设备的原始价值；$k_1$ 表示等效设备的再生产价值。$k_1$ 从两个方面反映技术进步：一是相同设备再生产价值的降低；二是具有较好功能和更高效率的新设备的出现对现有设备的影响。

#### 3. 设备综合磨损的度量

机器设备在使用期内，既要遭受有形磨损，又要遭受无形磨损，设备的磨损是综合的。设备综合磨损程度的度量如下：

$$\alpha = 1 - (1 - \alpha_p)(1 - \alpha_1)$$

#### 4. 设备磨损的补偿

要维持企业生产的正常进行，必须对设备的磨损进行补偿，由于机器设备遭受磨损的形式不同，补偿磨损的方式也不一样。根据不同的磨损形式，采取的补偿方式如图7-8所示。

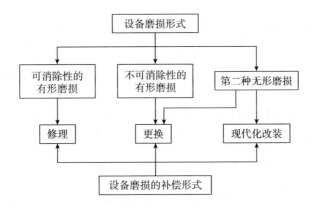

**图 7-8 设备的磨损和补偿**

5. 设备寿命周期

任何设备从投入运行到报废退出生产都有一个寿命周期。设备的寿命分为使用寿命、经济寿命和技术寿命。设备的使用寿命是指在正常使用、维护和保养的条件下，设备的服务时间。经济寿命是考虑设备的有形磨损，根据最小使用费用（成本）的原则确定的设备寿命。设备的使用费用包括初始购置费用和运行成本，随着使用年限的增加，每年分摊的购置费用下降，而运行成本会上升。技术寿命是从设备投入使用到因技术进步而更新所经历的时间。设备的更新，要考虑使用寿命的长短，同时还要考虑经济寿命和技术寿命的因素，选择适当的设备更新时机。

6. 设备更新决策

（1）设备的简单更换（原型更新）决策，是指用和原设备相同型号的设备进行设备替换。机器设备在使用过程中发生的费用叫作运行成本，包括能源费、保养费、修理费、停工损失、废次品损失等。一般情况下，随着设备使用期的增加，运行成本每年以某种速度在递增，这种运行成本的逐年递增称为设备的劣化。设备更新决策就是选择合适的设备使用年限，使年均总费用最小。假设设备初始运行成本为 $C_1$，每年运行成本的增加额为 $\lambda$，若设备使用 T 年，则第 T 年时的运行成本为：

$$C_T = C_1 + (T-1)\lambda$$

其中，$C_1$ 表示运行成本初始值，即第一年的运行成本；T 表示设备使用年数。那么，T 年内运行成本的年平均值为：

$$\overline{C_T} = C_1 + \frac{T-1}{2}\lambda$$

除运行成本外，在使用设备的总费用中还包括每年分摊的设备购置费用，金额为：

$$\frac{K_0 - V_L}{T}$$

其中，$K_0$ 表示设备的原始价值；$V_L$ 表示设备处理时的残值。

在设备使用 T 年时，年均总费用为：

$$AC = \frac{K_0 - V_L}{T} + C_1 + \frac{T-1}{2}\lambda$$

设备的经济寿命，就是使年均总费用最小的设备使用年限，假设 $V_L$ 为一常数，则经济寿命为：

$$T_E = \sqrt{\frac{2(K_0 - V_L)}{\lambda}}$$

例如，若某印刷机原始价值80万元，预计残值8万元，运行成本初始值5万元，年运行成本劣化值3万元，则设备的经济寿命为：

$$T_E = \sqrt{\frac{2(80-8)}{3}} \approx 7(\text{年})$$

（2）出现新设备情况下的更新（技术更新）决策。在有新型设备出现的情况下，要决定是否用新型设备替代旧设备，可以用年费用比较法进行决策。年费用比较法是从原有旧设备的现状出发，分别计算旧设备再使用一年的总费用和备选新设备在其预计的经济寿命期内的年均费用，并进行比较，根据年费用最小原则决定是否应该更新设备。

1）旧设备年总费用的计算。旧设备再使用一年的总费用为：

$$AC_0 = V_{00} - V_{01} + \frac{V_{00} + V_{01}}{2}i + \Delta C$$

其中，$AC_0$ 表示旧设备下一年运行的总费用；$V_{00}$ 表示旧设备在决策时可出售的价值；$V_{01}$ 表示旧设备一年后可出售的价值；$\Delta C$ 表示旧设备继续使用一年在运行费用方面的损失（使用新设备相对使用旧设备的运行成本的节约额和销售收入的增加额）；$i$ 表示最低希望收益率；$\frac{V_{00} + V_{01}}{2}i$ 表示因继续使用旧设备而占用资金的时间价值损失，资金占用额取旧设备现在可售价值和一年后可售价值的平均值。

2）新设备年均总费用的计算。新设备年均总费用包括以下三部分：

第一，运行劣化损失。假设每年的劣化值为 $\lambda$，设备使用 T 年，则 T 年劣化值的平均值为 $\frac{\lambda(T-1)}{2}$，新设备的劣化值可以参考旧设备的相关数据进行估计。

第二，设备价值损耗。新设备在使用过程中，其价值会逐渐损耗，表现为残值逐渐减少。假定设备残值每年以同等的数额递减，则 T 年内每年的设备价值损耗为 $\frac{K_n - V_L}{T}$，其中，$K_n$ 表示新设备的原始价值；$V_L$ 表示新设备使用 T 年后的残值。

第三，资金时间价值损失。新设备在使用期内平均资金占用额为 $\frac{K_n - V_L}{2}$，占用资金的时间价值损失为 $\frac{K_n - V_L}{2}i$。新设备年均总费用是以上三项的和，即 $AC_n = \frac{\lambda(T-1)}{2} + \frac{K_n - V_L}{T} + \frac{K_n - V_L}{2}i$。

根据上式求最小值，计算新设备的经济寿命 T，则 $T = \sqrt{\frac{2(K_n - V_L)}{\lambda}}$。按经济寿命计算的新设备年均总费用为：

$$AC_n = \sqrt{2(K_n - V_L)\lambda} + \frac{(K_n + V_L)i - \lambda}{2}$$

3）设备更新决策。是否用新设备替代旧设备，就是在当前情况下，比较旧设备再使用一年的总费用和新设备按照经济寿命计算的最小年均总费用的大小。若 $AC_0 \leq AC_n$，则不进行设备更新；若 $AC_0 > AC_n$，则进行设备更新。

# 本章小结

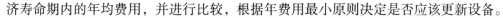

1. 印刷技术是印刷企业从事印刷等相关业务所需要的知识、技能、手段、方法和规则的总称，包括加工印刷产品的机器、设备和方法。

2. 印刷企业技术管理就是印刷企业用于计划、开发和实现技术能力，从而影响和完成组织的战略和运营目标的一系列与工程、科学、管理相关的活动，包括印刷企业的技术战略确定、技术选择、技术和设备引进活动、印刷企业技术能力开发、印刷企业工艺管理等一系列活动。

3. 印刷技术的变化涉及两个方面：一是技术的创新，二是技术的扩散。

4. 印刷技术的进步，首先表现为创新企业对新设备、新材料、新工艺的率先使用，也就是企业的技术创新；其次表现为新设备、新材料、新工艺的广泛应用，也就是印刷技术的扩散；最后表现为新技术占据主导地位，行业技术水平和生产力得到极大提高。

5. 印刷企业的技术引进既包括先进技术知识的引进，也包括先进设备、重要器材的引进，特别是印刷作为一个加工型的行业，它的技术主要体现在先进的设备、材料以及与此相关的操作方法和技能方面，设备引进在印刷技术引进方面占有重要的地位。

6. 印刷企业技术改造就是在企业现有的基础上，用先进技术代替落后技术，用先进的工艺和装备代替落后的工艺和装备，以改变企业落后的技术经济面貌，实现以内涵为主的扩大再生产，达到提高产品质量、促进产品更新换代、节约能源、降低消耗、扩大生产规模、全面提高社会经济效益的目的。

### 案例讨论

## 创新技术　推动印刷迈入智能新时代

工业4.0，即第四次工业革命，它从单一的自动化生产转变为整个系统的全面自动化生产。在整个价值链中，系统之间以及系统与人之间紧密相连，实时沟通，共同合作，这一切的关键在于数据交换。物联网、云、认知计算等都对工业4.0有着巨大推动。

数字化是印刷企业走向智能制造的有效途径。2013年，美国麻省理工学院对184家上市企业做了专项研究，他们发现，实施了数字化转型的企业比没有实施数字化转型的企业盈利率高出26%。184家企业中有23%能够满足市场需求，傲立市场前沿，究其原因：一方面，数字化、全方位整合的流程帮助它们实现了卓越经营；另一方面，这些企业注重用户体验，使企业保持个性化和灵活性。

今天的印刷世界日新月异，面临诸多挑战，如全新的商业模式、数字化、生产力及资产运用效率、全新解决方案与新的机遇……印刷企业要想提升盈利水平，让设备潜能充分发挥出来，必须注重设备综合利用率（OEE），其是背后的主要驱动力。

OEE是反映设备生产力的指标，其由三个指数构成：时间指数（反映设备可以用来开展生产的时间）、速度指数（反映设备的生产性能）以及质量指数（反映设备生产出来、客户愿为此付钱的合格印张）。OEE＝时间指数×速度指数×质量指数。据统计，目前印刷企业的OEE平均值只有25%。如今，数字化将智能化联网与智能化人机互动结合起来，使部分企业的OEE达到了50%，印证了10年内将生产力翻一番的目标完全可以实现。

海德堡可提供海德堡云、Push to Stop技术、远程服务与数字化服务、智能印刷厂以及全新商业模式等，助力印刷企业实现数字化和工业4.0。

说到智能化和数字化，不得不提海德堡云。海德堡云存储了海量的大数据，能够提供实时服务，而且在海德堡云，印刷企业不仅可以了解自身的OEE水平，还可获知自家设备和市场平均水平的差异，从而了解自身的成长空间。此外，借助海德堡云，设备能跟人对话，没有人员干预，设备也可以向人们报告其"健康状况"，这样一来就能减少停机时间，有利于企业提高设备综合利用率。

到底如何实现智能印刷和工业4.0？海德堡的答案是Push to Stop。它突破了印刷人的传统思维模式，指的是只有一个点击，印刷机才会停下来，如果不点击，印刷机就会一直全自动运行，直到完成系统中的全部生产任务；最大亮点在于生产中的每一个步骤都有最高的透明度，不再需要人员干预，好处不言而喻：设备的工作状态更好，综合利用率更高，企业在单位时间内的产出更大，企业所追求的更高经济效益也就得到了保障。

变化就在那里，海德堡已经在开创新的理念、新的方法和新的商业模式，帮助印刷企业和整个行业进入新的智能化时代。

资料来源：http://www.keyin.cn/magazine/yinshuajishu/201910/30-1117357.shtml。

➡ **思考题**

1. 谈谈你对印刷业智能化发展趋势的认识。

2. 传统印刷企业如何实现智能化转型？

**即学即测**

**一、选择题**

1.【多选题】技术管理经历了哪几个阶段？（ ）

A. R&D管理　　　B. 创新管理　　　C. 技术战略　　　D. 基于价值的管理

2.【多选题】技术创新包括哪几类？（ ）

A. 产品创新　　　B. 过程创新　　　C. 设备创新　　　D. 方法创新

3.【多选题】印刷业"十三五"规划提出的行业发展方向有（ ）。

A. 绿色化　　　B. 数字化　　　C. 智能化　　　D. 融合化

4.【多选题】企业技术战略包括哪几种类型？（ ）

A. 技术领先战略　　B. 市场缝隙战略　　C. 跟随战略　　D. 技术合理化战略

**二、判断题**

1. 印刷技术是印刷企业从事印刷等相关业务所需要的知识、技能、手段、方法和规则的总称。（ ）

2. 印刷技术的变化涉及两个方面：一是技术的创新，二是技术的扩散。（ ）

3. 技术创新包括产品创新、工艺创新和设备创新。（ ）

4. 企业的唯一目标是为股东创造价值。（ ）

5. 设备的寿命分为使用寿命、经济寿命和技术寿命。（ ）

**参考答案**

一、选择题：1. ABCD　2. AB　3. ABCD　4. ABCD

二、判断题：1. √　2. √　3. ×　4. ×　5. √

# 第八章

## 印刷企业财务管理

### 本章提要

　　本章介绍了印刷企业财务管理的基本概念，重点论述了印刷企业的投资管理、筹资管理以及财务报表分析。通过本章的学习，可以对印刷企业财务管理整体和重点工作有一个清楚的认识。

### 重点难点

⊙理解财务管理的概念

⊙理解印刷企业财务管理的目标

⊙掌握印刷企业的筹资方式

⊙掌握印刷企业的筹资成本及计算方法

⊙掌握印刷企业的投资方式

⊙掌握印刷企业的投资决策方法

⊙掌握企业主要财务报表的内容与结构

⊙掌握财务分析指标及方法

 引导案例

#### 龙利得四年三闯 IPO 终成功

　　龙利得是一家专业从事瓦楞纸箱、纸板的研发、设计、生产和销售的印刷包装企业，主要为食品饮料、日化家化、粮油、家居办公、电子器械、医药医疗等行业的客户提供包装产品和服务，可根据客户的需求量身定制、设计综合包装方案，提供精细化服务。

　　龙利得公司 2015 年 8 月于新三板挂牌，2016 年 7 月做了上市辅导备案登记，之后公司招股书于 2017 年 6 月获得受理，2017 年 9 月龙利得在新三板正式摘牌。2018 年 1 月首次迎来上会大考，未获通过。2018 年 7 月公司再度做了上市辅导备案登记，招股书于 2018 年 11 月 30 日获得受理，2019 年 10 月龙利得迎来了二度上会机会，却在上会前夕被取消审核。

　　龙利得如今已三度"报考"A 股，此次 IPO 申请于 6 月 23 日获得受理，保荐机构为东吴证券，计划融资金额 4.2086 亿元。

从经营业绩来看，2017～2019 年，龙利得的营收分别为 6.42 亿元、8.61 亿元和 8.71 亿元；净利润分别为 5725.51 万元、8875.58 万元和 8599.99 万元，2019 年同比下跌 3.11%。

资料来源：http://www.keyin.cn/news/ysqy/202007/15－1119313.shtml。

从龙利得四年三闯 IPO 终于取得成功来看，通过资本市场公开发行股票并上市交易筹集企业发展所需资金，是印刷企业扩大经营规模、加快发展的重要途径。这涉及企业筹资、投资、运营以及收益分配问题。这些方面都是企业财务管理研究和解决的问题。

现代印刷企业是一种社会化的大生产组织，拥有大量的先进设备和技术，在生产过程中需要消耗大量的原材料、辅助材料、能源和动力，同时还需要雇用众多的技术人员和管理人员协同劳动。从系统论的角度看，现代印刷企业是一个投入产出转换的开放系统，不断地投入各种生产要素，产出有用的产品和服务提供给社会。印刷企业的生产过程，是物流、信息流和资金流的统一。资金是企业从事生产经营的基本要素，对企业的生存和发展具有举足轻重的作用。印刷企业在生产经营的过程中，不断地发生资金的流入和流出，与有关各方发生资金的往来和借贷关系。围绕现金的收入和支出形成企业的财务活动和各种财务关系。印刷企业财务管理就是组织企业财务活动、处理企业财务关系的一项管理活动。

# 第一节  印刷企业财务管理概述

## 一、印刷企业财务管理的概念

财务管理是组织企业财务活动、处理财务关系的一项经济管理工作。认识财务管理，必须从分析企业的财务活动和财务关系开始。企业财务活动是以现金收支为主的企业资金收支活动的总称。资金是企业进行生产经营的一种必要生产要素，企业的生产经营过程，一方面表现为物资的采购、储备、加工与出售的实物流动，另一方面表现为价值形态的资金流入与流出。这种资金收支活动就构成了企业的财务活动，具体来说，企业财务活动包括企业筹资引起的财务活动、企业投资引起的财务活动、企业经营引起的财务活动和企业分配引起的财务活动。企业财务关系是指企业在组织财务活动过程中与各有关方面发生的经济关系。企业的筹资活动、投资活动、经营活动、利润及其分配活动都会与企业内外方方面面发生联系，这些关系就是企业的财务关系。企业的财务关系包括企业同其所有者之间的财务关系、企业同其债权人之间的财务关系、企业同其被投资单位之间的财务关系、企业同其债务人之间的财务关系、企业与职工之间的财务关系、企业内部各单位之间的财务关系、企业与税务机关之间的财务关系等。企业财务管理就是组织好企业的财务活动、处理好企业的财务关系，为企业生存发展提供资金支持的一种综合性的管理活动。和企业的其他管理职能相比，企业财务管理有自己的特点：首先，财务管理是一项综合性管理工作；其次，财务管理与企业各方面具有广泛的联系；最后，财务管理能迅速反映企业的生产经营状况。

## 二、印刷企业财务管理的目标

目标是系统希望实现的结果，根据不同的系统所研究和解决的问题，可以确定不同的目标。财务管理的目标是企业理财活动所希望实现的结果，是评价企业理财活动是否合理的基本标准。财务管理是企业管理的重要组成部分，财务管理的目标应该服从和服务于企业的目标。从本质上讲，企业的目标是通过生产经营活动创造更多的财富，实现企业价值的增值，同时，在企业价值增值的过程中，企业应该承担社会责任，实现企业经济价值和社会价值的统一。但是，由于不同国家企业面临的财务环境不同、同一国家的企业公司治理结构不同、企业的发展战略和所处的发展阶段不同等，财务管理目标可能有不同的表现形式，主要有利润最大化目标和股东财富最大化目标两种。

### （一）以利润最大化为目标

利润最大化是西方微观经济学的理论基础。"利润最大化"观点持有者认为：利润代表了企业新创造的财富，利润越多则企业的财富增加得越多，越接近企业目标。在市场经济下，企业往往把追求利润最大化作为目标，因此，利润最大化自然也就成为企业财务管理要实现的目标。以利润最大化为目标，可以帮助企业加强经济核算，努力增收节支，提高企业的经济效益。利润最大化目标也存在许多缺点，如没有考虑利润实现的时间，忽视了项目报酬的时间价值；没有考虑伴随高报酬的高风险；没有考虑利润和投入资本的关系；利润更多地反映过去经营活动取得的成果，并不能反映企业未来的盈利能力等。盲目追求利润最大化可能会带来追求短期利润、忽视经营风险和长远发展等问题，因此，利润最大化并不是企业财务管理的最优目标。

### （二）以股东财富最大化为目标

股东财富最大化，是指通过财务上的合理运营，为股东创造最多的财富。对于股份制企业，企业属于全体股东所有，股票的市场价格和股东拥有的股票数量决定了股东财富的多少。企业属于股东，股东投资的目的就是获得最多的财富增值，因此，企业经营的目标是使股东财富最大化，财务管理的目标也是股东财富的最大化。股东财富最大化目标一定程度上克服了利润最大化目标忽视风险、追求短期利润等方面的不足，但是它只适应于股票已公开上市的股份公司，对一般的企业则难以适用。股东财富最大化在强调股东利益的同时，可能导致忽视或者损害债权人、员工、供应商、社会公众等利益相关者的利益。

# 第二节　印刷企业筹资管理

## 一、印刷企业筹资

企业筹资就是企业根据生产经营、对外投资和调整资本结构等需要，通过一定的筹资渠道，应用一定的筹资方式，经济有效地筹措和集中资本，满足资金需要的财务活动。资本是企业维持简单再生产和扩大再生产的必要条件。企业初创时期，需要筹集注册资本，企业正常经营时期，为了扩大生产规模或调整资本结构，也需要筹集资本。企业筹资的基本目的是自身的生存与发展。企业在持续的生存与发展中，其具体的筹资活动通常受特定的筹资动机所驱使。企业筹资的具体动机多种多样，如为购买新设备筹资、为开发新产品筹资、为补充流动资金筹资、为偿还债务筹资、为企业并购筹资、为调整资本结构筹资等。这些具体筹资动机归纳起来有三种类型：第一种是扩张性筹资动机，是指企业因扩大生产经营规模或增加对外投资而产生的追加筹资的动机；第二种是调整性筹资动机，是企业因调整现有资本结构的需要而产生的筹资动机；第三种是既为扩张规模又为调整资本结构而产生的筹资动机，称为混合性筹资动机。企业筹资需要通过一定的渠道，运用一定的筹资方式来进行。企业的筹资渠道是指企业筹集资本来源的方向与通道，也就是企业筹集的资本从哪里来，经过什么途径得到。社会资本掌握在政府、企业、各种组织和个人手中，通过金融机构或资本市场予以聚集，提供给资金的需求者。我国企业的筹资渠道归纳起来主要有七种：①政府财政资本；②银行信贷资本；③非银行金融机构资本；④其他法人资本；⑤民间资本；⑥企业内部资本；⑦国外和港澳台资本。

企业筹集资本，需要运用一定的方式。企业筹资方式是指企业筹集资本所采取的具体形式和工具，体现着资本的属性和期限。不同的筹资方式可以提供不同属性和使用期限的资本，对企业的资本成本以及企业的经营也会产生一定的影响，企业应该根据自身的特点和对资金需要的具体情况选择合适的筹资方式。一般而言，企业的筹资方式有以下几种：

### （一）投入资本筹资

投入资本筹资是指非股份制企业以协议等形式吸收国家、其他企业、个人和外商等直接投入的资本，形成企业投入资本的一种筹资方式。投入资本筹资不以股票为媒介，适用于非股份制企业。

### （二）发行股票筹资

发行股票筹资是股份有限公司筹集股权资本的基本形式，是股份有限公司按照公司章程依法发行股票直接筹资，形成公司股本的一种筹资方式。

### （三）发行债券筹资

发行债券筹资是企业按照债券发行协议通过发售债券直接筹资，形成企业债权资本

的一种筹资方式。

**（四）发行商业本票筹资**

发行商业本票筹资是大型工商企业或金融企业获得短期债权资本的一种筹资方式。

**（五）银行借款筹资**

银行借款筹资是各类企业按照借款合同从银行等各种金融机构借入各种款项的筹资方式。

**（六）商业信用筹资**

商业信用筹资是企业通过赊购商品、预收货款等商品交易行为筹集短期债权资本的一种筹资方式。

**（七）租赁筹资**

租赁筹资是企业按照租赁合同租赁资产，分期支付租金，从而达到筹资目的的一种特殊的筹资方式。

## 二、印刷企业长期筹资方式

长期筹资就是企业通过一定的方式筹集供企业长期使用的资金，根据具体的筹资方式的不同，可以分为投入资本筹资、股票筹资、债券筹资、长期借款、融资租赁等。

**（一）投入资本筹资**

投入资本筹资是指非股份制企业以协议等形式吸收国家、其他企业、个人和外商以及其他组织的直接投入的资本，形成企业投入资本的一种筹资方式。投入资本是企业股权资本的重要部分，属于所有者权益，对于股份制企业来说，投入资本就是股本。在我国，非股份制企业，包括个人独资企业、个人合伙企业以及国有独资公司可以采取投入资本筹资的方式来筹资。企业采用投入资本筹资，首先要确定投入资本筹资的数量，其次要选择投入资本筹资的具体形式，再次要同投资方签订合同或协议，最后按协议取得投入的资本。投入资本筹资是我国企业筹资中最早采用的一种方式，也曾是我国国有企业、集体企业、合资或联营企业普遍采用的筹资方式。通过投入资本筹资，企业可以获得长期使用的股权资本，提高企业的资信和借款能力，不仅可以筹集现金，还可以直接获得先进的设备或技术等生产要素，能较快地形成生产力，另外，筹资风险也比较低。但是，投入资本筹资的成本通常比较高。

**（二）股票筹资**

股票筹资就是股份制企业利用资本市场，通过发行公司股票向投资者筹集资金的方式。发行股票筹资是股份有限公司筹措股权资本的基本方式。股票按照股东享有的权利和义务的不同分为普通股和优先股。按照我国有关法律规定，股份有限公司发行股票必须具备一定的发行条件，取得发行资格，并办理必要的手续。发行股票的股份有限公司应制定股份有限公司章程，向证券主管机构等有关部门提出发行股票的申请，制定并公告招股说明书，与具有法定资格的证券经营机构签订承销协议，并提供会计师事务所等出具的财务会计报告等文件。股份公司发行股票，分为设立发行和增资发行。我国的《公司法》等对设立发行和增资发行需要具备的条件做了明确的规定。和债券筹资相比，利用股票筹资不需要支付利息，可以取得长期使用的资本，财务风险较小。但是，股票筹资的成本相对比较高，支付的股利不能在所得税之前扣除，另外，大量发行股票可能还会分散公司的控制权。

### （三）债券筹资

债券是债务人为债权资本而发行的，约定在一定期限内向债权人还本付息的有价证券。发行债券是企业筹集债权资本的重要方式。按照我国《公司法》的规定，我国的股份有限公司和有限责任公司发行的债券称为公司债券。公司债券根据不同的标准可以分为记名债券与无记名债券、固定利率债券与浮动利率债券、抵押债券与信用债券等。公司发行债券，应具备法律规定的发行资格和条件。根据我国《公司法》规定，股份有限公司、国有独资公司和两个以上的国有企业或者其他两个以上的国有投资主体投资设立的有限责任公司，具有发行公司债券的资格。我国《公司法》对发行公司债券的具体条件做了明确的规定。我国公司发行债券，需要由企业提出申请，经过国务院证券管理部门审批。发行公司债券的申请经过批准后，公开向社会发行债券，应当向社会公告债券募集办法，并委托具有资格的证券承销机构向投资者发售。债券筹资的优点是债券成本较低，利息支出可以在所得税前扣除，可以保证普通股股东对公司的控制权等。债券筹资的缺点是财务风险较高、限制条件多、筹资的数量有限等。

### （四）长期借款

长期借款是指企业向银行等金融机构以及其他单位借入的、期限在一年以上的各种借款。按照提供贷款的机构不同，长期借款可以分为政策性银行贷款、商业性银行贷款和保险公司贷款。按照有无抵押品作担保，长期借款可以分为抵押贷款和信用贷款。企业向银行借款，需要提出借款申请，说明借款的原因、借款金额、用款时间和计划以及还款期限和计划等。银行针对企业的借款申请，按照有关规定和贷款条件，对借款企业的财务状况、信用状况、借款理由、还款能力等方面进行审查，决定是否贷款。银行审查、批准后，企业和银行签订借款合同，明确双方的权利、责任和义务。和其他筹资方式相比，借款筹资速度快、成本低，比较灵活。但是，长期借款的筹资风险较高、限制条件较多、筹资数量受到严格的限制。

### （五）融资租赁

融资租赁又称资本租赁、财务租赁，是由租赁公司按照承租企业的要求，融资购买设备，按照契约或合同提供给承租企业长期使用，在使用期限内，承租企业缴纳租金给租赁公司。这种租赁形式本质上是一种长期的融资行为，它集融资和融物为一体，具有借贷性质，是承租企业借入长期资金的一种特殊的形式。企业进行融资租赁时，一般先向租赁公司提出正式租赁申请，由租赁公司融资购进设备租给承租企业使用，租赁期限较长，租赁合同比较稳定，在规定的租赁期限内，不能单方面解除合同，由承租企业负责设备的维修保养和保险，租赁期满，按照双方约定的办法处置设备，一般有退租、续租和留购三种形式。企业利用融资租赁的方式筹集资金，可以迅速获得所需要的资产，限制条件较少，并可以免遭设备陈旧过时等风险。但是，这种方式的筹资成本比较高，企业财务负担比较重。

## 三、长期筹资成本

### （一）资本成本概念

资本成本是企业筹集和使用资本而付出的代价。企业向银行借款要支付利息，企业发行债券筹资要支付债券利息，企业发行股票筹资要向投资者支付股利等，这些都构成了资金使用者的成本。从提供资金一方来看，资本的成本反映了资金供给者提供资金所要求的报酬。在社会主义市场经济下，资金也是一种特殊的商品，资本成本的高低受到资金供求条件的影响。从资本成本的绝对量上看，资本成本由两部分构成：一部分是用资费用，另一部分是筹资费用。用资费用是指企业在生产经营和对外投资活动中因使用资本而承担的费用，例如向债权人支付的利息、向股东分配的股利等。筹资费用是指企业在筹集资本活动中为获得资本而付出的费用，例如向银行支付的借款手续费，因发行股票、债券而支付的发行费用等。资本成本的高低，通常用资本成本率来表示。资本成本率是指企业使用资本的费用与有效筹资额之间的比率，通常用百分比表示。资本成本率又分为个别资本成本率、综合资本成本率和边际资本成本率。个别资本成本率是指企业各种长期资本的成本率。综合资本成本率是指企业全部长期资本的成本率。边际资本成本率是指企业追加长期资本的成本率。

### （二）个别资本成本率的计算

1. 个别资本成本率的计算原理

个别资本成本率是企业使用资本的费用与有效筹资额的比率。基本的计算公式如下：

$$K = \frac{D}{P - F}$$

其中，K 表示资本成本率；D 表示用资费用额；P 表示筹资额；F 表示筹资费用额。

2. 长期借款的资本成本率计算

根据企业所得税法的规定，企业长期借款的利息支出可以在所得税前扣除。企业长期借款的成本可以用以下公式进行测算：

$$K_1 = \frac{I_1 (1 - T)}{L (1 - f_1)}$$

其中，$K_1$ 表示长期借款资本成本率；$I_1$ 表示长期借款年利息额；T 表示企业所得税税率；L 表示长期借款筹资额；$f_1$ 表示长期借款筹资费用率。

例1：某印刷企业从银行借款 2000 万元，手续费 0.1%，年利率 5%，借款期 5 年，每年结算一次利息，期末还本，企业所得税率为 25%。试计算长期借款资本成本率。

$$K_1 = \frac{2000 \times 5\% \times (1 - 25\%)}{2000 \times (1 - 0.1\%)} \approx 3.75\%$$

3. 长期债券资本成本率的计算

企业发行长期债券筹资，支付的债券利息也可以在所得税前列支。债券的筹资费用包括申请费、注册费、咨询费、印刷费、上市费和推销费等。债券的发行价格有时等于面值，有时高于或低于面值。债券的资本成本率一般计算公式如下：

$$K_b = \frac{I_b(1-T)}{B(1-f_b)}$$

其中，$K_b$ 表示长期债券资本成本率；$I_b$ 表示长期债券年利息额；$T$ 表示企业所得税税率；$B$ 表示按发行价计算的长期债券筹资额；$f_b$ 表示长期债券筹资费用率。

例2：某印刷企业拟发行面值100元、期限5年、票面利率8%的债券10万张，每年结算利息一次。发行费用为发行价格的5%，企业所得税率为25%。如果债券按面值发行，该批债券的资本成本率为多少？

$$K_b = \frac{100 \times 8\% \times (1-25\%)}{100 \times (1-5\%)} \approx 6.32\%$$

**4. 普通股股票筹资的资本成本率**

利用普通股股票筹集长期股权资本，资本成本就是企业发行股票的费用和每年支付的普通股股利。从投资者的角度看，其是投资于普通股股票所要求的必要报酬率。按照资本定价的理论，发行普通股股票的价格是今后每年支付股利的折现值，折现率就是投资的报酬率或资本成本率。基本的计算公式如下：

$$P_0 = \sum_{t=1}^{\infty} \frac{D_t}{(1+K_c)^t}$$

其中，$P_0$ 表示普通股融资净额；$D_t$ 表示普通股第 $t$ 年的股利；$K_c$ 表示普通投资必要报酬率，即普通股资本成本率。

根据上述公式，如果知道融资净额和普通股股利，就可以计算出资本成本率。如果公司采用固定股利政策，每年分配现金股利 $D$ 元，则资本成本率的计算公式如下：

$$K_c = \frac{D}{P_0}$$

例3：某印刷企业拟发行一批普通股股票，发行价格11元，每股发行费用1元，预定每年分配现金股利每股1.1元。计算普通股筹资的资本成本率。

$$K_c = \frac{1.1}{11-1} = 11\%$$

如果公司采用增长股利的政策，固定股利增长率为 $G$，则资本成本率的计算公式如下：

$$K_c = \frac{D}{P_0} + G$$

例4：某印刷企业准备发行普通股筹资，每股发行价15元，发行费用3元，预定第一年分配现金股利1.5元，以后每年增长5%。计算其资本成本率。

$$K_c = \frac{1.5}{15-3} + 5\% = 17.5\%$$

**5. 优先股和留存收益的资本成本率**

企业利用优先股筹资，一般每年需支付固定的股利，发行优先股也需要一定的手续费等筹资费用。优先股资本成本的计算同支付固定股利的普通股资本成本的计算思路一样。企业利用留存的收益增加资本，表面上看不需要支付成本，实际上，利用留存收益增加资本，也是一种筹集长期股权资本的形式，需要考虑利用这种资本的机会成本。由于留存收益归普通股股东所有，因此需要取得和普通股投资一样的报酬，所以，留存收益的资本成本率的计算基本上和发行普通股一样，只是不考虑筹资费用。

### （三）综合资本成本率计算

综合资本成本率是综合企业各种资本筹集方式的资本成本率及其在总的资本中所占比例而计算的资本成本率，反映企业所有长期资本成本的高低。在取得个别资本成本率和相应的比例后，可以利用以下的公式计算：

$$K_w = K_l W_l + K_b W_b + K_p W_p + K_c W_c + K_r W_r$$

其中，$K_w$ 表示综合资本成本率；$K_l$ 表示长期借款资本成本率；$W_l$ 表示长期借款资本比例；$K_b$ 表示长期债券资本成本率；$W_b$ 表示长期债券资本比例；$K_p$ 表示优先股资本成本率；$W_p$ 表示优先股资本比例；$K_c$ 表示普通股资本成本率；$W_c$ 表示普通股资本比例；$K_r$ 表示留存收益资本成本率；$W_r$ 表示留存收益资本比例。

例5：某印刷企业现有长期资本总额10000万元，其中长期借款2000万元、长期债券3500万元、优先股1000万元、普通股3000万元、留存收益500万元；各种长期资本的成本率分别为4%、6%、10%、14%、13%。该公司的综合资本成本率是多少？

各种长期资本的比例分别为：

长期借款资本比例 = 2000/10000 = 20%

长期债券资本比例 = 3500/10000 = 35%

优先股资本比例 = 1000/10000 = 10%

普通股资本比例 = 3000/10000 = 30%

留存收益资本比例 = 500/10000 = 5%

$$K_w = 4\% \times 20\% + 6\% \times 35\% + 10\% \times 10\% + 14\% \times 30\% + 13\% \times 5\% = 8.75\%$$

# 第三节　印刷企业投资管理

## 一、印刷企业投资

企业投资是指企业将资金投入生产经营过程，期望从中取得收益的一种行为。在市场经济下，企业作为独立的经济实体，追求利润的最大化和企业价值的增长，企业总是通过投资行为来不断地扩大经营规模和经营范围，不断地寻找新的收入和利润来源，并通过投资来分散经营风险。所以，投资活动在企业的经营活动中占据重要地位，投资管理是企业财务管理的重要工作。根据不同的分类标准，企业的投资可以分为直接投资与间接投资、长期投资与短期投资、对内投资与对外投资等。直接投资是把资金投放于生产经营性资产，以便获取利润的投资。在一般的工业企业里，直接投资占有很大的比重。间接投资又称有价证券投资，是把资金投放于证券等金融资产，以便取得股利或利息收入的投资。根据投资回收时间的长短，投资分为长期投资和短期投资。短期投资又称流动资产投资，是指能够并且准备在一年以内收回的投资，主要指对现金、应收账款、存货、短期有价证券等的投资。长期投资是指在一年以上才能收回的投资，主要包括对厂房、机器设备等固定资产的投资，也包括对无形资产和长期有价证券的投资。根据投资的方向，投资可分为对内投资和对外投资两类。对内投资又称内部投资，是指将资金投放在企业内部，购置各种生产经营用的资产。对外投资是指企业以现金、实物、无形资产等方式或是以购买股票、债券等有价证券的方式对其他单位的投资。

企业投资的根本目的是谋取利润，提高企业价值。企业的投资受到经济、政治、文化、法律、市场、技术等各种环境因素的影响，是一个复杂的、充满不确定性的管理过程。企业要搞好投资管理，需要认真进行市场调查，把握好投资机会，做好项目的可行性分析，建立科学的决策程序，控制好投资项目的风险并做好资金规划和管理。

## 二、印刷企业的内部长期投资

企业把资金投放到企业内部生产经营所需的长期资产上，称为内部长期投资。内部长期投资主要包括固定资产投资和无形资产投资。

### （一）固定资产投资

固定资产指使用年限在1年以上、单位价值在规定的标准以上，并且在使用过程中保持原来物质形态的资产，如厂房、机器设备、运输设备、办公设施等。固定资产按照经济用途可以分为生产用固定资产、销售用固定资产、科研开发用固定资产和生活福利用固定资产。固定资产投资具有回收时间长、变现能力差、投资次数较少、投资规模较大等特点。固定资产的投资管理包括投资项目的提出、投资项目的评价、投资项目的决策、投资项目的执行和投资项目的再评价等工作。一般的固定资产投资项目由基层和中层人员提出，经主管部门组织论证后实施。重要的固定资产投资项目，一般由企业的高层提出，成立专门的项目小组进行方案设计、论证和实施。

### （二）固定资产的投资决策

固定资产投资决策就是对是否进行固定资产投资，以及选择什么样的固定资产投资方案所做的决策。固定资产投资决策需要综合考虑固定资产投资的技术性和经济性，在保证技术先进的同时追求最大的投入产出效益，并尽可能地控制投资风险。对固定资产投资项目的分析，一般采用折现现金流的方法，通过对投资方案投入和产出的预测，估计投资方案的现金流，根据现金流计算折现现金流指标，根据决策结构进行固定资产的投资决策。现金流量就是由于固定资产投资引起的企业在一定时点上现金的流入和流出，现金流入减去现金流出就是净现金流，净现金流的大小和分布决定了投资的经济效果指标的大小。因此，投资分析的基础是估计固定资产投资的现金流量。固定资产投资开始时会导致现金流出，如购买设备、建造厂房等；固定资产投资完成交付使用可能会导致配套的流动资产投资的增加，同时还会发生相应的营业成本，这些会导致现金的流出；固定资产的投资会提高产量或改善产品质量，通过销售或提供劳务获得收益，这会形成现金的流入；另外，在固定资产达到使用年限，进行报废和回收后还可能取得变价收入，形成现金流入。常用的折现现金流量指标有净现值（NPV）、内部收益率

（IRR）等。

1. 净现值

净现值就是在考虑资金时间价值的基础上，将固定资产使用年限内的净现金流量折现到当前时刻的资金价值。它综合地反映了投资项目在整个寿命期内的盈利能力。净现值越大，固定资产投资的效果越好。净现值的计算公式如下：

$$NPV = \sum_{t=0}^{n} NFC_t (1 + i_0)^{-t}$$

其中，NPV 表示净现值；$i_0$ 表示基准折现率；n 表示项目寿命期；$NFC_t$ 表示第 t 年的净现金流。

2. 内部收益率

内部收益率是使投资项目净现值等于零时的折现率。内部报酬率反映了投资项目的真实报酬，是进行项目投资决策的一个主要评价指标。内部收益率的计算公式如下：

$$NPV = \sum_{t=0}^{n} NFC_t (1 + IRR)^{-t} = 0$$

其中，NPV 表示净现值；IRR 表示内部收益率；n 表示项目寿命期；$NFC_t$ 表示第 t 年的净现金流。

内部收益率是根据以上净现值等于零的方程求解得到，一般采用插值法近似计算。当折现率已知时，如果净现值大于零，则内部收益率大于基准折现率，如果净现值小于零，则内部收益率小于基准折现率。

如果计算得到项目的净现值和内部收益率指标，再结合具体的决策结构，就可以进行方案的评价和决策。如果是决定一个投资方案是否可行，只需要计算该方案的净现值或内部收益率指标。如果在一定的基准折现率下计算的净现值大于零，或者计算的内部收益率大于基准折现率，则方案可行，反之，则方案不可行。如果是在几个方案中选择出可行方案，而方案之间没有相互影响，则可以像一个方案的评价一样，分别计算各个方案的净现值或内部收益率，净现值大于零、内部收益率大于基准折现率的方案可行，净现值小于零、内部收益率小于基准折现率的方案不可行。如果从多个方案中选择一个最优的方案，则需要计算所有方案的净现值，从净现值大于零的方案里选择净现值最大的方案作为最优方案。

例6：两个固定资产投资的独立方案 A、B，A 方案第一年初投资 200 万元，在今后 10 年内每年获得净收益 45 万元，B 方案第一年初投资 200 万元，在今后 10 年内每年获得净收益 30 万元，它们的现金流如表 8-1 所示，试做出是否进行投资的决策（基准折现率为 15%）。

表 8-1　独立方案 A、B 的现金流　　　　　　　　　　单位：万元

| 方案　　　　　　　年度 | 0 | 1~10 |
|---|---|---|
| A | -200 | 45 |
| B | -200 | 30 |

按照净现值计算公式，计算得 $NPV_A = 25.8$ 万元，$NPV_B = -49.4$ 万元。

按照内部收益率计算公式，$IRR_A = 18.3\%$，$IRR_B = 8.1\%$。A 的净现值大于零，内部收益率大于基准折现率，所以 A 方案可行，B 的净现值小于零，内部收益率小于基准折现率，所以 B 方案不可行。

例 7：有两个固定资产投资的互斥方案，A 方案投资 200 万元，10 年内每年获得净收益 39 万元，B 方案投资 100 万元，10 年内每年获得净收益 20 万元，试做出决策（基准折现率为 10%）（见表 8-2）。

表 8-2　互斥方案 A、B 的现金流　　　　　　　　单位：万元

| 方案＼年度 | 0 | 1～10 |
|---|---|---|
| A | -200 | 39 |
| B | -100 | 20 |

分别计算 A、B 方案的净现值如下：

$NPV_A = 39.7$ 万元，$NPV_B = 22.9$ 万元，$NPV_A > NPV_B > 0$，A、B 为互斥方案，只能从中选择一个最佳方案，所以选择 A 方案。

### （三）无形资产投资

无形资产是企业所拥有的没有物质实体，可使企业长期获得超额收益的资产。随着技术和知识等生产要素在生产中的作用提高以及竞争的加剧，无形资产的投资和管理成为企业一项重要的财务管理工作。无形资产一般包括专利权、专有技术、专营权、场地使用权、商标权、商誉等。无形资产没有实物形态，可以在较长的时间内给企业带来超额的收益。企业可以通过购买或自己开发等进行无形资产的投资。对无形资产投资决策一般也采用折现现金流的方法，利用净现值或内部收益率等指标进行评价。和固定资产投资相比，无形资产投资的收益估计和预测更加困难，面临更大的不确定性。

# 第四节　印刷企业财务报表与财务分析

## 一、财务报表

根据我国企业会计准则和会计制度的规定，企业需要定期地编制和报送财务报表，反映企业的财务状况、经营成果以及财务状况的变动情况，为有关各方了解企业财务信息和加强企业自身的管理提供帮助。企业的财务报表主要包括资产负债表、利润表和现金流量表。

（一）资产负债表

资产负债表反映企业在会计期末的资产、负债和所有者权益的基本情况，一般在月末和年末编制。资产负债表按照会计等式编制，一般有账户式和报告式两种形式。我国的资产负债表采用账户式，分为左右两方，左边是资产，右边是负债及所有者权益，资产总额等于负债加所有者权益总额。资产负债表的结构如表8-3所示。

表8-3　2019年12月31日甲印刷公司资产负债表　　　单位：万元

| 资产 | 年初数 | 年末数 | 负债及所有者权益 | 年初数 | 年末数 |
|---|---|---|---|---|---|
| 流动资产： | | | 流动负债： | | |
| 货币资金 | 360 | 550 | 短期借款 | 240 | 280 |
| 交易性金融资产 | 60 | 80 | 交易性金融负债 | 20 | 30 |
| 应收票据 | 30 | 50 | 应付票据 | 120 | 100 |
| 应收账款 | 420 | 480 | 应付账款 | 80 | 120 |
| 预付账款 | 20 | 30 | 预收账款 | 50 | 60 |
| 应收利息 | 2 | 4 | 应付职工薪酬 | 30 | 35 |
| 应收股利 | 3 | 5 | 应交税费 | 10 | 15 |
| 其他应收款 | 12 | 20 | 应付利息 | 5 | 4 |
| 存货 | 300 | 400 | 应付股利 | 4 | 5 |
| 1年内到期非流动资产 | 25 | 15 | 其他应付款 | 5 | 10 |
| 其他流动资产 | 18 | 11 | 1年内到期的非流动负债 | 10 | 15 |
| 流动资产合计 | 1250 | 1645 | 其他流动负债 | 6 | 16 |
| 非流动资产： | | | 流动负债合计 | 580 | 690 |
| 可供出售金融资产 | 20 | 60 | 非流动负债： | | |
| 持有至到期投资 | 40 | 80 | 长期借款 | 630 | 930 |
| 长期应收款 | 10 | 40 | 应付债券 | 100 | 150 |
| 长期股权投资 | 50 | 120 | 长期应付款 | 200 | 250 |
| 投资性房地产 | 95 | 165 | 专项应付款 | 10 | 20 |
| 固定资产原值 | 2000 | 2600 | 其他非流动负债 | 50 | 80 |
| 减：累计折旧 | 400 | 680 | 非流动负债合计 | 980 | 1410 |
| 固定资产净值 | 1600 | 1920 | 负债合计 | 1570 | 2120 |
| 固定资产清理 | 20 | 40 | 所有者权益： | | |
| 在建工程 | 200 | 100 | 实收资本（股本） | 1200 | 1540 |
| 工程物资 | 25 | 20 | 资本公积 | 300 | 320 |
| 生产性生物资产 | 10 | 15 | 减：库存股 | | |
| 无形资产 | 5 | 10 | 盈余公积 | 200 | 240 |
| 递延资产 | 5 | 10 | 未分配利润 | 70 | 20 |
| 其他非流动资产 | 10 | 15 | 所有者权益合计 | 1770 | 2120 |
| 非流动资产合计 | 2090 | 2595 | | | |
| 资产总计 | 3340 | 4240 | 负债及所有者权益合计 | 3340 | 4240 |

### （二）利润表

利润表也称损益表，是反映企业在一定期间生产经营成果的财务报表。通过利润表可以了解企业的收入来源、成本费用以及利润的构成等基本情况。利润表每月编报，同时计算累计数。利润表的基本格式如表8-4所示。

表8-4　2019年度甲印刷公司利润表　　　　　　　　单位：万元

| 项目 | 本月数 | 本年累计数 |
|---|---|---|
| 一、主营业务收入 | 2000 | 4694 |
| 　减：折扣与折让 | 40 | 94 |
| 　　主营业务收入净额 | 1960 | 4600 |
| 　减：主营业务成本 | 860 | 2000 |
| 　　主营业务税金与附加 | 240 | 560 |
| 二、主营业务利润 | 860 | 1980 |
| 　加：其他业务利润 | 80 | 150 |
| 　减：销售费用 | 200 | 450 |
| 　　管理费用 | 240 | 500 |
| 　　财务费用 | 30 | 70 |
| 三、营业利润 | 470 | 1110 |
| 　加：投资收益 | 30 | 50 |
| 　　补贴收入 | 5 | 20 |
| 　　营业外收入 | 10 | 30 |
| 　减：营业外支出 | 5 | 10 |
| 四、利润总额 | 510 | 1200 |
| 　减：所得税 | 127.5 | 300 |
| 五、净利润 | 382.5 | 900 |

企业的收入主要包括主营业务收入、其他业务收入、投资收益和营业外收入。企业的成本费用等支出项目主要包括主营业务成本、主营业务税金和附加、销售费用、管理费用、财务费用、营业外支出等。企业所得税按照利润总额的25%缴纳，利润总额减去所得税为税后净利润。

### （三）现金流量表

企业生产经营是否能正常进行，很大程度上取决于企业产生现金流的能力，现金流量表反映企业一定会计期间内现金和现金等价物流入和流出的信息，便于报表使用者了解和评价企业获取现金和现金等价物的能力，并据以预测企业外来现金流量。现金流量表按照企业生产经营活动、投资活动、筹资活动等产生的现金流入和现金流出及其变动进行计算填列。现金流量表中的现金是指企业的库存现金以及可以随时用于支付的存款，包括库存现金、银行存款和其他货币资金。现金等价物是指企业持有的期限短、流

动性强、易于转换为已知金额现金、价值变动风险很小的短期投资。现金流量是某一段时期内企业现金流入和流出的数量，主要包括经营活动产生的现金流量、投资活动产生的现金流量和筹资活动产生的现金流量三类，具体的结构如表 8 − 5 所示。

表 8 − 5　2019 年度甲印刷公司业现金流量表　　　　　　单位：万元

| 项目 | 金额 |
| --- | --- |
| 一、经营活动产生的现金流量 | |
| 销售商品、提供劳务收到的现金 | 2496 |
| 收到的租金 | 220 |
| 收到的增值税销项税额和退回的增值税 | 60 |
| 收到的除增值税以外的其他税费返还 | 30 |
| 收到的其他与经营活动有关的现金 | 124 |
| 现金流入小计 | 2930 |
| 购买商品、接受劳务支付的现金 | 1200 |
| 经营租赁所支付的现金 | 88 |
| 支付给职工及为职工支付的现金 | 450 |
| 支付的增值税款 | 250 |
| 支付的所得税款 | 200 |
| 支付的除增值税所得税以外的其他税费 | 50 |
| 支付的其他与经营活动有关的现金 | 42 |
| 现金流出小计 | 2280 |
| 经营活动产生的现金流量净额 | 650 |
| 二、投资活动产生的现金流量 | |
| 收回投资所收到的现金 | 30 |
| 分得股利或利润所收到的现金 | 20 |
| 取得债券利息收入所收到的现金 | 24 |
| 处置固定资产、无形资产和其他长期资产收回的现金净额 | 16 |
| 收到的其他与投资活动有关的现金 | 224 |
| 现金流入小计 | 314 |
| 构建固定资产、无形资产和其他长期资产所支付的现金 | 218 |
| 权益性投资所支付的现金 | 30 |
| 支付的其他与投资活动有关的现金 | 768 |
| 现金流出小计 | 1016 |
| 投资活动产生的现金流量净额 | − 702 |
| 三、筹资活动产生的现金流量 | |
| 吸收权益性投资所收到的现金 | 320 |
| 发行债券所收到的现金 | 120 |

续表

| 项目 | 金额 |
|---|---|
| 借款所收到的现金 | 180 |
| 收到的与其他筹资活动有关的现金 | 20 |
| 现金流入小计 | 640 |
| 偿还债务所支付的现金 | 228 |
| 发生筹资费用所支付的现金 | 5 |
| 分配股利或利润所支付的现金 | 110 |
| 偿付利息所支付的现金 | 15 |
| 融资租赁所支付的现金 | 15 |
| 减少注册资本所支付的现金 | |
| 支付的其他与筹资活动有关的现金 | 5 |
| 现金流出小计 | 378 |
| 筹资活动产生的现金流量净额 | 262 |
| 四、汇率变动对现金的影响 | |
| 五、现金及现金等价物的净增加额 | 210 |
| 　加：期初现金及现金等价物余额 | 420 |
| 六、期末现金及现金等价物余额 | 630 |

## 二、财务分析

　　财务分析是以企业的财务报告等会计资料为基础，对企业的财务状况和经营成果进行分析和评价的一种方法。企业的内部管理者和企业外部的利益相关者需要了解企业的财务状况和经营成果，以便做出决策。为了更好地理解会计核算和会计报告提供的信息，需要借助于一定的指标和分析方法，对会计资料进行系统化的分析、组织和报告。不同的主体对企业的财务状况和经营成果的关注重点不同，投资者和股东比较关心企业的盈利能力和成长，债权人比较关心企业的偿债能力，政府比较关注企业的经营管理以及纳税情况。财务分析的目的主要包括评价企业的偿债能力、评价企业的获利能力、评价企业的营运能力、评价企业的持续发展能力等。财务分析的基础是各种财务报告和日常会计核算资料。常用的分析方法有比率分析法和比较分析法等。比率分析法是将企业同一时期的会计报表中的相关项目进行对比，得出一系列财务比率，通过财务比率来揭示企业的财务状况的分析方法。比较分析法是将企业不同时期的财务状况或不同企业之间的财务状况进行比较，从而揭示财务状况的变化或差异的分析方法。

### （一）企业偿债能力分析

　　偿债能力是企业偿还各种到期债务的能力。企业的债务分短期债务和长期债务，到期需要用现金和其他流动资产来偿还。企业的偿债能力分析分为短期偿债能力分析和长期偿债能力分析。短期偿债能力是指企业偿付流动负债的能力。流动负债是在 1 年内或超过1年的一个营业周期内需要偿还的债务，一般来说，流动负债需要流动资产来偿还，通常是用现金来偿还。流动资产和流动负债的情况决定了企业短期偿债能力的高低。长期偿债能力是指企业偿还长期到期债务的能力，长期来看，企业的长期偿债能力取决于企业总的资产负债状况以及企业的盈利能力。

1. 短期偿债能力分析

短期偿债能力分析的主要指标有流动比率、速动比率、现金比率、现金流量比率等。具体的计算和含义如下：

（1）流动比率：

$$流动比率 = \frac{流动资产}{流动负债}$$

流动资产主要包括货币资金、交易性金融资产、应收及预付款项、存货和1年内到期的非流动资产等，一般用资产负债表中期末流动资产总额表示；流动负债主要包括短期借款、交易性金融负债、应付及预收款项、各种应交税费、1年内即将到期的非流动负债等，通常用资产负债表中的期末流动负债总额表示。流动比率是衡量企业短期偿债能力的一个重要指标，该比率越高，说明企业偿还流动负债的能力越强；反之，就越弱。一般认为，流动比率在2:1水平比较正常。但是，流动比率反映企业的短期偿债能力也有一定的局限性，如有些项目如存货有时候并不能很快地变现，有些项目如待摊费用是一项负资产，并不能用来偿还债务等。根据甲公司2019年末的资产负债表计算该公司的流动比率：流动比率 $= \frac{流动资产}{流动负债} = \frac{1645}{690} \approx 2.38$，该公司流动比率比较正常。

（2）速动比率。速动比率是速动资产和流动负债的比率。速动资产是把流动资产中变现能力较弱的存货扣除以后的资产，主要包括货币资金、交易性金融资产、应收票据、应收账款等。速动比率越高，企业短期偿债能力越强。一般认为，企业的速动比率在1:1的水平比较正常。

$$速动比率 = \frac{速动资产}{流动负债} = \frac{流动资产 - 存货}{流动负债}$$

根据甲公司2019年末的资产负债表计算该公司的速动比率：速动资产 = 流动资产 - 存货 = 1645 - 400 = 1245，速动比率 $= \frac{速动资产}{流动负债} = \frac{1245}{690} \approx 1.80$，说明该公司的偿债能力比较好。

（3）现金比率。现金比率是企业的现金类资产与流动负债的比率。现金类资产包括企业的库存现金、随时可以用于支付的存款和现金等价物，也就是现金流量表中所反映的现金。

$$现金比率 = \frac{现金 + 现金等价物}{流动负债}$$

对于甲公司，假设把所有的交易性金融资产视为现金等价物，则现金 + 现金等价物 = 550 + 80 = 630，该公司的现金比率计算如下：

$$现金比率 = \frac{现金 + 现金等价物}{流动负债} = \frac{630}{690} \approx 0.91$$

（4）现金流量比率。现金流量比率是企业经营活动现金净流量与流动负债的比率。

$$现金流量比率 = \frac{经营活动现金净流量}{流动负债}$$

根据甲公司资产负债表和现金流量表的数据，计算的现金流量比率如下：

$$现金流量比率 = \frac{经营活动现金净流量}{流动负债} = \frac{650}{690} \approx 0.94$$

**2. 长期偿债能力分析**

长期偿债能力是指企业偿还长期负债的能力，企业的长期负债主要有长期借款、应付长期债券、长期应付款等。反映长期偿债能力的财务比率主要有资产负债率、股东权益比率、权益乘数、负债股权比率等。

（1）资产负债率：

$$资产负债率 = \frac{负债总额}{资产总额} \times 100\%$$

资产负债率是总负债和总资产的比率，表示企业总资产中有多大比例是通过举债得到的。资产负债率越高，说明企业举债经营的程度越高，企业的偿债能力越弱。根据甲公司2014年末资产负债表计算的资产负债率如下：

$$资产负债率 = \frac{负债总额}{资产总额} \times 100\% = \frac{2120}{4240} \times 100\% = 50.0\%$$

（2）股东权益比率和权益乘数：

$$股东权益比率 = \frac{股东权益总额}{资产总额} \times 100\%$$

股东权益比率是股东（所有者）权益总额与资产总额的比率，也等于1减去资产负债率，说明在总资产中有多大比例属于股东自己的资金。该比率越高，企业的偿债能力越强。甲公司2019年的股东权益比率计算如下：

$$股东权益比率 = \frac{股东权益总额}{资产总额} \times 100\% = \frac{2120}{4240} \times 100\% = 50.0\%$$

$$权益乘数 = \frac{资产总额}{股东权益总额}$$

权益乘数是资产总额和股东权益总额的比率，也就是股东权益比率的倒数。甲公司2019年的权益乘数计算如下：

$$权益乘数 = \frac{资产总额}{股东权益总额} = \frac{4240}{2120} = 2.0$$

（3）负债股权比率：

$$负债股权比率 = \frac{负债总额}{股东权益总额}$$

负债股权比率是负债总额与股东权益总额的比率，该比率越高，企业的偿债能力越低。甲公司2014年的负债股权比率计算如下：

$$负债股权比率 = \frac{负债总额}{股东权益总额} = \frac{2120}{2120} = 1.0$$

**（二）企业营运能力分析**

企业的营运能力反映了企业的资金周转状况，通过营运能力分析，可以了解企业的营业状况和经营管理水平。评价企业营运能力的主要财务比率有存货周转率、应收账款周转率、流动资产周转率、固定资产周转率、总资产周转率等。

**1. 存货周转率**

$$存货周转率 = \frac{销售成本}{平均存货}$$

$$平均存货 = \frac{期初存货余额 + 期末存货余额}{2}$$

存货周转率是企业一定时期内的销售成本与平均存货的比率，反映企业存货周转的速度。存货周转率越高，说明企业存货占用的流动资金越少，存货周转效率越高。根据甲公司资产负债表和利润表的有关数据，计算的存货周转率如下：

$$平均存货 = \frac{300 + 400}{2} = 350$$

$$存货周转率 = \frac{2000}{350} \approx 5.71$$

**2. 应收账款周转率**

$$应收账款周转率 = \frac{赊销收入净额}{应收账款平均余额}$$

$$应收账款平均余额 = \frac{期初应收账款 + 期末应收账款}{2}$$

应收账款周转率是企业一定时期内赊销收入净额与应收账款平均余额的比率。该比率反映了应收账款的周转速度。根据甲公司的资产负债表和利润表提供的数据，假设企业的销售收入净额中有 50% 是赊销收入，则甲公司的应收账款周转率计算如下：

$$应收账款平均余额 = \frac{420 + 480}{2} = 450$$

$$应收账款周转率 = \frac{2300}{450} \approx 5.11$$

**3. 流动资产周转率**

$$流动资产周转率 = \frac{销售收入净额}{流动资产平均余额}$$

$$流动资产平均余额 = \frac{流动资产期初余额 + 流动资产期末余额}{2}$$

流动资产周转率是销售收入净额与流动资产平均余额的比率，反映全部流动资产的利用效率。甲公司 2019 年的流动资产周转率计算如下：

$$流动资产平均余额 = \frac{1250 + 1645}{2} = 1447.5$$

$$流动资产周转率 = \frac{4600}{1447.5} \approx 3.18$$

**4. 固定资产周转率**

$$固定资产周转率 = \frac{销售收入净额}{固定资产平均净值}$$

$$固定资产平均净值 = \frac{固定资产期初净值 + 固定资产期末净值}{2}$$

固定资产周转率是企业销售收入净额与固定资产平均净值的比率，反映了固定资产的利用效率。甲公司2019年的固定资产周转率计算如下：

$$固定资产平均净值 = \frac{1600 + 1920}{2} = 1760$$

$$固定资产周转率 = \frac{4600}{1760} \approx 2.61$$

5. 总资产周转率

$$总资产周转率 = \frac{销售收入净额}{资产平均总额}$$

$$资产平均总额 = \frac{期初资产总额 + 期末资产总额}{2}$$

总资产周转率，也称总资产利用率，是企业销售收入净额与资产平均总额的比率。甲公司2019年的总资产周转率计算如下：

$$资产平均总额 = \frac{3340 + 4240}{2} = 3790$$

$$总资产周转率 = \frac{4600}{3790} \approx 1.21$$

（三）企业获利能力分析

获利能力是指企业获取利润的能力。评价企业获利能力的财务比率主要有资产报酬率、股东权益报酬率、销售净利率、成本费用净利率等。

1. 资产报酬率

$$资产报酬率 = \frac{净利润}{资产平均总额} \times 100\%$$

$$资产平均总额 = \frac{期初资产总额 + 期末资产总额}{2}$$

资产报酬率，也称资产收益率、资产利润率或投资报酬率，是企业在一定时期的净利润与资产平均总额的比率。资产报酬率主要用来衡量企业利用资产获取利润的能力，它反映了企业总资产的利用效率。甲公司2019年的资产报酬率计算如下：

$$资产报酬率 = \frac{900}{3790} \times 100\% \approx 23.7\%$$

2. 股东权益报酬率

$$股东权益报酬率 = \frac{净利润}{股东权益平均总额} \times 100\%$$

$$股东权益平均总额 = \frac{期初股东权益 + 期末股东权益}{2}$$

股东权益报酬率，也称净资产报酬率、净值报酬率或所有者权益报酬率，它是一定时期企业的净利润与股东权益平均总额的比率。股东权益报酬率反映了企业股东获取投资报酬的高低。甲公司2019年的股东权益报酬率计算如下：

$$股东权益平均总额 = \frac{1770 + 2120}{2} = 1945$$

$$股东权益报酬率 = \frac{900}{1945} \times 100\% \approx 46.3\%$$

### 3. 销售净利率

$$销售净利率 = \frac{净利润}{销售收入净额} \times 100\%$$

销售净利率是企业净利润与销售收入净额的比率。销售净利率越高，说明企业通过销售赚取净利润的能力越强。甲公司 2019 年的销售净利率计算如下：

$$销售净利率 = \frac{900}{4600} \times 100\% \approx 19.6\%$$

### 4. 成本费用净利率

$$成本费用净利率 = \frac{净利润}{成本费用总额} \times 100\%$$

成本费用净利率是企业净利润与成本费用总额的比率。成本费用是企业为了取得利润而付出的代价，包括销售成本、销售费用、销售税金、管理费用、财务费用和所得税等。2019 年甲公司的成本费用总计 3880 万元，成本费用净利率计算如下：

$$成本费用净利率 = \frac{900}{3880} \times 100\% \approx 23.2\%$$

## 本章小结

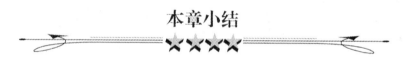

1. 资金是企业从事生产经营的基本要素，对企业的生存和发展具有举足轻重的作用。印刷企业在生产经营的过程中，不断地发生资金的流入和流出，与有关各方发生资金的往来和借贷关系。围绕现金的收入和支出形成企业的财务活动和各种财务关系。印刷财务管理就是组织企业财务活动、处理企业财务关系的一项管理活动。

2. 印刷企业财务管理的目标有以下几种：总产值最大化为目标、利润最大化为目标、股东财富最大化为目标、企业价值最大化为目标。

3. 印刷企业筹资就是企业根据生产经营、对外投资和调整资本结构等需要，通过一定的筹资渠道，应用一定的筹资方式，经济有效地筹措和集中资本，满足资金需要的财务活动。印刷企业的筹资方式有投入资本筹资、发行股票筹资、发行债券筹资、发行商业本票筹资、银行借款筹资、商业信用筹资、租赁筹资。

4. 印刷企业投资是指企业将资金投入生产经营过程，期望从中取得收益的一种行为。企业把资金投放到企业内部生产经营所需的长期资产上，称为内部长期投资。印刷企业内部长期投资主要包括固定资产投资和无形资产投资。

5. 印刷企业的财务报表主要包括资产负债表、利润表和现金流量表。财务分析是以企业的财务报告等会计资料为基础，对企业的财务状况和经营成果进行分析和评价的一种方法。财务分析的目的主要包括评价企业的偿债能力、评价企业的获利能力、评价企业的营运能力、评价企业的持续发展能力等。

 案例讨论

### 新冠肺炎疫情之下，印刷巨头如何持续经营

截至 2020 年 3 月底，网络印刷巨头 Cimpress 的订单下降了 65%。受新冠肺炎疫情的影响，该公司在全球的小企业客户受到了严重打击。

为了应对病毒危机，Cimpress 采取了一系列措施，其中包括中止部分财务承诺，并筹集了 3 亿美元的新资本。Cimpress 表示，2 月的销售额和息税前利润同比有所上升，但 3 月的需求大幅减少，因为全球客户都受到了疫情的严重困扰。3 月的销售额同比下降了 30%，3 月最后一周和 4 月第一周的预订量下降了 65% 左右。

然而，Cimpress 表示，到 4 月的第三周，下降率已经高达 40%，"因为我们的客户和产品关注点已经根据当前的情况有所变化"。Cimpress 截至 3 月 31 日的三个月初步业绩显示，销售额为 5.98 亿美元，下降了 10%，营业亏损 8800 万美元。由于各种业务前景面临着挑战，Cimpress 还计提了 1.01 亿美元的商誉减值费用，其中包括减记其在旧金山服装业务 VIDA 的 2900 万美元投资，该笔投资在期末后出售。

Cimpress 已经采取了一系列措施来保存现金，并将每年的固定成本降低 1.4 亿美元，包括裁员及限制新员工、旅行和培训。

"我们减少了广告宣传，停止了临时劳动合同，通过休假等方式减少了生产和客户服务团队成员的工作时间，所有这些都与新冠肺炎疫情流行相关的收入突然减少有关。"同时 Cimpress 也表示，"我们将保护在技术方面的关键投资，包括数据基础设施和客户价值改进。"

Cimpress 创始人、董事长兼首席执行官罗伯特·基恩（Robert Keane）在一份声明中表示："我们已决定 Cimpress 在疫情期间和之后仍将继续采取进攻姿态，继续资助我们认为将使客户和长期股东受益的关键项目。即使经济衰退令人痛苦，但对于那些拥有专注执行力、投资关键项目并提高客户价值的强大商业模式的公司，它们也创造了机会并加快了竞争优势。我们最近的行动可确保 Cimpress 在这些不确定的时期内保持财务稳健。"

阿波罗全球管理公司（Apollo Global Management）管理的基金向 Cimpress 投资 3 亿美元，该笔资金将用于偿还 Cimpress 现有的部分定期贷款。阿波罗全球管理公司还拥有一份 Cimpress 公司为期七年的认股权证，可以以每股 60 美元的价格购买 Cimpress 约 3.9% 的普通股。

Cimpress 的股价在 3 月下跌了一半以上，从 119.04 美元跌至 46.05 美元。受阿波罗投资的消息影响，该股在上个月末回升，升至 75.09 美元。

由于新冠肺炎疫情的影响，该工厂的某些生产地点不得不暂时关闭，但 Cimpress 表示，绝大多数已经设法保持开放或重新开放。

此外，出于节省税收目的，Cimpress 上年将总部迁至爱尔兰。

资料来源：http://www.keyin.cn/news/ysqy/202005/08-1118838.shtml。

→ **思考题**

1. 新冠肺炎疫情对印刷企业经营和现金流带来什么影响？

2. 企业如何做好财务管理工作以实现持续经营？

**即学即测**

**一、选择题**

1.【多选题】企业财务活动内容包括（    ）。

A. 筹资引起的财务活动　　　　　　　　B. 投资引起的财务活动

C. 营运引起的财务活动　　　　　　　　D. 分配引起的财务活动

2.【多选题】企业财务管理的目标包括（    ）。

A. 利润最大化　　B. 股东财富最大化　　C. 营业收入最大化　　D. 成本费用最小化

3.【多选题】企业的筹资渠道包括（    ）。

A. 政府资本　　　　B. 银行资本　　　　C. 内部资本　　　　D. 民间资本

4.【多选题】企业的筹资方式包括（    ）。

A. 发行股票筹资　　B. 发行债券筹资　　C. 银行借款筹资　　D. 融资租赁筹资

5.【多选题】反映短期偿债能力的指标有（    ）。

A. 资产负债率　　　B. 流动比率　　　　C. 速动比率　　　　D. 权益乘数

6.【多选题】反映盈利能力的指标有（    ）。

A. 资产报酬率　　B. 股东权益报酬率　　C. 销售净利率　　D. 成本费用净利率

**二、判断题**

1. 投入资本筹资的成本通常比较高。（    ）

2. 和债券筹资相比，利用股票筹资不需要支付利息，可以取得长期使用的资本，财务风险较小。（    ）

3. 债券筹资的优点是债券成本较低，利息支出可以在所得税前扣除，可以保证普通股股东对公司的控制权等。（    ）

4. 融资租赁限制条件较少，筹资成本比较低，是一种比较好的融资方式。（    ）

5. 综合成本率是指企业全部长期资本的成本率。（    ）

6. 净现值综合地反映了投资项目在整个寿命期内的盈利能力。净现值越大，固定资产投资的效果越好。（    ）

**参考答案**

一、选择题：1. ABCD　2. AB　3. ABCD　4. ABCD　5. BC　6. ABCD

二、判断题：1. √　2. √　3. √　4. ×　5. √　6. √

## 印刷企业人力资源管理

### 本章提要

本章从人力资源的基本概念出发，探讨了印刷企业人力资源管理的内涵及其目标，并从人力资源管理基本职能的角度，从工作分析、人力资源规划、招聘和培训、绩效考核和薪酬管理等几个方面对印刷企业人力资源管理进行了系统介绍。

### 重点难点

⊙掌握人力资源的概念
⊙理解印刷企业人力资源管理的概念及其目标
⊙掌握印刷企业人力资源管理的基本内容
⊙了解印刷企业的人力资源规划过程
⊙了解印刷企业的招聘和培训
⊙掌握印刷企业的绩效考核和薪酬管理

 引导案例

#### 某私营印刷企业的人才培养

2013年，为了充实人力资源，公司通过学校招了几个印刷专业的学生，这是公司成立10年来录用的第一批科班出身的学生。毕竟企业发展壮大了，印刷行业竞争激烈，人才储备就显得尤为重要。公司老总也很重视，亲自过问学生的生活及工作安排情况。

第一天培训的内容是印刷工艺方面的基础知识；同时也介绍了公司中另一位年轻干部的成长经历，希望他们能够受到启发，知道今后的路该如何去走；最后又强调了两个问题：一要有很强的心理素质去面对工作中的压力（如挫折、委屈等），二要能吃苦。学生们很自信地说没什么问题。

一周以后公司又一次筛选，留下了一个男孩和一个女孩，作为我们的苗子，下车间进行锻炼，考虑到他们的实际情况，基本工资比普通员工每个月多150元左右，并且安排条件相对比较好的宿舍……总之，一切都在说明一个问题，即公司很需要一批高学历、高能力、高管理的人才充实中层管理队伍。

半个月以后，他们两人分开，一个人上白班，一个人倒夜班，工作也挺努力，在装订车间帮助组长做些辅助性的工作。可没过几天问题就出现了，上夜班那个女生经常打

瞌睡，并且组长已提醒她几次仍无改观，这时公司明确表示，如果再不自律改进就考虑换人。又过了一段时间，老问题又出现了，公司经理出面找她谈话，并且和组长三人沟通，指出在工作中如何自律，如何配合达成工作中的默契，接下来的工作在默契中维持了好长一段时间。

一个半月，由于组长工作调动，临时安排他们两个人顶班，一个人带一班，不久工作冲突升级，两个人也极度疲惫，便想离开。公司不得不承认他们实际工作经验不足，对工艺不理解，造成工作中的被动，再加上如今很多员工都是独生子女，个性要强，很不好管理。而印刷装订企业又是一个靠经验积累的行业，理论的东西还要多与实际结合……苦心策划的育人计划以失败告终，很心痛，也很惋惜……

资料来源：改编自科印网。

从上述案例不难看出，对于广大的中小印刷企业来说，如何吸引人才、培养人才、用好人才、留住人才，关系到印刷企业是否具有发展潜力，也是摆在印刷企业家面前的一项巨大挑战。

人力资源是企业资源中最重要的、最活跃的因素，是企业成功的关键所在。纵观世界成功企业的发展历程，可以发现一个共同点，那就是，它们都把企业的人力资源看成是企业资源配置的第一要素，人力资源管理是企业管理的核心所在。现代管理大师彼得·德鲁克曾经说过："企业只有一项真正的资源——人。管理就是充分开发人力资源以做好工作。"联想集团董事会主席柳传志也认为，人力资源是企业资源中最重要的、最活跃的因素，是企业成功的关键所在。原北京华联印刷有限公司总经理张林桂先生曾深有感触地说："成也在人，败也在人，人是企业发展的根本，人才队伍的素质尤其是高层管理队伍的素质是印刷企业成功与否最重要的因素。"

# 第一节　人力资源管理的概念与职能

## 一、人力资源及其特点

一般认为，所谓人力资源，是指能够推动整个经济和社会发展的劳动者的能力，包括具有智力劳动和体力劳动的能力。一般来说，人力资源具有以下特征：

**（一）生物性**

人力资源存在于人体之中，是有生命的活资源，与人的自然生理特征相联系。

**（二）能动性**

在经济活动中，人力资源是居于主导地位的能动性资源。人力资源不同于其他经济资源之处在于它具有目的性、主观能动性和社会意识。

**（三）可再生性**

人力资源是一种可再生的资源。它可以通过人力总体和劳动力总体内各个个体的不

断替换更新和恢复过程得以实现，是一种用之不尽、可充分开发的资源。

### （四）时效性

人力资源的形成、开发和使用都要受到时间方面的限制。从个体角度来看，作为生物有机体的人，有其生命的周期，且各阶段体力和智力能力都有所不同。从社会角度来看，人才的培养和使用也有培训期、成长期、成熟期和老化期。因此，人力资源开发必须尊重其内在的规律性，使人力资源的形成、开发、分配和使用处于一种动态平衡之中。

### （五）社会性

从人类社会经济活动角度来看，不同的劳动者一般都分别处于各个劳动集体之中，构成了人力资源社会性的微观基础。从宏观上看，人力资源总是与一定的社会环境相联系的，它的形成、开发、配置和使用都是一种社会活动。从本质上讲，人力资源是一种社会资源，应当归整个社会所有，而不应仅仅归属于某一个具体的经济单位。

## 二、印刷企业人力资源管理

印刷企业人力资源管理，是指印刷企业对人力资源取得、开发、保持和利用等方面所进行的计划、组织、指挥、协调和控制的活动。它是研究并解决印刷企业中人与人关系的调整、人与事的配合，以充分开发人力资源，挖掘人的潜力，调动人的生产劳动积极性，提高工作效率，实现企业目标的理论、方法、工具和技术的总称。人力资源管理包括对人力资源的质量与数量的管理两方面。对人力资源进行数量的管理，就是根据人力和物力及其变化，对人力进行恰当的培训、组织和协调，使两者经常保持最佳比例和有机的配合，使人和物都充分发挥出最佳效果。对人力资源质量的管理，是指采用科学方法，对人的思想、心理和行为进行有效的管理（包括对个体和群体的思想、心理、行为的协调、控制与管理），充分发挥人的主观能动性，以达到企业目标。

总之，印刷企业人力资源管理最重要的工作就是在适当的时间，把适当的人选（最经济的人力）安排在适当的工作岗位上，充分发挥人的主观能动性，使人尽其才、事得其人、人事相宜，以实现企业目标。

## 三、人力资源管理的主要职能

从印刷企业人力资源管理的现状出发，人力资源管理的职能主要包括以下几个方面：

（1）工作分析，是指通过一定的方法对特定岗位的信息进行收集和分析，进而对工作的职责、工作条件、工作环境以及任职者资格做出明确的规定，编写工作描述和工作说明的管理活动。工作分析是一切人力资源活动的平台，是人力资源管理的基础性工作。

（2）人力资源规划，是指根据企业的发展预测企业在未来较长一段时间对员工种类、数量和质量的需求，据此编制人力资源供给计划，通过内部培养和外部招聘的方式来进行人力资源供给，以满足企业的人力资源需要，确保企业发展战略的顺利实施。

（3）人员招聘，是指企业选择合适的渠道和方法吸引足够数量的人员愿意加入组织并选择和录用最适合组织和岗位要求的人员的过程。

（4）培训，是指企业有计划地帮助员工学习与工作有关的综合能力而采取的努力，培训的目的不仅是要帮助员工学习完成工作必需的技能、知识和行为并把它们合理地运用到工作实践中，而且更是要通过培训将组织的价值观念和文化传递给员工。

（5）绩效管理，是指衡量和评价员工在确定时期内的工作活动和工作成果与企业期望的一致程度的过程。它包括制定评价指标、实施评价、评价后处理等方面的具体工作。

（6）薪酬管理，是指针对不同的工作制订合理公平的工资、奖金以及福利计划，以满足员工生存和发展的需要。它也可以认为是企业对员工的贡献的回报。

此外，从一般性层面的角度，印刷企业的人力资源管理还应该包括人力资源规划、员工职业生涯管理以及劳动关系管理等方面，由于印刷企业在这方面的功能还比较弱，这里不展开阐述。

人力资源管理职能不是简单的活动的集合，而是相互联系的整体。比如，组织设计和岗位研究是人力资源管理的基础，其他的很多职能活动如薪酬管理、绩效考核、人力资源规划、招聘选拔和培训等都需要参考岗位信息，绩效考核的结果又是薪酬管理、培训和选拔的依据，因此，我们必须将人力资源的各项职能活动作为一个整体看待，这样才能真正发挥人力资源管理的功能，提高管理效率。

## 四、人力资源管理理论的发展

人力资源管理理论的发展大致可以划分为以下四个阶段，即早期的人事管理活动阶段、人事管理阶段、人力资源管理阶段、人力资本管理阶段。

### （一）早期的人事管理活动阶段

工业革命使劳动力出现了相对的劳动力过剩，决定了人力在早期被管理者视为取之不尽、用之不竭的资源，因此早期的管理并没有将人作为管理中的重要因素。19 世纪后半期"福利人事"概念的兴起应视为人力资源管理的雏形。它的主要起因是部分教派开始了对工厂员工的人道主义关注，这推动了工厂主对劳动者的工作条件、福利状况的关心，包括提供失业安置、带薪病假以及住房补贴等。但这些早期的人事管理活动只是为了用福利性安排来替代真实工资的支付，并用以缓和劳资关系、遏制工会运动。

### （二）人事管理阶段

一般认为，从第一次世界大战到"二战"期间，人事管理渐渐成形，并逐渐成为企业管理的一个支持体系。公司组织规模的扩大是这一发展阶段的主要原因。最初的人事管理主要关注的是人员招聘、上岗培训、工作记录、报酬支付体系、在岗培训及人事档案管理。"二战"后到 20 世纪 50 年代，人事管理又纳入了更多内容，包括工资管理体系、基础培训和劳资关系咨询，但仍局限在战术而非战略水平上。此阶段内，组织规模的扩张又促进了劳资关系的变化，如劳资交涉从行业层转向公司层，结果是在人事管理层中出现了劳资关系专家。在随后的 20 年中，越来越多的人介入人事工作，一批酬劳与福利专家、劳工关系专家以及培训与发展专家纷纷出现，说明此阶段人事管理的职能进一步强化。这部分归因于政府对人事立法的重视及人事立法数量的增加。所以，也有人称此阶段为人事管理的"政府职责"阶段。

### （三）人力资源管理阶段

20 世纪 80 年代，人事管理进入了创新阶段，人力资源管理替代人事管理成为主流。人事管理的重心由解决劳资冲突转向通过提高员工归属感来改善组织绩效、追求卓越的管理过程。在这一阶段，通过日本企业人事管理的成功经验，包括企业工会、终身雇佣、品管小组活动等的深入研究，企业管理者开始认识到团队精神、人的管理水平及组织文化对提高生产率、达成企业目标的正面作用。人力资源管理对人事管理的替代，不仅仅是简单的名称的变换，也不仅限于技术方法的优化、制度的改进，而是一种战略观念的转变。虽然人力资源管理与人事管理在内容上并无重大差异，但人力资源管理更强调对人的价值、需要的关怀，其管理目标不仅在于实现企业收益最大化，还在于满足员工在组织内的心理和物质需要。

### （四）人力资本管理阶段

21 世纪以来，人力资本理论开始在企业界广泛应用。与物质资本不同，人力资本的载体是人，这决定了人力资本的发挥与人本身的特性密切相关——人需要物质激励和精神激励，需要对环境的归属感，需要他人或组织的认可，需要自我实现与发展。因此，一方面，人力资本管理以人为本，尊重人、信任人，致力于建设人尽其才的组织氛围；另一方面，对于不同类型的人力资本，进行有针对性的管理、激励与开发，最大程度地提升投资回报率。例如，潜在人力资本重点在于为其提供良好的发展空间；而关键人力资本重点在于确保其获取有竞争性和吸引力的回报。

# 第二节　人力资源规划

人力资源规划处于整个研究人力资源管理活动的统筹阶段，它为下一步的人力资源管理制定了目标、原则和方法。研究人力资源的实质是决定组织的发展方向，并在此基础上确定组织需要什么样的人力资源来实现最高管理层确定的目标。所以，制定人力资源规划是人力资源管理部门的一项非常重要和有意义的工作。

## 一、人力资源规划的定义和功能

人力资源规划是指组织分析自己在环境变化中的人力资源的供需状况，制定必要的政策和措施，以确保其在需要的时候和需要的岗位上获得各种需要的人才（包括质和量两个方面），以使组织和个体得到长期的利益。这个定义主要有三个层次的含义：

（1）环境的变化是企业人力资源规划的动因。企业内部环境与外部环境的变化，导致了企业对人力资源的动态变化。这样就要求企业用一种长远的眼光来制定企业各个阶段可能出现的人力资源的供需变化，以期采取有效的应对措施。

（2）制定必要的人力资源政策和措施是企业人力资源规划的主要工作。对人力资源供求的预测也是人力资源规划的工作，但它是为制定人力资源政策和措施服务的，只有制定正确、清晰、有效的人力资源政策和措施，才能确保企业对人力资源需求的如期实现。预测是分析问题和条件的过程，制定政策和措施才是解决问题的关键。

（3）使组织和个人都得到长期的利益是企业人力资源规划的最终目标。这是指组织在充分发挥组织中每个人的积极性和创造性、提高组织效率、实现组织目标的同时，还需要创造良好的条件，以满足个体在物质、精神和职业发展方面的需求，帮助他们实现个人目标。

在现代企业管理中，人力资源规划越来越显示出其重要的作用。人力资源规划能加强企业对环境变化的适应能力，为企业的发展提供人力保证。它还有助于实现企业内部人力资源的合理配置，优化企业内部人员结构，从而最大限度地实现人尽其才，提高企业的效益。同时，它对满足企业成员的需求和调动员工的积极性和创造性也有着巨大的作用。

## 二、人力资源规划的主要内容

### （一）总体规划

总体规划包括在计划期内人力资源开发的总目标、总政策、实施步骤和总预算的安排。

### （二）人员配备计划

人员配备计划表示长期处于不同职务、部门或工作类型的人员的分布状况。组织中的各个部门、职位所需要的人员都有一个合适的规模，人员配备计划就是要确定这个合适的规模以及与之对应的人员结构。

### （三）人员补充计划

由于组织规模的扩大，或者人员的退休与离职等，组织中经常会出现新的或空缺的职位，制订人员补充计划可以保证在出现职位空缺时能及时地获得所需数量和质量的人员。

### （四）人员使用计划

人员使用计划主要是对企业内部员工的晋升与轮换做出安排。晋升计划就是根据企业的人员分布状况和层次结构，拟定人员的提升政策。轮换计划是为实现工作内容的丰富化、保持和提高员工的创新热情和能力、培养员工多方面的素质而拟订的大范围地对员工的工作岗位进行定期变换的计划。

### （五）人员培训开发计划

组织通过培训开发，一方面可以使组织成员更好地适应所从事的工作，另一方面也为组织未来发展所需要的职位准备后备人才。企业可以对有发展前途的人员分别制定培训规划，根据可能产生的职位空缺和职位空缺可能产生的时间分阶段、有目的地开展培训和开发工作。

### （六）员工职业发展计划

组织为了不断提高其成员的满意度，并使他们与组织的发展和需要统一起来，需要制定、协调有关员工个人的成长和发展与企业的需求和发展相结合的计划。其主要内容是组织对员工个人在使用、培养等方面的特殊安排。企业还可以结合员工的个体特点，与员工一起进行员工职业生涯的设计。

### （七）薪酬福利计划

此项计划的内容包括绩效标准及其衡量方法、薪酬结构、工资总额、工资关系、福利项目以及绩效与薪酬的对应关系等。

人力资源规划除了以上内容以外，还包括劳动关系计划、人力资源预算等内容。

## 三、人力资源需求预测

人力资源需求预测，是以与人员需求有关的某些因素为基础，来估计未来某个时期企业对人员的需求。在进行预测之前，首先要了解某一工作将来是否确实有必要，该工作的定员数量是否合理，现有工作人员是否具备该工作所要求的条件，未来的生产任务、生产能力是否可能发生变化等。在此基础上，再对人员需求做出预测。下面简单介绍几种人力资源需求预测方法。

### （一）德尔菲法

德尔菲法又称专家意见法。德尔菲是 Delphi 的译名，它是希腊历史遗址，为阿波罗殿所在地。德尔菲法是美国兰德公司于 20 世纪 40 年代末提出的，开始时主要用于市场需求预测，后来渐渐在多个领域获得了广泛的应用。这种方法主要依赖于专家的知识、经验和分析判断能力，来有效地对人力资源的未来需求做出预测。

### （二）经验预测法

经验预测法就是根据人力资源管理部门以往的经验对人力资源进行预测的办法。西方不少企业常采用这种方法来预测本组织在将来某段时期内对人力资源的需求。例如，根据以往的经验，一个企业被认为在生产车间里的管理人员，如一个班组长或工头，一般管理 10 个人为最好。因此，根据这一经验，就可以从生产工人的增减数来预测对班组长或工人一级管理人员的需求。又如，一个人寿保险公司根据以往的经验认为，公司内部管理人员（如一个内勤人员）一般管理 20 个外勤人员（即销售人员）为最好。因此，保持历史的档案，并采用多人集合的经验，产生的偏差会小一些。这种方法也并不复杂，较适用于技术较稳定的企业。

### （三）回归分析法

回归分析法是数学预测法中的一种，它是从过去的情况推断未来变化的定量分析方法。最简单的回归分析是趋势分析，即根据企业或企业中各个部门过去的员工数量变动状况，对未来的人力需求变动趋势做出预测。

## 四、人力资源供给预测

人力资源供给预测包括两个方面：一是内部人员拥有量预测，即根据现有人力资源及其未来变动情况，预测出计划期内各时点上的人员拥有量；二是外部供给量预测，即确定在计划期内各时点上可以从企业外部获得的各类人员的数量。企业在进行人力资源供给预测时应把重点放在内部人员拥有量的预测上，外部供给量的预测则应侧重于关键人员，如高级管理人员和技术人员等。下面简单介绍几种常用的人力资源供给预测方法。

### （一）管理人员接续计划

这种方法是对现有管理人员的状况进行调查评价后，列出未来可能的管理人选，又称职位置换法。该方法被认为是把人力资源规划和企业战略结合起来的一种较有效的方法。该方法记录各个管理人员的工作绩效、晋升的可能性和所需要的训练等内容，由此来决定哪些人员可以补充企业的重要职位空缺。

### （二）马尔可夫转换矩阵

马尔可夫转换矩阵是一种可以用来进行组织的内部人力资源供给预测的方法，它的基本思想是找出过去人员变动的规律，以此来推测未来人员变动的趋势。

## 五、制定人力资源规划的程序

人力资源规划的过程大体可分为以下几个步骤：

### （一）调查收集和整理相关信息

在人力资源规划开始的时候，要了解企业的经营战略目标、职务说明书、企业现有的人员的数量和质量情况、员工的培训和教育情况等。

### （二）预测组织的人力资源的供给与需求

该步骤主要是根据组织的战略规划和组织的内外条件选择预测技术，然后对人力需求结构和数量进行预测，了解企业对各类人力资源的需求情况，以及可以满足上述需求的内部和外部的人力资源的供给情况，并对其进行分析。

### （三）制定人员供求平衡规划政策

根据供求关系以及人员净需求量，制定出相应的规划政策，以确保组织发展的各时点上人员供求的一致。人力资源供求平衡是人力资源规划活动的落脚点和归宿。人力资源的供需预测是为这一活动服务的。

### （四）对人力资源规划工作进行控制和评价

人力资源规划的基础是人力资源预测，但预测与现实毕竟是有差异的，因此，制定出来的人力资源规划在执行过程中必须加以调整和控制，使之与实际的情况相适应。因此，执行反馈是人力资源规划工作的重要环节，也是对整个规划工作的执行控制过程。

### （五）评估人力资源规划

评估人力资源规划是人力资源规划过程中的最后一步。人力资源规划不是一成不变的。它是一个动态的开放系统，对其过程及结果必须进行监督、评估，并重视信息反馈，不断调整，使其更切合实际，更好地促进企业目标的实现。

人力资源规划的程序如图9-1所示。

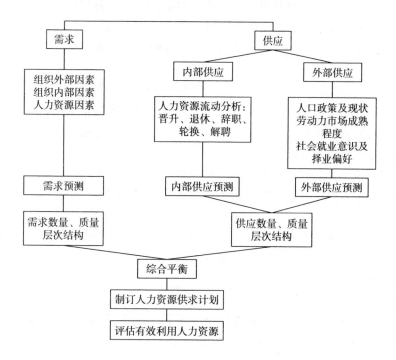

图9-1　人力资源规划的程序

# 第三节　人员招聘与培训

## 一、人力资源招聘

### （一）人力资源招聘的概念

所谓人力资源招聘，就是通过各种信息途径吸引应聘者并从中选拔、录用企业所需人员的过程。

从数量与质量两方面获取企业在各个发展阶段所需要的人员，是人力资源招聘工作的主要目标。此外，通过企业代表与应聘者直接接触的过程，以及在招聘过程中进行的宣传工作，企业可以树立良好的企业形象。同时，通过企业在招聘过程中对应聘者的准确评价和有效选拔，企业可以找到那些认可企业的核心价值观念，并且受聘岗位与受聘者的能力和兴趣相互匹配的人员，这样就可以减少新加入者在短期内离开公司的可能性，降低企业的人力资源风险。

**（二）人力资源招聘的原则**

在人力资源招聘的过程中，应主要把握好以下几条原则：

（1）择优、全面原则。择优是招聘的根本目的和要求。择优就是广揽人才，选贤任能，从应聘者中选出优秀者。做出试用决策前要全面测评和考核，招聘者要根据综合考核成绩，精心比较，谨慎筛选，做出录用决定。为确保择优性原则，应制定明确而具体的录用标准。

（2）公开、竞争原则。公开是指把招考单位、种类、数量，报考的资格、条件，考试的方法、科目和时间均面向社会通告周知，公开进行。竞争是指通过考试竞争和考核鉴别，以确定人员的优劣和人选的取舍。只有通过公开竞争才能使人才脱颖而出，吸引真正的人才，才能起到激励作用。

（3）宁缺毋滥原则。招聘决策一定要树立"宁缺毋滥"的观念。这就是说，一个岗位可暂时空缺，也不要让不适合的人占据。这就要求我们做决策时，要有一个提前量，而且广开贤路。

（4）能级原则。人的能量有大小，本领有高低，工作有难易，要求有区别，招聘工作不一定要最优秀的，而应量才录用，做到人尽其才，用其所长，这样才能持久高效地发挥人力资源的作用。

（5）全面考核原则。全面考核原则指对报考人员从品德、知识、能力、智力、心理、过去工作的经验和业绩方面进行全面考试、考核和考察。决策者必须对应聘者各方面的素质条件进行综合性的分析和考虑，从总体上对应聘者的适合性做出判断。

**（三）人力资源招聘的程序**

人力资源招聘的过程一般包括以下几个步骤：

（1）确定人员的需求。根据企业人力资源规划、岗位说明书，确定企业人力资源需求，包括数量、素质要求以及需求时间。表9-1是某印刷企业的人力资源管理部门所使用的部门人力资源需求计划表。

（2）确定招聘渠道，即确定企业是从内部选拔，还是从外部招聘企业所需人员。

（3）实施征召活动。根据不同的招聘渠道实施征召活动的具体方案，将以各种方式与企业招聘人员进行接触的人确定为工作候选人。

（4）初步筛选候选人。根据所获得的候选人的资料对候选人进行初步筛选，剔除明显不能满足企业需要的应聘者，留下来的候选人进入下一轮的测评甄选。

（5）测评甄选。采用笔试、面试、心理测试等方式对候选人进行严格测试，以确定最终录用人选。

（6）录用。企业与被录用者就工作条件、工作报酬等劳动关系进行谈判，签订劳动合同。

（7）招聘评价。对本次招聘活动进行总结，并从成本收益的角度进行评价。

表 9 – 1    某印刷企业部门人力资源需求计划表

| 申请部门 | | | | 部门主管 | | | 申报日期 | |
|---|---|---|---|---|---|---|---|---|
| 项目 | | 需求原因 | | | | | 要求到职时间 | |
| | | 业务扩展 | 补充离职 | 组织变革 | 技术改变 | 其他 | | |
| 主管人员 | 高层 | | | | | | | |
| | 中层 | | | | | | | |
| | 基层 | | | | | | | |
| | 小计 | | | | | | | |
| 技术人员 | 技术员 | | | | | | | |
| | 机长 | | | | | | | |
| | 副机长 | | | | | | | |
| | 二手 | | | | | | | |
| | 质检员 | | | | | | | |
| | 其他 | | | | | | | |
| | 小计 | | | | | | | |
| 工人 | 机员 | | | | | | | |
| | 后勤员 | | | | | | | |
| | 仓管员 | | | | | | | |
| | 其他 | | | | | | | |
| | 小计 | | | | | | | |
| 其他 | 业务员 | | | | | | | |
| | 小计 | | | | | | | |
| 招聘职位 | 招聘人数 | 职位要求及岗位职责描述 | | | | | | |
| | | 学历要求 | | 年龄要求 | | 工作地区 | | 专业要求 |
| | | 外语水平 | | 计算机水平 | | 工作经验要求 | | 其他要求 |
| | | 岗位职责描述 | | | | | | |

### （四）人员招聘的途径

人员招聘的途径不外乎两种：内部招聘和外部招聘。企业可以根据公司的战略、企业经营环境和岗位的重要程度以及招聘职位的紧急程度来确定具体的招聘途径。招聘途径的选择也与企业的传统有关，有些印刷企业倾向于从内部选拔高层管理人员，而有些印刷企业则倾向于从外部选聘高级主管。内部招聘与外部招聘各有利弊。两种途径的候选人来源和方法及其优缺点分析见表 9 – 2。

表 9-2  内部招聘与外部招聘优缺点分析

|  | 内部招聘 | 外部招聘 |
|---|---|---|
| 来源 | 内部公开招募；内部提拔；岗位轮换；横向调动；返聘 | 推荐；自荐；各类印刷类本科院校、印刷类技术学校等 |
| 招聘方法 | 发布内部招聘广告；<br>查阅档案材料；<br>员工推荐；<br>管理层指定 | 发布招聘广告；<br>借助中介机构；<br>校园招募；<br>参加人才交流会；<br>网上招聘 |
| 优点 | 了解全面，准确性高；<br>可鼓舞企业员工士气，激励员工进取；<br>应聘者可更快地适应工作；<br>选择费用低 | 人员来源广，选择范围大，有利于招到一流人才；<br>新雇员能带来新思路和新方法；<br>可以平缓内部竞争者的矛盾 |
| 缺点 | 来源局限于企业内部，选择面窄；<br>容易造成近亲繁殖；<br>可能会引起内部竞争者之间的矛盾 | 不了解企业情况，进入角色慢；<br>易出现选拔失误；<br>内部员工的士气受到打击 |

## 二、培训

人是生产力诸要素中最重要、最活跃的因素，一个国家、一个民族、一个企业的命运，归根结底取决于其人员的素质。人的素质的提高，既需要个人在工作中的钻研和探索，更重要的是需要有计划、有组织的培训。

**（一）培训的含义**

人员培训，是指组织为了实现组织自身和员工个人的发展目标，有计划地对全体工作人员进行培养和训练，使之提高与工作相关的知识、技艺、能力以及态度等素质，以适应并胜任职位工作。

培训是一项涉及全体员工的制度化的人力资源管理活动。培训并非只与组织中的部分人员相关，也并不是只涉及低学历者或技术职位的工作，而是涉及组织中所有层次和类别的员工。在企业中，不管是总经理、部门经理，还是基层管理人员，或是一线印刷技术员，都应该接受不同层次、不同类型的培训。培训也不应该被看作随意性、权宜性的活动，而应该是计划性和经常性的活动。组织中的员工培训活动应该形成一种制度。

**（二）培训形式及内容**

*1. 培训形式*

从培训的形式来看，印刷企业可针对不同岗位采用不同的培训形式，可采用的培训形式主要有在职培训、脱产培训和半脱产培训等。

（1）在职培训，即人员在实际的工作中得到培训，培训对象不脱离岗位，可以不影响工作或生产。但这种培训方法往往缺乏良好的组织，不太规范，影响培训效果。

（2）脱产培训，即受训者脱离工作岗位，专门接受培训。组织可以把员工送到印刷类的本专科院校、商业培训机构或自办的培训基地接受培训，也可以选择本单位的适宜场地自行组织培训。由于学员为脱产学习，没有工作压力，时间和精力集中，其知识技能水平会提高较快。但这种形式的缺点是需要投入较多的资金。

（3）半脱产培训介于上述两种形式之间，可在一定程度上克服两者的缺点，吸纳两者的优点，从而更好地兼顾费用和效果。

2. 培训内容

一个印刷企业完整的员工培训工作应包括以下三方面的内容：

（1）知识的培训。通过培训，应该使员工具备完成员工工作所需要的基本知识，而且还应让员工了解公司的基本情况，如公司的发展战略、经营目标、经营状况、企业文化与价值观、规章制度等。

（2）技能的培训。通过培训，使员工掌握完成工作所必备的技能，如谈判技能、操作技能、处理客户关系的技能等。

（3）态度的培训。员工态度与公司的绩效密切相关。通过培训建立起公司与员工之间的相互信任，培训员工对公司的忠诚，培养员工应具备的精神准备和态度，增强公司集体主义精神。

**（三）员工培训的工作流程**

员工培训工作流程主要包括四个阶段：培训需求分析阶段、培训设计阶段、培训实施阶段、培训评估阶段。

1. 培训需求分析阶段

在培训活动中，培训的组织者应该考虑到受训者的培训需求。需求分析关系到培训的方向，对培训的质量起着决定性的作用。一般来说，培训需求分析包括三项内容，即组织分析、任务分析和人员分析。具体内容如表9-3所示。

表9-3 培训需求分析的内容

| 分析 | 目的 | 方法 |
|---|---|---|
| 组织分析 | 决定组织中哪里需要培训 | 根据组织长期目标、短期目标、经营计划判定知识和技术需要；<br>将组织效率和工作质量与期望水平进行比较；<br>制订人事接续计划，对现有雇员的知识/技术进行审查；<br>评价培训的组织环境 |
| 任务分析 | 决定培训内容应该是什么 | 对于个人工作，分析其业绩评价标准、要求完成的任务和成功完成任务所必需的知识、技术、行为和态度 |
| 人员分析 | 决定谁应该接受培训和他们需要什么培训 | 通过使用业绩评估，分析造成业绩差距的原因；<br>收集和分析关键事件；<br>对员工及其上级进行培训需求调查 |

2. 培训设计阶段

培训设计一般集中在以下几个方面：培训目标、受训者的意愿和准备、学习原则。

这里主要讨论培训目标。培训需求确定了，就应据此确定培训目标，培训目标可以指导培训内容、培训方法和评价方法的开发。基于此，企业应建立较为正式的、具体的、可度量的培训目标。培训目标应明确受训者即将获得的知识和技能，或者是态度的转变。表9-4提供了具体的培训目标的类型及示例。

表9-4　培训目标的类型及示例

| 目标的类型 | 示　　例 |
|---|---|
| 知识 | 受训者应能在定位培训之后，清楚地了解本企业的创始人、主要发展历程、组织结构，初步了解企业的财务报销、休假、晋升、业绩评估等各项制度，并能准确地了解各部门间的工作与沟通关系 |
| 态度 | 所有的受训者应明确：有效的定位培训能减少新进员工的麻烦，提高其对组织的归属感，并能从全局层面认识其工作的重要性 |
| 技能 | 受训者应能准确使用工作手册和员工手册，在遇到生病、出差等情况时，了解如何按规定行事 |
| 工作行为 | 受训者能将其所了解的组织使命、员工基本行为规范、工作安全等知识，运用到处理同事、客户关系的工作行为上去 |
| 组织成果 | 通过定位培训，使员工试用期间流失率降低5% |

### 3. 培训实施阶段

一旦培训目标确定了，具体的培训内容也就可随之确定。培训的内容一般由许多部分和方面的内容组成，这些内容在培训过程中应该有一定的顺序，以保证培训能够循序渐进。在确定培训内容的同时，要选择适当的培训方法。企业一般采用的培训方法有授课、学徒制、讨论会、工作轮换、录像、模拟、案例分析、内部网培训、远程教育、自学等。培训的方法多种多样，企业可以选择其中的一项或几项开展实施。

### 4. 培训评估阶段

可以从以下四个层次对培训进行评估，即反应、学习效果、行为和结果。反应即考察受训者对培训的印象，具体的做法就是在培训结束时请受训者填写一份简短的问卷。在问卷中，可以要求受训者对培训科目、教员、自己收获的大小等方面做出评价。表9-5是某印刷企业使用的培训满意度评估表。学习效果即考察受训者对培训内容的掌握程度，可以用培训前和培训后举行的书面考试或操作测试来衡量。行为即考察受训者接受培训后在工作行为上的变化。这通常可以由受训者自己或上司、同事等借助一系列的评估表进行评定。结果即培训带来的组织相关产出的变化，例如主管参加培训后，他负责的生产团队的生产效率的提高。培训的最终目的就是要有助于达到组织目标，因而培训评估最有意义的方面是结果。但是组织绩效的变化常常是由多种因素导致的，很难把培训造成的组织绩效的变化与其他因素造成的变化分离开。为了克服这种干扰，可以事先选一个受训者各方面情况都相似的对照组，通过对两组成员的绩效情况进行对比，就可以发现培训所导致的绩效提高程度。

**表 9 – 5　培训满意率评估表**

尊敬的各位同事：

为了使我们日后能够得到更好的培训，增大培训效果，完善培训工作，我们需要您对本培训课程的各项满意程度进行评价。谢谢合作。

| 培训名称 | | | | 培训讲师 | | 培训时间 | | |
|---|---|---|---|---|---|---|---|---|
| 考察项目 | | 效果评价 | | | | | | 原因 |
| | | 很好<br>（10分） | 好<br>（8分） | 一般<br>（6分） | 不好<br>（4分） | 极差<br>（2分） | | |
| 培训安排 | 及时性 | | | | | | | |
| | 时间长短 | | | | | | | |
| 课程部分 | 教材适用性 | | | | | | | |
| | 课程内容及结构合理性 | | | | | | | |
| | 适用性 | | | | | | | |
| 讲解部分 | 生动性 | | | | | | | |
| | 逻辑与条理性 | | | | | | | |
| | 培训方法的有效性 | | | | | | | |
| | 问题解答 | | | | | | | |
| | 整体印象 | | | | | | | |
| 参加该次培训的受益 | 获得适用的印刷专业知识或管理知识（　）<br>获得了一些实用的技术及工作技巧（　）<br>帮助我改变工作态度（　）<br>帮助我改变一些思想观念和意识（　）<br>给我一个客观地审视我自己以及我工作的机会（　）<br>其他＿＿＿＿＿＿＿＿＿＿＿＿＿＿＿＿ | | | | | | | |
| 培训建议 | | | | | | | | |
| 总分 | | | 填表人 | | 所属部门 | | 日期 | |

255

# 第四节　绩效考核与薪酬管理

## 一、绩效考核

### （一）绩效考核的含义

绩效考核是指收集、分析、评价和传递某一个人在其工作岗位上的工作行为表现和

工作结果方面的信息情况的过程。绩效考核作为评价每一个员工工作结果及其对企业贡献的大小的一种管理手段，每一个企业都在事实上进行着绩效考核。由于人力资源管理已经越来越受到企业重视，因此，绩效考核也就成为企业在管理员工方面的一个核心的职能。

**（二）绩效考核的作用**

（1）有助于提高企业的生产率和竞争力。衡量生产力的传统方式是考察员工工作成果的数量和质量，即考察员工有没有按工作程序办事及出勤率和事故率等指标。人力资源管理则认为，衡量生产力的主要因素应该是员工的招聘、培训、作用、激励和绩效评价，并以绩效评价为核心。可以看出，那些具有绩效管理系统的印刷企业在利润率以及生产率方面，明显优于那些没有绩效管理系统的企业。

（2）为员工的薪酬管理提供依据。员工的实际业绩决定了其报酬水平的高低，根据人员业绩变化情况来确定是否应予以加薪。绩效考核结果最直接的应用，就是为企业制定员工的报酬方案提供客观依据。可以说，没有考核结果为依据的报酬，不是真正的劳动报酬。

（3）为人员调配和职务调整提供依据。人员调配之前，必须了解人员的使用状况，人事配合的程度，其手段是绩效考核。人员职务的升降也必须有足够的依据。这也必须有科学的绩效考核作保证，而不能只凭领导人的好恶轻率地决定。通过全面、严格的考核，发现一些人的素质和能力已超过所在职位的要求，而适合担任更具挑战性的职位，则可对其进行晋升；反之，则可对其降职处理。这样就为管理人员的能上能下提供了客观的依据。

（4）为员工培训工作提供方向。培训是人力资源开发的重要方式。培训必须有的放矢，才能收到事半功倍的效果。通过绩效考核，可以发现员工的长处与不足、优势与劣势，从而根据员工培训的需要制定具体的培训措施和计划。

（5）有助于员工的自我提升。绩效考核强化了工作要求，使员工责任意识增强，明确自己怎样做才能更符合组织期望。通过考核发掘员工的潜能，可以让员工明白自己最适合的工作和岗位。同时，通过绩效考核，可以使员工明确工作中的成绩与不足，这样就促使他在以后的工作中发挥长处，努力改善不足，使整体工作绩效进一步提高。

**（三）绩效考核的原则**

（1）客观、公正原则。考核前要公布考核评价细则，让员工知道考核的条件与过程，对考核工作产生信任感，对考核结果抱理解、接受的态度。在制定绩效考核标准时，应从客观、公正的原则出发，坚持定量与定性相结合的方法，建立科学适用的绩效指标评价体系。这就要求制定绩效考核标准尽量减少个人主观臆断的影响，要用事实说话，切忌主观武断。

（2）具体可衡量原则。即考核指标要具体明确，绝不含糊。绩效管理的各项指标应该是一个个可以度量的指标。比如，对于销售人员进行考核时，考核"销售成果"显然不如考核客户回访次数、新客户接待率和回款率等这些指标更具体和明确。

（3）反馈原则。考核与员工的薪酬水平挂钩，更重要的是改善员工的工作绩效，使员工认识到工作上的不足，并加以改善。所以，结果应直接反馈给员工，以明确其努力方向。

**（四）绩效考核的程序**

（1）制定绩效考核标准。绩效考核要发挥作用，首先要有合理的绩效标准。这种标准必须得到考核者和被考核者的共同认可，标准的内容必须准确化、具体化和定量化。为此，制定标准时应注意两个方面：一是以职务分析中制定的职务规范和职务说明为依据，因为那是对员工的岗位职责的组织要求；二是管理者与被考核者沟通，以使标准能够被共同认可。

（2）评定绩效。将员工实际工作绩效与组织期望进行对比和衡量，然后依据对比的结果来评定员工的工作绩效，绩效考核指标可以分为许多类别，比如业绩绩效考核指标和行为考核指标等，考核工作也需从不同方面取得事实材料。

（3）绩效考核反馈。这一环节是指将考核的结果反馈给被考核者。首先，考核者将书面的考核意见反馈给被考核者，由被考核者予以同意认可。其次，通过绩效考核的反馈面谈，考核者与被考核者之间可以就考核结果、考核过程的不明确或不理解之处进行解释，这样有助于被考核者接受考核结果。同时，通过反馈，可以更好地理解对工作的改进，并共同探讨最佳的改进方案。

（4）考核结果的运用。绩效考核的一个重要任务，就是分析绩效形成的原因，把握其内在规律，寻找提高绩效的方法，从而使工作得以改进。

**（五）绩效考核的方法**

绩效考核需要采用一定的方法才能有效地完成。进行绩效考核有很多种方法，这里介绍几种主要的考核方法。

（1）排列法。排列法是根据某一考核指标，如销售回款率，将全体考核对象的绩效从最好到最差依次进行排列的一种方法，这是一种较简单的考核方法。这种方法所需要的时间成本很少，简单易行，一般适合于员工数量较少的评价需求。

（2）成对比较法。成对比较法是考核者根据某一标准将每一员工与其他员工进行逐一比较，并将每一次比较中的优胜者选出的一种考核办法。这一方法的比较标准往往不是具体的工作成果，而是考核者对被考核者的一个整体印象。由于这种方法需要对每次比较进行强制排序，可以避免考核中易出现的趋中现象。但当比较的人员很多时，采用这种方法进行考核需要进行相当多次的比较，耗费很大的时间成本。具体的考核方法见表9-6。

表9-6　成对比较法的应用

| | 员工1 | 员工2 | 员工3 | 员工4 | 总得分 |
|---|---|---|---|---|---|
| 员工1 | — | 1 | 1 | 0 | 2 |
| 员工2 | 0 | — | 1 | 0 | 1 |
| 员工3 | 0 | 0 | — | 0 | 0 |
| 员工4 | 1 | 1 | 1 | — | 3 |
| 结论 | 按绩效从优至劣的排列次序为：员工4，员工1，员工2，员工3 | | | | |
| 说明 | 如果员工2与员工1相比，员工2表现更好，则给其记1分，而员工1记0分。依此类推 | | | | |

（3）等级评估法。等级评估法的一般做法是：根据工作分析，将被考核岗位的工作内容划分为相互独立的几个模块。在每个模块中用明确的语言描述完成该模块工作需要达到的工作标准。同时，将标准分为几个等级选项，如"优秀、良好、合格、不合格"等，根据被考核者的实际工作表现，对每个模块的完成情况进行评定。等级评估法的优点是考核内容全面、实用并且开发成本小。它的缺点在于考核者的主观因素影响较大。表9-7列举了一个等级评估法的例子。

**表9-7 等级评估法的应用**

| 姓名： | | 职务： |
|---|---|---|
| 考核项目 | 评级记位 | 得分 |
| 工作质量 | 4（优秀）3（良好）2（合格）1（不合格） | |
| 工作数量 | 4（优秀）3（良好）2（合格）1（不合格） | |
| 工作相关知识 | 4（丰富）3（较丰富）2（一般）1（不足） | |
| 工作协调 | 4（很好）3（好）2（一般）1（差） | |

（4）关键事件法。关键事件法是客观评价体系中最简单的一种形式。在应用这种评价方法时，负责评价的主管人员把员工在完成工作任务时所表现出来的特别有效的行为记录下来，形成一份书面报告。每隔一段时间，主管人员和其下属面谈一次，根据所记录的特殊事件来讨论后者的工作业绩。在使用这种方法时，可以将其与工作计划、目标及工作规范结合起来使用。表9-8显示了对一个印刷企业的厂长助理的关键事件考核。

**表9-8 关键事件法的应用**

| 负有的职责 | 目标 | 关键事件（加分、减分项目） |
|---|---|---|
| 安排工厂的生产计划 | 充分利用工厂中的人员和机器；及时发布各种生产指令 | 为工厂建立了新的生产计划系统；10月的按时交货率提高了10%；12月的机器利用率提高了20% |
| 监督印刷材料采购和库存控制 | 在保证充足的原材料供应前提下，使原材料的库存成本降低到最小 | 上个月使原材料库存成本上升了15% |
| 监督印刷设备的维护保养 | 不出现因机器故障而造成停产 | 为工厂建立了一套新的印刷设备维护和保养系统；上个月及时发现和处理了4起设备故障 |

（5）行为锚定评价法。行为锚定评价法是将传统业绩评定表和关键事件相结合形成规范化评价表格的方法。这种方法以等级分值量表为工具，配之以关键行为描述或事例，然后分级逐一对人员绩效进行评价。由于这些典型行为描述语句的数量有限，不可能涵盖千变万化的员工实际工作表现，而且被考核者的实际表现很难与描述语句所描述的内容完全吻合，但有了量表上的这些典型行为锚定点，考核者打分时便有了分寸。这些代表了从最劣至最佳的典型绩效的，有具体行为描述的锚定点，不但能使被考核者较深刻而信服地了解自身的现状，还可找到具体的改进目标。因此，行为锚定评价法具有很强的培训开发功能。此方法的具体应用见表9-9。

**表 9 – 9　行为锚定评价法的应用：印刷机长**

考核维度：技术知识水平

| 优秀（5） | 良好（4） | 一般（3） | 较差（2） | 差（1） |
|---|---|---|---|---|
| 熟练掌握了印刷设备原理及印刷技术知识，并了解其发展趋势 | 掌握了印刷设备操作知识及印刷技术知识 | 掌握了与工作相关印刷设备操作知识及印刷基本原理 | 只知道有限的与工作相关印刷设备操作知识及印刷基本原理 | 不了解与工作相关印刷设备操作知识及印刷基本原理 |

（6）360 度考核。所谓 360 度考核，就是在组织结构图上，位于每一员工上下左右的公司内部其他员工、被考核的员工本人以及顾客，一起来考核该员工的绩效的一种方法。360 度考核特别注重通过反馈来提高员工的绩效，因此有些文献专门把 360 度考核中的反馈称为 360 度反馈。由于这种考核方式操作比较复杂，目前的印刷企业较少使用这种考核方式。

为了避免不必要的人际冲突，保证反馈过程的顺利进行和反馈结果的有效性，360 度考核大多是以匿名的形式进行的。各种形式的反馈的对比使管理人员对自己的优缺点能有一个更为现实的全面认识，这会促进管理人员的行为改变并将改变与组织的变革和改善紧密联系起来。这种相关群体共同参与的考核形式无疑会导致信任水平的提高以及管理者和他们身边的人加大沟通，减少员工的抱怨和不满，提高顾客满意度和培养组织合作精神。

除以上所介绍的几种绩效评价方法外，还有关联矩阵法、民意测验法、强制选择法等方法，在此不再详述。

## 二、薪酬管理

### （一）薪酬的含义及其内容

从广义来理解，薪酬是员工为企业付出的劳动的回报。员工在组织中工作所得到的回报包括组织支付给员工的工资和所有其他形式的奖励，其内容非常复杂。其中既包括以货币收入形式表现的外在报酬，也包括以非货币收入形式表现的内在报酬。在这种内在报酬中，包括工作保障、身份标志、给员工更富有挑战性的工作、晋升、对突出工作成绩的承认、培训机会、弹性工作时间和优越的办公条件等。在人力资源管理中，我们把外在报酬作为员工薪酬体系研究的重点。

从概念上讲，员工的外在报酬指的是由于就业关系的存在，员工从企业得到的各种形式的财务收益、服务和福利。通常意义上的薪酬指的是这种外在报酬，也就是狭义上的薪酬。它可以分为直接薪酬和间接薪酬。直接薪酬包括工资、奖金、津贴与补贴和股权，间接薪酬即指福利。

（1）工资，即根据劳动者所提供的劳动数量和质量，按照事先规定的标准付给劳动者的劳动报酬，也就是劳动的价格。这是总体上的工资的定义。它包括从事管理工作和负责经营等的人员按年或按月领取的固定薪金，也包括按件、小时、日、周或月领取的工资。

（2）奖金，指对员工超额劳动的报酬。企业中常见的有全勤奖金、生产奖金、不休假奖金、年终奖金、效益奖金等。

（3）津贴与补贴，指对员工在特殊劳动条件和工作环境中的额外劳动消耗和生活费用的额外支出的补偿。通常把与工作相关的补偿称为津贴，把与生活相联系的补偿称为补贴，常见的有岗位津贴、加班津贴、轮班津贴等。

（4）股权，指以企业的股权作为员工的薪酬，作为一种长期激励的手段，能够让员工为企业长期利润最大化而努力。

（5）福利，指间接薪酬，是组织为员工提供的除工资、奖金、津贴之外的一切物质待遇。它包括法定福利和企业福利。法定福利是政府通过立法要求企业必须提供的，如医疗保险、失业保险、养老保险、伤残保险等。企业福利是企业在没有政府立法要求的前提下主动提供的，例如养老金、住房津贴、交通费、免费工作餐、人寿保险等。

**（二）影响企业薪酬的因素**

构建薪酬体系是组织一项重要而又复杂的任务，薪酬体系不仅要和组织内部的具体情况相吻合，还要适应组织外部环境的要求。而且薪酬体系不是一成不变的，尽管它在相对时间内具有稳定性，但随着时间的推移和客观环境的变化使薪酬体系必然存在需要完善和改进的方面。一般来说，影响企业薪酬体系的有内部因素和外部因素两个方面。

1. 内部因素

影响薪酬的内部因素主要有企业实力、工作状况、员工特征和企业规模。

（1）企业实力。企业实力是薪酬体系设计和变动可能会遇到的硬性约束，它决定了企业用于薪酬特别是货币性薪酬分配的总体水平，这种总量水平的限制决定了员工薪酬的构成和薪酬水平的变动区间。如果企业支付薪酬向管理人员倾斜，那么就会降低一般员工的薪酬水平。如果企业试图通过高薪酬水平使薪酬具有外部竞争力，那么也许可以吸引高素质员工的加盟，还可以建立内部员工的自信心和自豪感，但这势必会提高组织的成本，而且实力制约使薪酬改进没有较大的回旋余地。

（2）工作状况。工作状况是企业在考虑薪酬在不同工作间的差异时必须考虑的客观因素，它主要通过工作要求、工作责任、工作条件和工作类别的差异对工作进行薪酬的标准化，这无疑给薪酬体系的设计与薪酬工作的可操作性和公平性带来便利。工作责任重大，工作活动对组织的生存和发展有重大影响的一般薪酬水平较高；工作对技能和任职资格有特殊要求的薪酬水平也较高；工作条件差、比较危险的工作薪酬体系中补偿性的薪酬比例也会增大。

（3）员工特征。员工特征决定了各个不同员工的薪酬水平和薪酬体系的构成。这些个人因素主要有教育程度、年龄构成、资历因素、发展潜力、特定人力资源的稀缺性等。例如，处于不同年龄层次的员工对薪酬的需求也是不同的，青年员工一般关注货币性收入以满足生活消费的需要，中年员工比较重视晋升发展的机会和外在的非货币性薪酬以满足地位和成就的需要，老年员工相对而言更多地考虑间接薪酬。

（4）企业规模。企业规模考虑的是因规模原因造成的员工薪酬等级的差别，规模较小的企业就不必将员工的薪酬划分许多的等级，而且更容易了解员工的需求，便于设计出有针对性的薪酬方案。相反，规模大的企业薪酬的等级较多，员工的复杂程度也较高，所以薪酬体系设计比较困难，特别是对于那些大型印刷企业集团公司，就不能简单地实行统一的薪酬方案，而是要更多地注意到企业所在区域的具体情况。

2. 外部因素

影响印刷企业薪酬的外部因素主要有政府法规、区域经济发展水平、印刷行业的员工薪酬水平以及市场压力等。

（1）政府法规。政府法规影响企业薪酬的合法性。企业薪酬的制定必须符合政府的法规，包括国家政府和地方政府的法规，如对员工最低工资的规定、对最长工作时间的规定、对特殊工种的从业人员的规定等。

（2）区域经济发展水平。区域经济发展水平及其发展趋势会影响企业的薪酬水平。一般来说，经济发展水平较高的区域内的员工薪酬水平也会有相应的提高。例如，深圳地区的印刷机机长的月收入比内地员工的要高很多。

（3）印刷行业的员工薪酬水平。行业水平受历史原因和现实需要的影响存在差异，这使在不同行业工作的员工对薪酬的预期也不一致。印刷行业的平均工资水平是任何一个印刷企业在确定薪酬制度时都应该考虑的因素。

（4）市场压力。市场压力是指印刷企业面临的劳动力市场的竞争性的挑战。劳动力市场竞争是指印刷企业之间为雇用类似员工而展开的竞争。如最近一段时间的高速轮转印刷机操作员工的短缺，就引发了一场各个企业为争夺相关技术人员的竞争。如果一家企业在劳动力市场上不具有竞争力，它就不能吸引和保留足够数量和既定质量的员工。因此，劳动力市场上的竞争给企业的工资水平确定了一个下限。

**（三）工资制度**

工资与福利是满足职工生存、安全等物质需要的主要渠道，因而是激励的基础。合理的工资制度是调动职工积极性的手段。印刷企业可以根据自身实际情况，选择最佳工资制度。总体看来，主要有如下几类工资制度：

（1）技术等级工资制。技术等级工资制是根据劳动的复杂程度、繁重程度、精确程度和工作责任大小等因素划分技术等级，按等级规定工资标准的一种制度。其特点是：主要以劳动质量来区分劳动差别，进而依此规定工资差别。这种工资制度适用于技术比较复杂的工种。

（2）职务等级工资制。职务等级工资制是根据各种职务的重要性、责任大小、技术复杂程度等因素，按照职务高低规定统一的工资标准。在同一职务内，又划分为若干等级。各职务之间用上下交叉的等级来区别工资差别线，呈现一职数级、上下交叉的"一条龙"式的工资制度。

（3）结构工资制。结构工资制是根据决定工资的不同因素和工资的不同作用，而将工资划分为几个部分，通过对各部分工资数额的合理确定，构成劳动者的全部报酬。一般结构工资由基础工资、职务工资、年功工资和浮动工资四部分组成。

基础工资是保障劳动者基本生活的部分，是维持劳动者劳动力再生产所必需。由于标准工资不同，基础工资也就有高有低。职务工资是按照各个不同职务（岗位）的业务技术要求、劳动条件、责任等因素来确定的。即担任什么职务，确定什么工资标准。工作变动，职务工资也随着变动，一般以"一职一薪"为宜。年功工资以工龄为主，结合考勤和工作业绩来确定，也叫工龄工资，但它在工资构成中所占比例较小。浮动工资也叫作业绩工资，根据企业经营效益的好坏、个人业绩的优劣来确定。这部分工资在工资构成中所占比例有日益增长之势，但具体计算方法视各企业不同而有较大差别。

以上三种工资制度被很多印刷企业，特别是那些从国有企业改制而来的印刷企业采用。

（4）提成工资制。这种工资制度被诸多印刷企业的营销部门采用。实行此制度有以下三个基本步骤：首先是确定适当的提成指标。其次是确定恰当的提成方式，主要有全额提成和超额提成两种形式。全额提成即职工全部工资都随营业额变动，而不再有基本工资；超额提成即保留基本工资并相应规定需完成的营业额，超额完成的部分再按一定的比例提取工资。从实行提成工资的层次上划分，有个人提成和集体提成。最后是确定合理的提成比例，有固定提成比例和分档累进或累退的提成率两种比例方式。

（5）谈判工资制。谈判工资制是一种灵活反映企业经营状况和劳务市场供求状况并对员工的工资收入实行保密的一种工资制度。很多的港资印刷企业会采用此类工资制度。职工的工资额由企业根据操作的技术复杂熟练程度与员工当面谈判协商确定，其工资额的高低取决于劳务市场的供求状况和企业经营状况。当某一工种或人员紧缺或企业经营状况较好时，工资额就上升，反之就下降。企业对生产需要的专业技术水平高的员工愿意支付较高的报酬；如果企业不需要该等级的专业技术的员工，就可能降级使用或支付较低的报酬。如果员工对所得的工资不满，可以与企业协商调整。如果双方都同意，可以履行新的工资额。员工可以因工资额不符合本人要求而另谋职业，企业也可以因无法满足员工的愿望而另行录用其他员工。企业和员工都必须对工资收入严格保密，不得向他人泄露。谈判工资制有利于员工之间不在工资上互相攀比，减少矛盾。由于工资是由企业和员工共同谈判商定，双方都可以接受，一般都比较满意，有利于调动职工的积极性。谈判工资制正在被越来越多的企业采用。

当前，印刷行业主要采取的工资形式包括：一是在企业高、中层人员中推行年薪制，具体的年薪金额可通过谈判来商定。二是执行多种结构形式的工资分配办法：营销部门可采用提成工资制，营销人员只拿较低的基本薪水，其收入的主要部分与其销售业绩直接挂钩；其他职能管理部门的工作人员可实行基本工资加年功工资、岗位工资和津贴形式的岗位组合工资形式；二三线生产岗位职工实行定额包干工资；一线生产工人实行高不封顶的金额计件工资。三是设计一些诸如专业技术人员津贴、新招员工生活补贴、特殊贡献奖励等形式的报酬项目，增加职工收入的心理期望值，丰富职工收入的结构和层次。每个印刷企业可根据自己企业的实际情况以及历史习惯，设计合理的薪酬制度，从而达到有效激励员工工作积极性的目的。

# 本章小结

1. 人力资源，是指能够推动整个经济和社会发展的劳动者的能力，包括能够进行智力劳动和体力劳动的能力。印刷企业的人力资源管理，是指印刷企业对其所需要的人力

资源的取得、开发、保持和利用等方面所进行的计划、组织、指挥、协调和控制的活动。印刷企业人力资源管理最重要的工作就是在适当的时间，把适当的人选（最经济的人力）安排在适当的工作岗位上，充分发挥人的主观能动性，使人尽其才，事得其人，人事相宜。

2. 印刷企业人力资源管理的主要内容包括工作分析、人力资源规划、人员招聘、培训、员工职业生涯管理、绩效评价、薪酬管理、劳动关系管理等方面。

3. 工作分析是确定完成各项工作所需的技能、责任和知识的系统过程。工作分析的结果体现在职务说明书上。职务说明书一般包括两方面的内容：工作说明和工作规范。工作说明是关于工作任务和职责信息的文本说明。工作规范则包含了一个人完成某项工作所必需的基本素质和条件。

4. 员工招聘就是通过各种信息途径吸引应聘者，并从中选拔、录用企业所需人员的过程。员工招聘的过程一般包括以下步骤：确定人员的需求、确定招聘渠道、实施征召活动、初步筛选候选人、测评甄选、录用、招聘评价。人员招聘的途径有内部招聘和外部招聘两种。

5. 印刷企业员工培训是指印刷企业为了实现组织自身和员工个人的发展目标，有计划地对全体员工进行培养和训练，使之提高与工作相关的知识、技艺、能力以及态度等素质，以适应并胜任职位工作。一个完整的科学的员工培训体系包括培训需求分析、培训工作组织、培训内容、培训方法以及培训效果评估五个方面。

6. 绩效考核是指收集、分析、评价和传递某一个人在其工作岗位上的工作行为表现和工作结果方面的信息情况的过程。印刷企业绩效考核的方法主要有等级评估法、行为锚定评价法、360 度考核法、目标管理法、关键绩效指标法以及平衡计分卡等。

7. 薪酬制度是人力资源管理制度的核心，它是印刷企业能否吸引、留住人才，能否充分调动员工积极性、创造性的关键所在。从广义来理解，薪酬是员工为企业付出的劳动的回报，其中既包括以货币收入形式来表现的外在报酬，也包括以非货币收入形式表现的内在报酬。

## 思考与练习

1. 何谓人力资源管理？人力资源管理具有哪些主要职能？

2. 人力资源规划的意义何在？如何科学地进行人力资源规划？

3. 人员招聘需要把握哪些原则？人员招聘需要经过哪些具体环节？

4. 人员培训的具体工作流程有哪些？

5. 绩效考核的意义何在？有哪些常用的考核办法？

6. 员工薪酬有哪些主要形式？对于中小型印刷公司，应如何设计普通员工的薪酬体系？

## 虎门彩色印刷有限公司人力资源管理

虎门彩色印刷有限公司（以下简称虎彩集团）成立于 1988 年，是一家以包装产品的开发、设计、印刷为核心，业务范围涵盖中高档精品烟标、彩盒印刷、文具、贺卡、激光材料、啤酒生产与销售的综合性民营企业集团。虎彩旗下现有 6 家子公司 2500 多名员工，2004 年销售收入突破 10 亿元，实现利税 2.29 亿元。一个民营企业能够在如此短的时间里，取得如此大的成绩，虎彩集团的人力资源管理有何特别之处呢？

**一、规范招聘制度，网罗天下优秀人才**

1988 年在虎彩建立之初，为了招聘一批优秀的青年人，公司提出了一个创新的理念——"带薪培训"，这种既能学到技术，又有收入的招聘策略对应聘者有很大的诱惑力，使公司网罗到了许多急需的人才。

虎彩十分重视员工的招聘流程，把具体的招聘任务落实到每个招聘专员，大家既有分工又有合作。把任务分解后，还要监控每项任务的完成进度，对过程中出现的各种情况，及时寻找对策，从而保证任务的顺利实现。虎彩的招聘渠道很宽，人才市场、网站、报刊广告等，内外招聘相结合，多管齐下，相互补充，最大限度地网罗企业所需要的人才。

近年来，虎彩非常重视校园招聘会，每年人力资源部门的相关人员都要到相关高校通过多媒体演示、企业宣传册、《虎彩人》杂志和将虎彩的情况上传到高校的网站上等手段宣传虎彩，以提高公司的知名度，从而吸引高校应届毕业生。

在有关特殊人才的招聘上，虎彩还通过猎头公司和员工等多方渠道，找寻相关的人才信息，了解其工作状况和能力，高薪聘请专才。

除外部招聘人才外，虎彩集团还非常重视内部选拔，虎彩对人员的选择由传统领导赏识变为公平竞聘，即由"相马"改为"赛马"。企业及时提供本组织内职位的空缺、所需技能、职业发展等有关信息，给员工提供公平竞争的机会。

**二、不拘一格用人才，通过竞争提升人才的素质**

虎彩对招进来的一批又一批应届毕业生，采用不拘一格使用人才策略，大胆启用优秀青年人才，使优秀的人才能够在公司脱颖而出。

目前，公司已出现了一批既有良好专业背景，又有较丰富印刷车间实践经验的大学生经理、大学生主任和大学生机长。

公司十分重视人才质量的提高，提出了通过提供给人才更大、更广的发展空间，以及引进高层次人才形成人才竞争的局面来提升员工的素质。

首先，进行内部素质的修炼，在此基础上不断提高原有人员的总体素质，创造接纳更高层次人才的条件；其次，逐渐地引进高层次人才，在竞争中促使原有人员素质的提高；在理念共鸣下，使新人员融入公司，成为更高层次的"老臣"；待总体人员素质提高后，再接纳更高层次人才。通过这样不断接纳和融合，滚动式地提高公司人才质量，如此循环往复，从而形成人力资源势能。

公司通过建立优胜劣汰机制，持续保持人力资源优势。公司提出了"河流＋水库"的人才管理模式，流动的水才是活水，通过这种人才管理模式，既可以保持企业不断有新鲜的人力资源进来，又可以通过"沉淀"与"流出"机制，不断充实和稳固企业的核心人才团队，并淘汰一批与企业发展不相适应的人，保持人力资源竞争优势。

### 三、重视员工培训与开发，努力把企业创建成"学习型组织"

虎彩集团深知未来企业的核心竞争力是比竞争对手更快的学习能力。虎彩集团十分重视员工培训与开发，把打造学习型组织作为企业战略性目标。

员工培训与开发工作向着全员性、针对性、灵活性方向不断完善。

（1）全员性。虎彩将培训当作最好的投资，也是送给员工的最好礼物。从新员工入职培训到共性培训、部门培训、自助成长式培训，虎彩设计了一套完善的培训体系，支持员工在技术和能力方面寻求发展，提供多种类型职业培训，并鼓励员工参加，推行培训的全员性参与。

（2）针对性。虎彩的"爬坡式"培训体系是建立在"学习型组织"之上的，分为基础培训、专业培训和提升培训三个台阶，分别对应不同层面的岗位和员工，使其培训具有针对性。在提升培训这一高端台阶上，又进一步细分出更具特色的培训计划，分别有导师培训计划、个性化培训计划和 MBA 高级研修班。

（3）灵活性。为了使培训达到员工能真的听得进去，也能用得起来，公司在讲师的选聘上不再局限于企业外的行业专家，而是逐渐向内部竞聘有经验、有才干的出色员工，使培训内容更适合受训员工的当前与未来需要，培训场地也不再局限于培训室，而是工作现场，这对于技术方面的培训作用尤其突出。

### 四、实施科学的绩效管理系统，公平、公正评估员工的绩效水平

没有规矩就难以成方圆，从虎彩成立至今，公司以求变、求新的精神不断建立、改进和完善各种规章制度，以此来规范、指导员工的行为。

虎彩将绩效管理上升到战略管理层面并给予高度重视，更是不遗余力地为其投入资金与人力。虎彩认为，绩效管理强调以结果为导向，体现一种"利益共享、风险共担、水涨船高"的共同价值观。

其把绩效管理称为 OTB。"O"为 Objective（目标）、"T"为 Test（考核）、"B"为 Benefit（利益）。它由目标（KPI）、考核、奖励三个体系构成。通过 OTB 管理，KPI 把目标分解，把评估的重点放在员工的贡献上，通过管理者和员工共同建立目标，可使全体员工按所设定的目标和工作准则有计划地执行，确保每件事达到预定的目标。

同时，虎彩也强调绩效管理的具体性和可操作性。工作内容的描述要具体，衡量的标准要具体，影响绩效的障碍要具体，只有具体的东西，才有解决的操作性。

虎彩将企业目标细化，实行部门目标奖励制度和个人岗位目标奖励制度，同时又制定出目标考核制度。针对一些创造利润的单位，生产制造部门的成本单位，建立了一套考核制度，由会计部根据年初制订的利润和成本方案中的各项经济指标来考核；对于个人考核方面，公司把各岗位员工的工作与行为制定为具体的岗位目标，由部门经理实行目标管理，年终依据业绩提取奖金，大部分人员都能从中受惠。

虎彩集团已经形成一整套运行有序的绩效考核体系，虎彩的绩效管理包括 KPI 目标

考核、工作鉴定评估、提案奖励、NC 扣罚、行为扣罚五个部分，主要体现出四方面的特点：第一，它是一个公司总体人力资源战略的一部分；第二，它是评价个人绩效的一种方式；第三，体系核心有两个——KPI 目标考核与工作鉴定；第四，它充分体现了个人绩效与公司的任务和目标相互联系。

在虎彩，员工看重结果、看重绩效，奖金与绩效挂钩、与 KPI 完成情况挂钩，形成了虎彩集团"以结果为导向""项项设目标，做事看后果，管人看考评"的特色文化。

**五、以岗定薪、以效取酬，兼顾内部公平和外部竞争力的薪酬管理**

以岗定薪、以效取酬，兼顾内部公平和外部竞争力是虎彩的薪酬分配原则。在运营的十多年里，员工薪酬水平始终处在行业及国内较为领先的水平。

虎彩在发展中制定了计件工资制度、定岗工资制度、年终目标奖励制度、福利制度等。这些制度的制定，都是经过资方与劳方友好协商，得到了大部分员工认可的。

员工最终能拿到多少薪酬是由其 KPI 目标考核、工作鉴定评估、提案奖励、NC 扣罚、行为扣罚五个部分来决定的。

虎彩的福利兼顾员工的各种需求，尽可能多地解决员工的后顾之忧。公司为符合条件的员工购买国家规定的保险，同时，根据实际情况，为员工提供就餐、购车、购房、培训、旅游等津贴。

虎彩按《劳动法》规定标准工作时间为：每周 40 小时，若超出标准工时，将为员工支付加班工资，如不能发放加班工资，将给予相应的补假。

员工除享有国家规定的假期外，还享受虎彩特别规定的假期。公司实行全员劳动合同制，同时鼓励员工长期为企业服务。

虎彩集团定期对薪资福利方案进行审阅和更新，以不断适应企业发展的需求，从而能够留住和吸引员工。

资料来源：刘永安等.虎门彩色印刷有限公司人力资源管理研究［J］.东莞理工学院学报，2007（4）.

➡ **思考题**

1. 请从选人、育人、用人、留人四个方面总结虎彩集团的人力资源管理系统。
2. 请评价虎彩集团的 OTB 管理，这对企业发展有何意义？
3. 为什么虎彩集团提出要把企业创建成"学习型组织"？

**即学即测**

**一、选择题**

1.【单选题】人力资源招聘的原则包括（ ）。

A. 效率优先原则　　B. 能级原则　　C. 多多益善原则　　D. 双向选择原则

2.【单选题】评定绩效时需要将员工实际工作绩效与（ ）进行对比和衡量，然后依据对比的结果来评定员工的工作绩效。

A. 组织标准　　B. 部门期望　　C. 组织期望　　　D. 部门标准

3.【单选题】一个完整的科学的员工培训体系不包括（ ）。

A. 培训效果评估　　B. 培训方法　　C. 培训时长分析　　D. 培训需求分析

4.【多选题】印刷企业人力资源规划的工作内容包括（ ）。

A. 总体规划　　B. 人员补充计划　　C. 人员组织计划　　D. 薪酬福利计划

E. 人员培训开发计划

5.【多选题】影响薪酬的内部因素主要有（　　）。

A. 企业实力　　　　B. 员工绩效　　　　C. 员工特征　　　　D. 企业规模

E. 工作状况

## 二、判断题

1. 人力资源的基础是人的体力和智力。（　）

2. 印刷企业人力资源管理的工作内容包括工作分析、人力资源规划、人员招聘、培训、员工职业生涯管理、绩效评价、薪酬管理以及劳动关系管理等。（　）

3. 印刷企业人力资源规划就是要保障组织发展将来所需的人力资源。（　）

4. 德尔菲法属于人力资源需求预测方法的定量预测方法。（　）

5. 薪酬体系会随着时间的推移和客观环境的变化逐渐完善和改进。（　）

**参考答案**

一、选择题：1. B　2. C　3. C　4. ABDE　5. ACDE

二、判断题：1. √　2. √　3. ×　4. ×　5. √

# 第十章

## 印刷企业信息资源管理

### 本章提要

本章介绍了信息资源管理的基本理论和技术体系，并针对印刷企业详细阐述了信息资源管理的对象、方法和业务流程，提出了印刷企业实施信息资源管理和信息化战略的重点、难点和解决方案。最后通过对几个印刷企业的信息化案例的讨论，探索了不同种类、不同规模印刷企业实施信息资源管理的方案。

### 重点难点

⊙了解信息资源管理的基本理论和技术体系
⊙了解实施信息化和信息资源管理的风险和收益
⊙熟悉印刷企业实施信息资源管理的基本流程
⊙理解以信息为主导的印刷企业生产和营销

 引导案例

#### ERP 系统在印刷企业中应用实例

我国的印刷行业正在以飞快的速度发展，ERP 系统在其中扮演了十分重要的角色。南京苏布印刷包装有限公司（以下简称南京苏布）成立于 2008 年，经过十多年的努力，企业规模不断扩大，业务范围不断拓宽。公司从十多名员工的小型印刷厂，发展到如今拥有近百名研发制作团队、业务辐射全国的大型印刷企业。

南京苏布逐步引进了包括日本小森对开四色 102 机、海德堡印刷机、以色列印后增效机等在内的众多国际一流的印刷设备，以及一系列全新的印后设备，拥有全自动礼盒生产线 2 条、全自动模切、烫金机、全自动胶装生产线 1 条，组成了近 130 人的研发制作团队，是一家集印刷、包装、制版、装订、设计、加工、服务于一体的多功能印刷包装企业。

苏布的发展离不开规范化生产管理，2017 年苏布已经开始使用小羚羊 ERP 5S 版本，随着生产规模的扩大、生产流程的变化、生产类目的增加，在 2019 年 7 月，苏布与小羚羊签订二次合同，增加 ERP 功能模块，如增加了生产排程功能，可按计划把生产排到相应机台；历史任务明细功能可建立完整的机台生产任务数据库，可随时查找历史机台生产任务单情况。

另外，新增的模具管理包括刀版的登记、耐用率预警和各类版材存放货架号登记等；在物料需求计划功能里，可根据印刷工单的需求量和当前库存量，自动生成一张采购计划表，以提示采购人员进行采购，在无需采购列表里，体现无需采购的物料汇总，更加方便查询。

同时，为了满足打样管理的需求，苏布新增打样施工单、打样客户确认和打样统计表功能，可以建立完整的打样施工单数据库，随时查找历史打样施工单情况，也可建立完整的客户打样待确认数据库，随时查找历史客户打样确认情况等。

### 印刷行业 ERP 系统的模块及其之间的关系

印刷行业 ERP 系统一般包括办公自动化、人力资源管理、生产管理、物流管理、财务管理及订单管理。

（1）办公自动化。办公自动化是通过企业内部的局域网来实现的。企业的局域网可以通过千兆交换机在主干网络上提供1000M的带宽。通过下级交换机与各部门的工作站和服务器联结，并为之提供100M的带宽，完成企业内部各种信息的交流。

（2）人力资源管理系统。人力资源管理系统主要由工资核算子系统和人事管理子系统组成。工资核算子系统通过与时间管理直接集成，减少了人工介入，可以自动提供工资各项功能的增加、扣减。人事管理子系统具有人事档案管理、人员调配和考核记录功能，使人事信息电子化、网络化。

（3）生产管理系统。生产管理系统由生产过程管理子系统、设备管理子系统和质量管理子系统组成。它完成生产过程中各种资源的配置。生产管理系统的核心是生产计划，在整个 ERP 系统中所有相关子系统的应用均是以生产计划为基础的。用户可以从订单数据快速导入生成生产工程单，并进行开版用料处理。通过优化合理的生产计划，用户可以使企业资源得到更高效的运用。在质量管理方面，ERP 的实施可以实现实时的品质监控、即时高效的数据资料和统计分析。

（4）物流管理系统。物流管理系统由采购管理子系统和库存管理子系统组成。采购管理子系统主要完成各种纸张、油墨等原料和各种所需辅料的采购，以及供应商的管理工作。库存管理子系统主要完成对原材料、各种辅料、在制品和成品的入库、出库、移库、盘存等管理工作。

（5）财务管理系统。财务管理系统由应付管理子系统、应收管理子系统、总账管理子系统、成本管理子系统和固定资产管理子系统组成。应付、应收管理是对采购入库所形成的未付款及印刷成品出货后所产生的客户未付款项进行管理。成本管理完成印品成本的即时核算与分析、各个车间的成本核算与分析等。

（6）订单管理系统。订单管理系统是 ERP 系统中印刷企业与客户之间的桥梁，是印刷企业生产任务的源头，也是印刷企业计划成本的控制中心。通过订单管理子系统，印刷企业可以掌握客户订单状况、业务员业绩状况、订单成本状况。

目前，在印刷企业中各企业印品的价格差别不大，企业要想进一步提高印品的利润，就必须领先一步降低印刷成本。而在构成印刷成本的各因素中，高效合理的物流是降低印刷成本最有效、最直接的手段。因此，合理的物流管理是印刷企业 ERP 管理的核心。

资料来源：www.xlyprint.com；《广东印刷》2019 年第 3 期。

# 第一节　企业与信息资源管理

材料、能源和信息是现代社会发展的三大资源。信息技术的迅猛发展，使信息资源的重要性日益突出。随着经济的发展和社会的进步，信息资源的这种重要性将更加突出。资源短缺是全球经济发展必须面对的一个重大问题。要保持我国经济持续快速健康发展，必须把开发利用信息资源摆在重要战略位置。大力开发利用信息资源，可以有效降低单位国民生产总值的材耗和能耗。

## 一、信息资源管理概述

从 20 世纪 90 年代开始，在我国的经济界和学术界有一个非常热门的词，就是"知识经济"。关于"知识经济"的文献一下子铺天盖地而来。其实，在西方，"知识经济"本身并不是一个很新鲜的概念，早在 20 世纪 80 年代，美国斯坦福大学的保罗·罗默教授就曾提出了经济增长四要素理论，其核心思想是把知识作为经济增长最重要的要素。

信息是知识的载体。现代社会经济、科技、文化的发展为信息的生成、传递、存储、积累提供了用武之地，因此，进入现代社会以来，各种形态的信息呈指数增长，并迅速积累起来，很快就达到了一个非常庞大的基数。反过来，信息也越来越在社会、经济活动中发挥着不可取代的作用。人们逐渐认识到，资源不仅有厂房、机器等物质形态，也包括知识、经验、技术等非物质形态。前者是有形资源，后者是无形资源。在知识经济时代，信息资源正在取代物质资源和能源资源，成为社会经济发展的支柱性资源。正是由于信息资源的作用如此突出，才使人们十分关注信息资源的管理和开发利用，信息资源管理的研究和利用也随之兴起和发展起来。

信息资源管理（Information Resource Management，IRM）是 20 世纪 70 年代末、80 年代初开始在美国出现的新学科领域，到 80 年代末 90 年代初，通信、计算机、网络等一系列新兴信息技术又为信息资源管理的广泛应用提供了前所未有的技术基础和条件，使信息资源管理在理论研究和实践方面逐步走向成熟。

对于信息资源管理的理解，不同行业、不同领域的人可能会有不同的理解，但大家所围绕的中心点都是信息，目的都是对信息进行有效的规划、预算、组织、协调、控制和开发，以实现最大效用。通常来讲，企业的信息资源管理就是指在生产和经营活动中对信息的产生、获取、处理、存储、传输和使用进行全面的管理。

在国外，信息资源管理现在已成为研究的热点之一，国外信息资源管理的研究与发展很快引起了我国学术界的关注和兴趣。20 世纪 90 年代以来，国内学者开始系统介绍和引进国外信息资源管理的研究成果，促进了我国信息资源管理的研究。据相关统计，我国重要的科学基金及各省市基金关于信息资源管理立项研究的课题就有几十项。国家社会科学基金在"九五"期间有一项信息资源管理的重点项目；国家自然科学基金管理科学部首次将信息资源管理列入课题指南；许多高等学校信息管理专业和图书情报专业相继开设了信息资源管理的课程；出版了多部信息资源管理方面的专著，取得了许多重要的研究成果；很多企业决策层里设立了专门负责信息资源管理的岗位——信息主管（Chief Information Officer，CIO）。

## 二、信息资源管理的理论基础

### （一）国外的信息资源管理的理论基础

（1）胡塞因的信息资源管理理论。美国新墨西哥州立大学的 D. 胡塞因（D. Hussain）和 K. M. 胡塞因（K. M. Hussain）在 1984 年出版了《信息资源管理》（*Information Resource Management*）一书，该书描述了一种"计算机资源管理理论"，其核心是信息系统的应用问题。

（2）里克斯和高的信息资源管理理论。里克斯和高是美国弗吉尼亚州的信息资源管理研究人员，他们于 1984 年联合推出《信息资源管理》（*Information Resource Management*）一书，书中描述了信息资源和信息资源管理的概念，认为"信息资源包括所有与信息的创造、采集、存储、检索、分配、利用、维护和控制有关的系统、程序、人力资源、组织结构、设备、用品和设施。信息资源管理则是为了有效地利用这一重要的组织资源而实施规划、组织、用人、指挥、控制的系统办法"。

（3）霍顿的信息资源管理理论。霍顿是美国著名的信息资源管理学家，曾在许多政府部门和企业从事信息管理方面的研究。霍顿在 1985 年出版的《信息资源管理》（*Information Resource Management*）中构建了以企业应用为导向的信息资源管理理论，很多专家认为这是第一部真正以信息资源为逻辑起点的信息资源管理专著。

本书的思想包括：企业的信息资源与其他资源有同等地位，信息资源管理是一种新的管理职能；必须将信息资源管理与企业的战略规划联系起来，把信息资源作为战略资产进行管理，在企业的每个层面上识别信息资源和获利机会，并借以构建新的竞争优势；企业信息资源管理的目标是"3E"：Efficient（高效）、Effective（实效）和 Economical（经济）。

（4）威廉·德雷尔（William Durell）的数据管理理论。德雷尔认为：没有卓有成效的数据管理，就没有成功高效的数据处理，更建立不起来整个企业的计算机信息系统；数据元素是最小的信息单元，数据管理工作必须从数据元素标准化做起；企业数据管理部门的重要职责，是集中控制和管理数据定义，建立全企业数据管理基础标准和规范化的数据结构，协调计算机应用开发人员和用户实施数据管理标准规范；数据管理是企业管理的重要组成部分，是长期复杂的工作，会遇到许多困难，持之以恒才能见到效果。

### （二）国内的信息资源管理的理论基础

（1）卢泰宏的三维结构理论。卢泰宏在 1993 年出版了《国家信息政策》一书，书中阐述了自己的信息资源管理理论。他认为："信息成为真正资源的必要条件是信息管理。"他将信息管理的基本问题归结为五个问题域：存—理—传—找—用。存即保存、存留；理即整理、加工；传即传播、传递；找即查找、检索；用即利用、使用。他认为，要解决这五方面的问题，需要研究"人—信息—技术—社会"相互作用的各个方面。

卢泰宏信息资源管理理论的核心是"三维结构论"。他认为，信息资源管理是三种基本信息管理模式的集约化，这三种模式分别是：对应于信息技术的技术管理模式，其研究内容是新的信息系统、新的信息媒介和新的利用方式；对应于信息经济的经济管理模式，其研究方向是信息商品、信息市场、信息产业和信息经济；对应于信息文化的人文管理模式，其研究方向是信息政策和信息法律等。

（2）胡昌平的信息管理科学导论。胡昌平于1995年出版了专著《信息管理科学导论》。书中以社会信息为基点构建了宏观的信息管理科学体系。他认为，信息管理科学就是研究社会信息现象的科学，它的主要研究内容包括四个方面：社会信息现象与规律研究、信息组织与管理研究、信息服务与用户研究、信息政策与法律研究。书中归纳信息管理科学体系有如下特点：它是以"用户与服务"为中心来组织相关学科知识的；它是以社会信息流的有序运行为纲来衔接有关章节内容的，其论述的重点是社会信息流的控制与产业化问题；它的主导思想是统一科技信息与经济信息，形成一体化的信息管理新机制；最后，其实质是科技信息管理理论的推演与扩展。

（3）符福峘的信息管理学理论。符福峘著有《信息学理论》《信息资源学》《信息管理学》等书。在《信息管理学》中，作者认为"信息管理学就是科学地研究组织管理信息理论工作的一门学科，具体地说，是研究整个信息系统各种要素及其信息活动全过程的规律性和信息工作的组织、结构、应用技术与一般方法的学科"。

## 三、信息资源管理基础标准

集成化、网络化的信息系统是开发利用信息资源的有效手段；而信息资源管理基础标准，则是信息资源开发利用、集成化网络化信息化建设的关键技术基础。信息资源管理的基础标准包括数据元素标准、信息分类编码标准、用户视图标准、概念数据库标准、逻辑数据库标准。

大型企业或行业的信息资源开发、共享数据库的建立，如果没有信息资源管理基础标准，很难做出有成效的工作。例如，一些印刷企业总部设在南方，但在全国各地都有分支机构，信息上下、左右交换频繁，信息量大。要成功建设支持整个集团的资源网络系统，绝不是一下子就能建设起来的，必须分阶段、分步地实施。只有在信息资源规划方案指导下，抓紧抓好信息资源管理的标准化工作，在整体上建立起信息资源管理的各项标准，以此来控制系统开发建设，才能解决各阶段和各部分工作相互衔接、系统中信息共享和信息交换问题。

### （一）数据元素标准

数据元素（Data Elements）是最小的不可再分的信息单位，是一类数据的总称，是数据对象的抽象。对它的准确识别和定义是数据管理工作最基础的工作，是保证系统中数据一致性的前提，是建立稳定良好的数据结构的关键。数据元素标准包括数据元素定义标准、数据元素命名标准和一致性标准。数据元素的定义是指用一句简明的短语来描述一个数据元素的意义和用途。该短语的一般格式是："修饰词 – 基本词 – 类别词"。

类别词是数据元素中定义的最重要的名词，用来识别和描述数据元素的一般用途。基本词是一个组织的实体类或者实体类的部分组，带有一定的行业特点。在数据元素定义中类别词只有一个，修饰词可以有一个或多个，基本词可以作修饰词；类别词居后，基本词、修饰词居前。例如，"销售人员代码"中，"代码"是类别词，"人员"是基本词，"销售"是修饰词。

数据元素的名称即数据元素的代码，是计算机和管理人员共同使用的标识。该标识用限制个数的大写字母字符串表达，可允许末位用数字字符，由数据元素定义的英文缩写或按中文抽取首字母构成（见表 10 – 1）。

表 10 – 1　数据元素

| 数据元素名称 | 数据元素定义 |
| --- | --- |
| XWZ | 新闻纸 |
| JBZ | 胶版纸 |
| TBZ | 铜版纸 |
| TZZ | 特种纸 |

数据元素的一致性标准是指数据元素名称和数据元素定义在全系统中要保持一致，既不允许有同名异义的数据元素，也不允许有同义异名的数据元素。

企业/行业数据元素标准的建立，开始于正规的总体数据规划，在其后的应用系统开发或现有应用的集成过程中，贯彻执行已建立的数据元素标准，同时对发现的问题或新增加的数据元素，有组织地进行修订和管理。这样建立的数据元标准才可能实现系统内的共享和与系统外部的信息交换。

**（二）信息分类编码标准**

信息分类编码（Information Classifying and Coding）是信息标准化工作的一项重要内容，具有分类编码意义的数据元素是最重要的一类数据元素，它们决定着信息的自动化处理、检索和传输的质量与效率。

信息分类是指根据信息内容的属性和特征，将信息对象按一定的原则和方法进行区分和归类，建立起一定的分类系统和排列顺序；而信息分类编码则是指对已分类的信息对象赋予易于计算机和人识别与处理的符号，以便管理和使用信息。

应遵照《国家经济信息系统设计与应用标准化规范》和《标准化工作导则——信息分类编码规定》（国标 GB7026 – 86），按"国际/国家标准—行业标准—企业标准"序列，建立起全组织的信息分类编码标准。

在总体数据规划进程中，结合数据建模工作可以识别定义信息分类编码对象，汇总形成全组织的信息分类编码体系表，在其后的系统开发建设中要继续完成各项具体的信息分类编码工作。

建立全组织的信息分类编码标准包括三个方面的工作：

（1）确定分类编码对象。它们是具有分类编码意义的数据元素的集合。与一般的数据元素相比，它们是更为重要的一类数据元素，因为它们在基本表中通常都作为其主键或外键。

（2）制定编码规则，即对每一编码对象要制定码长、分层和各码位的意义和取值规则。

（3）编制代码表，即对每一编码对象按既定的编码规则编制出该编码数据元素的所有可能的取值表。

在有上级标准（如国际、国家或行业标准）的情况下，代码表应与上级标准相一致，尽量采用已有的上级标准；当已有信息分类编码标准与上级标准不一致时，为方便系统内部信息处理与共享，并满足与系统外的信息交换，要制定与上级标准相对应的换码表；在既没有上级标准又没有自己的标准的情况下，编码工作要坚持"不等不靠"的原则，自行组织力量，把急需用的编码对象的规则和码表制定出来。

为方便信息分类编码的计算机化管理和支持数据处理与信息传输，将信息分类编码的对象划分为三类：

A类编码对象：在应用系统中不单设码表文件，代码表寓于数据库基表中的编码对象。这类对象具有一定的分类方法和编码规则，其码表内容一般随信息的增加而逐步扩充，很难一次搞完，不需单独设立码表文件，但其码表文件可以从数据库的基表中抽取出来（是基表的一个投影），这类编码对象一般在具体的应用系统中有较多的使用，如职工编码（企业标准）、组织机构编码（企业标准）、计划编号（企业标准）等。

B类编码对象：在应用系统中单独设立代码表的编码对象。这类对象除了要确定其编码规则外，由于码表内容具有相对的稳定性，应组织力量一次编制出来。这类编码表一般都较大，像一些数据库基表一样，在应用系统中往往是单独设立编码表，如国家行政区划代码（国家标准）、物资编码（行业标准）、设备技术参数编码（行业标准）等。

C类编码对象：在应用系统中有一些码表短小而使用频度很大的编码对象，如人的性别代码、文化程度代码和设备状况代码等。将这些编码对象的码表统一设立编码文件进行管理。

例子一："设备编码表"由"设备代码"和"设备名称"组成，它可以是设备数据库的一部分。表10-2中上表为设备数据库，下表为其两个属性的"投影"，成为一个"参照表"，是一个只有"设备代码"和"设备名称"两列的表。

表 10-2　设备编码示例

| 设备数据库 | | | |
| --- | --- | --- | --- |
| 设备代码 | 设备名称 | 入库时间 | … |
| YS20121113001 | 海德堡普胜75印刷机 | 2012年11月13日 | |
| YS20130508001 | 小森四色对开胶印机 | 2013年5月8日 | |

| 设备编码表 | |
| --- | --- |
| 设备代码 | 设备名称 |
| YS20121113001 | 海德堡普胜75印刷机 |
| YS20130508001 | 小森四色对开胶印机 |

例子二："设备状态编码表"由"设备状态代码"和"设备状态名称"组成。在有关设备的数据库（基本表）中，凡记存设备状态的地方，一律记存某一设备状态的代码。这是一个"短小"的码表，作为整个"C类码表"的一部分，如表10-3所示。

**表 10-3　C类代码表示例**

| 对象 | 代码 | 意义 |
|------|------|------|
| ... | ... | ... |
| ... | ... | ... |
| 设备状态 | 1 | 正常 |
| | 2 | 检修 |
| | ... | ... |
| | 9 | 报废 |
| ... | ... | ... |

### （三）用户视图标准

用户视图（User View）是一组数据元素的抽象，它反映了最终用户的信息需求和对数据实体的看法，主要包括单证、报表、账册、屏幕格式等。通过建立用户视图标准，可以把系统中所有用户的信息需求表述清楚。

规范并简化用户视图，是 MIS 内外信息交换所必需的，这就需要规范用户视图的命名、分类编码和组成结构。

用户视图名称是用一句短语表达用户视图的意义和用途。用户视图分类编码是采用一定的符号来划分用户视图输入、存储、输出类别和单证、报表、账册，是它的标识和分析处理的根据。用户视图组成是指按顺序描述其所含的数据元素，一般格式是："序号-数据元素名称-数据元素定义"。在定义描述视图组成的过程中，更多的工作属于对数据元素的定义和识别，对于规范化的存储类用户视图应该标出主关键字。对用户视图进行分析，是为了把握住系统的信息需求，为系统的数据结构设计打下坚实的基础。

### （四）概念数据库标准

概念数据库（Conceptual Database）是最终用户对数据存储的看法，反映了用户的综合性信息需求。概念数据库一般用数据库名称及其内容（简单数据项或复合数据项）的列表来表达。

总体数据规划的重要成果是产生总体数据模型，这种模型首先要做到概念级，即概念数据库的列表，以便反映用户信息需求的总体观点。规范概念数据库，需要较广泛深入的业务领域的知识和经验，因此需要业务行家参与，以便分析、识别、定义出各数据库的标识与名称、主关键字和数据内容。

### （五）逻辑数据库标准

逻辑数据库（Logical Database）是系统分析设计人员的观点。在关系数据库模型中，逻辑数据库是一组规范化的基本表（Base Table）。由概念数据库演化为逻辑数据库，是采用数据结构规范化原理与方法，将每个概念数据库分解成三范式的一组基本表，一个逻辑数据库就是这一组三范式基本表的统一体。逻辑数据库标准涉及各基本表的命名标识、主码和属性列表，以及基本表之间的结构关系。

上述信息资源管理基础标准的建立是企业/行业网络化、集成化信息系统开发建设的关键和基础，这项工作既是当务之急，又是长久之计，必须用正确的理论与技术指导，采取"自上而下"和"自下而上"相结合的策略，建立一套完整的机制和办法，保证信息系统建设的全过程都严格地贯彻执行这些标准，才能取得实际的成效。为此，要做好以下关键性工作：

（1）建立全组织计算机化的数据字典。通过总体数据规划，建立起来的数据元素、用户视图、概念数据库、逻辑数据库标准，都存储在计算机化的数据字典中，今后信息系统建设各阶段要严格贯彻执行这些标准。应制定相应的信息管理制度，与总体数据规划相衔接，在信息系统建设的各个阶段保证各项基础标准的定义、修改、增加、发布和使用都实现计算机化的统一管理。

（2）建立信息分类编码工作组，搞好信息分类编码标准的制定工作。信息分类编码是继总体数据规划之后的一项极其重要的工作，信息分类编码标准绝不是短时间内一次就能搞完的，它是一项长期艰巨的任务，应根据建立的编码体系表和应用系统开发顺序，分轻重缓急选定编码对象，组织力量打攻坚战和歼灭战，逐步建立起信息分类编码标准，并用计算机化的工具统一管理起来。

（3）涉及各应用系统的信息分类编码标准制定，在系统详细设计和开发阶段同步进行，但这并不是分散的各自为政的方式，编码队伍的组织与编码标准的制定、推广、更新、发布要由信息资源管理部门统一控制，制定的标准要做到全局共同遵守，彻底打破那种条块分割的局面。

（4）建立信息资源元库，实行一体化的信息资源管理。应采用统一的信息资源管理工具，建立信息资源元库（IRR），信息资源管理基础标准就是它的一个子集。信息资源管理基础标准不仅在总体设计、应用系统设计和信息分类编码工作中运用，而且在采用第三方系统建造工具或外购应用软件时，也要在数据结构或数据接口方面严格控制与已有基础标准的一致性。

（5）建立信息资源管理基础标准与业务流程的简化和标准化相结合。为使企业/行业信息网络能高效率、高效益运行，必须对各层管理机制、业务运作方式做深入的研究，重新设计业务流程，这就必然涉及业务单证的简化和标准化，这与传统的人工采集、处理和传输信息靠纸面方式不同，需要适应电子方式的格式设计。

具体策略方法包含如下几个方面：

（1）在总体数据规划期间，提出数据管理目标，划定数据管理范围，研究并解决数据管理的基本方法，提出上述规范初稿，并实际地进行基础性建设工作。

（2）责成职能部门（信息中心的专职数据管理人员）继续研制、修订上述规范，并有计划地试用、发布、组织监督实施。

（3）各用户单位的应用系统建设，都要把本单位的数据管理基础建设放到首位来抓，确立整体观念，保证数据管理的有效性，避免自由发挥式的、分散无控制的开发。

（4）全系统应该采用统一的计算机软件工具来辅助数据管理工作，建立计算机化数据字典，以提高其标准化与自动化水平，并支持应用系统的开发。

## 四、信息资源管理与云服务

### （一）云服务的概念

云服务是负载均衡（Load Balance）、虚拟化（Virtualization）、并行计算（Parallel Computing）、网络存储（Network Storage Technologies）、效用计算（Utility Computing）、分布式计算（Distributed Computing）等传统网络技术和计算机技术发展融合的产物。云服务指以易扩展、按需的方式，通过网络来对所需服务进行获得。云服务通过使计算分布在大量的分布式计算机上，而非本地计算机或远程服务器中，企业数据中心的运行将与互联网更相似。这使企业能够将资源切换到需要的应用上，根据需求访问计算机和存储系统。

### （二）信息资源管理与云服务融合的内涵机理

信息资源云服务模式的重点就在于要有机地融合信息资源管理与云服务，目的在于大幅度提高信息资源的利用率，且让信息资源实现较大程度的增值。在云服务环境下，将那些分布在不同地理位置、不同空间、规模庞大的计算资源、知识资源、数据资源、模型资源、物理资源聚集统一在一起，形成多源信息资源。IT界许多著名厂商为了顺应信息资源云服务的发展，纷纷推出云服务，如IBM公司推出的"蓝云"，微软公司推出的Azure云计算服务，Google公司推出的Google App engine、Google Doc等，Amazon公司推出的S3云服务和EC2云服务，百度公司推出的百度云服务。以百度云服务为例，它能够帮助患者利用云服务来管理众多的信息资源，可实现以下一些功能：

（1）Web应用和网站托管，支持PHP、Python、Java、Node.js，并内置丰富的服务，如MySQL、Memcache、CDN等，让用户轻松部署Web应用或网站。

（2）提供全面的LBS解决方案。

（3）提供数字媒体的转码、流化、保护播放等全方位解决方案。

（4）海量数据存储。

（5）提供移动应用最需要的推送、后端支持等服务。云服务与信息资源管理两者相互融合的真正内涵就是信息性云服务（面向信息资源管理的云服务）和生产性云服务（面向用户的云服务）两个方面。

### （三）信息资源云服务层

信息资源云服务层主要是为企业用户和个人用户提供所需要的信息资源云服务。这些用户可以在信源资源即服务（IRaaS）服务模式中通过终端设施来获得所需要的服务。信息资源云服务方式主要有云服务推荐、个性化服务、关键词搜索三种。

（1）云服务推荐：与传统的信息服务相比，信源资源即服务有着较大的区别，根据核心技术层中信息资源用户需求自动发现，实现供需匹配。

（2）个性化服务：信息资源用户按照信源资源即服务服务的数量和时间，再结合自身的需求和特点定制所需的信息资源。

（3）关键词搜索：信息资源用户可以根据自己的个性需求在信源资源即服务中输入相关的关键词来获取所需的信息资源。

## 五、信息资源管理对企业的意义

信息资源管理的思想、方法和实践，对信息时代的企业管理具有重要意义。

### （一）为提高企业管理绩效提供了新的思路

信息资源管理强调信息资源对企业实现战略目标的重要性，通过信息资源的优化配置和综合管理，可以提高管理的整体效益。信息资源管理具有鲜明的时代特征，顺应了信息社会对企业管理的要求，为企业管理绩效的提高开辟了新领域，提供了新的思路。正如一位资深的企业家所说的："我们过去在生产中遇到困难问题，想到的解决办法有三条：一是增加人力，二是增加设备，三是增加资金。了解了信息资源管理知识，就知道还有重要的一条——通过信息资源的优化配置和运用，改进管理，增加生产力。"

### （二）确立信息资源在企业中的战略地位

信息资源管理明确提出，信息不仅是共享性资源，而且还是企业的战略性资源，对企业的生存和发展具有重要的意义。企业信息资源管理是企业整个管理工作的重要组成部分，也是实现企业信息化的关键，在全球经济信息化和我国已加入世界贸易组织（WTO）的今天，加强企业信息资源管理对企业发展具有非常重要的作用。如今，信息资源管理为许多大企业的管理者所采纳，逐步确立了信息在企业中的战略地位。

### （三）支持企业参与市场竞争

企业为了在激烈的市场竞争中求生存、求发展，必须加强信息化建设，通过掌握信息、依靠信息、运用信息而提高企业的竞争力。当今，信息资源管理的作用日益显著，CIO 的地位、作用逐渐被人们所重视。这些是适应全球经济发展的需要，是经济全方位信息化的产物。

### （四）成为知识经济时代企业文化建设的重要组成部分

知识管理是信息管理发展的新阶段，它主要通过知识的共享和推广应用，提高企业的应变能力和创新能力。信息资源管理侧重于事实性知识的管理，许多企业领导强调"科学的管理要靠数据说话"。信息资源的有效管理必然使信息和信息技术渗透到企业的各部门，影响到所有员工的工作与生活，使信息文化融入企业文化之中，丰富了企业文化建设的内容。这对提高员工的信息意识和信息技能，增强企业凝聚力和核心竞争力是有重要意义的。

# 第二节　现代印刷企业信息资源管理的筹备

## 一、信息资源管理实施的基本条件

### （一）科学的管理基础

在实施信息资源管理之前，首先应确保所应用的信息资源规划的理论和方法与企业的实际相结合，然后进行规划和筹备工作。规划和筹备工作应该做到以下三点：

（1）工作流程标准化。结合企业的具体情况制定出标准的工作程序和工作方法，让每个人明白其工作任务、职责及考核指标等，保证管理工作的顺利、有序进行。

（2）信息载体规范化。信息载体是指记载各类信息的原始单据、账簿、报表等。信息资源的规划要求各种信息载体格式规范、内容完整、避免重复、流向合理，并且要求增减信息载体由统一的职能部门来管理。

（3）原始数据完整准确。完整、准确的原始数据是数据和信息处理乃至管理决策的基本要求。只有原始数据准确、完整，得到的结果才具有可信度。因而，对原始数据的收集、描述和输入都必须制定明确的规定。

### （二）领导的重视与各层次人员的积极参与

信息资源规划是一项比较复杂的系统工程，它涉及企业的机构体制、规章制度、业务流程和人员等诸多因素，还涉及统一数据编码、统一表格形式等多项协调工作，因而，它不是专门技术人员能单独实现的。在某种程度上说，企业领导重视与否，对信息资源规划的效果起着决定性的作用。因为在信息资源规划的各个时期，诸如要求不断投入新的资源等全局性的重大问题，只有企业领导才有权解决。其他人员的积极性对管理信息系统的开发与应用也起着非常重要的作用。因为在信息资源规划阶段，需要他们介绍业务、提供数据和信息；在信息资源管理的实施阶段，他们将是主要的操作者和使用者。由此可见，他们的业务水平、工作习惯和对新系统的积极性，将直接影响信息资源规划的效果和生命力。所以，我们要充分调动他们的积极性，对他们进行计算机知识的宣传与培训，使他们能够很好地配合，并主动参与到信息资源规划的工作中。

## 二、信息资源管理实施的人力资源组织

由于信息资源是企业的战略资源，信息资源管理已成为企业管理的重要支柱。一般的大中型企业均设有专门的组织机构和专职人员从事信息资源规划和管理工作。这些专门组织机构如信息中心、图书资料馆、企业档案馆，企业中还有一些组织机构也兼有重要的信息资源管理任务，如计划与统计部门、产品与技术的研究与开发部门、市场研究与销售部门、生产与物资部门、标准化与质量管理部门、人力资源管理部门、宣传与教育部门、政策研究与法律咨询部门等。

在有关信息资源管理的各类组织中，企业信息中心是基于现代信息技术的信息资源管理机构，其管理手段与管理对象多与现代计算机技术、通信与网络技术有关。现代信息技术本身是信息资源的重要组成部分。利用现代信息技术开发、利用信息资源是现代信息资源管理的主要内容。

大中型企业的信息中心的主要职能包括：

（1）在企业主要负责人的主持下制订企业信息资源开发、利用、管理的总体规划，其中包括信息系统建设规划。

（2）企业管理信息系统的开发、维护与运行管理。

（3）信息资源管理的标准、规范及规章制度的制订、修订和执行。

（4）信息资源开发与管理专业人员的专业技能培训、企业广大职工信息管理与信息技术知识的教育培训和新开发的信息系统用户培训。

（5）企业内部和外部的宣传与信息服务。

参与企业信息资源管理实施的人员主要包括：

（1）信息主管。由于信息资源管理在组织中的重要作用和战略地位，企业主要高层管理人员必须从企业的全局和整体需要出发，直接领导与主持全企业的信息资源管理工作。担负这一职责的企业高层领导人就是企业的信息主管（Chief Information Officer, CIO）。

企业信息主管的主要职责是：在企业主管（总经理、总裁）的领导下，主持制订、修订企业信息资源开发、利用和管理的全面规划；在企业主管（总经理、总裁）的领导下，主持企业管理信息系统的开发；直接领导企业内信息资源管理职能部门如信息中心、图书资料馆（室）、企业档案馆（室）的工作，统一领导与协调企业其他部门信息资源的开发、利用与管理工作，主持信息资源开发、利用与管理的对外交流与合作；审批企业信息资源管理有关规章制度、标准、规范并监督实施；负责信息管理与信息技术人才的招聘、选拔与培养；负责企业信息资源开发、利用与管理所需资金的预算与筹措；参与企业高层决策。

由此可见，信息主管对企业的信息资源管理负有全面责任。由于信息资源管理关系企业全局，信息主管一般应由相当于企业副总经理或副总裁的高层管理人员担任。

（2）中、基层管理人员。企业信息资源管理的中、基层管理人员包括信息中心、图书资料馆、企业档案馆等组织机构的负责人，这些机构的分支机构的负责人，企业中兼有重要的信息资源管理任务组织机构如计划、统计、产品与技术的研究与开发、市场研究与销售、生产与物资管理、标准化与质量管理、人力资源管理、宣传与教育、政策研究与法律咨询等部门分管信息资源（含信息系统与信息技术）的负责人。

（3）专业技术人员。参与企业信息资源管理实施的专业技术人员可以由企业自行组织，也可与专业的技术单位合作，其中主要包括系统分析员、系统设计人员、程序员、系统文档管理人员、数据采集人员、数据录入人员、计算机硬件操作与维护人员、数据库管理人员、网络管理人员、通信技术人员、结构化布线与系统安装技术人员、承担培训任务的教师及教学辅助人员、图书资料与档案管理人员、内容编辑与美工人员以及从事标准化管理、质量管理、安全管理、技术管理、计划、统计等人员。

表 10－4 所示为信息资源管理实施职能组概况。

表 10－4　信息资源管理实施职能组概况

| 编号 | 职能 | 负责人 | 业务联系人 | 开发联系人 |
|---|---|---|---|---|
| 01 | 人力资源管理 | | | |
| 02 | 财务管理 | | | |
| 03 | 生产管理 | | | |
| 04 | 营销管理 | | | |

| 编号 | 职能 | 负责人 | 业务联系人 | 开发联系人 |
|------|------|--------|------------|------------|
| 05 | 设备管理 | | | |
| 06 | 客户关系管理 | | | |
| ... | ... | | | |

# 第三节　现代印刷企业信息资源管理的规划

最近几年，我国印刷企业管理信息化建设的步伐明显加快，取得了可喜的进步和一些宝贵经验。本节主要从管理信息系统开发或获取方式和系统构成方式两个方面加以分析总结。

## 一、印刷企业管理信息系统开发、获取方式及其选择

由于我国印刷企业普遍缺乏信息专业人才，目前尚不具备独立开发管理信息系统的能力，因此，印刷企业实施管理信息化建设可以从下列两种方式中加以选择。

**（一）购买现成的管理系统软件（直接应用或局部加以改进应用）**

（1）"方正印略"系列。该系列软件包括："方正全略"，包括生产经营、财务统计、材料供应、成本核算、技术质量、人事工资、设备动力、网上印厂等子系统，为大中型印刷企业实现数字化管理提供了全面解决方案；"方正财略"，包括计价、收款、结算、账务管理和统计分析等功能，可以满足中小印刷企业财务管理的需要；"方正神筹"，适用于印刷厂报价和计价复核，以及出版社成本估算和印制结算审核；"方正物略"，包括纸张和辅助材料的入库、出库、库存和结算等功能，可以满足中小印刷企业材料管理的需求。

（2）购买国外成熟的管理系统软件。河南第一新华印刷厂经过充分论证和认真选型，购买了美国四班公司的 MRPII/ERP 系统，同时改造和完善企业内部管理，使用效果很好。

**（二）印刷企业提出使用需求，委托信息开发公司设计**

有些印刷企业经济实力和技术实力较强，同时又感到现有的应用软件不完全适合本企业的需要，所以采取了第二种方式：企业组织专门班子，论证企业需求，再与信息开发公司签订开发合同，委托它们开发应用软件。采用这种开发方式的成功案例不少，现仅选取几例略加介绍。

（1）中国印刷总公司委托清华紫光股份有限公司开发设计的"印刷企业管理信息系统"（以下简称"中印系统"）包括销售管理、计划调度管理、车间管理、设备能源管理、质量管理、物资管理、工艺管理和用户维护管理 8 个子系统，于 2001 年 4 月在北京

新华印刷厂正式投入使用。投入运行后系统工作正常，较好地实现了预定功能。

"中印系统"的主要特点是：第一，设计思想先进，以满足客户需求为核心，以严格执行合同为导向，以综合利用企业的生产资源和信息资源为手段，经济、高效地组织生产经营活动。实际上，这就是人们所说的 ERP（企业资源计划）系统。第二，企业内部网络设施功能完善，技术起点高，为信息的快速流动和综合利用提供了基础。实际运行结果证明，该系统的设计思想和所采用的技术既先进又切实可行，有进一步推广应用的商业前景。

（2）上海界龙实业股份有限公司与光明信息管理科技有限公司合作开发的"印友系统"，以 ERP（企业资源计划）为主线，又融合了客户关系管理和供应链管理的功能，构成了较为完善的管理信息系统。这一成果荣获上海市科技进步一等奖，并申请了软件版权专利。

（3）根据我们的调查，有些中小印刷企业委托软件开发公司或高等院校教师也开发了一些功能相对简单的业务处理系统，有些已投入使用，由于价格便宜，服务周到，又考虑了企业的个性化需求，受到用户欢迎。

## 二、印刷企业管理信息系统结构模式分析

已经投入使用的管理信息系统，按其设计思想和功能，大体可分为业务信息处理系统和综合信息管理系统，下面分别加以分析比较。

### （一）业务信息处理系统

1. 要了解业务信息处理系统的设计思想及其特点

"方正财略""方正神略""方正物略"以及其他为印刷企业开发的应用系统，其设计思想是按照企业业务管理的职能，划分系统的模块结构，实现企业业务管理的一项或几项功能。因此，可以将这类系统概括地称为"业务信息处理系统"。

业务信息处理系统的主要特点是按企业管理的主要职能进行分解、归类，设计成几个独立的小系统，每个系统相对独立，内部结构较为简单，分析、设计容易，操作、维护方便，既能提高业务信息处理的速度和质量，又能大大降低购买或开发费用，比较适合中小型印刷企业的现实需求。"方正印略"系列软件已经在山东新华印刷厂、临沂新华印刷厂、德州新华印刷厂、北京民族印刷厂、外文印刷厂以及辽宁美术出版社印刷厂等印刷企业推广应用，证明这类系统软件是受印刷企业欢迎的。

但业务信息处理系统也有明显的不足：第一，由于各个小系统彼此独立，无法实现小系统之间的信息交换，因此整个企业的信息集成度低、利用率低；第二，由于是按企业管理职能划分、设计系统，系统的结构和功能必然受到企业职能部门设置的约束，可扩展性和适应性较差。

2. 要进行业务信息处理系统结构模式分析

由于"方正印略"系列软件已经在多家印刷企业推广应用，所以笔者选择"方正神筹"估价系统作为范本，绘制出该系统的业务流程图，利用业务流程图理解系统的结构模式（见图10-1）。

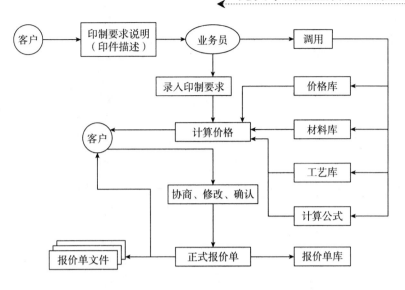

**图 10 – 1　"方正神筹"业务流程**

### （二）综合信息管理系统

**1. 要了解综合信息管理系统的设计思想及其特点**

"方正全略""印友系统"以及中国印刷总公司的"印刷企业管理信息系统"，基本上是按照 MRPII 和 ERP 的设计思想，以企业生产计划为主线，综合利用企业的库存信息、设备信息、人员信息、工艺信息、财务信息和市场营销信息，构成企业综合信息管理系统。

综合信息管理系统的主要特点是：第一，信息集成度高、透明度高、流动速度快，通过信息的综合集成和快速流动，可以充分、有效地利用企业的各项资源，提高生产效率和经营效益，而这正是企业投资建设信息系统的根本目的；第二，为了开发和有效利用综合信息管理系统，企业内部管理体制和业务流程必须做相应的改变，即实施企业流程再造，各项管理必须规范化、制度化，从而进一步提高了企业的整体管理水平；第三，综合信息管理系统运行的技术基础是建立企业内部网络设施（包括硬件设施和软件设施），也就是说，管理信息化和信息网络化必须同时并举，这就为进一步实现生产流程数字化管理、客户关系管理、供应链管理和开展网上贸易（或者称为电子商务）打下了基础。

**2. 要对综合信息管理系统结构模式进行分析**

已经投入使用的三种综合信息管理系统（"方正全略""印友"和"中印系统"）的结构模式基本相同，现在以"中印系统"和"方正全略"为例，加以分析说明。

（1）从"中印系统"的子系统构成及业务流程中我们可以看出，发货管理和回款管理是营销管理子系统中的模块，不是独立的子系统，所以不用黑框表示；财务管理是企业已有的独立系统，"中印系统"需要设计专用接口与之交流信息。为了便于数据的存取、处理和调用，各个子系统都有自己的数据库。为了保护数据安全和企业信息机密，按使用者的管理职责和权限，设置使用范围和密码（见图 10 – 2）。

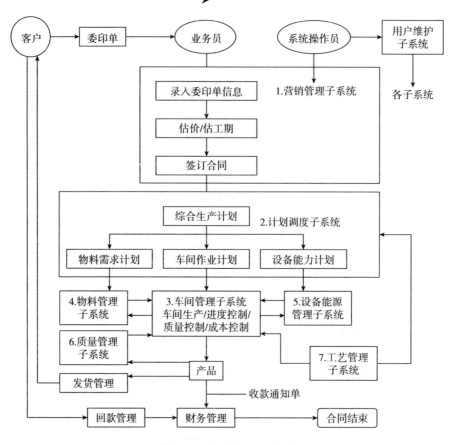

**图 10－2　"中印系统"的子系统构成及业务流程**

（2）从"方正全略"系统结构及管理流程中我们可以大体了解综合信息管理系统的管理流程及其主要功能，印刷企业可以根据企业自身的特点，选择适合本企业的信息管理系统，加快企业信息化的步伐（见图 10－3）。

## 三、印刷企业信息资源管理的目标和任务

印刷企业的信息资源管理有多种目标和任务，对于不同种类、不同规模的印刷企业，其目标和任务也不尽相同，但其重要任务可以归纳为以下四点：

### （一）实现信息管理

其以印件合同信息为依据，包括印件合同管理、计价和汇款管理、客户管理等功能模块，及时了解市场信息。从生产车间分别取得基础生产信息，并将各种信息在安排和监督生产任务的生产科综合集成起来，提供给决策层，指导生产任务的顺利完成。

### （二）辅助生产调度

其包括生产工艺、生产调度等功能模块，根据信息管理、车间管理、设备管理等子系统所提供的信息安排生产，并将集成的信息进行综合处理，加以比较分析，提供信息管理系统。

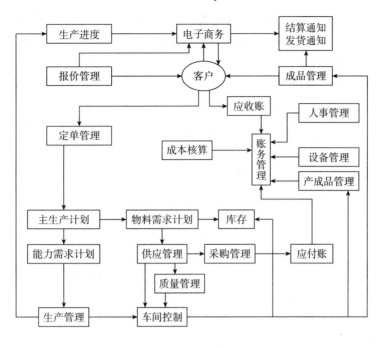

图 10-3 "方正全略"管理流程

### （三）加强生产监控

其包括车间管理、设备管理、质量管理、物资管理等功能模块，通过细化到车间的子系统，结合人事管理系统的信息，合理地安排车间生产，并向生产调度系统提供车间信息，供生产调度系统安排生产使用。

### （四）系统服务、维护

其包括综合查询、系统维护等模块，为业务和管理人员提供生产销售状况、产品库存状况、在印品状况、回款状况和历史数据，为管理层和决策层提供决策信息和系统安全服务。

## 四、印刷企业管理信息系统的功能及系统划分

典型的印刷企业管理信息系统根据企业的业务流程及不同部门的职责重点分为以下八个典型子系统，即销售管理子系统、生产调度管理子系统、车间管理子系统、物资管理子系统、生产工艺管理子系统、设备能源管理子系统、质量管理子系统和用户维护子系统。

根据用户的性质，对系统所有用户设定不同级别的权限，并分配密码，保证适当的人员以适当的方式履行适当的职能，以维护系统的安全性。下面分别对几个重点子系统的功能做详细介绍。

### （一）销售管理子系统

该子系统主要实现合同签订过程，以及在合同签订过程中所需相关信息的管理；实

现合同完工后，计价过程和回款过程的记录。这个子系统是全厂对外承接业务情况的记录和反馈。销售管理子系统由印件信息管理、客户信息管理、合同信息管理、计价信息管理、回款情况管理、客户信誉管理和客户需求预测七个模块组成。这些模块与其他子系统的关系如图 10 - 4 所示。

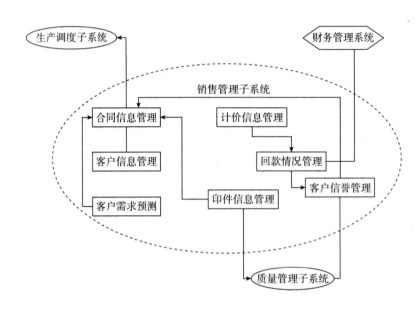

**图 10 - 4　销售管理子系统**

（1）客户信息管理：根据客户的性质分为委印和外协两类，建立统一的客户管理表单，表单中应包括有关客户的基本信息，如客户编码、客户名称、客户所处地区、与客户联系方法、客户银行账号等。客户管理表单具有自我维护功能，可新增或删除客户，并针对具体情况对表单进行修改。

（2）客户信誉管理：从其他子系统，特别是质量管理子系统中获取客户的历史资料、订单的历史记录、退货记录等。随时了解客户的资金信誉情况，依据回款状况、联系程度可对客户进行分级管理。

（3）客户需求预测：根据多种途径获取信息，对客户的计划印件进行登记，争取签订更多的印件合同。

（4）印件信息管理：依据客户提供的印件的有关情况建立印件信息库，可依据客户信息对相对应的印件资料进行查询。其作为签订合同时的部分信息，同时为样书管理库提供数据。

（5）合同信息管理：根据合同的性质分为委印图书、委印期刊和外协合同三类，分别建立统一的合同格式，并依据客户和印件信息生成合同样本，经审批后可签订合同。

（6）回款情况管理：安排收款及催款工作、开发票并进行发票登记；记录收款金额和到款情况，和财务系统连接，完成应收账的管理；根据车间上报的生产完成情况，计算汇总各车间产值产量；月底盘存统计管理。

（7）计价信息管理：提供用户包活、94 工价和 96 工价等多种计价方式，对指定合同安排选择工价本中相应工艺类型和附加条件，自动生成计价公式，完成计价明细单，并在计价明细单中分工艺类别统计合计金额，作为各生产车间完成产值的原始数据。

**（二）生产调度管理子系统**

生产调度管理子系统实现生产过程中印件任务计划和下派，以及印件生产反馈信息的管理。这个子系统是管理和协调全厂生产任务的关键。生产调度管理子系统向生产科负责，起到综合安排、协调生产的重要作用。子系统包括作业准备管理、作业计划管理、下发施工单、生产进度反馈和发货管理五个模块。模块关系如图 10－5 所示。

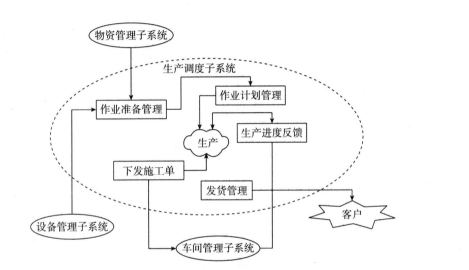

**图 10－5　生产调度管理子系统**

（1）作业准备管理：在物资管理子系统和设备管理子系统中查询生产材料和生产设备的使用情况，具体掌握生产的准备情况，为作业计划的安排提供依据。

（2）下发施工单：根据合同，通过与工艺员的人机交互过程，生成各生产工序不同的施工单和领料单。施工单的内容被保存起来供系统查询。

（3）作业计划管理：系统根据指定的施工单，通过与调度员的人机交互过程安排生产进度总体计划。工程单发往车间，领料单发往车间和物资科。调度员通过查询车间情况，具体安排某些生产过程，如急件的处理，可通过查询车间生产进行情况，结合设备运行状况做出决定。调度管理合理与否，直接关系到生产的优化过程，系统力求为生产优化提供最便利和科学的计算机辅助决策。

（4）生产进度反馈：通过对各车间情况的查询，结合生产科的具体生产安排和调度管理，利用数据，对计划和完成情况进行分析、比较，反映生产实际完成情况，生成反映生产情况报表以供查询和汇报。

（5）发货管理：工艺员随施工单制定发书记录卡，发送终段根据车间生产完成情况和合同情况，组织成品运输。模块中体现了发货的具体情况，详细记录所发印件的数量及欠尾情况。

**（三）车间管理子系统**

车间是基本的生产单元，车间管理的优化过程是否合理，将直接影响全厂的生产过程。车间管理子系统向车间负责，将对车间的基本生产进行管理，为上层提供基本信息，实现基础数据的采集，包括人员信息、设备信息、物耗信息等，以及车间人员管理、生产成本核算、产值产量统计，为其他相应子系统的操作人员提供原始的数据，真正做到信息共享。根据生产需要，具体分为车间人员管理、车间生产管理、车间设备管理、生产完成情况统计和生产成本核算五个模块。模块间关系如图 10 - 6 所示。

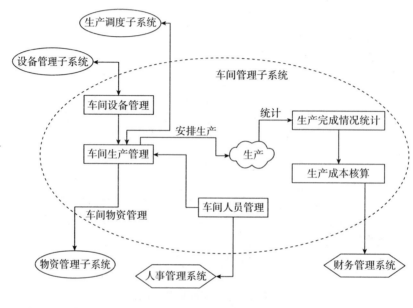

图 10 - 6　车间管理子系统

（1）车间生产管理：结合车间设备、物资、人员情况安排车间具体生产情况，如机台作业计划等。监控车间设备运行状况、人员安排，反映车间、工序、机台或岗位的工作效率。

（2）生产完成情况统计：生成车间生产管理报表，如生产日报表、印件物耗表、印件人工成本表等，用数据反映一段时间内车间生产实际完成情况，并为印件成本的核算做准备。

（3）车间设备管理：创立车间设备管理表单，按不同车间统计设备完好情况、记录设备修理情况，并动态维护表单。部分信息上报设备管理子系统。生成设备使用分析表等相关报表。通过该系统可以科学地管理设备、合理使用设备并降低设备消耗。

（4）车间人员管理：以车间岗位为单位建立人员名录，以便了解车间人员的基本情况。管理车间生产人员的考勤情况，记录人员的加班和缺勤情况，为人事管理系统提供基本数据。

（5）生产成本核算：根据生产完成情况，将已有的核算方法计算机化。此模块可迅速而科学地进行车间成本核算，并提供查询、比较的功能，使车间成本核算迈上新的台阶。

**（四）物资管理子系统**

该子系统向物资科负责，为优化物资管理提供依据和相应的分析，实现全厂物资入库和出库管理，提供分类物耗、物耗金额等方面各种信息的处理。在物资管理子系统中将全厂的物资仓库进行统计管理，厂级仓库和车间级仓库视为平级仓库。子系统包括入库管理、出库管理、库存管理、物资列表管理、材料明细账管理和物资月度统计六个模块。物资管理子系统的模块间关系如图 10 - 7 所示。

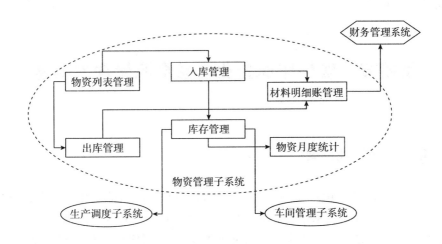

**图 10 - 7　物资管理子系统**

（1）物资列表管理：建立与印刷行业有关的物资信息表单，实现表单的查询、分类统计和动态维护，及时地了解本厂物资动态及行业物资情况，为物资管理服务。

（2）入库管理：登记所有平级仓库的物资入库信息，实现入库物资有据可查，并且可以了解企业近段时间的物资采购情况。

（3）出库管理：登记所有平级仓库的物资出库信息，将物资出库记录落实到每个印件生产上。

（4）库存管理：列出全厂物资库存明细，实现分类查询与统计的功能。为生产调度系统制订作业生产计划、车间调度系统制订机台生产计划提供依据，以便及时地提供作业用料。

（5）材料明细账管理：以车间为单位汇总全厂的入库和出库物资金额，提供财务明细账。

（6）物资月度统计：以物资为单位，统计全厂每一旬的原材料消耗情况。

**（五）生产工艺管理子系统**

生产工艺管理子系统是生产管理系统独立的辅助部分，负责创建和维护适应本厂的工艺和生产工艺模板，实现全厂主要工艺路线的制定，为了解全厂的主要业务方向提供学习的环境。子系统分为工艺库登记和工艺模板管理两个模块。

（1）工艺库登记：工艺库登记模块实现了标准工艺的管理，通过工艺类别将工艺分为排版、凸版印刷、平版印刷、装订、包装零件五大部分。工艺类别对应的总体生产能力，用来粗估生产周期；标准工艺对应平均生产能力，用来确定施工单中各生产中心的大致完工时间；此外，工艺员若需要在施工单中添加生产设备时，可以参见标准工艺对应的机台设备名单。

（2）工艺模板管理：工艺模板管理模块的功能是按印件种类选择完成印件所需标准工艺，并且保存在工艺模板库中，以便在必要时刻迅速调用供生产使用。按制版、印刷和装订、包装工艺种类列出标准工艺列表供选择，按选定顺序排列印件所需标准工艺流程，构成工艺模板。

# 第四节　现代印刷企业信息资源管理的实施

## 一、信息资源管理框架

随着互联网的普及和电子商务的兴起，领域信息化、区域信息化和企业信息化发展到了一个新阶段。当前，国家推进企业信息化工程，进一步突出了信息资源开发利用在信息化建设中的核心地位。对于多数企业来说，开发利用信息资源要做什么、怎么做，还不是很清楚。在对我国印刷企业信息化建设的调查过程中，体现出以下两类问题：

一类是"系统整合"问题。许多印刷企业已经建立了基础网络、接入了互联网并建立了网站，但多年来分散开发或引进的信息系统，形成了许多"信息孤岛"，缺乏共享的、网络化的信息资源。如何将企业上网工程与企业信息系统集成融合起来，使企业内部，企业与客户、供应商、业务伙伴的信息流畅通，进而开展电子商务？

另一类是"系统重建"问题。许多印刷企业希望重新规划自己的信息资源、构建信息系统，也有一些新建的印刷企业需要建立新一代信息网络。如何搞好总体规划设计，组织工程实施，避免重走分散开发或引进失败的老路，避免形成新的"信息孤岛"，从而高起点、高效率地建设高效益的现代企业信息网络？

基于这些问题，本书提出了信息资源管理的框架：

（1）企业信息资源开发是企业信息化建设的基础与核心工作。

（2）企业信息资源的开发利用是通过集成化的信息系统实现的。

（3）企业信息资源开发利用与集成化信息系统建设是密不可分的统一过程，在实施中分为两个层次——高层工作和低层工作。

（4）高层工作面向全企业，通过信息资源规划建立信息系统的功能模型、数据模型和信息资源管理基础标准。

（5）低层工作面向职能域，解决标准规范的实施及应用系统的分析、设计与建造问题。

（6）企业信息资源开发与信息系统建设采取工程化的组织方式，分为网络工程、数

据库工程和应用软件工程三大工程。

（7）两个层次的工作由集成化的软工具来支持，包括信息资源规划工具、信息系统设计工具、信息系统生成工具和信息资源管理工具。

## 二、信息资源管理三大工程

### （一）计算机网络工程

该项工程任务是建设企业信息化的物理平台，包括通信网和计算机网的建设。这是企业内部信息共享、与外部信息交换和开展电子商务的统一的网络平台。实施要点有：

（1）根据信息资源规划的数据流量化分析结果，得出全企业各职能域、各统计期/实时的数据存储量和流量，确定网络的基本需求。

（2）设计和建立企业的开放型网络架构，制定广域网和各局域网的网络拓扑结构、网络逻辑结构。在保证先进性、可扩展性的前提下，提出既满足企业信息化的需求，又具有优良的性能价格比的网络系统方案。

（3）根据企业的业务需求，建立信息共享、信息存储、信息综合利用的网络机制。

（4）建立企业内部网（Intranet），使其具有 Web、电子邮件等多种功能，并根据条件接入 Internet，建立企业网站。

（5）企业的网络管理制度，建立安全机制，确保信息的安全可靠。

### （二）数据库工程

数据库工程就是企业信息资源规划与建设的基础，要对企业数据环境进行改造、优化和升级，实施数据标准化，包括目前一些企业提出的"数据中心""中心数据库"和"数据集中"项目。实施要点有：

（1）逻辑数据库设计根据信息资源规划的数据模型，与业务专家进一步审查、修正各主题的基本表；参照业务规范，制定表间关联、列参照性和约束，完成数据一致性设计。

（2）物理数据库设计根据企业所采用的数据库管理系统的特性，在逻辑数据库的基础上生成，并按实际情况进行规范化设计。

（3）信息分类代码按类别管理，建立企业生产经营代码管理机制，建立和加载代码库。

（4）组织业务数据加载和维护，按信息源和共享要求建立数据维护和备份、转储机制及数据库的安全恢复机制。

（5）支持联机分析处理（OLAP）功能，整合企业的多种数据源；分层建立数据汇总与存储机制，设计和建立支持决策分析系统的数据仓库。

（6）建立与主流开发、应用工具的兼容机制，支持数据的抽取、转换等处理。

### （三）应用软件工程

应用软件工程为企业各级管理人员提供应用软件系统，包括两类开发任务：一类是集成化地新开发一些生产经营的信息系统，另一类是整合已有的应用系统。实施要点有：

（1）应用软件系统设计应在信息资源规划功能建模的基础上，采用面向对象的软件工程方法实施。

（2）在对企业的业务模型进行深入分析的基础上，进行"三维模块定位"分析，准确界定应用系统模块功能范围、管理层次和信息加工深度，分清不同管理层次上模块控制和处理功能。

（3）参照信息资源规划阶段建立的应用系统开发目标、需求分析文档、业务流程规则等，完成各应用系统的框架设计。

（4）由于印刷企业的特点，应用软件工程可采用联合开发的形式，即由双方共同参与完成，委托方负责业务逻辑的规划制定，开发方负责应用软件的项目实施管理。

（5）严格进行系统测试，避免由于开发人员对印刷行业业务流程的不了解而导致应用软件使用性和易用性等方面的问题。

（6）按照软件工程的要求规范技术文档，如果是联合开发，应督促开发方提交详细的技术文档，以保持应用软件的可持续发展。

（7）提供多层次的安全控制功能，包括用户权限管理、操作日志监控、数据的联机备份复制和恢复机制。

（8）注重应用系统的后期使用与维护培训、系统优化与维护跟踪、应用系统评估。

（9）设立专门的信息资源管理部门，并注重引入既懂专业业务，又懂相关技术的复合型人才。

292

## 三、信息资源管理项目进度控制

企业信息资源管理本身不仅是一项信息化工程，而且还是最重要的信息资源开发利用的基础工程。紧接着信息资源规划工程的，就是上述信息资源开发利用的三大工程，而应用软件工程又可能包括现有应用系统的优化改造、外购应用软件包（或模块）、定制应用系统或联合开发新应用系统等多种项目。关于这些工程项目的进度安排，应该根据各企业的具体情况而定，但要遵循"统一规划、分期实施"的原则，并了解其效益的时效性和不对称性。

# 本章小结

★★★★

1. 在信息社会，信息资源管理是现代企业管理必不可少的组成部分。信息资源管理的对象包括信息、信息流和信息参与者。

2. 信息资源管理的思想、方法和实践，对信息时代的企业管理具有重要意义，包括为提高企业管理绩效提供新的思路、支持企业参与市场竞争、促进知识经济时代企业文化的建设等。

3. 建设管理信息系统是企业实施信息资源管理的重要手段。印刷企业的管理信息系统通常包括生产管理、销售管理、设备管理和质量管理等子系统。

4. 企业实施信息资源管理是一项系统工程，需要缜密的设计和多方的配合。而这项系统工程中最重要的三个工程是计算机网络工程、数据库工程和应用软件工程。

## 思考与练习

1. 什么是信息资源管理？信息资源管理对现代企业有哪些重要意义？

2. 结合企业实际谈谈印刷企业信息资源管理的目标和任务。

3. 简述印刷企业管理信息系统的常见功能。你的企业实现了哪些功能？计划实现哪些功能？

4. 什么是信息资源管理三大工程？怎样实施这三大工程？

### 中小型出版企业：ERP 系统的应用与管理创新

全国新闻出版行业转企改制的浪潮正渐渐消退，但出版企业作为真正的市场主体，其所参与的行业竞争却硝烟四起，日益激烈。中小型出版企业要想在大社林立和出版巨头辈出的今天分得一杯羹，势必需要通过提高企业管理水平和信息化建设来增强综合竞争力。

293

**一、实施 ERP 是中小出版企业创新管理和可持续发展的必由之路**

与大社、强社相比，中小型出版社在生产经营上存在规模小、资源短缺、特色不突出、亮点不亮、品牌优势不明显；在管理模式上存在人才匮乏、投资经费不足、信息化建设缓慢、缺乏创新管理等诸多瓶颈性因素。为适应现代企业生存和发展的需要，中小型出版企业实施 ERP 是有其必然性和必要性的。一是管理革新的必然选择。随着信息化、数字化、网络化技术在出版领域的广泛应用，中小型出版社顺应科技发展潮流，积极发展数字出版，借助一体化的企业管理软件来高效管理出版流程，辅助出版决策，形成办公效率、信息化合力，是企业实现走科学化、先进化管理之路的必然选择。二是可持续发展的必要手段。近年来，面对新闻出版行业的深化改革、转型升级，中小出版社生存和发展形势更为严峻，犹如在大海中航行的一艘小船，想要重获新生，开辟新蓝海，就要有创新精神，实现创新管理。

**二、实施 ERP 成功与否，关键在于专业选型、科学组织、精密布局**

1. 明确思路，充分调研，确保目标选型的专业和准确

首先，明确思路，设定目标，下定决心，重视选型。选择时，根据企业自身状况量力而行。其次，充分调研和多方比对，选择一个好的开发商、一套好的系统。一个好的开发商，要有好的口碑、先进的技术服务、较多客户和实施案例，价格公道合理，还需拥有一支技术过硬、熟悉出版企业项目的实施队伍。一套好的系统，要看它是否满足管理需求；是否具备灵活、可靠和稳定性，流程可定制和修改；界面是否友好、简洁、实

用。最后，选型成功后还需进行内部需求调研、硬件配置选择、反复测试，才能量身打造出一套适合本企业使用的个性化系统。

2. 科学组织，全面动员，确保系统实施推进力度和广度

一是成立项目领导工作小组，自上而下强力推进系统建设。利用现代化手段管理企业，是"一把手工程"，由社长亲自抓，项目主管领导具体抓，负责项目总设计、总指挥，研究和部署系统建设工作。项目实施部门设在业务枢纽部门总编室，主要负责统筹协调和实施进度，分析企业现状，研究设计方案，制定相关制度、流程、办法等。管理员由既懂信息化技术，又熟悉出版流程的复合型人才担任。

二是培养和发挥骨干力量，以点带面快速推进系统建设。从各部门选拔一两名关键人物作为技术骨干，对他们先培训，使他们率先熟悉和掌握系统操作技能，指导本部门其他员工，并认真贯彻出版社意图和要求，对优化完善系统提出具体意见和措施。同时，建立QQ群或微信群交流平台，有疑问即时在线交流。

三是全面培训系统用户，强制普及，加快推进系统建设。系统的实施是整个企业经营管理的再造，几乎涉及每位员工，需要每个岗位、每个员工的积极配合。系统从启动到全面上线，经过了基本操作培训、对口业务培训、分段分批培训等几番保质保量的强制性全员培训，切实提高了员工素质和操作技能，从领导到一般员工都能尽快达到上线要求。

3. 坚持原则，精密布局，确保系统实施的质量和进程

第一，坚持科学性、先进性原则。打破传统管理模式，革新管理思想，创建现代企业的先进管理模式。决策层在处理传统管理和先进管理两者之间的关系时，将科学性和先进性视为灵魂，进行大量的流程再造、管理创新，让传统流程配合系统流程做调整，让原本由人管理转变为由系统管理。同时，由于系统实现了手机、iPad等多种媒介终端的处理方式，真正实现了由传统管理、经验管理向制度化管理、科学化管理、先进化管理转变。

第二，坚持精细化、标准化原则。从图书出版实现多、高、好、省，即任务多、效率高、质量好、成本省的角度来考虑设计方案，统筹考虑它们之间的关系，为出版社内部建立一条高速信息的通道，搭建一个资源共享的大数据平台，勾画一条责、权、利更加清晰的界线。多套发行系统数据的导入导出，信息源的采集和权限的划分，以及审批流程的不可逆转性等精准设计，实现了由粗放式管理向精细化管理、集约化管理转变。

第三，坚持分步实施、稳步推进的原则。从图书出版源头选题开始和企业的特殊性等因素考虑，分步实施、先易后难，先上编务、出版、发行及稿酬等部分财务子系统，待系统稳定、优化后，再上财务、OA办公等稳步推进，保证整个工程的顺利推进和如期完成，有效防止因延误建设进程和过度的二次开发而造成的人力、物力、财力浪费。

**三、实施有记录、管理有流程、过程有监督，是实施ERP取得的明显效果**

出版社的ERP主要是围绕图书编辑、出版和销售流程，将系统分为三大模块，即编务、印制、发行（含储运），各模块中又涉及财务。系统对各环节全面监控，实现了现代化管理效果。

1. 实施有记录，实现了资源共享和数据的有效利用

系统搭建了作者资源库、选题管理库等多个信息资源库作为内容支撑，将信息流、

工作流、物资流等资源快速汇聚整合，充分实现了资源共享。同时建立综合查询、统计功能，为资源综合利用提供了强大的技术支持。系统投入使用后先将本企业原有多套发行软件的数据做了无缝对接导入后，再将各部门、各环节数据集成和统一，保证了生产经营数据的唯一性、准确性、可靠性，编辑、发行和决策层可利用有效数据，实现绩效管理和对图书的动态效益、经营风险分析。

2. 管理有流程，提高了工作效率和服务效率

一本图书从选题申报开始到实现销售，是复杂的过程 ERP 的线上操作和流转，转变了管理方式，将以编、印、发业务为核心流程再造，优化和简化了工作流程，解决了重复录入、浪费人力的问题。通常出版社的库房与办公场所都有一定的距离，实现由系统下单销售后，最见成效的是可远程操作、随时随地审批、信息通畅、实时监控、责权利清晰，有效改变了以往订单处理慢、发货慢、处理质量差，部门之间来回跑，以及互相推诿、扯皮等现象，减少账物、物物不相符的情况。工作流转清晰透明，大大提高了工作效率和服务效率。

3. 过程有监督，增强了权限责任感和企业抗风险能力

系统的每一次操作都记录了操作时间、操作人、操作范围等信息，以及审批流的不可逆转性、上下道工序之间互相监督制约的特点，使基础操作人员和审批人员在行使相应的权限时，更加细心、耐心、谨慎。

系统实现信息互通，动态信息追踪，实时掌握库存，有效分析图书销售、回款等，切实提高了出版社经营风险控制能力和快速适应市场变化能力。

295

资料来源：改编自《科技传播》2015 年第 16 期，作者：王珍。

**思考题**

1. ERP 在印刷企业的实行中所面临的问题有哪些？
2. ERP 给印刷企业的企业信息资源管理带来了哪些启示？

**即学即测**

**一、选择题**

1.【单选题】下列不属于信息资源的一般性特征的是（　　）。

A. 积累性与再生性　　　　　　B. 作为生产要素的人类需求性

C. 稀缺性　　　　　　　　　　D. 使用方向的可选择性

2.【单选题】美国学者霍顿（F. W. Horton）在信息资源管理方面的思想属于（　　）。

A. 管理哲学说　　B. 管理过程说　　C. 系统方法说　　D. 管理活动说

3.【多选题】为实现我国信息资源配置的宏观模式，应对现有文献资源做（　　）方面的调整。

A. 变"地区协调式"为"全国协调式"

B. 变"印刷型信息资源协调式"为"电子型信息资源协调式"

C. 变"综合中心式"为"特色中心式"

D. 变"等级中心式"为"综合中心式"

E. 变"集中式"为"分散式"

4. 【多选题】现代社会发展的三大资源是（　　）。

A. 材料　　　　　　B. 能源　　　　　　C. 信息　　　　　　D. 知识　　　　E. 人力

5. 【多选题】以下哪些内容属于信息资源管理的基础标准？（　　）

A. 用户视图标准　　　　　　　　B. 概念数据库标准

C. 信息分类编码标准　　　　　　D. 数据元素标准

E. 逻辑数据库标准

**二、判断题**

1. 版权包括著作权和计算机软件保护条例。（　　）

2. 信息资源的空间配置是指信息资源在不同部门和不同地区之间的分布。（　　）

3. 信息法律规范的主体具体包括信息资源、信息技术和各相关主体的信息行为。（　　）

4. 信息选择是对查询过程和查询结果进行优化的过程，即从大量信息中选择最符合需要的一部分。（　　）

5. 标准化指的是：在经济、技术、科学及管理等社会实践中，对重复性事物和概念，通过制定、发布和实施标准，达到统一，以获得最佳秩序和社会效益。（　　）

**参考答案**

一、选择题：1. A　2. B　3. ABCD　4. ABC　5. ABCDE

二、判断题：1. √　2. √　3. ×　4. ×　5. √

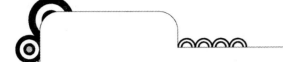

# 参 考 文 献

［1］Jukka Majava, Tina Ojanperi. Lean Production Development in SMEs：A Case Study ［J］. Management and Production Engineering Review，2017，8（2）.

［2］2024 年全球印刷市值将增长至 8627 亿美元，数字印刷 5 年后市值占比将上升到 21.1%［N］. 中国新闻出版广电报，2019 - 09 - 04.

［3］阿利斯泰尔·克罗尔（Alistair Croll），本杰明·尤科维奇（Benjamin Yoskovitz）. 精益数据分析［M］. 韩知白，译. 北京：人民邮电出版社，2015.

［4］［英］艾伦·哈里森（Alan Harrison），［荷］雷姆科·范赫克（Remko van Hoek），［荷］希瑟·斯基普沃思（Heather Skipworth）. 物流管理（原书第 5 版）［M］. 李婷，李克芳，等译. 北京：机械工业出版社，2019.

［5］艾尔弗雷德·钱德勒. 战略与结构［M］. 孟昕，译. 昆明：云南人民出版社，2002.

［6］保罗·麦尔森. 精益供应链与物流管理［M］. 梁峥，郑诚俭，郭颖妍，李树星，译. 北京：人民邮电出版社，2018.

［7］陈建奇，从雯. 近四年新闻出版产业分析报告显示：印刷复制业量质齐升［N］. 中国新闻出版广电报——中国印刷导刊，2020 - 11 - 18.

［8］陈丽. 出版 ERP 为现代出版企业管理插上信息化的翅膀［J］. 现代管理，2010（10）.

［9］陈传明，等. 管理学［M］. 北京：高等教育出版社，2019.

［10］何丽，郑奥柯. 印刷企业的数字化管理之路［J］. 环球市场信息导报，2017（8）.

［11］克里什·克里希南（Krish Krishnan）. 大数据与数据仓库：集成、架构与管理［M］. 邢春晓，译. 北京：机械工业出版社，2018.

［12］刘忠民. 建设 ERP 系统，提升铁道社出版管理现代化水平［J］. 科技与出版，2010（6）.

［13］陆正飞，等. 高级财务管理（第二版）［M］. 北京：北京大学出版社，2013.

［14］迈克尔·希特，斯图尔特·布莱克，莱曼·波特. 管理学（第 3 版）［M］. 徐二明，译. 北京：中国人民大学出版社，2018.

［15］潘晓东. 印刷业：调整与整合仍是主旋律［N］. 中国新闻出版广电报——中国印刷导刊头版，2016 - 01 - 06.

［16］申冉，陈威．基于 ERP 系统的印刷企业管理信息系统建设［J］．印刷技术，2015（17）．

［17］斯蒂芬·罗宾斯，玛丽·库尔特．管理学（第 13 版）［M］．刘刚，程熙镕，梁晗，译．北京：中国人民大学出版社，2017.

［18］孙建军．信息资源管理概论［M］．南京：东南大学出版社，2008.

［19］唐纳德·J. 鲍尔索克斯，戴维·J. 克劳斯，M. 比克斯比·库珀，约翰·C. 鲍尔索克斯．供应链物流管理（原书第 4 版）［M］．马士华，张慧玉，等译．北京：机械工业出版社，2014.

［20］王洪洋．印刷企业管理中存在的问题及其对策分析［J］．印刷质量与标准化，2017（3）．

［21］王关义，等．现代企业管理（第五版）［M］．北京：清华大学出版社，2019.

［22］王关义，等．现代印刷企业管理（第三版）［M］．北京：经济管理出版社，2016.

［23］王吉凤，等．财务管理［M］．北京：清华大学出版社，2016.

［24］温克特·斯里尼瓦森（Venkat Srinivasan）．大数据实战构建智能化企业［M］．宫鑫，译．北京：人民邮电出版社，2018.

［25］肖睿．全球印刷业变化中显现新机遇［N］．中国新闻出版广电报——中国印刷导刊，2016 - 01 - 06（08）．

［26］新益为．智能时代的精益供应链管理实践［M］．北京：人民邮电出版社，2020.

［27］许存兴．基于 ERP 的企业信息化实施研究［M］．成都：西南交通大学出版社，2014.

［28］薛帅．五国印业发展速度高于全球平均水平——金砖国家迎来下一个金色十年［N］．中国新闻出版广电报——中国印刷导刊，2017 - 09 - 11（08）．

［29］伊俊敏，等．物流与供应链管理：物流工程（第 4 版）［M］．北京：电子工业出版社，2017.

［30］张余华．现代物流管理［M］．北京：清华大学出版社，2017.